沖縄と日本《ヤマト》の間で

伊波普猷・帝大卒論への道　下

伊佐眞一

琉球新報社

沖縄と日本《ヤマト》の間で　伊波普猷・帝大卒論への道　下巻

目次

第四章　**伊波史観の形成**

第一章

画期の明治三十八年

1 「琉球の神話」論文

伊波普猷は帝大二年になると、それまでの充電期間から一気に解き放たれたかのように、二点の論考を十一月と十二月に発表した。そのうちのひとつが口語体の最初となるものであることはすでに書いた。しかし、彼はそれらの小論と同時に、もう一篇の文章も仕上げていた。一九〇五（明治三十八）年一月の『史学界』[注1]（第七巻第一号）に掲載された「琉球の神話」がそれである。十一月の「琉球文にて記せる最後の金石文」、及び十二月の「琉球群島の単語」はいずれも琉球の歴史と文化を個別の各論として扱ったものであったが、「琉球の神話」は伊波のかかえる中心課題が大きく提示されたという点で画期となる文章である。

しかしこの小論は、ここで初めて独自の内容として披露されたのでは

注1 『史学界』第一巻第一号は、一八九九（明治三十二）年二月に冨山房から発行された。学術的な『史学雑誌』とは対照的に、一般社会人や学生を念頭においた啓蒙的雑誌。明治三十八年九月に第七巻第九号で廃刊となった。

ない。すでに「琉球群島の単語」において、伊波は首里・国頭・八重山・宮古・奄美大島の言葉を比較することをつうじて、「人種の系統を決定せうとする」試みをしていた。そして同時に、「琉球の人種を研究せうとする人」の参考に供するための文章であったことも明らかにしていた。「琉球の神話」はそれをさらに踏み込んで正面から引き継いだものだったのである。では、このなかで伊波は何を言わんとしているのか、それを以下に説明しよう。

ここにいう神話とは、伊波にとって絵空事の勝手な空想

史學界

琉球の神話

伊波普猷

1905（明治38）年1月の『史学界』（第7巻第1号）に掲載された伊波普猷の「琉球の神話」

でないのはむろんである。民族や種族の「精神的産物」である神話を手がかりにして、彼の中心課題にアプローチする素材であって、それを伊波は次のようにいう。「或人種或民族の研究に指を染むる人に取つては、これまた必要なる資料の一たるを失はない」。神話以外に必要な資料のひとつが「琉球群島の単語」であることは改めていうまでもない。つまり、「大和民族と姉妹的関係を有する琉球種族の神話」との認識があって初めて、この小論が存在することになる。と、書いてしまえば伊波の意図が明白になったわけで、もうくだくだしい説明はいらないような気もするが、それだと身も蓋《ふた》もないから、とりあえず伊波論文の梗概《こうがい》を紹介する。

——みずからの固有文字で自己を表現できない民族にとって、口伝えの伝承（口碑）はその民族の神話をより忠実に保存する。それらの神話はもともとの原形からは大分変形して後世に伝わるのが普通で、琉球の場合もその例にもれない。たとえば、琉球の古史神話で最も重要な天地開闢を描いた物語は、『中山世譜《ちゅうざんせいふ》』では志仁礼久《シニレク》と阿摩弥姑《アマミコ》の二神が国造りの神となっているが、『中山世鑑《ちゅうざんせいかん》』では阿摩美久《アマミク》として表現されており、さらに古い『おもろさうし』では古代琉球語でもって「あまみきよ」と「しねりきよ」が登場するなど、より原形にちかい神話を想像さ

神話研究の聲が再び高まらうとする今日、大和民族と姉妹的關係を有する琉球種族の神話を紹介するも亦無益のことではなからう。

日本の傳說と琉球のそれとがかくの如く酷似せるを見たならば、二種族の間に姉妹的關係のあることか容易く想像されるであらう。

伊波普猷が「琉球の神話」の冒頭と末尾で、ヤマト民族と琉球種族の「姉妹的関係」を強調した箇所

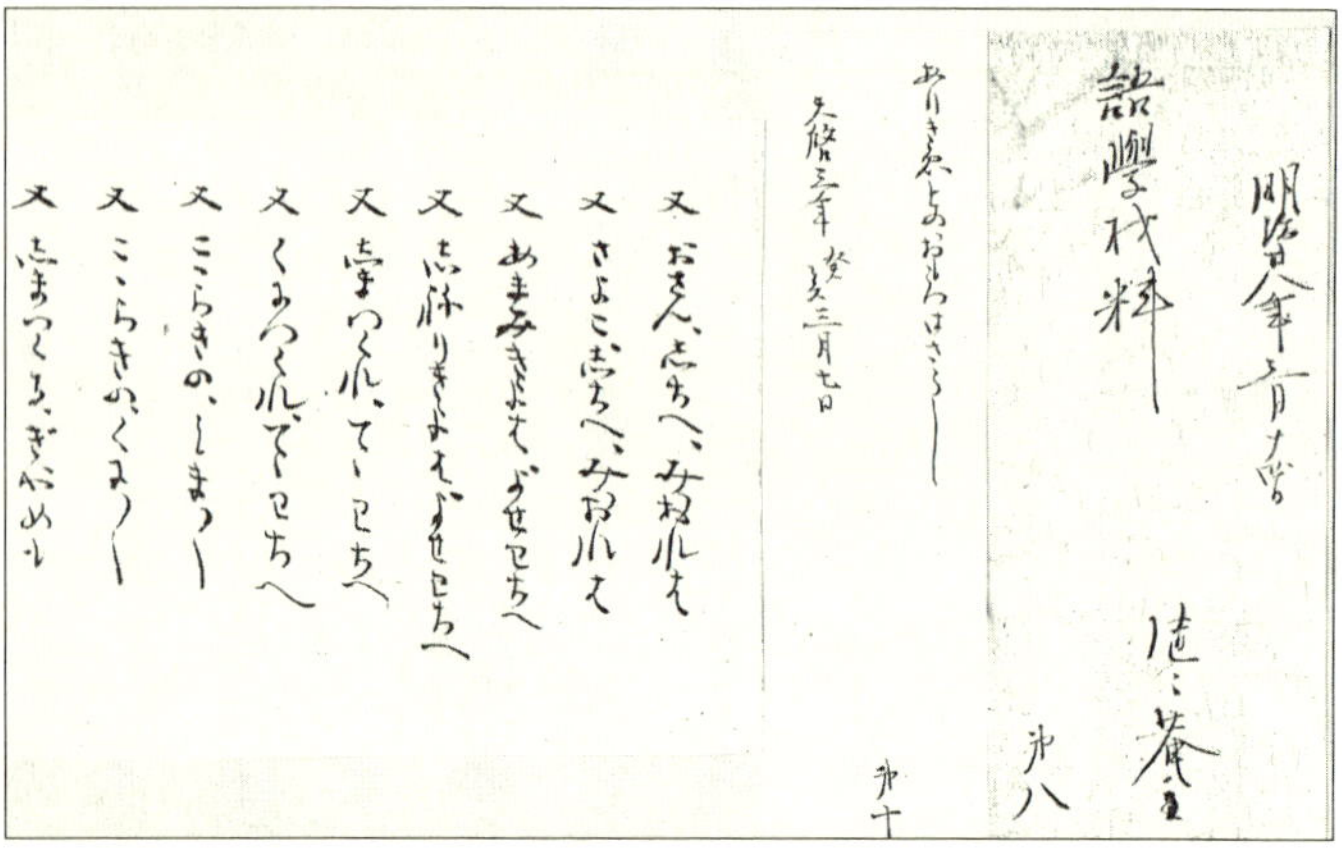

伊波普猷が使っていた田島本『おもろさうし』（「巻十　ありきゑとのおもろ御さうし」）の「あまみきよ」と「しねりきよ」を謳った箇所（随々菴主は田島利三郎の号）

せる。そのほか古宇利島にはアダムとイヴがエデンの園を追われるユダヤ神話を彷彿とさせるような口碑もある。

チェンバレンによれば、朝鮮から海を渡って九州に上陸した天孫人種の祖先の大部分は大和地方へ、また小部分は琉球諸島に向かったという。しかしそのとき、琉球にはすでに石器時代人が住んでいて、鳥居龍蔵の沖縄調査の結果、彼らはヤマトの石器時代人と同一ということが判明した。それがコロボックル、あるいはアイヌというわけである。古宇利島の神話はその先住民族（つまり石器時代人）と思われるのだが、もしかしたら阿摩美久神話の一部分が混入したか、または更に新しい時代に成ったのかもしれない。

「銘苅子《みかるしぃ》」にみられる白鳥処女説話については、かつて岡倉由三郎《おかくらよしさぶろう》や高木敏雄、上田敏《うえだびん》が『帝国文学』や『言語学雑誌』で盛んに紹介したこともある。与那原の浜物語が浦島物語であることなども総合して考えると、日本と琉球の神話が非常によく似ていて、「二種族の間に姉妹的関係のあることが容易く想像される」のである。他方で当然のことだが、琉球の神話伝説には中国や南洋の要素も入っているだろうし、大和民族と別れたあとに形成されたものも考えられる。

そうしたことを十分念頭において、『古事記』や『日本書紀』にある神話との比較をすると同時に、朝鮮や満洲、蒙古も視野に入れる必要がある。こうしたことは神話学者のみならず人種学者にとっても必須な作業でなければならない。たしかポリネシアの人種移動が明らかになったのは、じつにかかる神話や伝説、俚歌、童謡などの研究を幅広く行ったためであった。してみると、琉球の研究は日本神代史に新たな光明をもたらすことができるのではないか——。

以上が八ページにわたる「琉球の神話」を強引に圧縮した要約である。この小文は一読するだけでは、さも琉球の神話や伝説がポリネシアやヘブライのそれを想起させ、リップ・ヴァン・ウィンクル[注2]や朝鮮、中国にまで拡がるイメージを与える。しかし、伊波がいわんとするところは、そうであるにもかかわらず、日本と琉球の神話・伝説がどんなにか酷似しているかを納得させ、結論として「二種族の間に姉妹的関係のあること」を述べたいがためであった。琉球に対する南洋などの地域からの影響はあくまで二次的なものであって、日本との〝肉親的関係〟の存在こそが肝心との論旨である。そのために、「姉妹的関係」云々のフレーズを、

注2　リップ・ヴァン・ウィンクル（Rip Van Winkle）リップという名の人物が山中で不思議な男たちに遭遇し、楽しく酒を飲んで眠り込み、目がさめてみると二十年が経過していたという話。日本の浦島伝説に似た神話・物語で、ワシントン・アーヴィング（Washington Irving）の著書（『スケッチ・ブック』一八二〇年）に、同名の短篇として収められている。

論考の最初と最後で二度繰り返して強調するような論文構成になっている。

それにしても、鳥居の沖縄調査の結果が、この論考を書き上げるのにいかに伊波を後押ししたか、この文章ほどそれを如実に示すものはない。ゆえに、その鳥居の琉球人種論たる「琉球諸島に住居せし先住人民《ウルベウオーネル》に就て」が『太陽』に、そして伊波の「琉球の神話」がともにこの年の同じ一月に発表となったというのは、けっして偶然ではなかったのである。

明治29年ごろ、台湾における鳥居龍蔵（『東京大学総合研究資料館　標本資料報告』第19号、1990年）

伊波に「琉球の神話」

を執筆させたもの――それは鳥居の沖縄調査報告「琉球諸島に住居せし先住人民《ウルベウオーネル》に就て」のインパクトであった。伊波はその内容を発表以前の草稿段階で知っていたのであるが、おそらく、この論考ほど彼をこころ嬉しい思いに浸らせたものはなかったはずである。その歓喜から生じた自信が刺戟となって書かれたのが、「琉球の神話」だといってもまちがいではない。

琉球と日本の関係を言語の面から姉妹と唱えたチェンバレンに導かれて、鳥居が考古学の手法を使って人類学の面から両者の関係を確かめたことになる。伊波いわく、「鳥居氏が研究の結果は琉球種族がかの島に入りし前に、そこには一種の石器時代の人民が住んでゐて、日本の石器時代のそれと同一のものであつたらうといふことを証明しつゝある」。あるいは伊波の頭には明治三十七年の六月三日から五日まで、東京帝大法科大学で開かれた人類学教室の標本展覧会が脳裏に蘇ったかもしれない。そこにはアイヌ、台湾生蕃、日本人、琉球人、韓国人、中国人、パ

皮膚の色、頭骨の形、頭髪、眼の凹み、婦人の骨盤などで人種を説明した人類学教室の標本展覧会（『東京人類学会雑誌』第19巻第219号、1904年6月)。鳥居の沖縄調査はまさにこれを実践した

プアン人の頭蓋が比較陳列されていたが、ちょうど鳥居とともに沖縄へ行く直前だっただけに、琉球人の位置をこれほど強烈に意識させ、考えさせるものはなかっただろう。明治三十六年の人類館事件もそうだが、こうした実物教育はそのつど伊波の心臓を直撃した。

かくて鳥居の研究結果を知った伊波は、琉球と日本が遠い昔に手を別ちし種族であることを前提に話をすすめていき、残る問題は琉球種族がどのような経路で「人種移住」をしてきたのかだとした。ポリネシアの人種移住が解明された研究を引き合いに出したのは、それがためであった。そして彼はこの画期的文章の最後を、ひと呼吸おいて次のように締めくくった。「さて琉球群島の研究は日本神代史の研究に多少の光を与へることが出来ぬであらうか。」普通に読めば、いっけん何ということもない問題提起であり、かつ今後への希望を述べているにすぎないようにみえる。だが、私にはそれが当然であるがごときものにみえるだけに、かえって軽々には見逃せない発言と感じる。なにゆえにそう思うのか。

東京帝大で本格的に沖縄の研究を開始した伊波が、沖縄人として初めて、かつては一国として存在した郷里の歴史と文化に、日本による沖縄併合以後四半世紀をへてやっと正面から向き合ったこのとき、伊波はなぜ自己そのものを探ることに集中しようとしなかったのか。いまだみずからを深く知ろうとする緒口に立ったばかりであったにもかかわらず、

「琉球群島の研究」はどうして「日本神代史の研究」に「光を与へること」を考えねばならないのか。「琉球」自体の価値はなぜ「日本」への寄与・奉仕の程度によって、その存在価値のレベルを測られるのか。

この小文「琉球の神話」にはまがいもなく、日本国家における生存のため、あるいは差別に抗する方策をこえた日本への同化が、沖縄の先駆的近代知識人によって牽引されていく端緒がはっきりと芽を出していると私は考えるのである。

見方によっては、南方の僻遠の地であっても日本研究に大きく貢献するだけの内実を備えているのだという文化力の発見といえなくもない。しかし、この時点ではまだ海のものとも山のものとも知れない一介の学生が、そう考えるのは早計にすぎるだろうし、それよりも何よりも、日本研究は琉球・沖縄研究にどう恩恵をもたらすのか、と設問するのが自尊心ある琉球人学者としてはまっとうなのではないか。そうしたヤマト中心思考へと流れる心性こそが、日本国家のなかでマイノリティーの地位に陥った者の、マイノリティーたるゆえんだともいえようが、振り返ってみると、中学校をストライキ事件で放校になって上京してからの約八年、ヤマトでの生活とそこにおける郷里の学習は、身に染み込んだヤマト文化の沖縄研究への反響・浸入をつうじて質的変化をもたらしたようにみえる。

たとえば四、五年前の作である「琉球だより」や「琉球の歴史と其言語と」「琉球史の瞥見」「眠れる巨人」に関してはすでに詳しく縷述したが、それらの文章に横溢していた日本と中国両思想の交互流入による琉球文化の自由奔放さは、この「琉球の神話」に至ると影をひそめている。中国や朝鮮、蒙古、南洋といった周辺地域からの影響やそれとの類似性に注意が向けられるものの、かつては中国とともに二大潮流のひとつでしかなかった日本の存在が、強固な「姉妹的関係」を有する骨格として大きく浮かび上がる様相を呈していた。

この文章が六年後の一九一一（明治四十四）年、『古琉球』に収めら

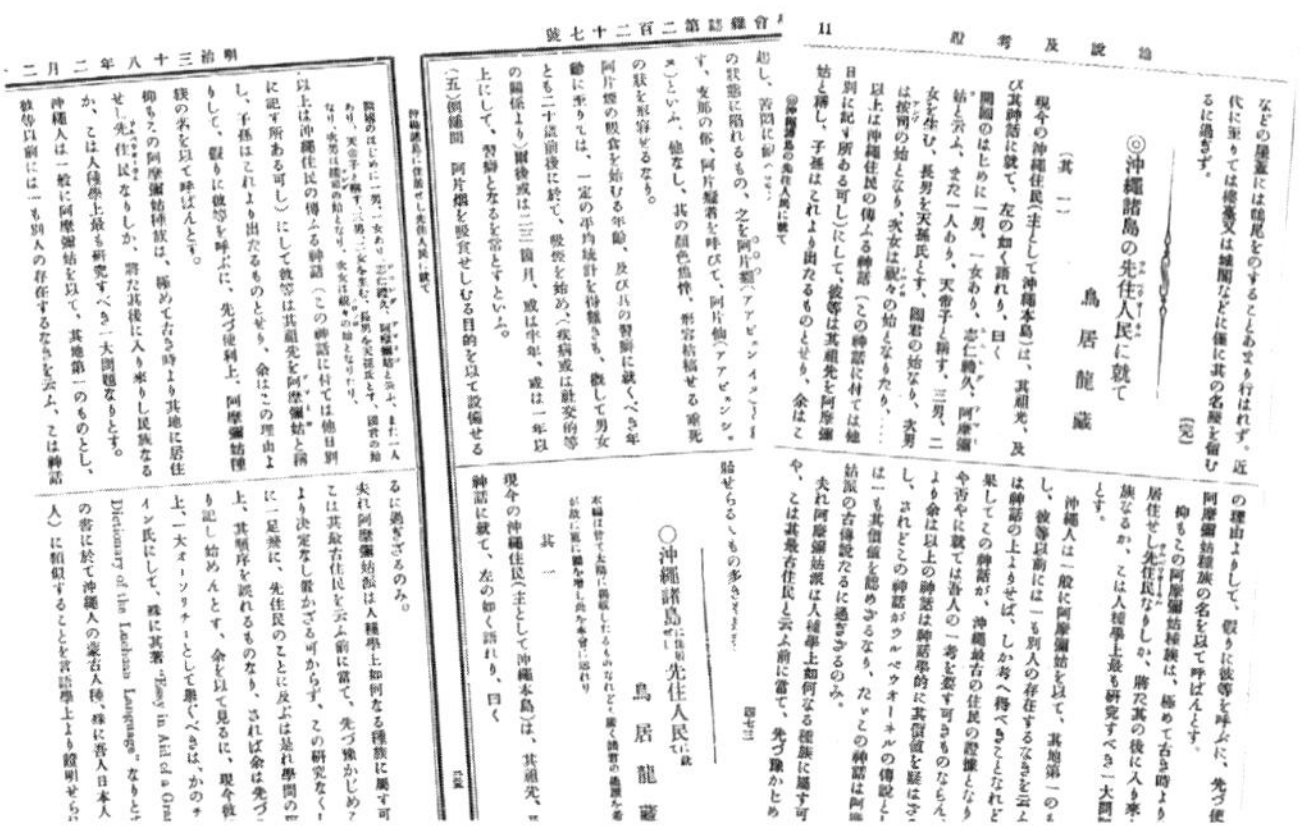

『考古界』（第4篇第8号、1905年2月）と『東京人類学会雑誌』（第20巻第227号、1905年2月）に転載された鳥居龍蔵の論文

れるに際し、著書全体のなかの位置づけがどうであったかについては、また言及することになるだろう。

それにしても、鳥居論文から受けた伊波の感銘は、伊波本人をほとんどノックアウトするかのようなパンチだったらしい。明治三十八年一月の『太陽』（第十一巻第一号）に発表された「沖縄諸島に住居せし先住人民《ウルベウオーネル》に就て」の小論は、二月八日発行の『考古界』（第四篇第八号）、及び二月二

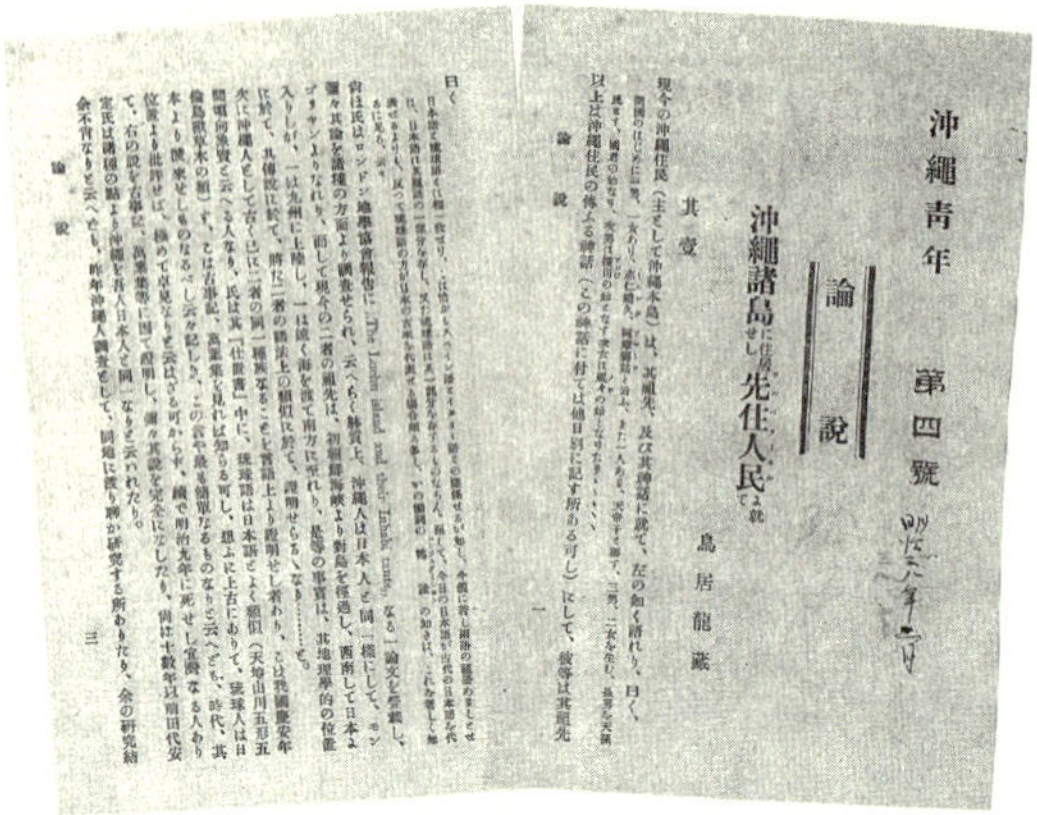
沖縄青年　第四號

論説

沖縄諸島に住居せし先住人民に就て

鳥居龍藏

其壹

現今の沖縄住民（主として沖縄本島）は、其祖先、及び其神話に就て、左の如く語れり、曰く、

以上は沖縄住民の傳ふる神話（この神話に付ては他日別に記す所ある可し）にして、彼等は其祖先

論説　一

『沖縄青年』（第4号、1905年2月）の巻頭を飾った鳥居論文（沖縄県文化振興会公文書館管理部史料編集室・神山政良文庫所蔵）

十日に出た『東京人類学会雑誌』（第二十巻第二二七号）にそれぞれ転載される。さらには、やはり同じ二月に東京の沖縄青年会が発行している『沖縄青年』（第四号）にも掲載されるのである。綜合雑誌『太陽』を手にするヤマトの一般人だけでなく、考古学と人類学の専門家にとっても一読の価値ありと認められたことになる。そして沖縄青年会員にあっても必読の内容だとして、伊波がつよく掲載を推

○沖繩諸島に住居せし先住人民に就て（一）

『琉球新報』に1905（明治38）年3月13日から5日間連載された鳥居論文

奨しただろうことはまちがいない。

しかし、それで終わりではなかった。四つ目の転載として三月十三日から二十三日までの五日間、『琉球新報』に連載となって登場するのである。現地沖縄の人たちに、沖縄とヤマトの関係をぜひとも広く知ってもらいたいとの、伊波の意向がつよく働いていたのはいうまでもない。

沖縄島と石垣島における人類学調査の結果を、鳥居が考察としてまとめたのは、「沖縄人の皮膚の色に就て」「沖縄諸島に住居せし先住人民《ウルベウオーネル》に就て」「八重山の石器時代の住民に就て」の三篇である。そのいずれも先に詳しく紹介したから、ここに再度くり返す必要はないが、二番目の論考は伊波をとくに力づけたものであった。どの点が伊波をつよくとらえたのか、そのポイントだけはくどいようだが重ねて特記しておきたい。

次の二点である。(一) ユーラシア大陸から朝鮮、対馬海峡を経由して九州に上陸した天孫人種の祖先が、その後の進路を東北の近畿・大和地方と南の琉球諸島に別れて移動していったとの学説。(二)そのとき、琉球の島々にはすでに石器時代人が住んでいて、彼らと日本島の石器時代人とが同一であるという主張。

以上の(一)と(二)を、鳥居が一九〇四(明治三十七)年の沖縄・八重山調査で実証的に確認したと伊波は理解したのである。つまり伊波にとっては、沖縄島の人間は大陸から移動してきた(一)の一団も、ま

東京帝大理科大学講師時代の鳥居龍蔵（中薗英助『鳥居龍蔵伝　アジアを走破した人類学者』岩波書店、1995年）

たそれ以前に沖縄に住みついていた（二）の集団も、それぞれがヤマトにいた人間と同類だということを、鳥居が考古学や人類学などの学術面から教えたことになる。

「琉球の神話」のなかで、伊波は「太陽に掲げられたる鳥居氏の論文を見よ」と注意を喚起しつつ、さらにこう続けていた。いわく、（一）については、「人種学者鳥居龍蔵氏が琉球群島探検の結果と相一致して、稍々《しょうしょう》信ずべき説となつた。」そして（二）に関しては、「鳥居氏が研究の結果は（中略）日本石器時代のそれと同一のものであつたらうといふことを証明」した——と。

こうして日本と沖縄の民族関係を二点において「証明」した鳥居論文を、伊波はひとりでも多くの者——ヤマトの人間だけでなく沖縄の人間にも知らしめたかったのであろう。それがいくつもの雑誌や新聞への掲載に手を尽くした伊波の、まさに感激が生み出した原動力だったといってよい。そして何よりも、伊波の「琉球の神話」は、鳥居が第二論考「沖縄諸島に住居せし先住人民《ウルベウオーネル》に就て」で（一）を確認するに際し、琉球の阿摩弥姑開闢神話から説き起こした箇所とまさに同じ認識に立つものであった。

いや、というよりも、鳥居と伊波はそれぞれの論文を『太陽』と『史学界』の一月号に同時執筆することを、あらかじめ申し合わせていたとも思えるのである。そのくらい両者の問題関心は共振し合っていたことになるわけで、げんに史学界の編集者は、伊波の論考に先立って、わざわざ「此新研究が如何に今年盛んならんとする日本人種論の大楔子[注3]たるかを刮目して見るべし」と書き、「正月の太陽雑誌にも鳥居氏の一論文と対照すべき者あり」と紹介していた。

　この、史学界編集者の記述はサラリと読み飛ばすことのできない発言である。なぜなら、伊波の小論「琉球の神話」をこの編集者は「日本人種論」のひとつであると位置づけており、しかも近来稀に見る快著だとみなしているのである。しかしこれは言葉をかえていうならば、ヤマトにとっては何ら害や危険のない、結構な思想内容だといっているに等しい。当時はそうした出版社において、ときあたかも日本人種論が盛んになっていた。

　そのいくつかを紹介するだけでも、明治三十六年に沼田《ぬまた》頼輔《らいすけ》の『日本人種新論』（嵩山房）をはじめ、『東洋学藝雑誌』での小金井《こがねい》良精《よしきよ》と坪井正五郎の日本石器時代人民の論争があり、それらは明治三十七年には『東

注3　楔子（けっし）　くさび、またはかすがいのこと。それから転じて、物事の最も重要なところ。

京人類学会雑誌』において継続的に論文・報告として注目をあびていた。そして他方で、ほとんど同時併行的に『帝国文学』を舞台にして高木敏雄の日本神話学研究――たとえば「日本神話学の建設」（明治三十六年二月以降連載）、「日本古史神話学概論」（明治三十七年二月以降連載）――が発表になっていた。

　まさにそれらの潮流にゆさぶられつつ、そのなかで伊波自身も特異な歴史・文化を造りあげてきた琉球の観点から、彼のうちに強まりつつあったヤマト意識と交差させ

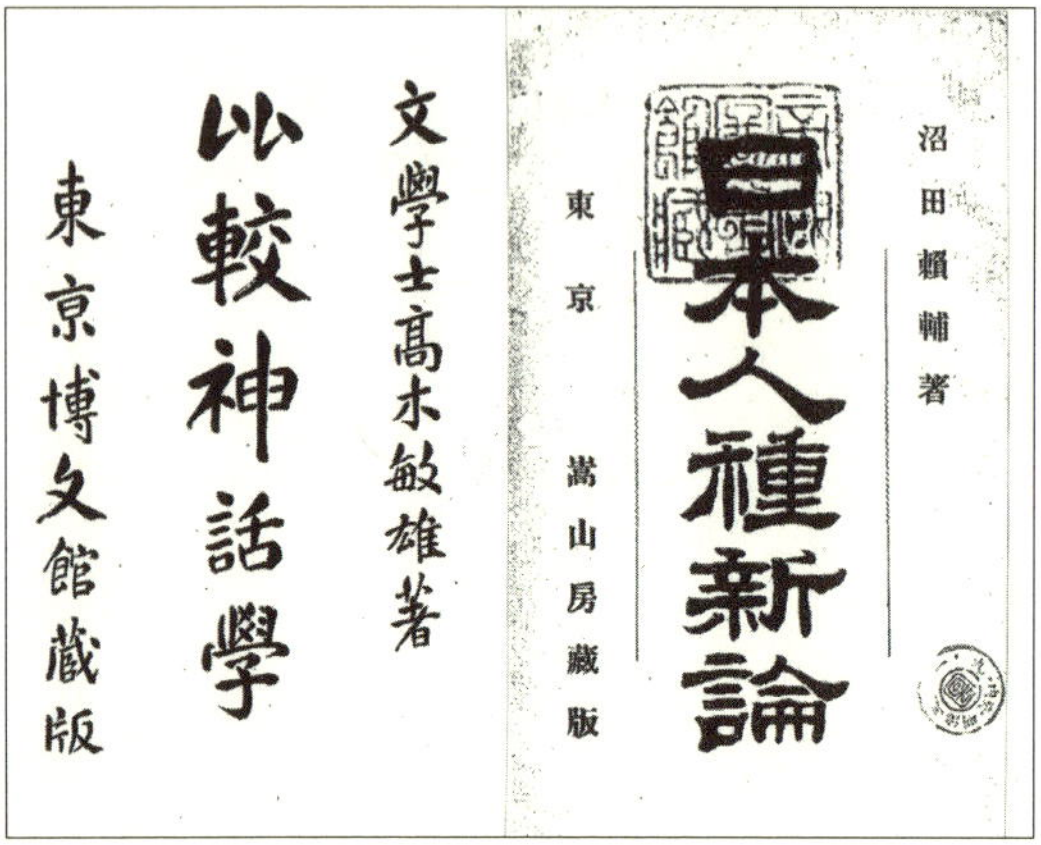

沼田頼輔『日本人種新論』（嵩山房、1903年）と高木敏雄『比較神話学』（博文館、1904年）

ながら、これらの問題に参入していったことになる。

つまり、伊波が「琉球の神話」の末尾を、「琉球群島の研究は日本神代史の研究に多少の光を与へることが出来ぬであらうか」の問いかけで結んだのは、以上のような学界や思想界への即応であったと言っても誤りではない。そして、彼の一途な思いは、そこからさらに一歩踏み込んだ論考を書き上げるべく高揚していったらしい。それを証するものとして、「琉球の神話」が掲載された翌

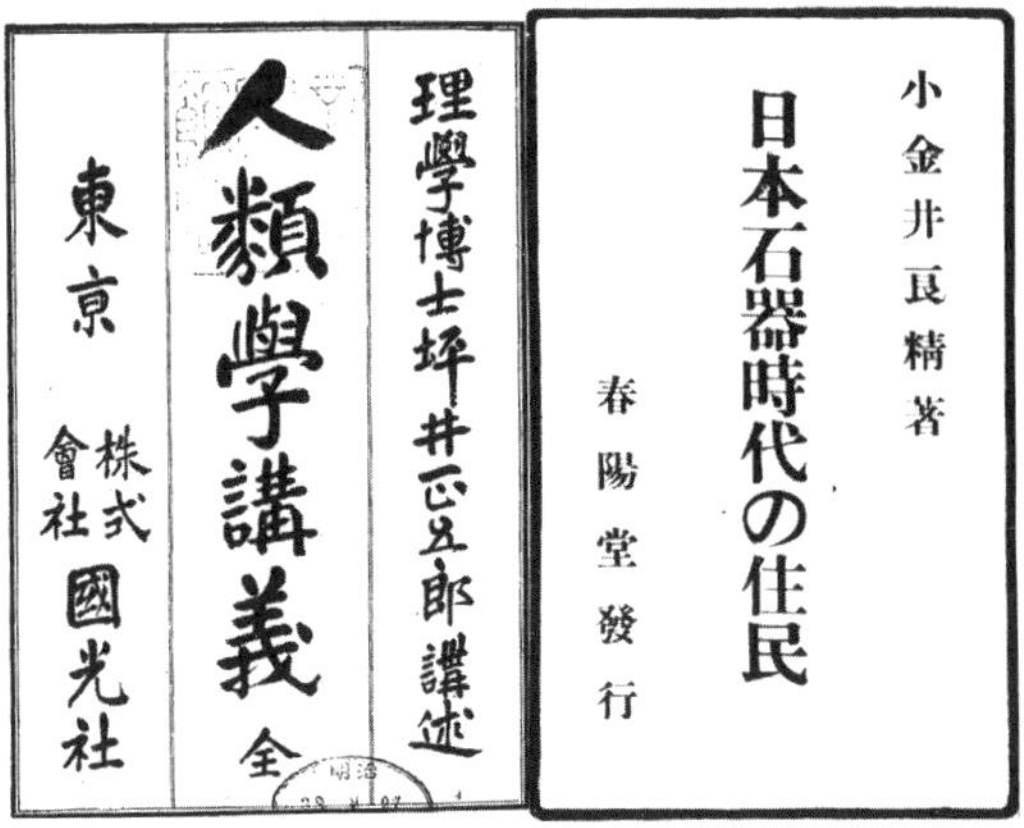

坪井正五郎との論争文を集成した小金井良精『日本石器時代の住民』(春陽堂、1904年)と坪井正五郎の著書『人類学講義』(国光社、1905年)

（右から）伊波普猷が帝大生当時の小金井良精・東京帝大医科大学教授（小川一眞編『Imperial University of Tōkyō　東京帝国大学』小川写真製版所、1904年）と、坪井正五郎・東京帝大理科大学教授（『現代人名事典』再版、中央通信社、1912年）

月の『史学界』（第七巻第二号）の「次号予告」論文をあげることができる。そこには鳥居龍蔵の「日本人種論　特に小金井博士の新著の批評」とともに、伊波の「日本上代人種論」の執筆が予告されているのである。

しかし、いかなる事情があったのか、「日本上代人種論」が書かれることはなかった。ではそのとき伊波は、その中身をどう構想したうえで編集者に自分の意向を伝えていたのか。おそらく、彼のいう「日本」は、日本本土で論じられているようなまったくのヤマト・オンリーの内容ではなくて、琉球と日本との歴史的な関連、あるいは琉球の神話・伝説・俚歌・童謡といった文学的基盤を裏づけにした広義の「日本」であって、たぶんにオモロを念頭においた上代人種論だったと想像される。そして鳥居の所論である上記の（一）と（二）が、よりいっそう伊波の人種論を強固に支える根拠になっていたのは、改めていうまでも

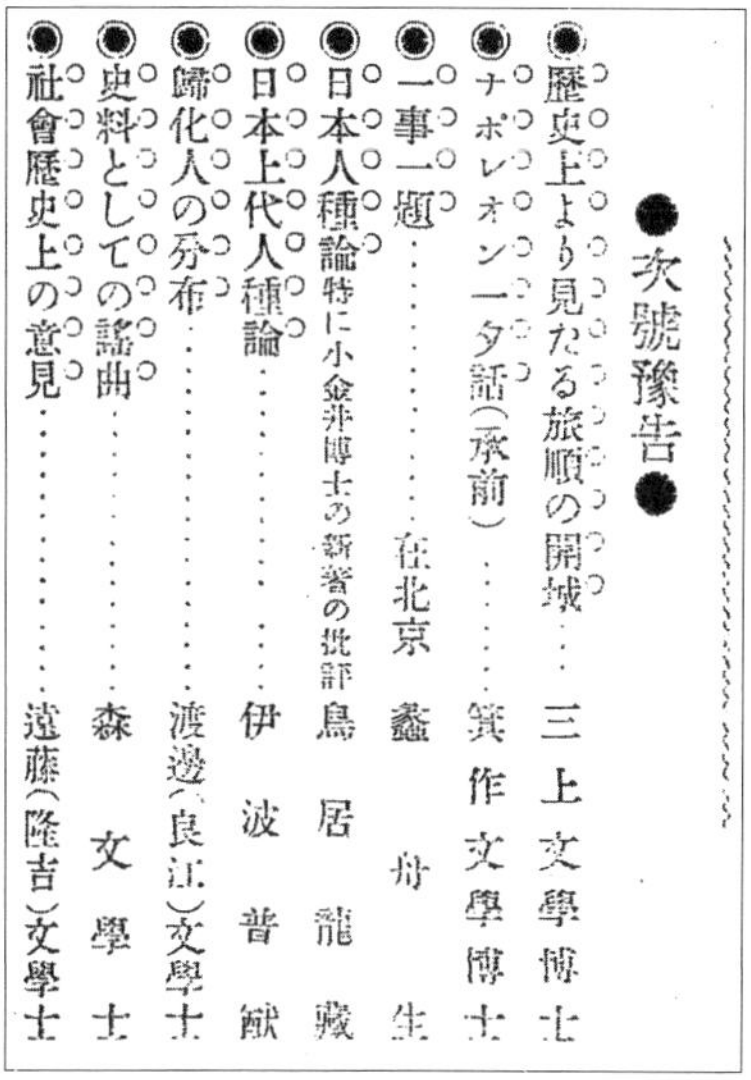
●次號豫告●

◎歷史上より見たる旅順の開城……三上文學博士
◎ナポレオン一夕話（承前）……箕作文學博士
◎一事一題……在北京　蠡舟生
◎日本人種論特に小金井博士の新著の批評　鳥居龍藏
◎日本上代人種論……伊波普猷
◎歸化人の分布……渡邊（良江）文學士
◎史料としての謠曲……森文學士
◎社會歷史上の意見……遠藤（隆吉）文學士

伊波普猷の「日本上代人種論」執筆予告文
（『史学界』第7巻第2号、1905年2月）

ない。

いずれにせよ、伊波の「日本上代人種論」は、予告された一九〇五（明治三十八）年三月の『史学界』（第七巻第三号）には陽の目を見ないままに終わった。その後も関係雑誌や新聞にも現れることはなかった。しかし、それは一年半後に理路整然と練り直され、かたちを変えて、伊波の東京帝国大学文科大学卒業論文として結実することになるのである。

鳥居龍蔵の「沖縄諸島に住居せし先住人民《ウルベウオーネル》に就て」は、綜合雑誌『太陽』から四つもの新聞・雑誌に転載された。『考古界』と『東京人類学会雑誌』にはとくに鳥居の、『沖縄青年』と『琉球新報』へは伊波普猷の、それぞれ尋常ならぬ思い入れがあったはずである。

その論考が『太陽』に発表になる前から内容をぢかに聞き知っていた伊波は、その圧倒的な風圧を受けて、「琉球の神話」を同じ一月に書き上げたのであった。そして、この伊波の小論も同年一月の『琉球新報』（十七〜二十九日）と二月の『沖縄青年』（第四号）に矢継ぎ早に転載された。

鳥居と伊波の、このふたつのペアともいうべき論考は、鳥居の転載が四点ともまったく同じものであるのに対し、伊波のそれには若干の手が加えられている。

一九〇五（明治三十八）年一月の『史学界』（第七巻第一号）に出た初出の文章は、十七日からの『琉球新報』掲載には手を入れる時間的余裕がなかったろうが、ひと月後に発行された『沖縄青年』の「琉球の神話《ミトロギー》注4」では、口調をよりなめらかにしつつ、さ

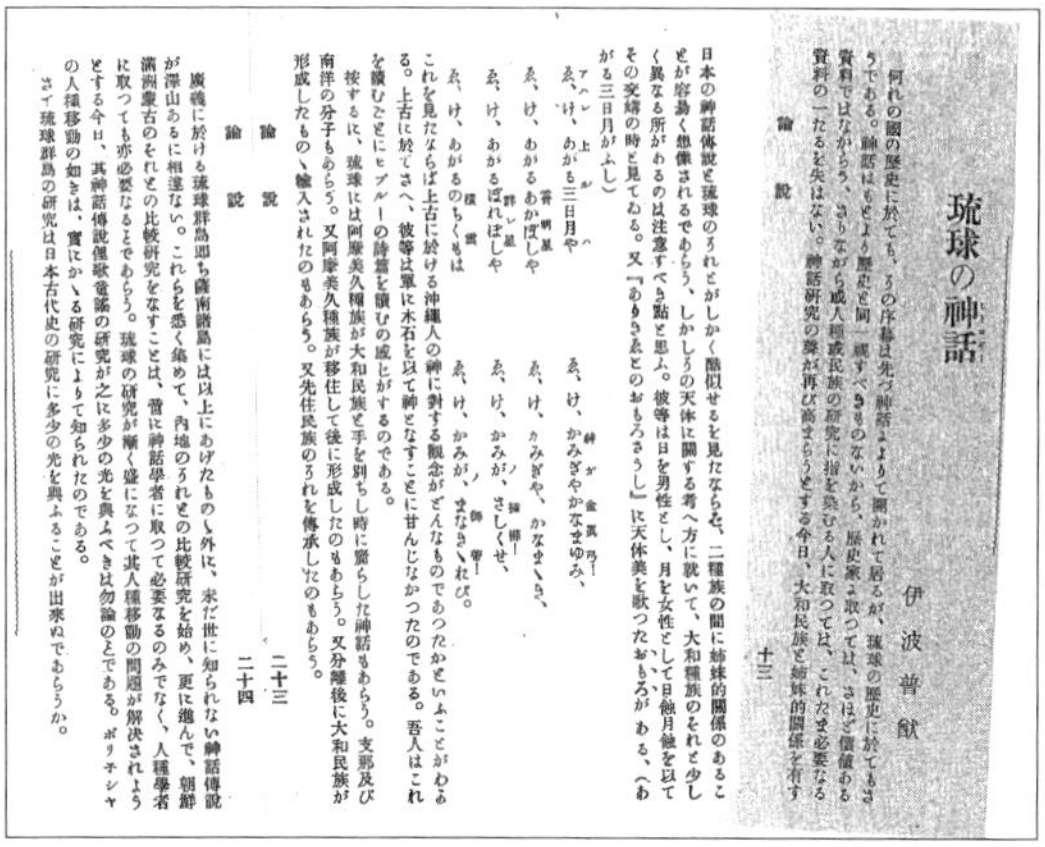
琉球の神話

伊波普猷

何れの國の歴史に於ても、其の序幕は先づ神話によりて開かれて居るが、琉球の歴史に於てもさうである。神話はもとより歴史と同一視すべきものでないから、歴史家に取つては、さほど價値ある資料ではなからう、さりながら或人種或民族の研究に指を染むる人に取つては、これ丈け必要なる資料の一たるを失はない。神話研究の聲が再び高まらうとする今日、大和民族と姉妹的關係を有す

論説　十三

日本の神話傳説と琉球のそれとがしかく酷似せるを見たならば、二種族の間に姉妹的關係のあることが容易く想像されるであらう、しかしその天体に關する考へ方に就いて、大和種族のそれと少しく異なる所があるのは注意すべき點と思ふ。彼等は日を男性とし、月を女性として日蝕月蝕を以てその交媾の時と見てゐる。又『ありきゑとのおもろさうし』に天体美を歌つたおもろがある、（あがる三日月がふし）

ゑ、け、あがる三日月や　ゑ、け、かみぎやかなまゆみ、
ゑ、け、あがるあかぼしや　ゑ、け、かみぎや、かなまゝき、
ゑ、け、あがるぼれぼしや　ゑ、け、かみが、さしくせ、
ゑ、け、あがるのちくもは　ゑ、け、かみが、まなきゝれび。

これを見たならば上古に於ける沖繩人の神に對する觀念がどんなものであつたかといふことがわかる。上古に於てさへ、彼等は單に木石を以て神となすことに甘んじなかつたのである。吾人はこれを讀むごとにヒブルーの詩篇を讀むの感じがするのである。

按するに、琉球には阿摩美久種族が大和民族と手を別ちし時に齎らした神話もあらう。支那及び南洋の分子もあらう。又阿摩美久種族が移住して後に形成したのもあらう。又分離後に大和民族が形成したもの丶輸入されたのもあらう。又先住民族のそれを傳承したのもあらう。

論説　二十三

論説　二十四

廣義に於ける琉球群島即ち薩南諸島には以上にあげたもの丶外に、未だ世に知られない神話傳説が澤山あるに相違ない。これらを悉く集めて、内地のそれとの比較研究を始め、更に進んで、朝鮮滿洲蒙古のそれとの比較研究をなすことは、啻に神話學者に取つて必要なるのみでなく、人種學者に取つても亦必要なることであらう。琉球の研究が漸く盛になつて其人種移動の問題が解決されようとする今日、其神話傳説俚歌童謡の研究が之に多少の光を與ふべきは勿論のことである。ポリネシヤの人種移動の如きは、實にかゝる研究によりて知られたのである。

さイ琉球群島の研究は日本古代史の研究に多少の光を與ふることが出來ぬであらうか。

1905（明治38）年１月の『史学界』論考に加筆し、2月発行の『沖縄青年』（第４号）に掲載された伊波普猷の「琉球の神話（ミトロギー）」（沖縄県文化振興会公文書館管理部史料編集室・神山政良文庫所蔵）

注4　神話（ミトロギー）ミソロジー（mythology）のこと。

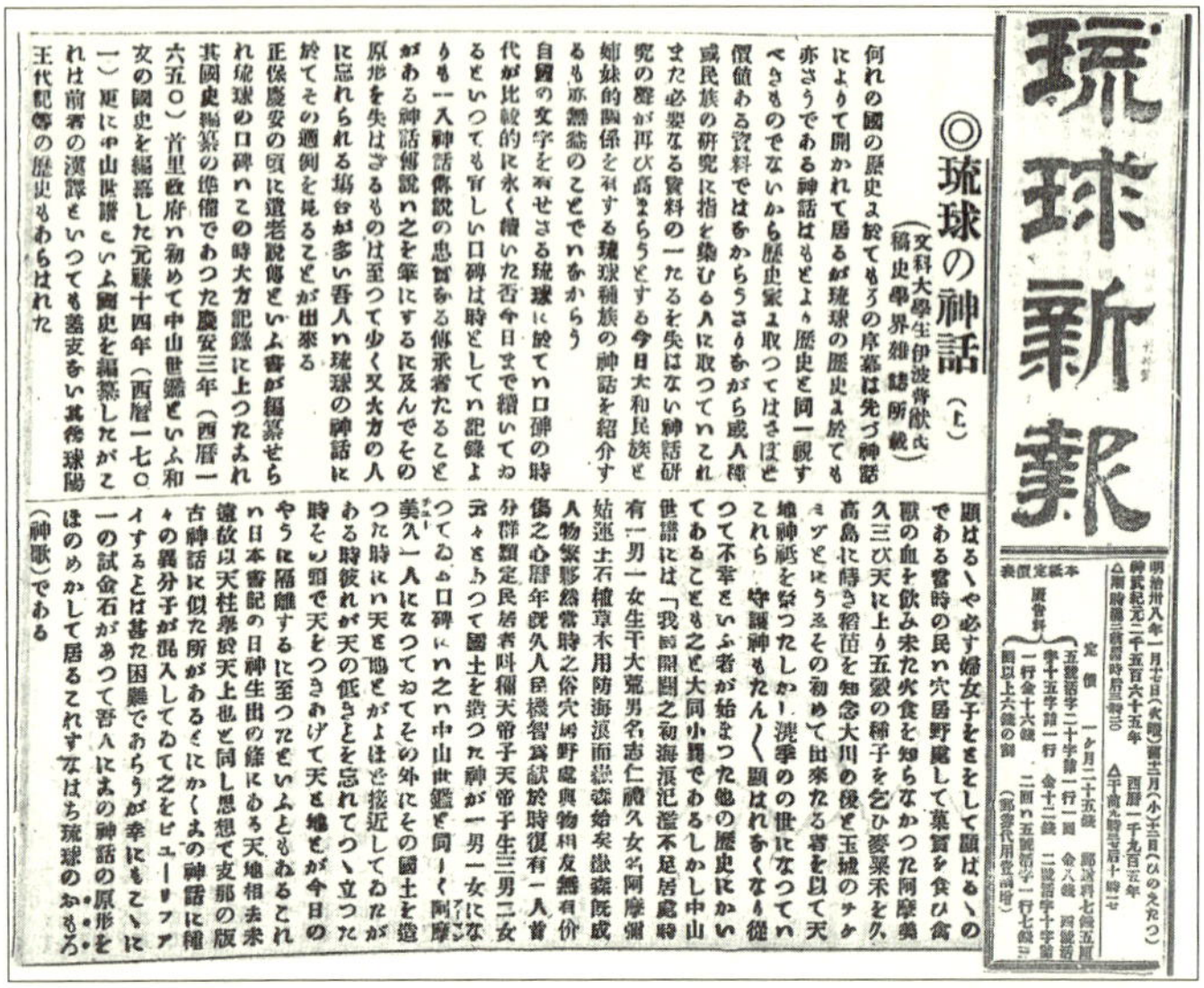

琉球新報

明治卅八年一月十七日（火曜）舊十二月（小）十二日（ひのえたつ）
神武紀元二千五百六十五年　西暦一千九百五年

◎琉球の神話（上）

（文科大學生伊波普猷氏
稿史學界雑誌所載）

何れの國の歴史に於てもその序幕は先づ神話によりて開かれて居るが琉球の歴史に於ても亦さうである神話はもとより歴史と同一視すべきものでないから歴史家に取つてはさほど價値ある資料ではなからうさりながら或人種或民族の研究に指を染むる人に取つてはこれまた必要なる資料の一たるを失はない神話研究の聲が再び高まらうとする今日大和民族と姉妹的關係を有する琉球種族の神話を紹介するも亦無益のことではなからう

自國の文字を有せざる琉球に於ては口碑の時代が比較的に永く續いた否今日まで續いてゐるといつても宜しい口碑は時として記錄よりも一入神話傳說の忠實なる傳承者たることがある神話傳說は之を筆にするに及んでその原形を失はざるものは至つて少く又大方の人に忘れらるる場合が多い吾人は琉球の神話に於てその適例を見ることが出來る

正保慶安の頃に遺老說傳といふ書が編纂せられ琉球の口碑はこの時大方記錄に上つたよれ其國史編纂の準備であつた慶安三年（西暦一六五〇）首里政府は初めて中山世鑑といふ和文の國史を編纂した元祿十四年（西暦一七〇一）更に中山世譜といふ國史を編纂したがこれは前者の漢譯といつても差支ない其後球陽王代記等の歴史もあらはれた

顯はるゝや必す婦女子ををして顯はるゝのである當時の民は穴居野處して菓實を食ひ禽獸の血を飲み未だ火食を知らなかつた阿摩美久三び天に上り五穀の種子を乞ひ麥粟禾を久高島に蒔き稻苗を知念大川の後と玉城のチカミツとにうゑその初めて出來たる者を以て天地神祇を祭つたしかし洪季の世になつてはこれら守護神もだん〳〵顯はれなくなり従つて不幸といふ者が始まつた他の歴史にかいてあることも之と大同小異であるしかし中山世譜には「我國開闢之初海浜汜濫不足居處時有一男一女生于大荒男名志仁禮久女名阿摩彌姑運土石植草木用防海浪而嶽森始矣嶽森既成人物繁滋當時之俗穴居野處與物相友無有价傷之心歴年既久人民機智爲欲於時復有一人首分群類定民居者叫稱天帝子天帝子生三男二女云々とあつて國土を造つた神が一男一女になつてゐる口碑にはこれは中山世鑑と同じく阿摩美久一人になつてゐてその外にその國土を造つた時には天と地とがよほど接近してゐたがある時彼れが天の低きことを忘れてつゝ立つた時その頭で天をつきあげて天と地とが今日のやうに隔離するに至つたといふこともゐるこれは日本書記の日神生出の條にある天地相去未遠故以天柱擧於天上也と同じ思想で支那の版古神話に似た所があるとにかくこの神話に種々の異分子が混入してゐて之をピューリファイすることは甚だ困難であらうが幸にもこゝに一の試金石があつて吾人にこの神話の原形をほのめかして居るこれすなはち琉球のおもろ（神歌）である

『琉球新報』に転載された伊波普猷の「琉球の神話」第1回目（1905年1月17日）

らに細かな追加説明がなされた。史学の専門雑誌と同郷青年の親睦雑誌とのちがいはあるものの、そのわずかな変更のうちには、伊波自身も意識しなかった琉球・沖縄観が潜んでいたようにみえる。

　加筆をなした第一点目は、末尾ちかくの一節、「琉球の研究が漸く盛になつて、その人種移住の問題が解釈されやうとする今日」が、「――其人種移動の問題が解決されようとする今日」になったことである。「移住」から「移動」はまだしも、「解釈」が「解決」に語句修正したことの意味は大きい。

たった一文字の入れ替えにすぎないが、伊波にしてみれば、琉球の祖先（または阿摩美久種族）が大和民族と分離して以後の「移動」については、鳥居の調査報告が厳然たる科学的実証性をもつ事実とみなされていたのであり、もはや「解釈」云々の問題ではなくて、すでに「解決」されたも同然との謂である。その「事実」をこれからの沖縄を背負って立つ青年たちに向けて強調し、啓蒙発信した意図が込められていた。ここに至って、それまで伊波の内面で揺れていた沖縄の由来、つまりヤマトとの関係性を説明するのに、確固たる自信が生じたことになる。

第二点目は、大陸から到来した阿摩美久種族と、彼らがやって来る以前すでに琉球諸島に暮らしていた先住人民との接触を、古宇利島の神話と沖縄島に伝わる口碑で予想したこと。しかもその内容たるや、アマミクである裸体の婦女子が、同じ沖縄の先住人民の食人種を退治するというのだから、じつに大胆な仮説というほかはない。沖縄の祖先人民のあいだにおける侵入興亡史であって、それまで誰も想像したことさえないもので、まさにアッと驚くタメゴロー（古い言い草だが）。また、男女交合の説話が何の遠慮もなく赤裸々に次々と出てくることなど、その自由奔放さには思わず目を見張らされるものがある。

そして三点目が、『おもろさうし』が内包するものの独自性である。伊波たちに伝えられてきた琉球の神話には、時代とともに日本書紀や中国、その他「種々の異分子が混入して」おり、もともとの原形を復元するのはむつかしかった。オモロの価値は、その原形を彷彿とさせる手がかりを与えるなど、「琉球の古語や琉球の歴史を研究し、はた琉球古代の思想をうかゞはうとする人には欠くべからざる資料」という点にあった。たとえば、琉球の天地創造を謳った「むかしはじめからのふし」（『おもろさうし』第十「ありきゑとのおもろ御さうし」）は、『遺老説伝』に採録された口碑だけでなく、琉球の正史『中山世鑑』と『中山世譜』に受け継がれていく開闢神話にも密接な関連をもっていた。それは古事記の開闢説も含めてポリネシアなどの「海洋的分子」にも通じるものがあるとの認識である。

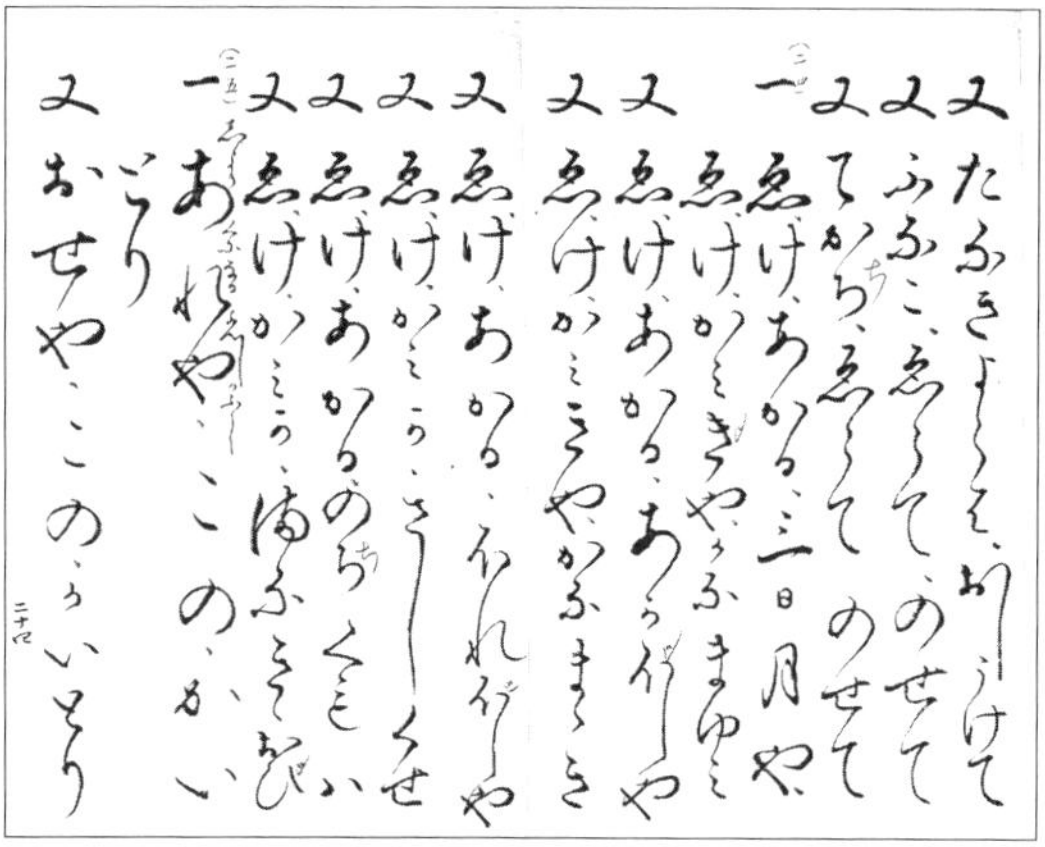

伊波普猷にヘブライの詩篇を想起させた「あがる三日月がふし」
（仲吉本『おもろさうし』第十　ありきゑとのおもろ御さうし）

　こうした神話伝説を広く比較してみるとき、琉球と日本のそれが著しい類似性を示しているのは明らかで、「二種族の間に姉妹的関係のあることが容易く想像されるだろう」と伊波は書く。しかしそのうえでなおかつ、オモロには「大和種族のそれと少しく異なる所があるのは注意すべき点と思ふ」とも書かざるをえなかった。「あがる三日月がふし」に映し出された天体美こそは、「上古に於ける沖縄人の神に対する観念がどんなものであつたかといふことがわかる」という。伊波は「これを読むごとにヒブルーの詩篇[注5]を読むの感じがするのである」と感嘆しているが、彼のこの「感じ」は多くの異分子のなかにあって、日本との共通性がいかに多いものではあっても、それはじつに緩やかな「関係」を示していた。

　むろん伊波の本意は、姉妹的関係が日本とのあいだに連綿とした一本線で貫かれていることをいうにあった。しかし、皮肉なことに改稿文「琉球の神話《ミトロギー》」の中身は、ヤマトとの結びつきが、沖縄の周辺地域から流入した多様な異分子のひとつとして、いかにも細い様相を呈している。琉球を一方的に日本へ規定するような、呪縛的なそれからはほど遠い叙述なのである。『沖縄青年』の改稿文は、私にそうした印象を与えずに

注5　ヒブルーの詩篇　旧約聖書に収録されているヘブライ詩篇（The psalms）を指す。その一例、「もろもろの天は神のえいくわうをあらはし穹蒼（おほそら）はその手（みて）のわざをしめす／……／そのひゞきは全地にあまねくそのことばは地のはてにまでおよぶ／……／そのいでたつや天の涯（はし）よりし　その運（めぐ）りゆくや天のはてにいたる」。

はおかない。

かくて伊波はこの論考の最後で、「琉球群島の研究は日本古代史の研究に多少の光を与ふることが出来ぬであらうか。」と締めくくった。彼のヤマトに寄せる思いにもかかわらず、実際の内容は琉球が周辺世界との比較研究を推し進めることによって、日本古代史への光というよりも、琉球古代の研究が多大の光明を受けているように映る。琉球・沖縄のありようは、その長い歴史の所産として、ヤマトに収斂《しゅうれん》されないほどの、じつに多様なチャンプルー的雑種性を際立たせていたともいえよう。そして、オモロは伊波にとってそうした特異性を支える中核として存在していた。

2 「国語」と琉球・沖縄

東京帝国大学文科大学の二年目に、伊波普猷がどの科目を選択したのか、逐一の詳細はわからない。ただ一年目に上《う》田《えだ》万年《かずとし》教授の言語学、坪井正五郎理科大学教授の人類学は受講していたから、おそらく明治三十七年の九月に始まる新学年では、必修科目の社会学と参考（選択）科目の国語学を履修プランに入れていたはずである。たぶん社会学は建部遯吾[注6]教授で、国語学は助教授になったばかりの新村出《しんむらいずる》が担当

明治末年の建部遯吾（『明治聖代教育家銘鑑』第1編、教育実成会編・刊、1912年）

注6　建部遯吾（たけべ・とんご　一八七一〜一九四五）　新潟生まれの社会学者。一八九六（明治二十九）年に帝大文科大学哲学科卒業。外山正一に認められ、ベルリン大学へ留学。明治三十四年に帝大教授。儒教的な家族国家観をもち、対ロシア強硬論者であった。

であった。

いまでは『広辞苑』で有名な新村だが、彼は明治三十二年に東京帝大の文科大学博言学科を卒業したあと、東京高等師範学校に職を得ていた。そして明治三十五年以後は高等師範の教授でありながら、明治三十七年八月に帝大文科大学の講師から助教授に昇任するというように、ふたつの大学の職を兼任していたのである。帝大卒業のとき、恩賜の銀時計をもらうほどの秀才だったから、その程度は当たり前だったのであろう。当時、文科大学言語学科での同僚には藤岡勝二《ふじおかかつじ》助教授、保科孝一《ほしなこういち》助教授、八杉貞利《やすぎさだとし》講師、金沢庄三郎講師がいた。

社会学はたまたま必修だったとはいえ、当時の伊波がかかえる問題意識は、げんに彼が身をおく世間の、それこそ雑多な事象を考える際の、その背後もしくは根底に潜むものを読み取る〝社会〟学の素養をまさに必要としていた。それは世の中という自己の外部にあるものの理解というだけでなく、その中にうごめく自己を含む雑多な人間行動をひっくる

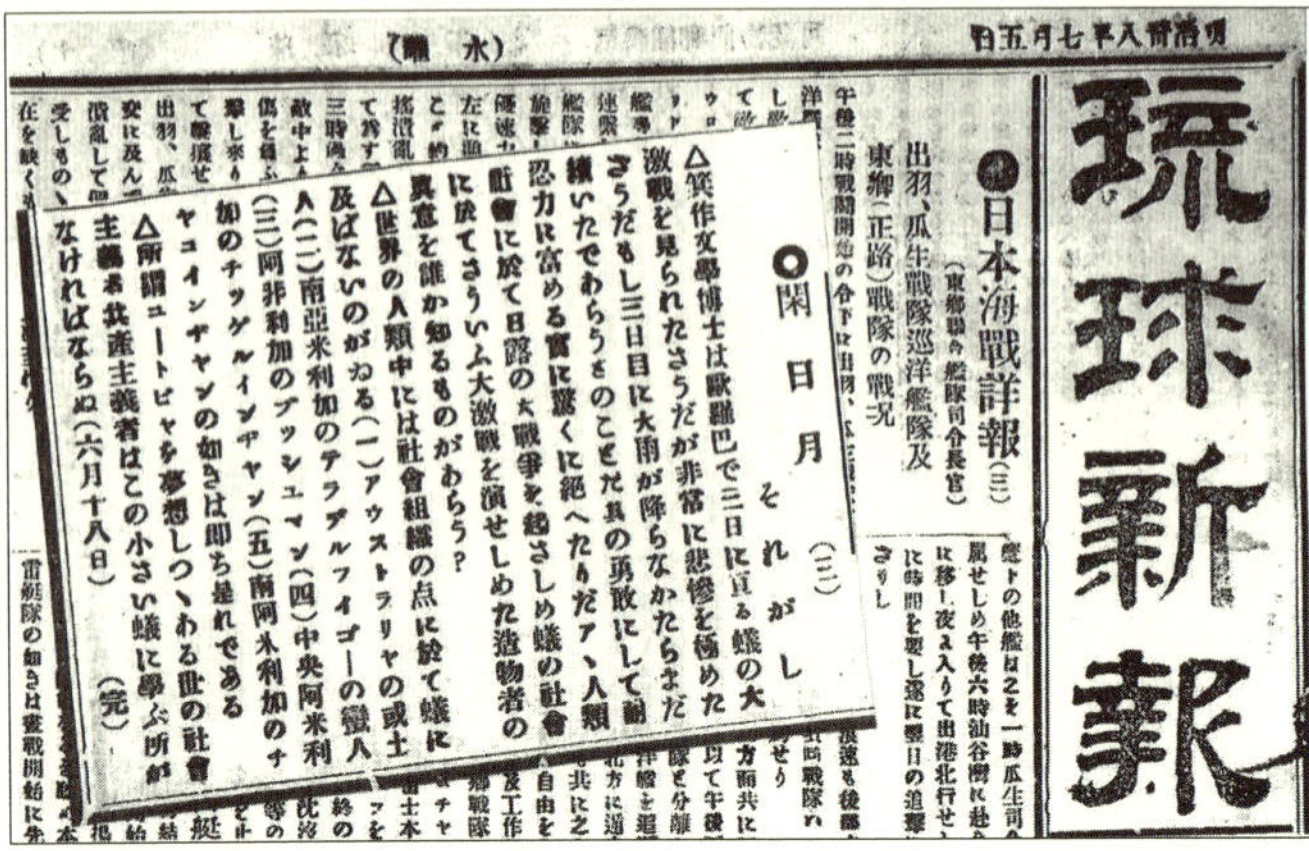
明治卅八年七月五日　（水曜）

琉球新報

○日本海戰詳報（三）
（東郷聯合艦隊司令長官）
出羽、瓜生戰隊巡洋艦隊及東郷（正路）戰隊の戰況

○閑日月　それがし　（三）

△箕作文學博士は歐羅巴で三日に亘る蟻の大激戰を見られたさうだが非常に悲慘を極めたさうだもし三日目に大雨が降らなかたらまだ續いたであらうとのことだ其の勇敢にして剛忍力に富める實に驚くに絶へたりだア、人類社會に於て日露の大戰爭を惹さしめ蟻の社會に於てさういふ大激戰を演せしめた造物者の眞意を誰か知るものがあらう？

△世界の人類中には社會組織の点に於て蟻に及ばないのがゐる（一）アウストラリヤの或土人（二）南亞米利加のテラデルフイゴーの蠻人（三）阿非利加のブッシユマン（四）中央阿米利加のチツゲルインヂヤン（五）南阿米利加のヤユインヂヤンの如きは即ち是れである

△所謂ユートピヤを夢想しつゝある世の社會主義者共産主義者はこの小さい蟻に學ぶ所がなければならぬ（六月十八日）

（完）

1905（明治38）年7月5日の『琉球新報』に掲載された「それがし」名による伊波普猷の連載コラム「閑日月」

めた社会の学問であり、たんにヤマト社会に限定されるものでもなかった。一九〇五（明治三十八）年六月二十三日の『琉球新報』の「閑日月」に、伊波が「それがし」の匿名で吐露した一節がまさにそれを示している。――「沖縄ほど社会学の研究資料に富んだ所は少いと思ふ」。日本と沖縄の歴史的時間の流れが、いかにその社会を別物にしていたか、両社会の習俗や人間のありようの相違を、改めて痛いほど彼に自覚させたということになる。

伊波の連載「閑日月」の七月五日付内容は、初めて社会学の講義を受講し、それによって啓発された一文ということができよう。ここでは二点だけ注意を喚起しておきたい。一点目は、昆虫のアリ相互間の闘争は、相手を滅ぼすくらいに徹底的に行われるという話に始まる。七月一日の前々回と三日の前回分にはアリ社会のしくみや活動が人類社会の発達段階との比較で、両者に類似点が多いことが話題にされていた。原始的動物であるアリでさえも、兵隊アリは一旦緩急のときには当然に常備軍になるが、平時にはそのグループの教導をつとめる。他方でほかの労働アリにあっては分業はもとより、殖民事業や共同議会のようなこともするのだという。そしてさらには女王アリを中心にして、みずからのテリトリーを確保して一種の共産主義に則って行動していることなどが紹介されていた。

以上のことを念頭に、伊波は世界の人類にはこのアリ社会の組織にも及ばないものが存在すると言って、オーストラリアの土人ほかアフリカのブッシュマン、南アメリカのテラデルフイゴーなど五例をあげるのである。これらの人類に関する知識の仕入先は、坪井の『人類学講義』(国光社、一九〇五年)、あるいは鳥居龍蔵の著書にもそのことが載っているから、東京帝大理科大学の人類学教室であることはまちがいない。

こうした伊波の人類観は、「国家」形成の歴史的経験があるかないかの基準でもって、アイヌや生蕃を朝鮮や琉球よりも格段に低い民族とみる認識に至るはずで、それぞれの民族が受け継いできた貴重な文化遺産——神話や伝承、文学の如何にかかわらず、その民族の上下を価値づけるものとなる。かくして、伊波が「琉球の神話」のなかで事例として取り上げた東西の神話、たとえばヘブライやポリネシアなども、以上のような視座、国家や社会組織の観点を加味すると、たちまち様相を異にするのである。

二点目は、そのころの日本社会に登場してきた左翼思想と社会主義運動への忠言である。いわく、「所謂《いわゆる》ユートピヤを夢想しつゝある世の社会主義者共産主義者はこの小さい蟻に学ぶ所がなければならぬ」。つまり、アリ社会を一丸となって動かし、一糸乱れずに目的を達成していく統一原理や社会組織に注目してなのであろうが、ちょうど二年半前の明治三十六年十月十二日、日露戦争に対して敢然と非戦を唱えた堺利彦[注7]、幸徳秋水[注8]の連袂「退社の辞」を、伊波もおそらく『萬朝報』[注9]で目にしたかもしれ

明治37年11月、伊波普猷が「琉球の神話」を書いたころの幸徳秋水（塩田庄兵衛編『幸徳秋水の日記と書簡』未来社、1954年）

注7　堺利彦（さかい・としひこ　一八七〇～一九三三）
福岡出身の社会主義者。一九〇三（明治三十六）年に秋水と平民社を設立し『平民新聞』を創刊。日本共産党の結成に加わる。号は枯川（こせん）。

注8　幸徳秋水（こうとく・しゅうすい　一八七一～一九一一）
高知出身の社会主義者、無政府主義者。中江兆民を師と仰ぐ。冤罪の大逆事件で絞首刑となった。著作に『廿世紀之怪物　帝国主義』（一九〇一年）、『社会主義神髄』（一九〇三年）など多数。本名は伝次郎。

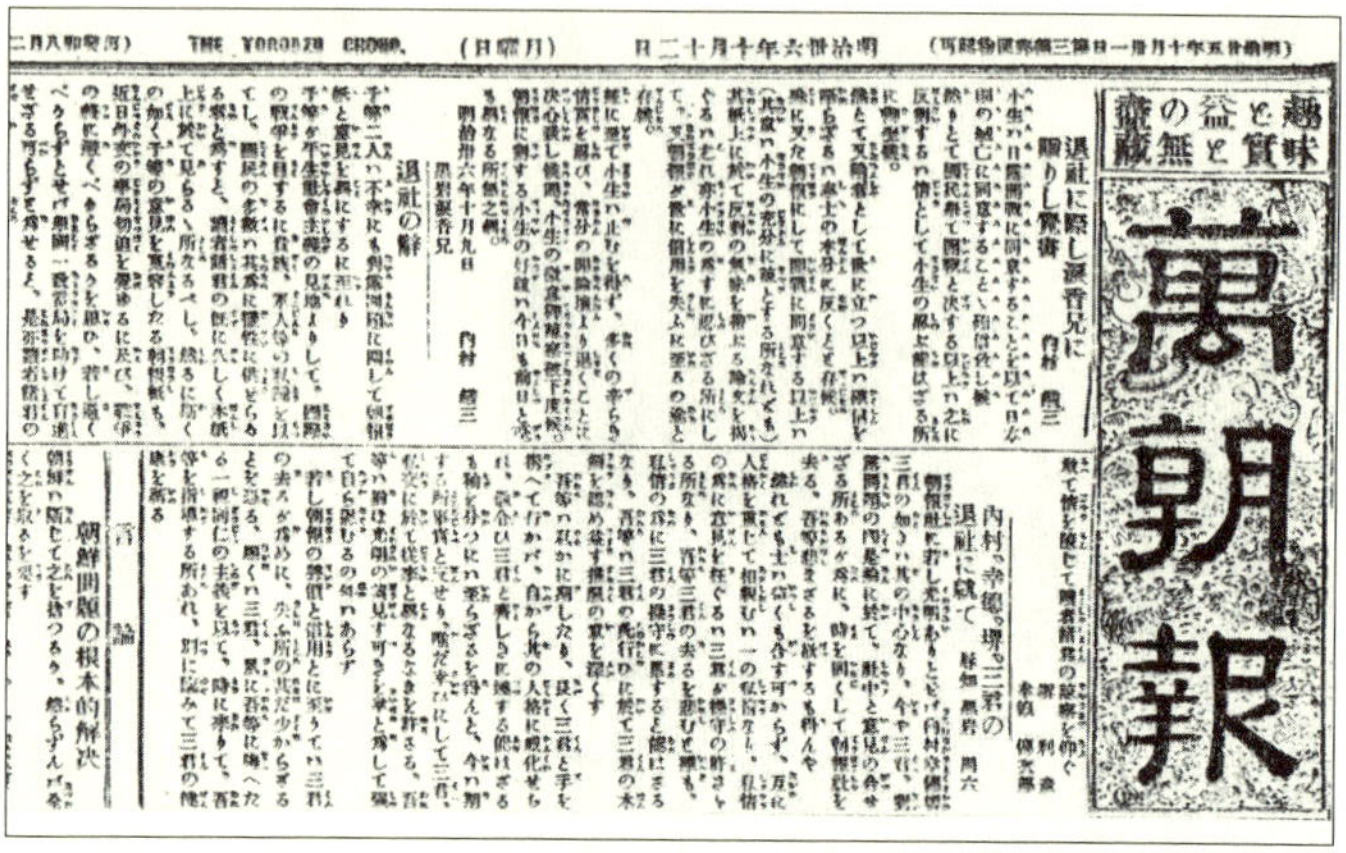

萬朝報

明治卅六年十月十二日　（月曜日）　THE YOROZU CHOHO.

退社に際し涙香兄に贈りし覺書　内村鑑三

退社の辭　内村鑑三

内村、幸徳、堺三君の退社に就て　涙香　黒岩周六

言論

朝鮮問題の根本的解決

日露戦争に反対した内村鑑三、堺利彦、幸徳秋水の退社の辞（『萬朝報』1903年10月12日）

ない。そしてその後の『平民新聞』[注10]や社会主義協会[注11]を中心とする演説会などの行動も、世を賑わすニュースとして、つよい印象で見聞きしていたうえでの不満の発言なのである。アリが日本人のように、「勇敢にして耐忍力に富」む一方、彼らの戦争が「非常に悲惨を極めた」ものであることを記述。それを承知したうえで伊波は、「完全なる社会組織をなす」点でアリを高く評価するのである。

注9　『萬朝報』（よろずちょうほう）
一八九二（明治二十五）年発刊の日刊新聞。創刊者は黒岩周六（筆名・涙香＝るいこう）で、昭和十五年まで継続した。

注10　『平民新聞』
明治三十六年に創刊された社会主義の週刊新聞。二年後に弾圧されて廃刊となったが、その後日刊に衣替えして対抗、明治四十年に思想対立や検挙で消滅した。

注11　社会主義協会
明治三十三年に発足した社会主義の宣伝・普及を目的とした団体。社会主義学術大演説会や討論会などを各地で活発に行ったが、明治三十七年に活動禁止となった。

ただし、伊波のこの短文からは彼が日露戦争に対して、また幸徳たちにどういうまなざしを向けていたのかを、はっきりとこうだと断定することはできない。「ア、人類社会に於て日露の大戦争を起さしめ蟻の社会に於てさういふ大激戦を演ぜしめた造物者の真意を誰か知るものがあらう？」こう書いているだけだが、はるか後年の昭和八年、自作オモロ「迎へほこら」に、「露西亜《おろしや》とのくはらに／皇国《みくに》す稜威《せぢ》まさたれ／みかない嵩《かさ》みゆかかさで／おかけぶさへ聖代《みよ》に／いきはてのおきなは」とあるのを、日露戦争に対する伊波の批判回答とするのは早計であろう。皇国の栄光を、重税にあえぐ人びとが支えているとの痛覚は、日露戦役当時はむろんのこと、大正末年から昭和初期にかけての、いわゆるソテツ地獄においても同様であった。だが、「日本」国家を「沖縄」から根柢的に問い糺《ただ》す姿勢は弱かった。異種としての沖縄人への切り返しが、たえず心の隅で予感されていたからであろう。

西暦一九〇五年の明治三十八年――。東京帝大の二年に進級した伊波普猷にとって、この年はたんなる年ではない。彼が幼少のころに学校教育を受けて以後、曲がりなりにも郷土のことを考えるようになった歳月を振り返っていうのだが、この年は彼が第三高等学校の一年の第二学期を迎えた明治三十四年に続く、大きな節目をなすものである。

明治三十三年の秋、京都の三高に入って幾日もたたないうちに発表した「琉球歴史を読む」は、東京で発行の『沖縄青年会報』(第九号)に浪人中の身で執筆したものである。その雑誌が出版法違反で発行停止になったことはすでに書いたが、内容は翌年の『嶽水会雑誌』(第九号)に掲載した「琉球の歴史と其言語と」とほぼ同じとみてよい。三高生を前に講演したものを文章化したもので、これについてももう何度も説明した。ここでまたくり返すのも気がひけるが、ただ一点、琉球史をつらぬく基本線が、沖縄と中国そして沖縄と日本との相互交流であり、またその影響について、琉球文化はまさに中・日の文化を自主的に咀嚼《そしゃく》した結果にほかならないとの論旨だけは確認しておきたい。

むろん、そのなかで伊波は、琉球語の基本的な構造が中国語とは根本的に異なっているのに対し、日本語のそれとはほぼ一致するか類似点が多く、さらにまた神話や伝説においても、「日本と古来共通の思想を有し」ているとの認識を示していた。そして、琉球人は二千有余年前、大陸から渡来した天孫人種と途中で別れた一団の子孫にほかならないとも記していた。

こう書いてしまうと、いかにも俗にいう「日琉同祖論」そのものとの印象を与える。しかし、注意深く全体の行論を読んでみると、琉球と日本の文化には「共通の思想」が多々存在することを指摘しつつ、日本への親密さを強調しているのであって、琉球の日本への一方的な同化を求めるような、政治的意図でもなければ琉球の自我喪失の論でもない。そうではなくてむしろ、読後の印象は田島利三郎が提示した琉球文学の見取り図に沿って、独自に形成された琉球文学そのものの豊穣さに目を奪われる感がつよい。

そこにはヤマトに包摂された〝地方文学〟、あるいは格下の文化といったニュアンスはなく、確固としたひとつの世界（文化圏）の存在を印象づけている。とにかく、この文章をぢかに読んで理解してもらうしかないのだが、こうした内容の歴史・言語認識を堂々と開陳したという意味で、エポックとみなすのである。三年もの受験浪人生活は入学試験にこそ苦しめられたものの、琉球の勉学という点ではじつに大きな収穫をもたらしたことになる。

では、明治三十八年がとくに目ざましい点なのは何か。それはその前年、鳥居龍蔵による沖縄調査に同行して、その結果内容を吸収した伊波が、その後に沖縄研究を牽引していく、いわゆる現在私たちが知っている〝伊波普猷〟となって立ち現れることである。この年一月発表の「琉球の神話」が、それまで雌伏していた感のあった伊波をみごとに脱皮させたといってよい。その中身については、それ以前に書いたものとの質的変化をすでに説明したから、これまたくり返すことはしないが、彼の

伊波普猷が在籍していたころの東京帝国大学法科・文科大学ビル（小川一眞編『Imperial University of Tōkyō　東京帝国大学』小川写真製版所、1904年）

なかで「日本《ヤマト》」の存在が肥大化していたことだけを言っておきたい。

そして、この帝大での二年目は、彼の所属する文科大学言語学科においても、また大学をとりまく人間との接触という意味でも、さらには大学のそとにあっても、伊波にとって生涯忘れることのできない年となっていくのである。

専攻の講義に出席してみると、新進気鋭の助教授が伊波たち学生のまえに登場した。そのひとりがすでに顔見知りであった新村出で、彼が帝大助教授となって最初の講義がこの年度であった。講義名を「国語概説並国語研究法」といって、新村が国語学国文学第一講座のスタッフとして、明治三十七年九月からの新学期に提供した科目である。必修ではなくて選択科目だったはずであるが、伊波の同級生、橋本進吉と小倉進平もみな、新村の斬新な説明を一語も聞き逃すまいと食い入るように受講した。伊波の一年後輩金田一京助[注12]の回想である。そして金田一はそのときの詳しい受講ノート（『新村出　国語学概説』教育出版、一九七四

明治40年6月、東京帝国大学卒業直前の金田一京助（『新潮日本文学アルバム　石川啄木』新潮社、1984年）

注12　金田一京助（きんだいち・きょうすけ　一八八二～一九七一）岩手生まれの言語学者。アイヌ語、アイヌ文学の研究で知られる。國學院大学、東京帝大などの教授を歴任。石川啄木は盛岡中学からの親友。著書に『ユーカラの研究：アイヌ叙事詩』（全二巻、東洋文庫、一九三一年）など多数。

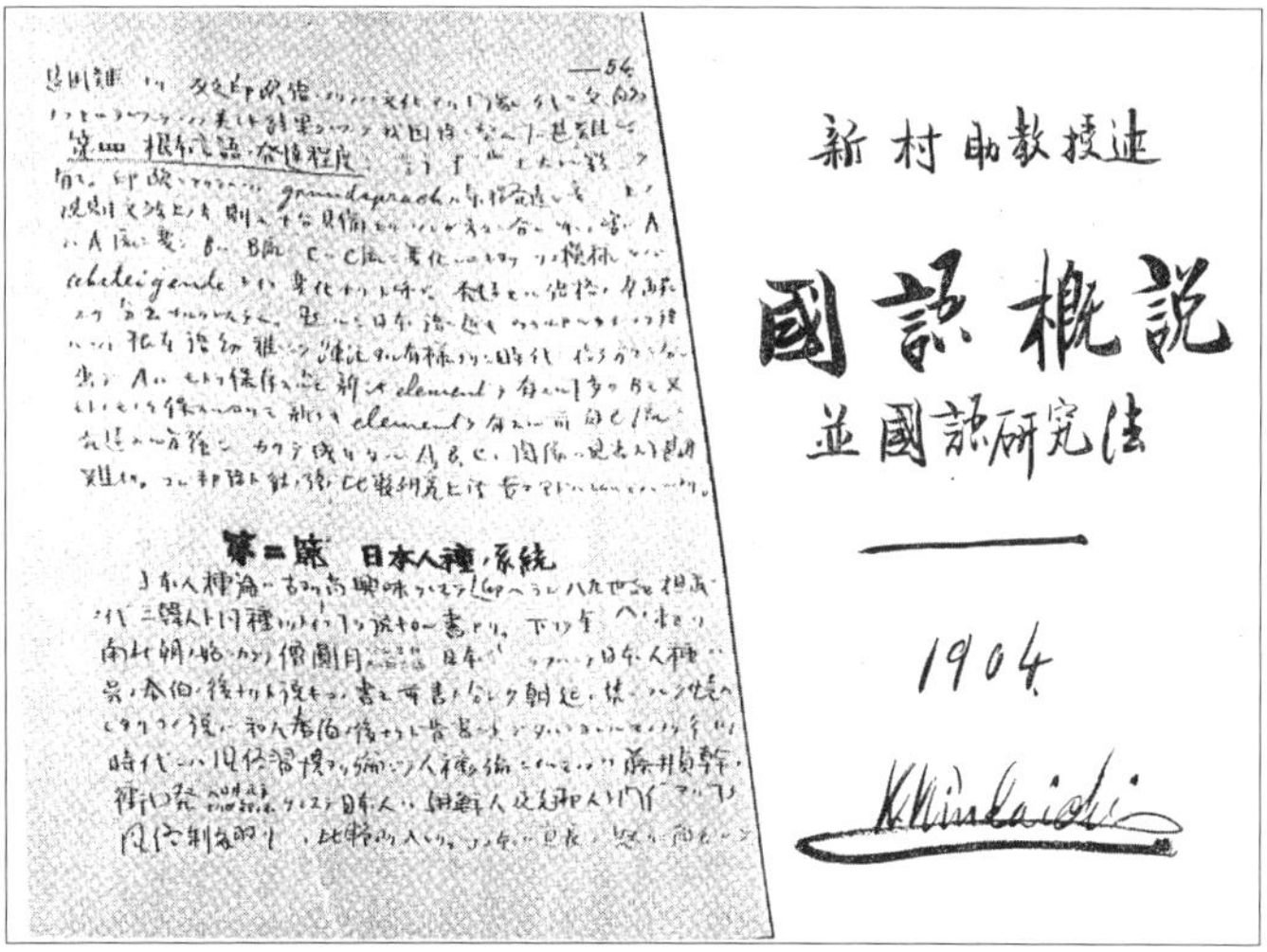

新村出助教授の「国語概説並国語研究法」講義を筆記した金田一京助ノート。
本論第1章第2節「日本人ノ系統」の箇所（『新村出　国語学概説』）

年）を残しているが、それによると内容は、序論を「一般言語学ト特殊国語学トノ地位」と銘打ち、西欧言語学、国語学史一般、国語学総論の三部構成。以下、本論の第一章「国語系統論」は総論、日本人種ノ系統、日本語系統論から成り、第二章「外国語ヨリノ影響」は支那語、朝鮮語、梵語、アイヌ語、ヨーロッパ語の影響を論じ、第三章は「国語史論」として、外史一般と内史（日本語音韻変遷史）を述べ、第四章の「国語語法論」を総論（日本語ノ形態論）と作用者・形状言ノ形態、数詞で組み立てていた。そして「国語研究法」において、各活用の歴史的変遷と助動詞の起源を、西洋言語学の研究法で論じたことがわかる。

「序論」において、突厥碑[注13]など金石文の史料的重要性を述べている箇所は、伊波が田島に教えられた金石文への着目と併せて、その後の伊波の小論「琉球における最後の金石文」や「琉球に発見せる倭寇碑」との内的なつながりを想起させる。そのほか文学書を研究材料とする場合の注意点として、「原本ナクバ、異本ヲ正シテ之《これ》ニ近キ正本ヲ作ラザルベカラズ」と強調している点は、後年の『おもろさうし』校訂へと続く心構えの初発であったとしてもおかしくはない。

そして、「国語学ノ補助学科」としては、東西の主要な外国語学習は当然のことながら、人類学を筆頭に古文書学、殖民史、経済史、社会史、

注13　突厥碑（とっけつひ）六〜八世紀、中央アジアを支配したトルコ種族の遊牧民国家、突厥が古代テュルク語で残した碑文。十九世紀末に発見された。「とっくつ」ともいう。

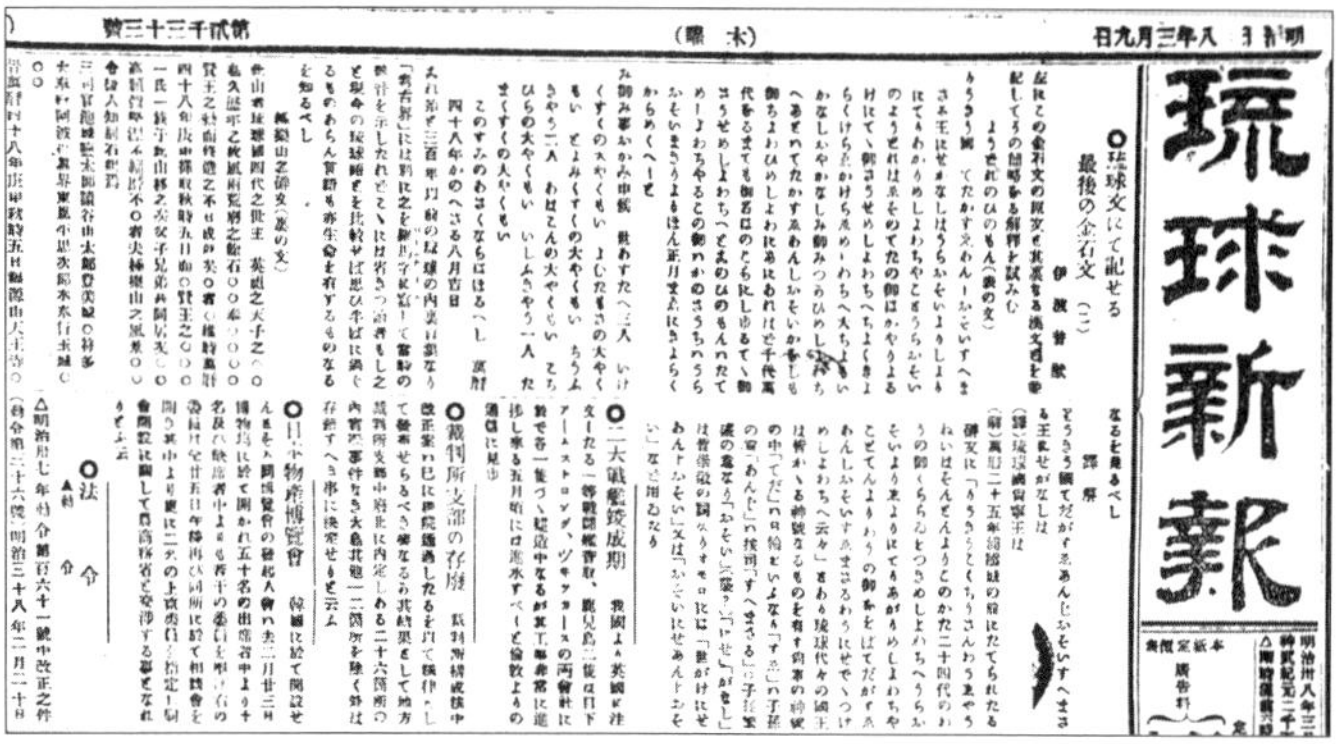

琉球新報

琉球文にて記せる最後の金石文（二）

伊波普猷

二大戦艦竣成期

裁判所支部の存廃

日本物産博覧会

法令

『考古界』の論考に手を加え、1905（明治38）年３月の『琉球新報』に連載した伊波普猷の「琉球文にて記せる最後の金石文」（３月９日の第２回目）

文芸史、宗教史の専門分野に、果敢に乗り出す積極性を新村は学生たちに求めたのであった。その要請に応えてというか、伊波はまさにこれを実践していった結果、沖縄研究のオールラウンド・プレイヤーとなったようにも見えるが、どうだろう？

伊波が東京帝大に入って二年目、本格的に言語学に向き合ったとき、彼の問題意識にピタリと相呼応した講義は、新進気鋭の助教授たちのそれであった。そのひとりが新村出で、その周到に組み立てられた毎週三時間の内容のいちいちが、伊波たち学生の毛細血管に、あたかも養分として沁み入るような感覚を与えた。

一九〇四(明治三十七)年から約半世紀のち、金田一京助は新村の講義を、じつに惚れぼれする名講義だったと何度も回想しているが、その「国語概説並国語研究法」の「本論」をつらぬく一本線は、まず「日本人種」

明治36年10月、伊波普猷が帝大に入学した当時の新村出(『新村出全集』第2巻月報、筑摩書房、1972年)

の系統を探ることに始まった。そしてそれを踏み台として「日本語」の系統を音韻組織や語の組織、単語・語幹などの面から考察し、引き続きウラル・アルタイ系統説を検討しながら、朝鮮語、琉球語との関係に向かう。そこから次の段階、当時は支那語と呼んだ中国語などいくつもの外国語の与えた影響を考えつつ、最後に「国語」の歴史と語法・形態を論ずる構成になっていた。

華奢《きゃしゃ》で小柄な新村は、いつも講義のとき、教室のうしろの壁と天井の中間あたりに視線を定めてしゃべるのがつねであったという。学生の顔をいっさい見ずに、考えながら訥々《とつとつ》と話すスタイルだったのだが、そうしたなかで、伊波はむろんのこと同じ学科の同級生・橋本進吉、小倉進平、一年後輩の金田一、それに伊波と同じ年に英文学科に入学して、このころはもう言語学科に転科していただろう後藤朝太郎[注14]らは至福の時間を過ごしたのである。伊波にとってはもっとも親近感があって、おそらく一番好きな〝先生〟ではあったものの、しかし伊波とは一八七六年生まれの同い年だったのである。

　推測するに、この講義において伊波は、「国語」の成り立ちや変遷、そして言語としての仕組み、作用を有機連関的に学んだはずである。そのなかで、新村助教授の説明はしばしば伊波の耳目を一気に教壇へ集中

昭和始めごろの後藤朝太郎（『支那長生秘術』富士書房、1929年）

注14　後藤朝太郎（ごとう・あさたろう　一八八一～一九四五）
愛媛出身の言語学者。第五高等学校をへて、明治三十六年に東京帝大文科大学英文学科へ入学し、同四十年言語学科を卒業。中国語研究からスタートして中国の社会や文化全般に及ぶ「中国通」として名を馳せた。日本大学教授、帝大講師。帝大三年のとき金沢庄三郎と共訳のF・M・ミュラー『言語学』（「中巻」九十七頁の写真参照）を手始めに、大学院在学中に出版の『現代支那学』（博文館、一九〇八年）など、膨大な著書がある。敗戦の一週間前に交通事故で死去した。

明治36年5月、東京高等師範学校教授時代の新村出。右から友人の波多野精一、辻善之助と（『新村出全集』第13巻月報、筑摩書房、1972年）

させる緊張を引き起こした。たとえば、第一章には「琉球語ト日本語トノ関係」が特別に第三節として設けられていた。そこではチェンバレンの英文研究書『琉球語の文法と辞書』（一八九五年）が取り上げられ、古代日本語と古代琉球語の祖語について、新村はその祖語なるものは原始日本語ではないかと仮説を述べる。そして、日本語の中間音ｆの変化年代を考えることから、琉球語の中間音にｆとｐ音が保存されていることを根拠に、原始日本語と古代日本語のあいだに当たる、大よそ七、八世紀ごろに琉球語が日本語から別れただろうとの自説を提示した。つまり、日本語と琉球語を産み出した祖語ではなく、原始日本語から琉球語が誕生したという考えを披露したのであった。

新村の理路整然とした講義は、日本の周辺国家と地域の言語が日本語に及ぼした影響をひとつひとつ分析していった。そして、「国語」の時代区分や名詞法・連用法について、またアイヌ語による日本語解釈、すなわち語源に関する説明では、新村助教授の口からまたもやチェンバレンの名前と彼の研究成果が幾度となく言及された。チェンバレンは日本文典や琉球語にとどまらず、アイヌ語研究[注15]でも先駆的業績をもたらしていたのである。

それを受けて、新村は音韻・語法・単語の三点を分析して、「アイヌ語ハ、日本語トハ系統上ノ縁故ナキモノナリ」との結論を下すに至る。しかし、ハ行音の変遷を語る段になると、宮古・八重山・国頭においては、葉や歯が「Pā」、火が「Pī」又は「Psi」と発音される事例が持ち出される。金田一京助筆記の『新村出　国語学概説』（教育出版、一九七四年）には、「カク琉球ハ古代音ヲ残セリ。殊ニカク開ケザル地方ニ於テp音ノ保存セラレ居ルコトハ、p音論者ニ大ナル関係アリ。」と書きとめられている。「p音論者」とはいうまでもなく上田万年教授のことである。この箇所の講義は、「琉球語ニ於ケル日本波行音ニアタル語ノ発音」の一節なのだが、この「国語概説並国語研究法」という講義自体に占める琉球語の比重をみると、チェンバレンの琉球語研究は誰もが必ず通過すべき圧倒的存在と表現していいほどだっただけに、何を論ずるにもチェンバレンからの引用はやむをえないことであった。

　そして、第二章の「原形動詞及ビ各活用形ノ成立」の箇所になると、後半部分を「琉球語トノ比較」がそのほとんどを占め尽くした。「見る」

注15　アイヌ語研究
金田一京助以前のアイヌ語研究としては、チェンバレンのほかに、イギリス人のキリスト教宣教師、ジョン・バチェラー（John Batchelor　一八五四〜一九四四）による『アイヌ語文典』（英文、一八八九年）、金沢庄三郎と神保小虎共著の『アイヌ語会話字典』（一八九八年）などがある。

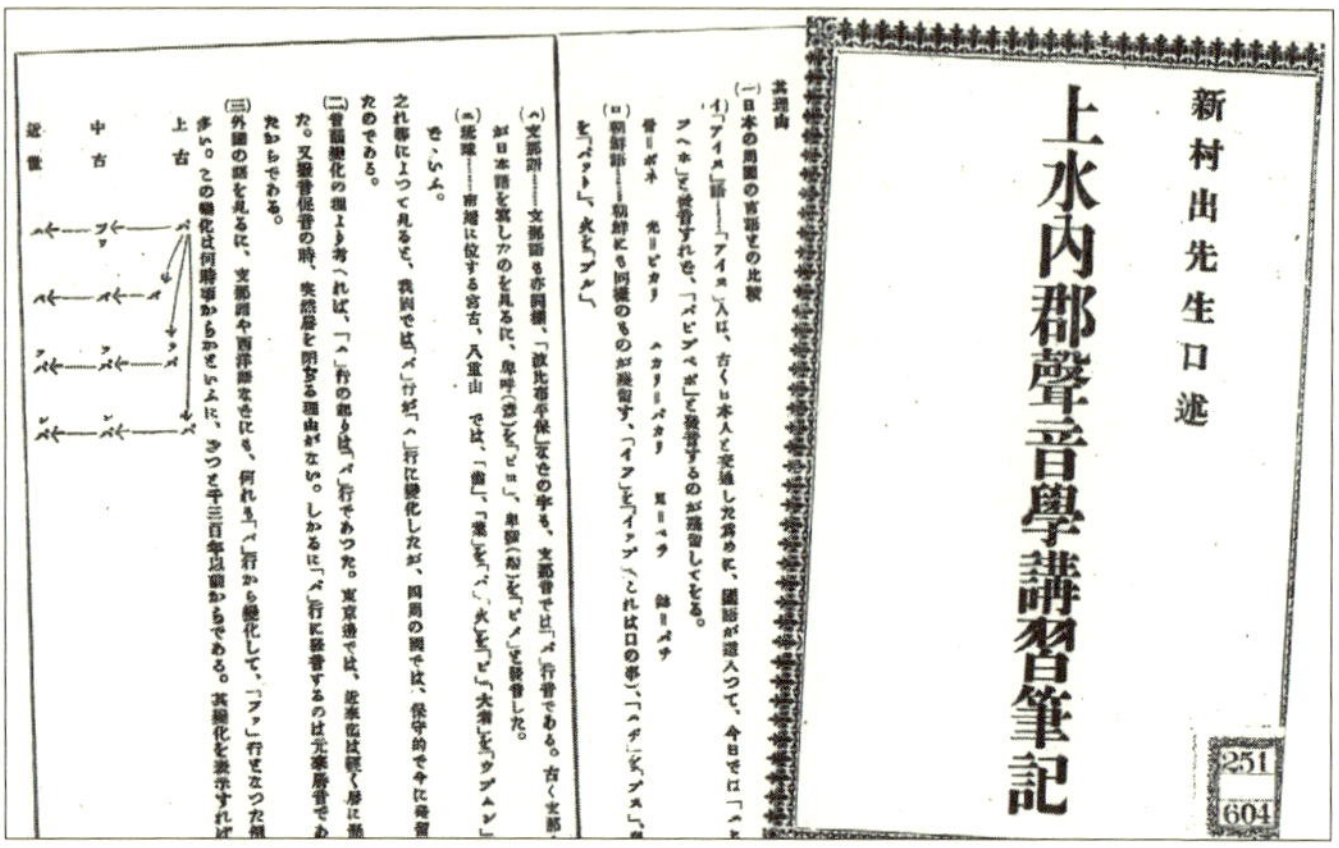
新村出先生口述

上水内郡聲音學講習筆記

251
604

日本の周辺言語として、新村がアイヌ、朝鮮、支那、琉球との比較を説明した箇所（『上水内郡声音学講習筆記』上水内郡役所、1906年）

の上一段活用、「落つ」の上二段活用、「出づ」の下二段活用が、それぞれ日本語と琉球語を併記してわかりやすく説明されるのである。その点、チェンバレンの著書は伊波にとっては、すでにひととおり承知している知識ではあったものの、「国語」つまり日本の国家語としての言語が、伊波の体内言語ともいうべき琉球語といかような関係にあるのか、また周辺アジア地域の視点からは琉球語がどう位置づけられるのか、そのことを強烈に刻み込まれた講義だったはずである。

ではこの場合の「国語」とは何を意味していたか。新村にあっての「国語」は、「国民ノ精神生活ノ表白物トシテ、国文学、国民信仰及習慣、神話、俗説及童話、俚歌、俚諺ヨリ、古代ノ遺物トシテノ諸芸術、法制等ト共ニ、国学の研究ノ対象ヲ為ス」ものにほかならなかった。伊波が鳥居龍蔵と沖縄調査をしたときに対象としたもの——文学・宗教・習慣・神話・俚歌・童謡・考古学の分野にみごと重なっていた。

おそらく、新村の帝大初講義を受講した伊波は、琉球語の構造やその特性を再認識させられただろう。しかしそれ以上に鮮明となったのは、琉球語と日本語との関係性、ひいてはヤマトとの人間的なつながり、もしくは沖縄人のルーツを、チェンバレンよりもさらにつよく、言語の面から自覚させられていったのが、この講義だったと私は考えるのである。

彼が帝大二年のころ、文科大学の講義及び学内行事で接する教師に

晩年の上田万年（『金田一博士喜寿記念　国語学論考』金田一京助選集Ⅲ、三省堂、1962年）

は、それぞれにクセのある人物が多かった。しかしそのうちで何といっても異彩を放っていたのは、言語学講座教授・上田万年である。世にいう象牙の塔に籠って、ひたすら学問にのみ没頭するタイプではなく、文部省専門学務局長兼参与官として、国語教育の改善刷新や国語国字の整理など国策にも精力的に関わった個性派教授であった。そんな上田のもとで長く助教授をしていた弟子の保科孝一に、『ある国語学者の回想挿話に浮んだ名士の面影』（朝日新聞社、一九五二年）という人物観察の妙に富んだ好著がある。彼はその実見から恩師を「学者政治家であり、また政治家的学者」であったと評している。じつに的を射た表現だと思うが、そのほかにも上田が教え子や配下の者をその弱点を握って畏怖させる性格や、功績を自己に収斂させるやり方などを生々しく描いている。

この回顧録を読むと、伊波が恩師の上田に、一定の距離以上にはけっして近づかなかったろうこともよくわかるような気がする。

40歳前後の保科孝一（『卒業記念写真帖』東京女子高等師範学校、1916年）

そうした上田の、彼のいう言語学の正面には、日本語の特質と世界における日本語の位置関係を確定する目的として、日本帝国周辺に散在する諸言語との相関関係をきわめることが据えられていた。それこそがまさに帝国大学言語学講座の使命だと、彼は自身の講

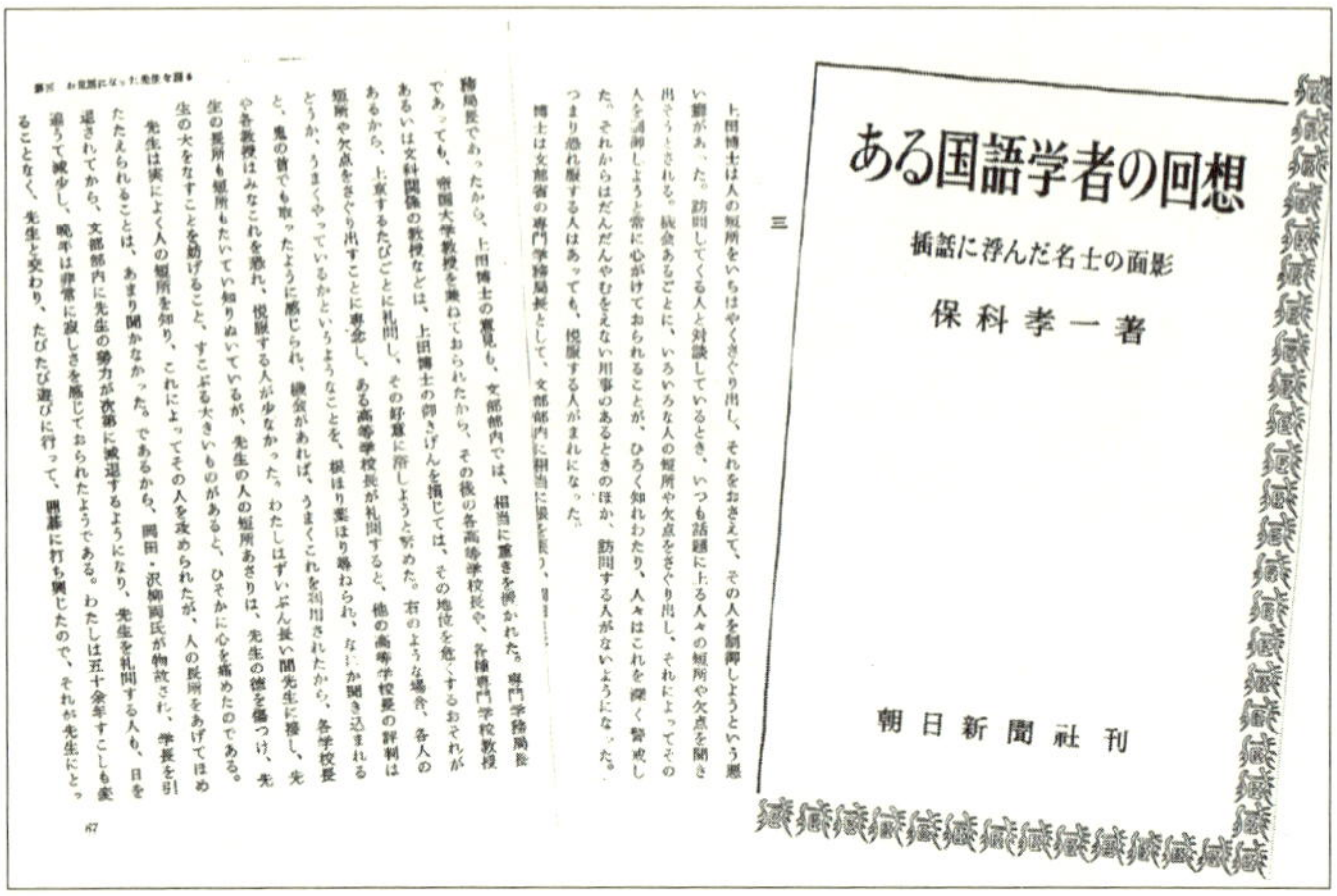
ある国語学者の回想
挿話に浮んだ名士の面影
保科孝一著
朝日新聞社刊

三

上田博士は人の短所をいちはやくさぐり出し、それをおさえて、その人を制御しようという悪い癖があった。訪問してくる人と対談しているとき、いつも話題に上る人々の短所や欠点を聞き出そうとされる。機会あるごとに、いろいろな人の短所や欠点をさぐり出し、それによってその人を制御しようと常に心がけておられることが、ひろく知れわたり、人々はこれを深く警戒した。それからはだんだんやむをえない用事のあるときのほか、訪問する人がないようになった。つまり畏れ服する人はあっても、悦服する人がまれになった。

博士は文部省の専門学務局長として、文部部内に相当に

第三　お世話になった先生を語る

務局長であったから、上田博士の意見も、文部部内では、相当に重きを置かれた。専門学務局長であっても、帝国大学教授を兼ねておられたから、その後の各高等学校長や、各種専門学校教授あるいは文科関係の教授などは、上田博士の御きげんを損じては、その地位を危くするおそれがあるから、上京するたびごとに礼問し、その好意に浴しようと努めた。右のような場合、各人の短所や欠点をさぐり出すことに専念し、ある高等学校長が礼問すると、他の高等学校長の評判はどうか、うまくやっているかというようなことを、根ほり葉ほり尋ねられ、なにか聞き込まれると、鬼の首でも取ったように感じられ、機会があれば、うまくこれを利用されたから、各学校長や各教授はみなこれを恐れ、悦服する人が少なかった。わたしはずいぶん長い間先生に接し、先生の長所も短所もたいてい知りぬいているが、先生の人の短所あさりは、先生の徳を傷つけ、先生の大をなすことを妨げること、すこぶる大きいものがあると、ひそかに心を痛めたのである。

先生は実によく人の短所を知り、これによってその人を攻められたが、人の長所をあげてほめたたえられることは、あまり聞かなかった。であるから、岡田・沢柳両氏が物故され、学長を引退されてから、文部部内に先生の勢力が次第に減退するようになり、先生を礼問する人も、日を追うて減少し、晩年は非常に寂しさを感じておられたようである。わたしは五十余年すこしも変ることなく、先生と交わり、たびたび遊びに行って、囲碁に打ち興じたので、それが先生にとっ

67

保科孝一が上田万年の人物を評した著書『ある国語学者の回想　挿話に浮んだ名士の面影』（朝日新聞社、1952年）

義のなかでも口を酸っぱくして説いていた。それについては、彼の「東洋言語学」を説明した際に言及したとおりである。

　では、彼の外国語に対する「日本語」、自国語としての「国語」は、どのように意識されていたのだろうか。彼の考えを凝縮して開陳した文章が「国語と国家と」である。一八九四（明治二十七）年十月、日清戦争の最中に行った講演を翌

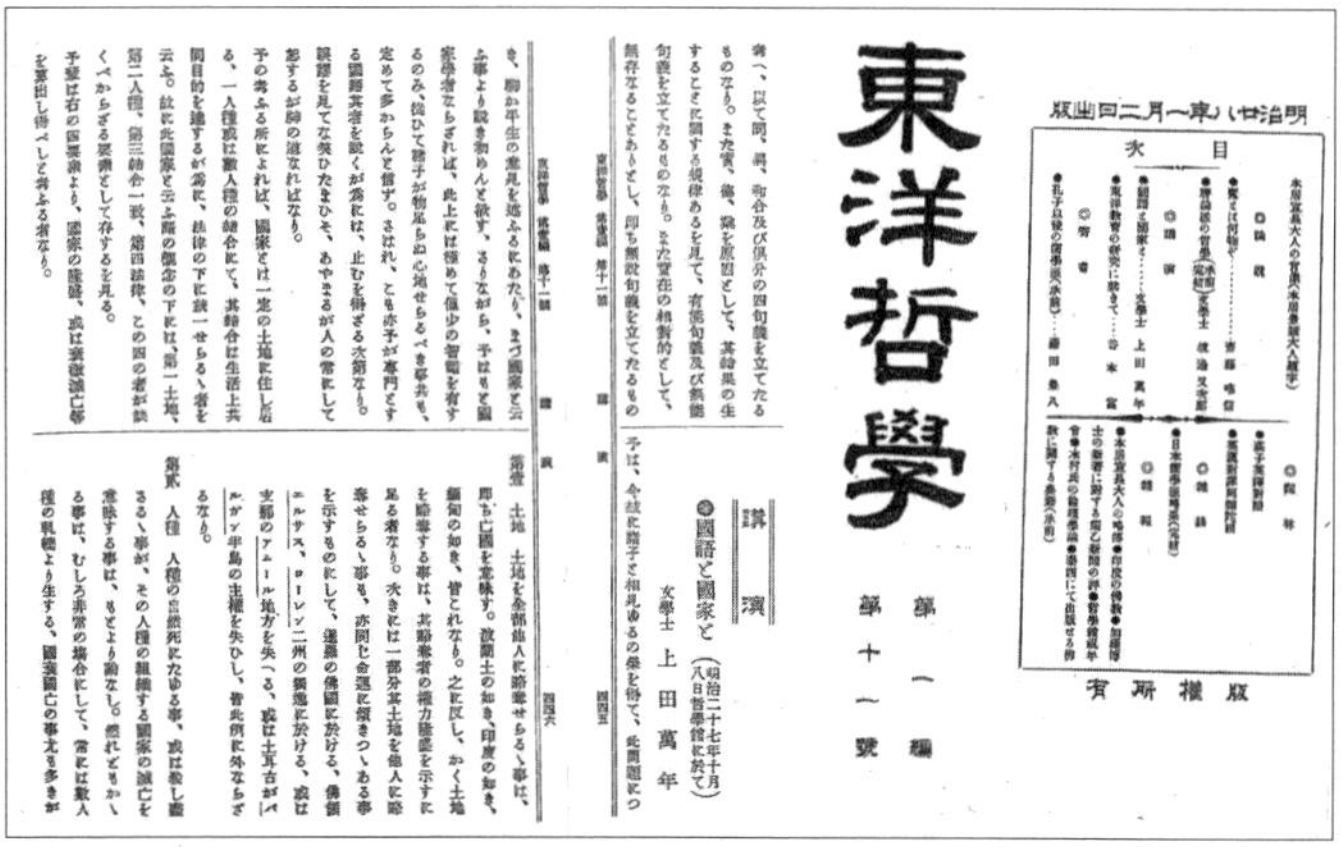
東洋哲學

第一編 第十一號

講演

◉國語と國家と（明治二十七年十月八日哲學館に於て）

文學士　上田萬年

上田万年がその「国語」観を明瞭に発表した「国語と国家と」（『東洋哲学』第1編第11号、1895年1月）

年の一、二月の『東洋哲学』[注16]（第一編第十一～十二号）に活字化したものである。このなかで上田は、国家を形づくる要素として土地、人種、結合一致、法律の四点をまずあげる。詳しい説明は原文についてもらうとして、ここでは琉球・沖縄と関連するものについて簡単にふれておく。

上田はいう。――それぞれの国に数種の人種がいるのは当たり前で、「我日本帝国」には「多少の帰化人」がいは

注16　『東洋哲学』　井上円了（いのうえ・えんりょう）が哲学館（東洋大学の前身）から発行した雑誌。一八九四（明治二十七）年三月の第一編第一号以後、発行所を変えながら一九二六（大正十五）年の第三十三編第三号まで続いた。

するものの、各人種の「毛並の揃はぬ事」が国家の衰亡や「売国的気風を養成する」原因になることがある。そのためにも国家には必ず「一の中核ともなるべき、一人種」が存在しなくてはならない。ゆえに、一定の土地内でさまざまな人種が活動をし、国家国民としての結合を意図した法律が、それこそ国の隅々にまで浸透すべく布かれるのはいうまでもない。外国主権に守られた治外法権など以てのほかである。

そこで、ひとつの国家をひとつの独立主体として維持せしめるものが肝要になる。それには大きく五つあるが、第一に強調したいことはその国民がみずからの過去を忘れないこと、祖先を忘却しない精神である。自国の歴史と慣習を尊ぶことがそれで、この点、現在の支那や朝鮮をみればわかるように、その「薄情なる国民的感情」といい、「其野蛮其無気力」といい、「我日本の人民が、偉大の事業を容易に計画するいさましき元気」といかに対照的なことか。

そのほかに国民的結合を確かなものにする要素として、第二に政治上の主義、第三に宗教が重要な位置を占めるが、それらはあえて説明するまでもないから省略するとして、ここでは第四番目の、自国語がその国家の隆盛に与える大きさについて述べたい。その固有の言語は、いわば日本人が日本人として存在する「具体的思想」であり、または「日本人の精神的血液」であり、「国体の標識」といっても差し支えない。ドイツでいうところのムッター・シュプラッハ（母の言葉）であるがゆえに、「一朝慶報に接する時は、千島のはても、沖縄のはしも、一斉に君が八千代をことほぎ奉る」ことにもなるのだ――。

上田がここにいう自国語とは、国家内に同居するいくつもの人種のうち、「一の中核となるべき、一人種」に付随するものを指している。「忠君愛国の大和魂」と「一国一般の言語を有つ、大和民族」、つまり、大和民族の人種と言語が前提になっている。そして沖縄を併合するはるか以前からの連綿たる帝国の歴史が、何よりも誇らしげに称揚されるのである。

そうした「国語」の確立に精力をそそいだ上田だが、ならば方言との関係はどうなっていたのか。それを確認するために、上田が明治二十九年度（一八九六〜九七年）に行った「言語学」の講義を窺うことにする。

彼の考えでは、「一定ノ国語内ニ於テ本《もと》ハ一ナリシヲ、地勢職業ノ上ヨリ少シヅツ違フガdialect」で、そのAの言葉とBの言葉を話す人間が、互いに意思疎通できる程度のものが方言である。また、Aの方言圏内のさらに狭い地域語とBのそれとの間では、その相違はよりいっそう「大ナレドモ、猶《な》ホ外国語ホドニハアラザルナリ」と上田は説明した（新村出筆録『上田万年　言語学』教育出版、一九七五年）。

以上のことを前提にして、では琉球語をどう位置づけていたのか。この問いに対し上田は明確な回答をしていない。琉球語が日本語の地方語として本土の地域と意思疎通できるような方言でなかったのは確かな事実なのだが、かといって、「外国語」とまで言い切るだけの構造的な違いを指摘することもできなかったらしい。言語学からみて語根など、日本語とは幾多の類似性があるにもかかわらず、通用語として話される言葉の感覚はまぎれもなく異国語のそれであったことが、上田をはじめ新村など言語学者の感覚を圧倒していた。そして何よりもまず、ヤマトとの地理的隔離性と何世紀もの個別独立に歩んだ歴史と文化、とりわけ天皇の存在とはまったく無縁の風土や慣習が琉球・沖縄の人びとに根づいていた。ヤマトの根幹にかかわるその重大な点を、上田らは無言だが十分に承知していたのである。

上田の「国語」観について簡単にふれたが、では、その見方は教え子の伊波普猷にどのような影響を与えたのか。そのまえに上田のいう国語の定義を確認しておきたいが、彼にとっての国語とは、日本に住む「国民ノ話スル凡《す》ベテノ言語」を指す。そしてそれを観察する方法三点を指摘する。第一点目は、有史以前から古代、中世、近世、明治までの長年月に変遷してきた言語の総称であること。二点目は、都市や首都、村落で話される多様な地域語のすべてを指していること。そして三点目が、それを日常生活語として担う人びとで、彼らは性別・年齢・職業・階級・教育の程度を異にしていること、である。

こうした基本的な考えを上田は、四年に及ぶドイツ、フランス留学から帰朝した一八九四（明治二十七）年秋の帝大新学期に、「国語学史」講義[注17]のなかで初めて披瀝した。その内容の詳細は、明治二十九年度の同講義を受講した新村出の筆録から知ることができる。一九八四年に教育出版から刊行された『上田万年国語学史』（古田東朔校訂）がそれで、そのなかの冒頭において序説の「国語学」から説き起こしているが、国語学の

昭和9年、67歳当時の上田万年（『国漢』第45号、1938年3月号）

注17　「国語学史」講義　「国語」研究を「国学」から独立した学とする意図のもとに、一八九四（明治二十七）年九月、上田万年によって開講された初めての講義。

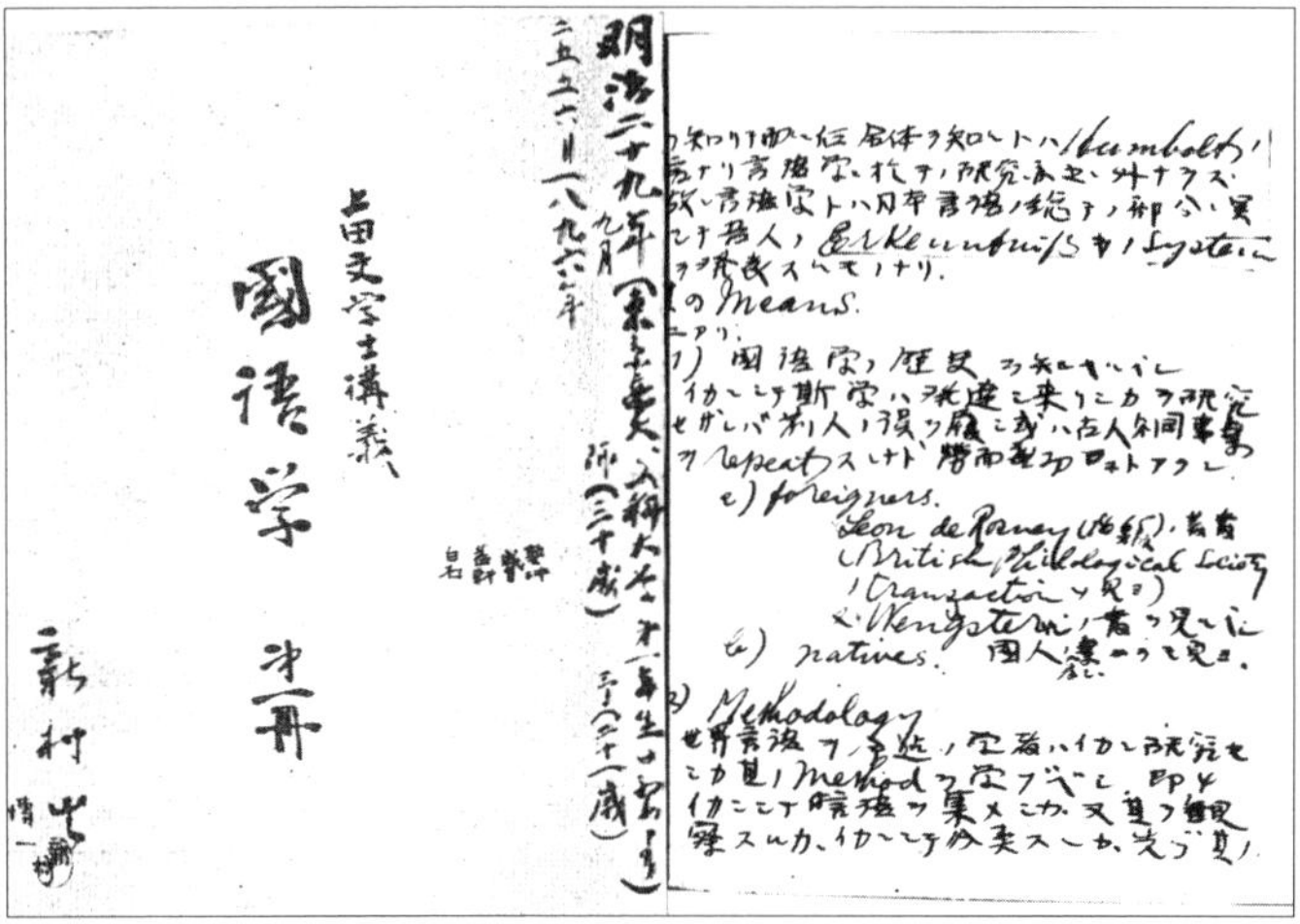

新村出のノート『上田文学士講義　国語学史　第一冊』（史の文字は薄くて見えない）の表紙とその一部（『上田万年　国語学史』）

定義をはじめとして、「言語学ノ方法、手段」「言語学ノ範囲（領域）」「我ガ国語」「日本語ノ歴史」が明快に提示されている。

たとえば、上田はこんなふうに新村たち学生、またのちの伊波普猷たちに講義を行った。上記の第一点目をtimeの軸、第二点目をspaceの軸、第三点目をpersonの軸に区別したうえで、こう説明する。――「…timeヲ以テ云ヘバarchaic age以後ノモノニシテ、spaceニテハ主ニcapitalノモノ、personヨリスレバeducated & upperノ人ノ語ヲwritten formニセシナリ」。または、「…故ニ、之ヲ縦ニ切リテtimeノ上ヨリ其ノdomainヲ調べ、横ニ切リテ、spaceノ上ヨリモ其ノ範囲ヲ知ルベシ」――。

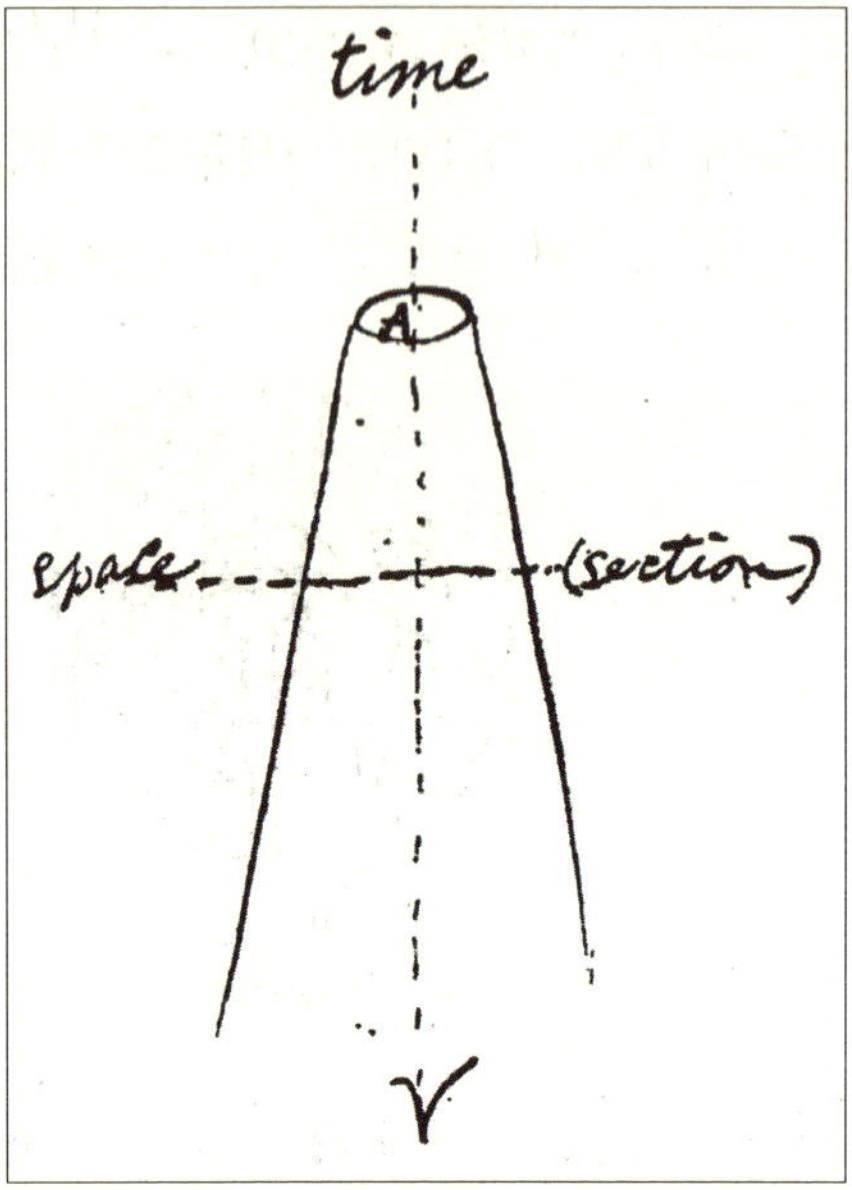

上田万年によるタイムとスペース説明の図解

こういう調子で上田教授は、学生に語りかけていったのであるが、たぶん伊波が受講した「国語学史」などにおいても、言語についてはいま現在流通しているものの研究では十分でなく、それに加えて歴史的変遷をtimeの上から、また広範囲の比較をspaceの上から考察することに注意を与えていた。その研究視角の切り口といい、また表現の斬新さといい、当時、それらは聴く者の脳裏に忘れがたい刻印をしるしたような感がある。

　明治三十七年十二月、伊波が帝大二年に執筆した小論「琉球群島の単語」には、その影響であろうか、「思ふに日本語を研究する上に於て琉球語の存在するといふことは、天然がタイムをスペースの上にあらはして学者に与へた恩恵の一例であります。」との言い回しが映し出されていた。そして、それから五年後の一九〇九（明治四十二）年十一月と十二月の『東亜之光』[注18]（第四巻第十一〜十二号）に書いた「琉球人の祖先に就いて」にも、同様の文言を見ることができる。いわく、「琉球群島は自然《ネーチュア》が時間《タイム》を場所《スペース》に現はして吾人に与へた恩恵の一例である」。ヤマトでは失われた古語や古俗などを保存する「天然の古物博物館」として

注18　『東亜之光』（とうあのひかり）一九〇六（明治三十九）年五月に第一巻第一号を冨山房から発行し、一九二九（昭和四）年の第二十四巻まで続いた雑誌。井上哲次郎が主幹となり、東京帝大の教員と卒業生が人文科学の各分野に執筆した。

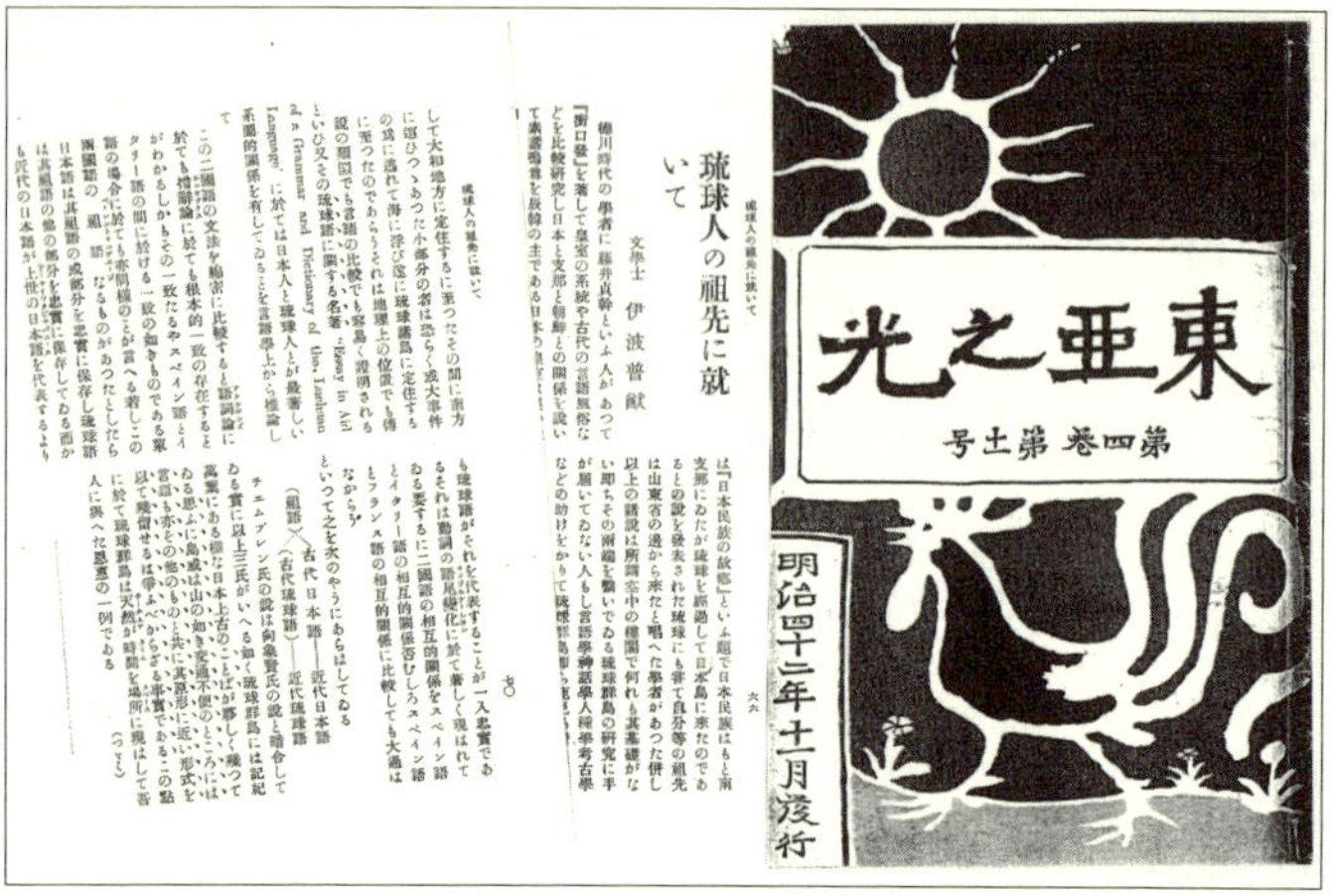

『東亜之光』（第4巻第11号、1909年11月）に掲載された伊波普猷の「琉球人の祖先に就いて」

琉球を説明していくのである。そして明治四十四年の『古琉球』（沖縄公論社）に収められて以降は、伊波の思想をあらわす特有のフレーズのひとつとして、沖縄研究のなかでは広く知られてきたのは周知のとおり。

私自身、この一節を初めて読んだとき、いかにも感覚の鋭い伊波らしい新鮮さにみちた詩的表現だと思い続けてきたが、どうも伊波のオリジナルな考案ではなかったらしい。明治三十四年に遡るこの表現には、このあと述べる上田教授の師匠チェンバレンの文献に触発されたのがまずあって、それを上田の講義が確信させたようにみえる。だがしかし、自己の問題関心にうまく引きつけて咀嚼した伊波の能力もさすがではある。人間的な好悪とは別に、上田から学んだことはじつに多い。

ともあれ、日本語の研究は明治になって急速に進展した。その中心人物のひとりであるチェンバレンは、日本語の時代区分として、九世紀までを古代、それ以後十三世紀中葉までを古典時代、十三世紀から明治の現在までを現代としている。古代は外国からの影響を受けない時代で、『古事記』『万葉集』に代表されるころである。古典時代とは漢語や仏教語が流入した時期で、『土佐日記』『源氏物語』『古今和歌集』が登場したころ。そして現代は書き言葉と話し言葉が分化して、文法の統一性に乱れが生じる時代と特徴づける。

こうした名作の文章を標準にした区分に対して、上田は文法や発音などの言語を基準にOld JapaneseとNew Japaneseに分かつのである。それは係結びの法則が厳格に守られているか、それともそれが廃れたかをメルクマール（指標）にしていた。

では、伊波はいったい上田の何に惹きつけられたのか。たぶん三年もあれば教室の内外において、これとこれを学んだと箇条書きにはしえないほどのものを摂取したはずである。それは意識して着目し吸収したものもあれば、われ知らずのうちに取り込んだものもあったにちがいない。上田の国語学史や日本語の枠組みのなかでは、琉球語はarchaicageつまり古代よりも以前に日本語と同根だったことを前提にしていた。そして、日琉二種類の言語が同一系統とみなされるには、上田は同講義のなかで、Phonetics（音韻法）とaccidence（単語法）、Syntax（文章法）の三条件が一致しなければならないと書いていたし、新村の「国語概説」も同様のことをくり返していた。この基準による同系認定は、伊波に何よりも大きな安堵を与えただろう。なぜなら、これはまさしく上田の恩師チェンバレンの琉球語研究の踏襲なのであり、その点では伊波がすでに承知していた知識をつうじた考えを、さらに揺るぎない確信へと導いた講義ともなったのであった。

しかし、そうした最新の言語学は、三条件を基盤にした言語構造の分析によって同系や同根はある程度説明できても、民族の呼吸とでもいうべき琉球語の特質、多彩な音韻変化の醸し出すものなど、のちに伊波のいう琉球語に特有の言霊《ことだま》は、十分には説明できないほどの決定的な相違を、「国語」との間に実感させたはずである。

3　大日本帝国の沖縄知識人

上田万年教授の「国語学史」の構成――それは契沖[注19]から新井白石、荻生徂徠、賀茂真淵、富士谷成章、本居宣長、東条義門、平田篤胤らを追跡することによる、徳川時代の国語学が中心であった。ゆえに、彼の琉球への言及はまったくなかったのだが、そもそも琉球語は　archaic age（古代）以前に関係しているものだったから、当面の国語を論ずるに琉球語を取り上げる必要はなかった。

もともと上田は、学界を賑わしていた日本人起源論争の対象になった「Ainu, Korobockle　人種ハ、日本ト聊《いささ》カモ関係ナシ」（新村出筆録『上田万年　国語学史』）と明言していた。それがゆえにアイヌ語を国語とは系統を異にする　Ainu language　と表記していたのだが、それと同

注19　契沖（けいちゅう　一六四〇～一七〇一）江戸時代の僧侶で国学者。『和字正濫鈔』で歴史的仮名遣いの基礎を築いた。実証的な文献学による古典研究は後世に多大な影響を与えた。

時に琉球語も Luchu language と書き、dialect（方言）とは呼ばなかった。また、助教授の新村出も「国語概説並国語研究法」（金田一京助筆録『新村出　国語学概説』）の講義では、「琉球語ト日本語トノ関係」の特別項目があるように、系統は同じくするものの、琉球語は日本本土の方言とは同列でない扱いをしていた。その彼もまたアイヌ語は日本語と系統上まったく縁故なきものだと考えていたことは、すでに書いたとおりである。

こうした事実は、琉球語と日本語は同一ではないが同系統、さらには日本本土方言の範疇には収まらない独立言語にちかいもの、というニュアンスを含んだ存在にしたようにみえる。そのことははるか昔に手を分った両者が、截然《せつぜん》とそれぞれの道を歩んできた歴史を言わず語らずのうちに示していた。上田の国語学史から琉球の説明が欠落しているのは、それを何よりも雄弁に語っていたし、げんに琉球は日本国家にとって新たな領土であり、その人びとはマイノリティーにほかならなかった。西暦一九〇五年もしくは明治三十八年という年は、沖縄人・伊波普猷と日本人の上田や新村が同居して、まだ三十年にも満たなかった歳月を、お互いが頭でなく身体まるごとで感じざるをえなかったときだったのである。

その日本帝国臣民としての自覚を、いやがうえにも高めたのが日露戦争であった。この年一月早々、旅順のロシア軍が降伏したあと、十三日には日本軍が凱旋入場。陸海での勝利は、その陰で泣く幾万の人びとと生活の困窮を生み出していたにもかかわらず、日本社会の表面はそれを知らぬかのような高揚につつまれていた。その典型的なひとつが日比谷公園での旅順陥落東京市祝捷《しゅくしょう》会と東京帝大での戦捷《せんしょう》祝賀会といえよう。一月二十日、本郷の運動場における式典には数千の教職員と学生が出席し、各分科大学の教室を開放しての一般縦覧には、ひきも切らない学外者の波があふれた。大学正門のアーク燈、赤門のイルミネーション、爆竹や音楽の喧騒など、この日ほど帝大が華やかさをみせたことは

旅順陥落東京市祝捷会の風景（『風俗画報』臨時増刊、第309号、1905年2月）

なかった。

山川健次郎総長による東郷平八郎連合艦隊司令長官と乃木希典《のぎまれすけ》第三軍司令官への頌功状贈呈のあと、総長演説のなかで、武士道精神を讃えつつ、山川は世界の帝国になりつつある日本を背負ってたつ目前の学生たちを叱咤激励したのだが、その会場のなかにはおそらく伊波もいただろう。東亜での確固たる地歩を築く日本帝国の、そしてその帝国

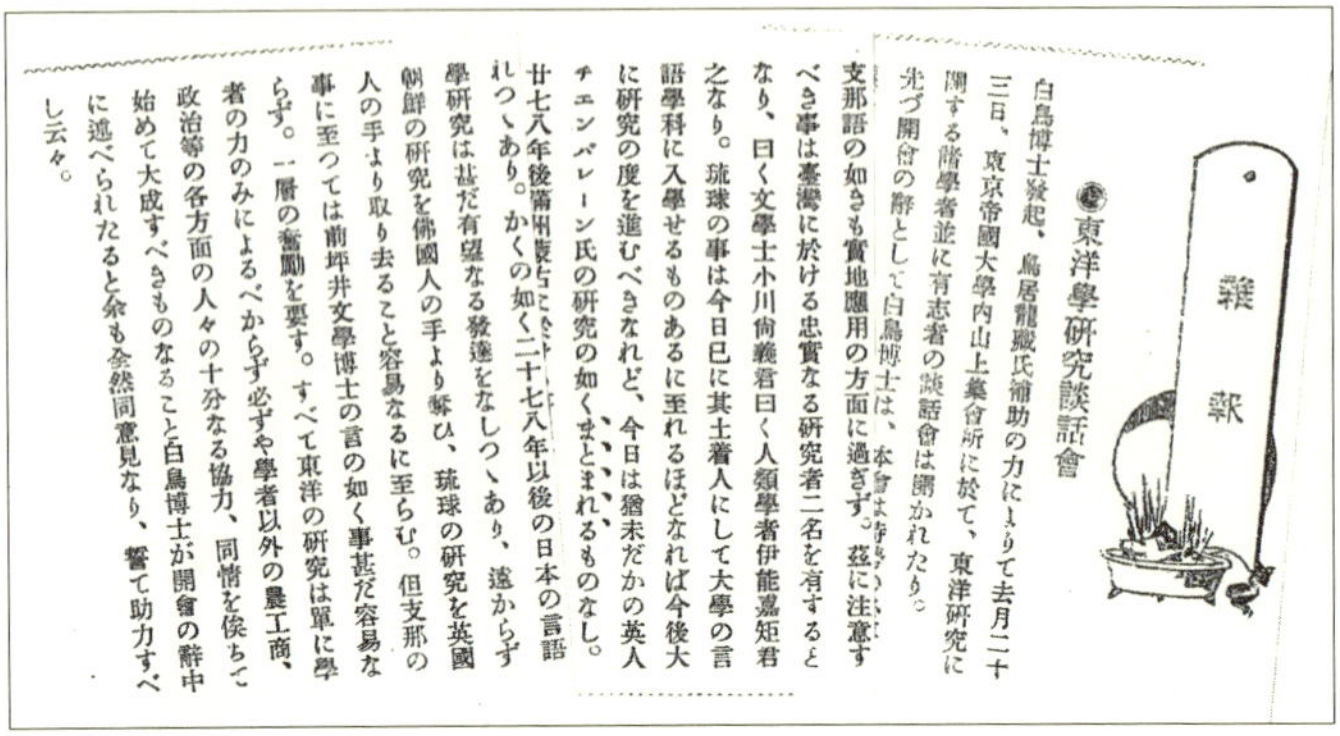

雜 欵

◉東洋學研究談話會

白鳥博士發起、鳥居龍藏氏補助の力によりて去月二十三日、東京帝國大學内山上集會所に於て、東洋研究に關する諸學者並に有志者の談話會は開かれたり。先づ開會の辭として白鳥博士は、本會[illegible]支那語の如きも實地應用の方面に過ぎず。茲に注意すべき事は臺灣に於ける忠實なる研究者二名を有するとなり、曰く文學士小川尙義君曰く人類學者伊能嘉矩君之なり。琉球の事は今日已に其土着人にして大學の言語學科に入學せるものあるに至れるほどなれば今後大に研究の度を進むべきなれど、今日は猶未だかの英人チェンバレーン氏の研究の如くまとまれるものなし。廿七八年後[illegible]。かくの如く二十七八年以後の日本の言語學研究は甚だ有望なる發達をなしつゝあり、遠からずれつゝあり。琉球の研究を英國朝鮮の研究を佛國人の手より奪ひ、人の手より取り去ること容易なるに至らむ。但支那の事に至つては前坪井文學博士の言の如く事甚だ容易ならず。一層の奮勵を要す。すべて東洋の研究は單に學者の力のみによるべからず必ずや學者以外の農工商、政治等の各方面の人々の十分なる協力、同情を俟ちて始めて大成すべきものなること白鳥博士が開會の辭中に述べられたると余も全然同意見なり、譬て助力すべし云々。

東洋学研究談話会での上田万年による伊波に関する発言（『史学界』第7巻第7号、1905年7月）

の屋台骨を支える帝国大学との、つよい指導者意識は文科大学のリーダーたちにも共有されるものであったはずである。

その後、日本海海戦でバルチック艦隊を撃破したのが五月二十七日で、それから約一カ月後の六月二十三日、帝大の山上集会所において「東洋学研究談話会」（もしくは亜細亜研究懇話会といった名称だったらしい）の集会が催された。この会合の開会の辞において、東京帝大文科大学教授の白鳥庫吉[注20]はこう述べている。「時局の

注20　白鳥庫吉（しらとり・くらきち　一八六五〜一九四二）

千葉生まれの東洋史学者。一高で那珂通世に、帝大でL・リースに学ぶ。明治三十七年、東京帝大文科大学教授。アジアの歴史や民俗、神話、言語、宗教など幅広い研究をなした。邪馬台国の北九州説を主張したことでも有名。著書に『西域史研究』（全二巻、岩波書店、一九四一〜四四年）、『白鳥庫吉全集』（全十巻、岩波書店）。

1927年、契沖全集出版後の記念撮影。前列左から佐佐木信綱、上田万年、新村出、後列左から久松潜一、武田祐吉、橋本進吉（『上田万年　国語学史』教育出版、1984年）

発展と共に将来アジア方面に一大雄飛をなすものは我々日本人の外これなきを思ふもかゝる東洋研究の学会の起るは必然の勢といはざるべからず」。

　ほかにどんな人物が集まったか、『史学界』（第七巻第七号、明治三十八年七月）の記事によると、戸水寛人[注21]、神保小虎[注22]、松村任三《まつむらじんぞう》、渡瀬庄三郎、坪井正五郎、小金井良精、井上哲次郎、建部

注21　戸水寛人（とみず・ひろんど　一八六一～一九三五）金沢生まれの法学者、政治家。東京帝大法科大学教授のとき、ロシアとの主戦論を唱えた「七博士意見書」に加わり、ポーツマス講和会議に対しても強硬に反対を主張するなど、一連の戸水事件で世を騒がした。

注22　神保小虎（じんぼ・ことら　一八六七～一九二四）東京出身の地質鉱物学者。ドイツ留学をへて帝大理科大学教授。伊波と級友の神保格（じんぼう・かく　一八八三～一九六五）の実兄。

邇吾、三上参次といった法科、理科、医科、文科の教授連のほか、金沢庄三郎や藤岡勝二、新村出の言語学分野の中堅どころの姿がみえる。当然に鳥居龍蔵もおれば、那珂通世[注23]、桑原隲蔵[注24]、三宅米吉《みやけよねきち》、佐佐木信綱もいる。

西洋人に独占されたそれまでの東洋研究を、日本人がリードしてしかるべきとの自信が満場に横溢《おういつ》していたが、坪井九馬三[注25]に至っては、「今日の政治上の関係より見るに日本の周囲は御揃ひのツマラヌ奴のみにて日本は其《その》ツマラヌ親戚の長者となり居るなり」とまで発言していた。日清・日露の勝利がこうした帝大教授にも反映していたいい見本であろう。

そして上田万年は、日本の言語学が英国人チェンバレン

帝大教授時代の坪井九馬三
（『国史大辞典』9、吉川弘文館、1988年）

注23　那珂通世（なか・みちよ　一八五一～一九〇八）
明治の歴史学者。一高や高等師範学校教授を歴任。業績として『元朝秘史』の翻訳、『支那通史』の著書などがある。西洋史に対する「東洋史」の独立を主唱した。華厳の滝に投身自殺した一高生・藤村操は甥。

注24　桑原隲蔵（くわばら・じつぞう　一八七〇～一九三一）
福井出身の東洋史学者。明治二十九年帝大文科大学漢学科を卒業。東京高等師範学校、京都帝大文科大学教授。専門は中国史及び東西交渉史で、業績は『桑原隲蔵全集』（全六巻、岩波書店）に集成。フランス文学者桑原武夫の実父。

によって「我国の言語学に一時期を劃《かく》した」ことを正当に認めつつ、それ以後いかに日本人みずから発展をしてきたかを振り返った。アイヌ語を始め朝鮮語、梵語、台湾での研究を語ったのち、琉球語については次のように言及した。「琉球の事は今日已《すで》に其土着人にして大学の言語学科に入学せるものあるに至れるほどなれば今後大に研究の度を進むべきなれど、今日は猶《なお》未だかの英人チエンバレーン氏の研究の如くまとまれるものなし」。日本語、琉球語、アイヌ語に前人未踏の業績を残したチェンバレンが、どんなにか絶大だったかを、日本言語学界の重鎮たる上田自身が「日本人としては如何にも不愉快」とは思いつつも認めざるをえなかった告白である。

それだけに、琉球の「土着人」伊波に今後を期待する上田の気持ちには並々ならぬものがあったし、それがまた次のような発言になった。——「遠からず朝鮮の研究を仏国人の手より奪ひ、琉球の研究を英国人の手より取り去ること容易なるに至らむ。」

注25　坪井九馬三（つぼい・くめぞう　一八五八〜一九三六）大阪生まれの歴史学者。帝大文科大学教授。伊波が在学中の明治三十七年に文科大学長。著書に日本で最初の史学概論『史学研究法』（早稲田大学出版部、一九〇三年）のほか、『西洋歴史』（文学社、一九〇五年）などがある。

東京帝大文科大学における言語学科のリーダー、上田万年。彼の放つ強烈な磁場を知るには、何といってもその教えを受けた者たちの進路をみるにしくはない。金沢庄三郎のアイヌ語研究とそれに続く朝鮮語と日本語の比較研究。台湾で福建語や高砂族の諸言語を研究した小川尚義《おがわなおよし》、ロシア語研究に転身した八杉貞利と国語学の新村出。

そうした流れのなかで、伊波普猷の同級生たちが、たとえば小倉進平が金沢のあとを継いで朝鮮語へ向かい、橋本進吉が国語の本道を歩み、そして一年後輩の金田一京助がやはりアイヌ語へと情熱をそそいでいく。加えて、前年の明治三十七年に英文学科から言語学科へ方向転換した同期の後藤朝太郎が支那語研究に参入する。これらはまさしく、上田が帝大の「言語学」講義において、日本語を取り巻く諸言語、すなわち彼のいう「東洋言語学」の重要性とその研究の必須を強調した大構想のための人材育成、といってよいだろう。明治三十八年の東洋学研究談話会での、たぶん教え子の伊波をまえにしてであろう叱咤激励は、そうした上田の「国語」研究を推進する意図に基づく将来の人材配置だったはずである。伊波たち学生が、いかにも自主的におのがじし専門語を選択する道筋を、大所高所からそれとなく本人たちの意思によって選び取ったかのような導きがあったと、私は考えざるをえないのである。

しかしそのなかでも、伊波の場合はほかの学生たちとは違って、琉球語以外の道はありえないと言っていいほどの決定的な出自をもっていたことはいうまでもない。新たな年、一九〇五年を迎えて、伊波の生活は卒業論文の執筆が視野に入り始めた学業においても、またひとりの社会的人間としても大きな曲り角にさしかかっていた。

では、この明治三十八年になって伊波はどんなことをしていたのか。もういちど一月から五月末までを時間を追って説明しよう。まず何といってもスタートは、鳥居龍蔵の「沖縄諸島に居住せし先住人民《ウルベウオーネル》に就て」と、彼の沖縄調査の結果に刺戟をうけて書かれた伊波の「琉球の神話」である。いずれも一月発行の『太陽』と『史学界』に掲載された論考である。そしてこれ以後、伊波は文科大学での学業をこなしながら、他方でこのふたつの文章をより多くのひとに読んでもらうべく奔走するが、まず手始めに「琉球の神話」を『琉球新報』にそのまま転載してもらった。十七日から五回連載として地元沖縄の人たちに披露した意図、それは歴史学の専門雑誌を手にする者など、沖縄にはいくらもいないことを考えれば当然なこととこともいえただろう。十七日の紙面には伊波論文が掲載されている『史学界』の新刊情報も併せて紹介されていたが、すでに琉球新報社と密接なつながりがあったことがよくわかる。沖縄尋常中学を退学になって足掛け約八年、東京の沖縄青年会で活動していても、また京都の第三高等学校にいても、新報との間に両者の通信が絶えることはなかった。

こうした琉球新報と伊波の関係は、新報の牽引者・太田朝敷《おおたちょうふ》からは大いに期待をもってみられていたし、それはそのまま当時の沖縄知識人たちの視線ともなっていた。そしてこの年一月二十七日には親友の當間《とうま》重慎《じゅうしん》が新報に入社をすることでいよいよ伊波の存在感は増していく。そうした背景からすれば、伊波の琉球新報社への転載打診はほとんど問題なくスムーズに受け入れられたはずである。しかし新報への掲載と同時に、二月になると彼はまた同じ論考に手を加えて、そして鳥居論文とともに東京沖縄青年会の機関誌『沖縄青年』（第四号）にも載せることをしている。他方で鳥居は、自分の論文をやはり二月の『考古界』と『東京人類学会雑誌』にそっくりそのまま転載するアクションをしていた。

　以上のように伊波は自己の論考を広く紹介する行動のほかに、たぶん二月ごろだと思うが言語学とともに、彼が最も意欲を向けた歴史学への歩を具体的に踏み出す。それが東京帝大の国史、西洋史、東洋史などの専門分野を中心とする史学会への入会である。当時の史学会の会長は重《しげ》野《の》安繹《やすつぐ》で、評議員には星野恒《ほしのひさし》、坪井九馬三、三上参次[注26]、箕作元八[注27]ら文科大学の重鎮が名をつらねていた。その機関誌『史学雑誌』の第十六編第三号には、伊波の名前が寺山啓介とともに入会者として併記されてい

注26　三上参次（みかみ・さんじ　一八六五〜一九三九）
兵庫出身の日本史学者。明治二十二年に帝国大学文科大学和文学科を卒業。その後、編年史編纂掛助手をへて、明治三十二年に東京帝大文科大学教授。『明治天皇御紀』の編修官長をつとめ、『大日本史料』の刊行に貢献した。

注27　箕作元八（みつくり・げんぱち　一八六二〜一九一九）
岡山生まれの西洋史学者。蘭学者・箕作秋坪の四男で、東京帝大総長・菊池大麓の実弟。ドイツ留学でトライチュケやランケに学ぶ。明治二十五年に高等師範学校教授。同三十五年に東京帝大文科大学教授となり西洋史を講じる。主な著作に『フランス大革命史』（全二冊、冨山房、一九一九〜二〇年）などがある。

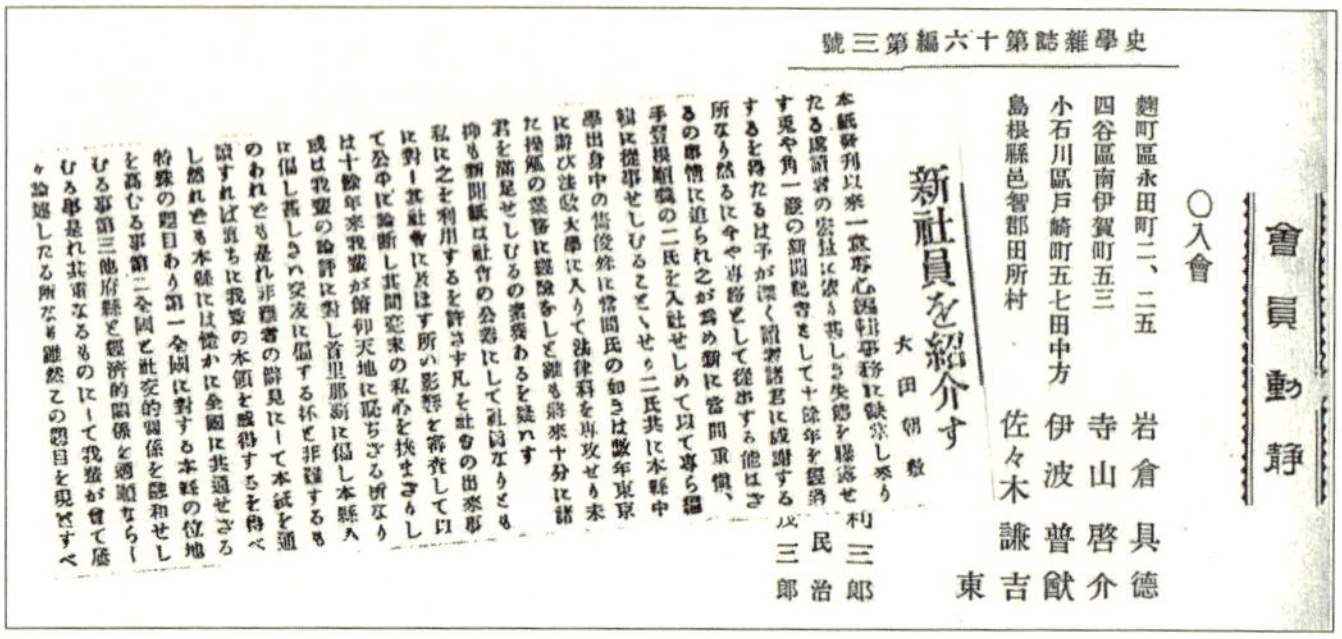
史學雜誌第十六編第三號

會員動靜

○入會

麴町區永田町二、二五　岩倉具德
四谷區南伊賀町五三　寺山啓介
小石川區戸崎町五七田中方　伊波普猷
島根縣邑智郡田所村　佐々木謙吉
東
利三郎
民治
戊三郎

新社員を紹介す

太田朝敷

本紙發刊以來一意專心編輯事務に鞅掌し來りたる讀者の寵[illegible]に浴し[illegible]失態を[illegible]せす兎や角一般の新聞紀者として十餘年を經[illegible]するを得たるは予が深く讀者諸君に感謝する所なり然るに今や事務として從事する能はざるの事情に迫られ之が爲め新に當間重愼、手登根順[illegible]の二氏を入社せしめて以て專ら編輯に從事せしむることゝせり二氏共に本縣中學出身中の[illegible]に當間氏の如きは數年東京に遊び法政大學に入りて法律科を專攻せり未た操觚の業務に經驗なしと雖も將來十分に諸君を滿足せしむるの素養あるを疑はず

抑も新聞紙は社會の公器にして私關なりとも私に之を利用するを許さず凡そ社會の出來事に對し其社會に及ぼす所の影響を審査して以て公平に論斷し其間毫末の私心を挾まざるしは十餘年來我黨が俯仰天地に愧ぢざる所なり或は我黨の論評に對し首里那覇に偏し本縣人に偏し甚しきハ交友に偏する杯と非難する者のあれども是れ非難者の僻見にして本紙を通讀すれば直ちに我黨の本領を感得するを得べし然れども本縣には僅かに全國に共通せざる特殊の題目あり第一全國に對する本縣の位地を高むる事第二全國と社交的關係を融和せしむる事第三他府縣と經濟的關係を密接ならしむる事是れ其重なるものにして我黨が曾て屡々論述したる所なり雖然この題目を現はすべ

伊波普猷と寺山啓介の史学会入会を伝える『史学雑誌』（第16編第3号、1905年3月）と太田朝敷による當間重慎の琉球新報入社記事（『琉球新報』1905年2月5日）

る。王国時代に貿易品の倉庫だった御物城《おものぐすく》あとの那覇港で、鳥居が収集した陶磁器の破片を分析した人物の寺山である。

おそらくこの入会は、この先伊波が史論を発表する場所の確保を も念頭に入れたものであったろうが、そのときまでには帝大で接触する歴史学者たちとの交際もずいぶんと親密になっていたらしい。それを証拠立てるもののひとつとして、文科大学支那哲学・支那史学講座教授で史学会の評議員であった白鳥庫吉の論考「国語と外国語との比格研究」をみてみよう。これは明治三十八年の二月から十二月まで、『史学雑誌』（第十六編第二、三、五、六、八、九、十二号）に七回にわたって長期連載したものであるが、そのなかの二十カ所に及ぶ琉球語についての説明は、一切合切が伊波から得たものであった。『東京人類学会雑誌』に掲載された伊波の「琉球群島の単語」からの引用が四カ所あり、そのほか「伊波普猷氏の言によれば琉球にては…」「伊波氏の語れる処なれば…」との説明が七カ所。伊波の論考を利用しただけでなく、直接伊波と会って親しく質疑応答を重ねたことがわかる。白鳥はこう記して

伊波普猷が教えを受けた明治37年ごろの箕作元八（小川一眞 編『Imperial University of Tōkyō　東京帝国大学』小川写真製版所、1904年）

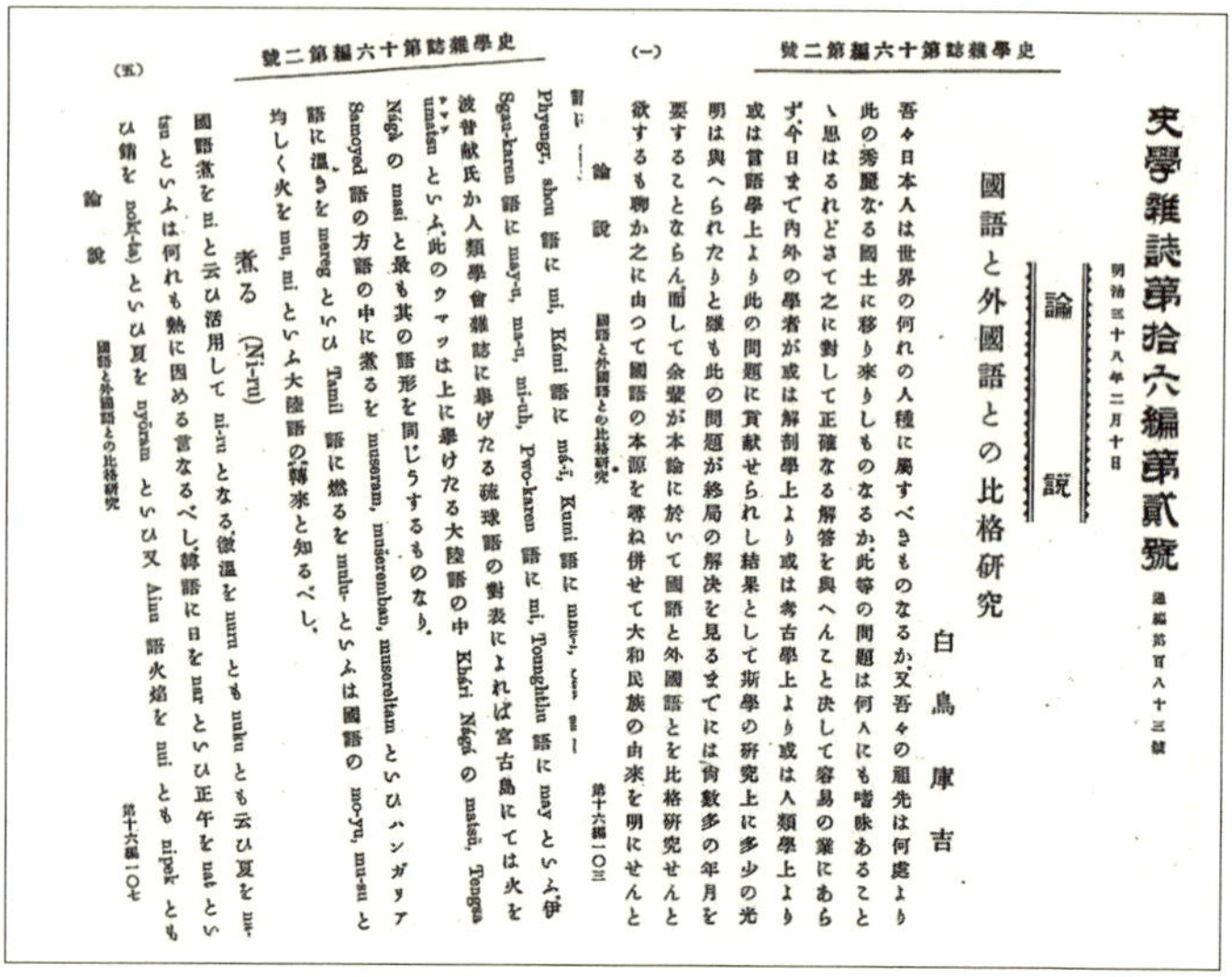
史學雜誌第十六編第二號 (一)

史學雜誌第拾六編第貳號

通編第百八十三號

明治三十八年二月十日

論說

國語と外國語との比格研究

白鳥庫吉

吾々日本人は世界の何れの人種に屬すべきものなるか、又吾々の祖先は何處より此の秀麗なる國土に移り來りしものなるか、此等の問題は何人にも曖昧あることゝ思はるれどさて之に對して正確なる解答を與へんこと決して容易の業にあらず、今日まで内外の學者が或は解剖學上より或は考古學上より或は人類學上より或は言語學上より此の問題に貢献せられし結果として斯學の研究上に多少の光明は與へられたりと雖も此の問題が終局の解決を見るまでには尚數多の年月を要することならん、而して余輩が本論に於いて國語と外國語とを比格研究せんと欲するも聊か之に由つて國語の本源を尋ね併せて大和民族の由來を明にせんと

論說　國語と外國語との比格研究　第十六編一〇三

史學雜誌第十六編第二號 (五)

言に ——, Phyengr, shou 語に mi, Kámi 語に má-i, Kumi 語に mai-i, —— Sgau-karen 語に may-u, ma-u, mi-uh, Pwo-karen 語に mi, Tonghtlu 語に may といふ伊波普猷氏か人類學會雜誌に擧げたる琉球語の對表によれば宮古島にては火を umatsu といふ此のウマツは上に擧けたる大陸語の中 Khári Nágá の matsi, Tengsa Nágá の masi と最も其の語形を同じうするものなり。Samoyed 語の方語の中に煮るを museram, muserembam, muserełtam といひハンガリア語に溫るを mereg といひ Tamil 語に燃るを mulu- といふは國語の mo-yu, mu-su と均しく火を mu, mi といふ大陸語の轉來と知るべし。

煮る (Ni-ru)

國語煮を ni と云ひ活用して ni-ru となる、微溫を nuru とも nuku とも云ひ夏を natsu といふは何れも熱に因める言なるべし、韓語に日を nar といひ正午を nat といひ錆を nok(-ta) といひ夏を nyŏram といひ又 Ainu 語火焔を nui とも nipek とも

論說　國語と外國語との比格研究　第十六編一〇七

『史学雑誌』（第16編第2号、1905年2月）に掲載された白鳥庫吉「国語と外国語との比格研究」の連載第1回

いる。「伊波氏が好意を以つて余輩が研究の材料に供せられたる『語学材料』によれば宮古の琉球語にては淵をfutu或はpuchiといひ水の深き処をmioといふ。此の書の著者は——」云々。田島利三郎からもらった琉球史料の『語学材料』をも示しながら、伊波は

約ひとまわりも年長の帝大教授と対等に議論をしていたのである。

一九〇五（明治三十八）年の三月に入ると、帝大二年の二学期も終盤である。帝国大学の全学年はいまと違って三年だから、ちょうど半分が過ぎたことになる。

そのころの講義について、伊波の一年後輩、金田一京助が一九六二年に次のように回想している。教授の「上田万年先生、言々重厚そのもので、語尾はことに力強く大きく結ばれる、その不退転のお態度に

明治34、35年ごろの白鳥庫吉（右端）と津田左右吉（左端）（『白鳥庫吉全集』第４巻、岩波書店、1970年）

は、ついに私をこの先生の膝下にこそと決心させてくださったものだった」。そして、助教授の新村出――「日本語学を国語の言語学的体系に組織立てられ、広く深く、じゅんじゅんとして根本からわれわれの祖国語の本質を明らかにしてくださるお講義に、先輩の橋本進吉・小倉進平・伊波普猷・後藤朝太郎の諸君とともに席を連ねてこうこつと魅了され、ぼうとして時間の終わるのを惜しんだものだった」。また講師の金沢庄三郎は「朝鮮語学二単位の側《かたわ》ら、アイヌ語学を一週に一時間ずつ講ぜられた。先生のお話は、一語一語、めいせきに、片言半句のそつのない、筆記をするとそのまま達意の名文章だった」。

『金田一博士喜寿記念　国語学論考』（金田一京助選集・三、三省堂）の「序」から引いたものだが、学ぶ学生がほんの数人で、大抵はこの場合のように、教える教師とのあいだに互いの呼吸と体温を感じるのがつねであった。しかも、学生のそれぞれが大学で学ぶ目的と自己の使命が言わず語らずのうちに直結していた。それゆえに、教師の人格は学生にとっては人生の途上における導きの糸ともなり、往々にしてゆくすえを規定した。金田一が「この先生の膝下にこそと決心」したものが、まさしくそれである。あるいは恩師の薫陶と言い直してもよいのだが、そうした教育環境のなかで伊波たちは、「国語」つまり「祖国語の本質」を、上田のいう「東洋言語学」の視野を意識しながら学んでいくわけである。

1950年ごろの金沢庄三郎（『金田一博士喜寿記念　国語学論考』三省堂、1962年）

そして伊波は満二十九歳になった。誕生日は明治九年の旧暦二月二十日、または新暦の三月十五日にしても、そのころの数え方からすると三十歳ということになる。この年齢を彼本人はむろんのこと周囲の者たち、とりわけ故郷の家族もつよく意識していたのではないかと思うのだが、それについてはこのあと詳しく述べる。

ここで話をもとに戻すが、四月一日から一週間の春休みをまえにした三月四日、鳥居龍蔵は「八重山の貝塚に就て」の報告を東京人類学会で行った。この第二〇五回の例会にも伊波は足を運んだだろうが、しかし彼はその前から琉球新報社との手紙のやりとりに忙しかった。

前年の十一月に『考古界』（第四篇第六号）に書いた「琉球文にて記せる最後の金石文」を『琉球新報』に載せるためと、鳥居の論考「沖縄諸島に住居せし先住人民《ウルベウオーネル》に就て」もまた同紙に転載してもらう準備をしていたのである。その結果、前者は加筆して三月七日から九日、十一日、十九日の四回連載となり、後者は伊波の掲載中と重なる三月十三日を初回に、十七日、十九日、二十一日、二十三日の五回連載となって沖縄の人びとの目にふれることとなった。そのころの新聞は一日おきの発

八重山島の一二の風習

鳥居龍蔵

一般に沖縄諸島（琉球）と申しますれば、沖縄本島、宮

成立つて居るので、其主なるものを申上ぐれば、石垣、西表、小濱、黒島、新城、竹富、波照間、與那國等の諸島で、其中石垣と西表の二島が最も大きく、これに次で與那國が大きく、其他は何づれも最小種の諸島のみです。是等諸島の首府は石垣島で、此處に八重山島廳が設けられて居つて、其他裁判所も、郵便局も、警察

（四一）

少年　第十六號

少年　第十六號

署等もあります。さればこの島は他島に較べますと、稍や盛な所であります。

八重山島は他島よりも開明に向へる度、極めて卑く、人情は最も温和愛情に富み、風俗、言語は今尚ほ古風の残つて居るものが多くあります。想ふに今日沖縄諸島中よく昔日の状態を保存し、武陵桃源の楽土に太平を夢みて居りますものは、この八重山島でありませう。

私は先づ茲に其中心たる石垣島（他の島は別に記すこととし）の事實を一例として申しませう、これにて他の島々は推考が出來ませう。さてこの島では、人民一般の生活は如何と云ふに、生活の基本は農業でありまして、漁業または、稀れになす狩獵は副業たるに過ぎません。食物は下等なる者は甘藷で、上流の者は米を用ゐて居ります。家屋は木造にて、屋根は茅にて葺き、家の周圍には石垣を設け、又家の傍には芭蕉其他の樹木を植ゆ。衣服は男女一般に夏は麻、又は芭蕉にて織つた布を着し、冬に至れば綿單衣、袷を着します。

島民は開化の程度、餘り高くはないが、先づ生活は豊かなる方で、所謂、衣食足ると云ふ方であります。そして島民は一般に柔和で、美的趣味に富んで居ります。又他の影響もあまり蒙らず、他と競爭も絶へてない、是等

（一）八重山島の婦人　鳥居氏撮影

（四二）

1904（明治37）年の八重山調査を回顧した鳥居龍蔵のエッセイ「八重山島の一二の風習」（『少年』第16号、1905年１月）

行だったのである。

四月になると、鳥居が綜合雑誌『太陽』（第十一巻第五号）に「八重山の石器時代の住民に就て」を発表する。これは彼の八重山印象がいかにつよかったかを示すものとして、一月の『少年』[注28]（第十六号）に寄せたエッセイ「八重山島の一二の風習」に連続するものであったろうし、このあと五

注28　『少年』　一九〇三（明治三十六）年十月、時事新報社が発行した少年向け月刊雑誌。小説をはじめ科学や歴史などの知識を広く提供した。主な執筆者には岩野泡鳴、馬場孤蝶がいる。一時期、寺山啓介（号は星川＝せいせん）が編集長をつとめた。

月の『東京人類学会雑誌』（第二十巻第二三〇号）で紹介する「琉球八重山群島風俗」の写真とそのコメントにつらなるものといってよい。

そして四月七日、伊波は「島君子」のペンネームで奈良原繁沖縄県知事を讃える「頌徳碑」を、古代琉球語でもって琉球新報に書く。この一文が奈良原の銅像建設問題とも絡み合っていたことは、すでに書いたとおりで、この自作碑文の解説である「頌徳碑解」を「物外」の号で同じく新報の四月九日に投じ、引き続き詳細な説明文として「頌徳碑略解」を五月二十七日と二十九日の両日、「くれがし」の名前でまたもや新報に載せるのである。

こうしてみると、一月からずっと琉球新報への寄稿が断続的になされていることが一目瞭然であり、一種何かに追い立てられているような感がしないでもない。そのことは、彼の学友・鴻《こうの》巣《す》盛広《もりひろ》が四月一日の『こゝろの花』注29（第九巻第四）に執筆した「琉球浦島伝説（与那原の浜物語）」を、五月五日から九日、十一日、十三日とこれまた新報に載せたこと、さら

注29　『こゝろの花』　佐佐木信綱によって一八九八（明治三十一）年二月に創刊され、現在にまで続く日本で最古の歴史を有する短歌雑誌。のちに佐佐木が主宰する竹柏会の機関誌となり、木下利玄や川田順、柳原白蓮、俵万智などを輩出した。

1905（明治38）年４月の『こゝろの花』（第９巻第４）に掲載の鴻巣盛広（槇雨は筆名）「琉球浦島伝説（与那原の浜物語）」と同年５月の『琉球新報』に転載された「与那原の浜物語」

には伊波自身が「その折り折り」のタイトルで短文を四月二十七日を皮切りに五月五日、九日、十一日、六月三日までの五回、「それがし」の筆名で掲載していることにつながっていく。そして、その途中からは島津の琉球侵略に係る史料『喜安日記』[注30]を五月十七日から八月二十五日までの二十二

注30　『喜安日記』（きあんにっき）
堺出身の僧侶、喜安入道蕃元（ばんげん）による日記。一六〇九年三月に始まる薩摩の琉球侵略から、捕虜となった尚寧王が薩摩と江戸をへて、二年半後に帰国する一六一一年十月までが記されている。十七世紀前半に執筆。琉球大学附属図書館の伊波普猷文庫に最古の写本がある。

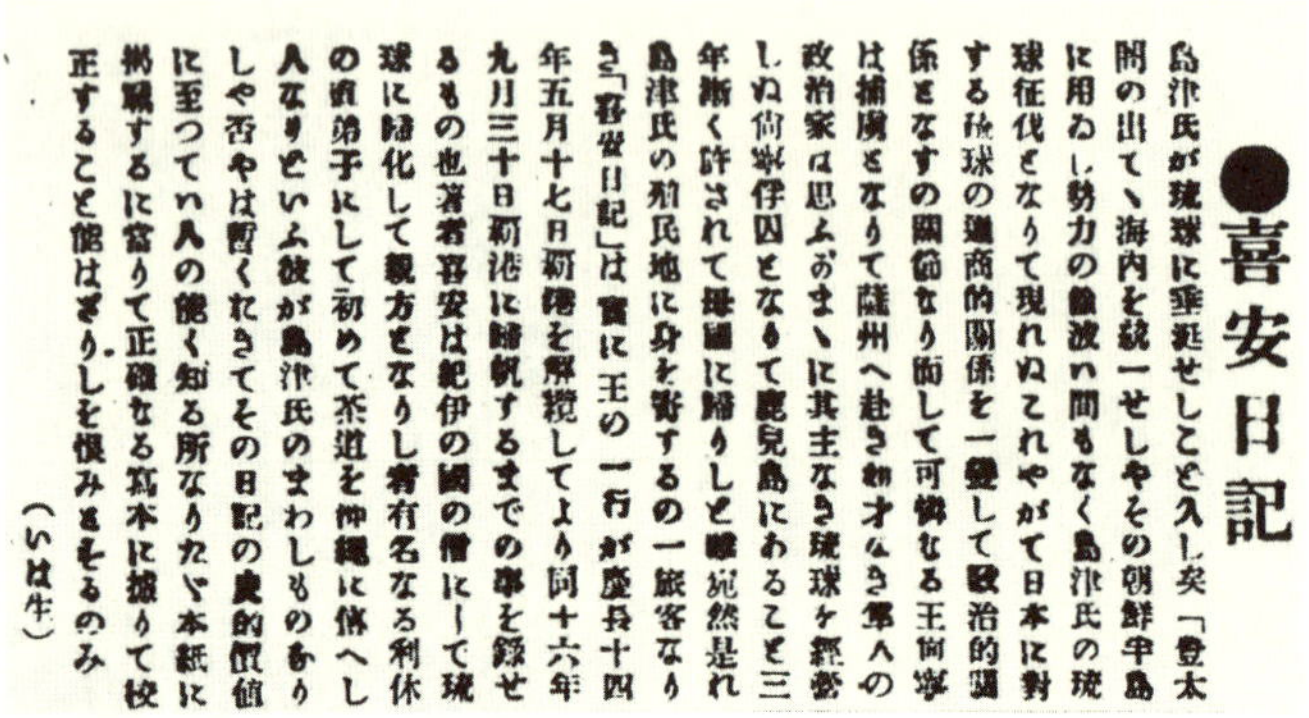

●喜安日記

島津氏が琉球に垂涎せしこと久し矣「豊太閤の出て、海内を統一せしやその朝鮮半島に用ゐし勢力の餘波は間もなく島津氏の琉球征伐となりて現れぬこれやがて日本に對する琉球の通商的關係を一變して政治的關係となすの關鍵なり而して可憐なる王尚寧は捕虜となりて薩州へ赴き如才なき軍人の政治家は思ふがまゝに其主なき琉球を經營しぬ尚寧俘囚となりて鹿兒島にあること三年漸く許されて母國に歸りしと雖宛然是れ島津氏の殖民地に身を寄するの一旅客なりき「喜安日記」は實に王の一行が慶長十四年五月十七日那港を解纜してより同十六年九月三十日那港に歸帆するまでの事を錄せるもの也著者喜安は紀伊の國の僧にして琉球に歸化して親方となりし者有名なる利休の直弟子にして初めて茶道を沖繩に傳へし人なりといふ彼が島津氏のまわしものなりしや否やは暫くおきてその日記の史的價値に至つては人の能く知る所なりたゞ本紙に掲載するに當りて正確なる寫本に據りて校正すること能はざりしを憾みとするのみ

（いは生）

「喜安日記」の連載第1回における伊波普猷のまえがき（『琉球新報』1905年5月17日）

回、長期連載したのでも推測される。

琉球新報との関係は、もはやひとりの読者、寄稿家という域をはるかに超えているのは、誰の目にも明らかだろう。東京帝大生としての箔が加わりながら、徐々に沖縄の新しい知識人となりつつあった彼ではあるが、それにはそうなるだけの、沖縄社会を方向づける滔々たるヤマトの潮流に沿ったものであることが大きかったはずである。二月発刊の『史学界』（第七巻第二号）に広告

の出た伊波の「日本上代人種論」の構想がおそらくそれを象徴するものであったし、もっとはっきりいえば伊波の沖縄人を枠づける思想と関係していた。

以上、ざっと明治三十八年の一月から五月まで駆け足で通観したが、これだけの事象をみるだけでも、伊波にとってこの年がいかに画期であったかが感得されるだろう。しかし、こうした沖縄研究上の慌ただしい動きとまさに時を同じくして、伊波普猷という人間をこののち、言行ともに生涯にわたって試すことになる重大変化が生じるのである。

第二章

東京生活と研究の深化

1　松村マウシとの結婚

明治三十八年の肌寒い三月上旬、帝大二学期の講義も残りひと月を切ったころ、伊波普猷は急ぎ沖縄へ戻った。この帰省については私の知るかぎり、これまでどんな年譜や伊波関連文献にも記述されたことはなく、また当時の琉球新報にもまったく情報が載っていない。わずかに一点、伊波本人がその著作で、この年に帰省したとさりげなく書いているだけである。那覇の実家で突発的な何かが起きたのか、それとも特別な用務があったのか、これまで一切わからなかった。私はさまざまな状況証拠から、彼は自身にかかるのっぴきならぬ用件のために三月下旬までの二週間前後を、慌ただしく沖縄で過ごしたと考えている。

ではなぜ、ほんの短い伊波の帰郷を、ここにことごとしく書くのか。

それは——彼が正式に結婚をし、新妻を東京へつれていくための往来だったからである。誰にとっても伴侶を得て一家を構えることは、人生における転機にちがいなく、それは彼にとってもまた同じだったはずである。

先に私は伊波がこの年の新暦三月十五日または旧暦の二月二十日に、数えで三十になると書いた。彼自身が年齢を意識したのは当然で、彼の家族や親戚は誰ひとりとして未だ独り身の彼を案じない者はいなかっただろう。伊波家の将来を担う長子ともなれば、いまの世であってもそうしたことは普通であるだけに、まして

結婚して４カ月のちの伊波普猷（『生誕百年記念アルバム　伊波普猷』伊波普猷生誕百年記念会、1976年）

や一世紀以上も前の沖縄である、周囲の心配やヤキモキは察するにあまりある。第一、普猷の実弟・普成《ふせい》は沖縄尋常中学を卒業した明治三十二年の九月に高良オミカナと一緒になっていた。そのとき弟夫婦の年齢はともに数えでハタチ、当時としては遅い方であったから、三十の声を聞くだけでも両親をはじめ周囲の焦りはいよいよ大変なものがあったろうと思うのである。

推測するに、いつからなのかはわからないが、伊波の結婚相手は両親によってほぼ目星がつけられていて、両家のあいだでは大まかな合意がなされていただろう。そして、普猷本人と相手の女性も、この年に至る数年のうちには直接に何度も会って、やがて互いの意思確認もできていたものとみてよい。海外移民の場合によくあった写真結婚、つまり一度も本人どうしが会うことなく、一枚の写真だけをみて結婚したケースとはまるでちがう。とにかく、こうしたことは当時の沖縄では世間一般に行われていることであって、何ら不思議なことではなかった。普猷の結婚のありようが珍しかったのではなく、一家の跡継ぎたる長男が三十になるまで独身でいることが珍しかったのである。

そういうわけで、両家にとっては、妻となる女性の年齢なども考慮して、もう一刻の猶予もできなかったのであろう。祝言など一切の段取りが決まったため、学期の途中ではあったものの急遽帰らざるをえなくなったらしい。

そこで最初に、彼がこのとき沖縄へ帰ったという根拠の説明をしなければならない。帝大の第二学期は一月八日から三月三十一日までで、四月一日から七日までは春期休業（いわゆる春休み）になって、八日が第三学期の開始日になっている。だから三月の中途で講義を欠席するには、登録科目の教授や助教授たちの了承を取りつける必要があり、そのうえで出発したような気がする。少人数の受講者だったから無断欠席はできようはずもなかったし、申し出の内容が内容だけにやむを得ないものとされただろう。

この帰郷について、伊波は明治三十八年から十九年後の大正十三年四月、『沖縄教育』注1（第一三五号）に寄せた「『ペルリ日記』注2が琉球に渡つて来た話　『ペルリ提督琉球訪問記』注3の跋」と題する文章のなかで、チラリとふれている。「明治三十七年の夏に帰省した時の話です、私は帰省の序《ついで》では、鳥居龍蔵氏を案内して来ました（中略）『ペルリ日記』がいつも気になつて仕様がありませんでした。その翌年帰省した時でしたが、時の師範学校長西村光彌《にしむらみつや》氏に相談して、早速丸善に手紙を出して、この珍本を師範学校に買つて上げることにしました」とある。

大正時代初期の西村光彌（『大日本現代教育家銘鑑』第２輯、教育実成会編・刊、1915年）

その前段で、ペリーの日本遠征記原本を高等学校受験浪人中に上野の帝国図書館で読み、当時、東京の沖縄青年会が出していた『沖縄青年会報』（第七号、明治三十

注1　『沖縄教育』
一九〇六（明治三十九）年三月に沖縄県教育会が発行した雑誌。現在、一九四四（昭和十九）年二月の第三二八号まで確認されている。当時の教員など教育関係者の日本国家観、沖縄の歴史や文化への向き合い方を鮮明に映し出した資料。『琉球教育』（第一一六号、一九〇六年二月）の継続誌。

注2　『ペルリ日記』
原文は英文で、正式の表題は『アメリカ艦隊の中国海域及び日本への遠征記』。編者はF.Hawks.全三巻からなり、一八五二年十一月から一八五五年一月までの期間、日米和親条約や琉米修好条約の締結をはじめ、五回に及ぶ那覇への寄港の際の首里城訪問や沖縄社会の観察、そのほか自然や地理などを克明に記録している。一八五六年刊。

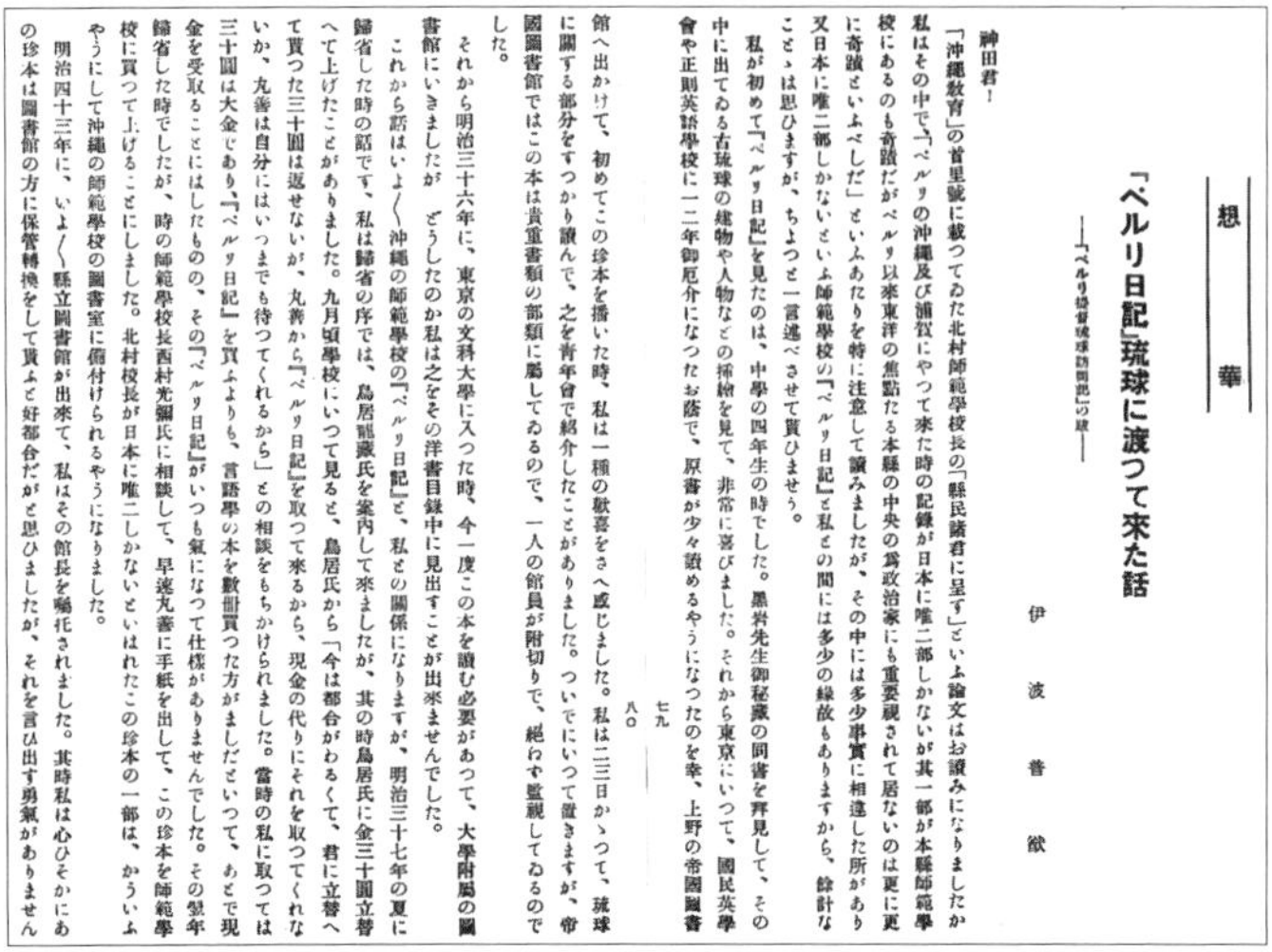
想華

「ペルリ日記」琉球に渡つて來た話
——「ペルリ提督琉球訪問記」の跋——

伊波普猷

神田君！

「沖繩教育」の首里號に載つてゐた北村師範學校長の「縣民諸君に呈す」といふ論文はお讀みになりましたか私はその中で、「ペルリの沖繩及び浦賀にやつて來た時の記錄が日本に唯二部しかないが其一部が本縣師範學校にあるのも奇蹟だがペルリ以來東洋の焦點たる本縣の中央の爲政治家にも重要視されて居ないのは更に更に奇蹟といふべしだ」といふあたりを特に注意して讀みましたが、その中には多少事實に相違した所があり又日本に唯二部しかないといふ師範學校の「ペルリ日記」と私との間には多少の緣故もありますから、餘計なことゝは思ひますが、ちよつと一言述べさせて貰ひませう。

私が初めて「ペルリ日記」を見たのは、中學の四年生の時でした。黒岩先生御秘藏の同書を拜見して、その中に出てゐる古琉球の建物や人物などの挿繪を見て、非常に喜びました。それから東京にいつて、國民英學會や正則英語學校に一二年御厄介になつたお蔭で、原書が少々讀めるやうになつたのを幸、上野の帝國圖書館へ出かけて、初めてこの珍本を播いた時、私は一種の歡喜をさへ感じました。私は二三日かゝつて、琉球に關する部分をすつかり讀んで、之を青年會で紹介したことがありました。ついでにいつて置きますが、帝國圖書館ではこの本は貴重書類の部類に屬してゐるので、一人の館員が附切りで、絶わず監視してゐるのでした。

七九
八〇

それから明治三十六年に、東京の文科大學に入つた時、今一度この本を讀む必要があつて、大學附屬の圖書館にいきましたが　どうしたのか私は之をその洋書目錄中に見出すことが出來ませんでした。

これから話はいよ〳〵沖繩の師範學校の「ペルリ日記」と、私との關係になりますが、明治三十七年の夏に歸省した時の話です、私は歸省の序では、鳥居龍藏氏を案内して來ましたが、其の時鳥居氏に金三十圓立替へて上げたことがありました。九月頃學校にいつて見ると、鳥居氏から「今は都合がわるくて、君に立替へて貰つた三十圓は返せないが、丸善から「ペルリ日記」を取つて來るから、現金の代りにそれを取つてくれないか、丸善は自分にはいつまでも待つてくれるから」との相談をもちかけられました。當時の私に取つては三十圓は大金であり、「ペルリ日記」を買ふよりも、言語學の本を數冊買つた方がましだといつて、あとで現金を受取ることにはしたものの、その「ペルリ日記」がいつも氣になつて仕樣がありませんでした。その翌年歸省した時でしたが、時の師範學校長西村光彌氏に相談して、早速丸善に手紙を出して、この珍本を師範學校に買つて上げることにしました。北村校長が日本に唯二しかないといはれたこの珍本の一部は、かういふやうにして沖繩の師範學校の圖書室に備付けられるやうになりました。

明治四十三年に、いよ〳〵縣立圖書館が出來て、私はその館長を囑托されました。其時私は心ひそかにあの珍本は圖書館の方に保管轉換をして貰ふと好都合だがと思ひましたが、それを言ひ出す勇氣がありません

明治38年の帰省を回顧した文章「『ペルリ日記』が琉球に渡つて来た話　『ペルリ提督琉球訪問記』の跋」（『沖縄教育』第135号、４月号、1924年４月）

二年四月）に「ペルリ日記を読みて（晨鐘《しんしょう》録）」として投稿したことが回顧されている。一八九九（明治三十二）年四月のことで、一高に二度落ちて、その年は三高に受験をしようとするころである。そして明治三十八年、彼が斡旋してペリーの英書を西村校長に買ってもらったことが鮮明に記憶されて

注３　『ペルリ提督琉球訪問記』マシュー・C・ペリーの日本遠征記の一部を神田精輝（かんだ・せいき　一八九四～一九三九）が翻訳し、一九二六年十月に大分県の杵築で自費出版したもの。神田は石垣生まれの教育者。広島高等師範学校を卒業後、沖縄師範学校教諭をへて沖縄県立第三高等女学校長。ほかの著書に『沖縄郷土歴史読本』（琉球文教図書、一九六八年）がある。

いたのである。おそらく、彼のなかでは自分が妻を娶ったときの思い出とつよく結びついていたにちがいない。結婚について何も書いていないのは、大正十三年当時、伊波の夫婦関係はすでに破綻していたから、といっていい。

そこで明治三十八年の二月から四月にかけて、西村校長がどうしていたかを調べてみると、二月下旬までは名護へ学校視察と女子講習会に行っており、そのあと四月十三日には校務で東京へ出張している。つまり伊波が西村に会うとすれば、三月中旬から東京出発までの間しかない。このスケジュールに加えて、那覇・東京間の旅程を約一週間とすれば、四月八日の第三学期開始に間に合わせるためには、四月早々に那覇を出航しなければならない。伊波が東京を上旬または中旬に出発したかによって沖縄到着も違うわけだが、以上のことを総合的に考えて、大よそ三月の中旬以降約二週間前後を伊波の沖縄滞在とみなすのである。

これ以後、伊波は明治三十九年七月に東京帝大を卒業して沖縄へ居を

明治35年当時の沖縄県尋常師範学校（『龍潭』第１号、1902年11月）

移すまで、一度も沖縄へは帰っていない。明治三十八年の夏休み期間もほとんど東京にいて、たまに山梨あたりへ遠出をするくらいであった。東京帝大に在籍していた三年間を振り返っても、鳥居とともに沖縄調査を行った明治三十七年の夏を除けば、帰省したのはこの三月だけということになる。

松村マウシ——伊波と結婚《ニービチ》した女性の名前であ

る。琉球語の発音だと「モーシィ」。本来ならばここで、彼女についての詳しい説明をしなければならないのだが、残念ながらほとんど何もわからないのである。ただし二十五年前に、伊波の弟・普成の長男、つまり普猷の甥にあたる普哲《ふてつ》の妻からの聞き取りをした鹿野政直と堀場清子によると、マウシは伊波と同じ年だったとのこと。だとすると、一九〇五（明治三十八）年三月に所帯を構えたときは夫婦とも三十歳だったことになる。

現在知られる唯一の伊波マウシの写真。大正時代初期、夫普猷と義弟・普成の子どもたちと（『生誕百年記念アルバム　伊波普猷』伊波普猷生誕百年記念会、1976年）

こうして手持ちの資料や情報はごくわずかに

すぎないのだが、しかし私は、松村マウシという女性について、そして彼女と伊波普猷との結婚について、幾分の推測もまじえながら、可能なかぎり書くのがどうしても必要だと考えている。

　ほとんど何も知らない状態ではあるが、幸いにも大正のころをよく知る魚住千代[注4]が、『伊波普猷全集』（第十一巻、一九七六年）の「月報十一」に「伊波先生の思い出」と題する貴重な証言をしていて、それによると松村家は上之蔵《うえのくら》にあったという。大正三年ごろには糖尿病や腎臓病の内的疾患で療養をしていた伊波だが、大正六年にはそれらもずいぶん良くなったのを機に、伊波夫婦は大世帯の西本町《にしほんまち》の実家を出て、上之蔵の松村家の屋敷内に移ったようである。次男の国男が生まれたのがちょうどそのころ、大正七

1960年ごろ、東京新宿での魚住千代（永田之宏氏提供）

注4　魚住千代（うおずみ・ちよ　一九〇四～二〇〇〇）那覇生まれ。沖縄県立高等女学校を卒業して、一九二二（大正十一）年に上京。関東大震災で一時帰郷したのち、東京都交通局、帝都復興局、内務省、運輸省港湾局に勤務。旧姓は永田で、沖縄県立第二中学校長をしていた魚住惇吉と昭和二年に結婚。母親の周子（かなこ）は旧姓高良で、普成の妻とは従姉妹。一九六九年に敗戦後初めて帰省した。一九八二年に勲七等を叙勲。

年の五月である。長男の漑《あきら》は明治四十年八月に亡くなっていたから、次男はそれから十一年目の子どもであった。

これからすると、大正五年に比嘉賀秀[注5]たちと立ち上げた沖縄組合教会[注6]が、一年後には西本町の伊波家から上之蔵に移転したのとほぼ時を同じくして、伊波夫婦も上之蔵に転居したことになる。自宅は組合教会とはすぐ目と鼻の先だったとも魚住は書いているが、金城芳子[注7]は比嘉牧師がハワイに去ったため、空いた教会に伊波夫婦が移り住み、そこで国男が生まれたと『なはをんな一代記』（沖縄タイムス社、一九七七年）に書いている。証言に食い違いがあるが、もしかしたら松村家が提供した家のひとつが教会だったのかもしれない。

そんなわけで、石門《いしじょう》通りのひとつ西側の通りにある伊波の実家と、石門通りを境にした上之蔵の善興寺[注8]から北に道ひとつを隔てた界隈の松村家とは、ゆっくり歩いても三分とかからない距離にあった。おそらく松村家は伊波の両親・普済《ふさい》とマツルとは、古くからの知り合い、または

注5　比嘉賀秀（ひが・がしゅう　一八八七～一九八五）
那覇区東出身の牧師。東京バプテスト神学校を卒業し、首里で伝道を開始。一九一三年に比嘉春潮らとNew-man会を結成。のちホノルルの日本語学校長。号は静観。

注6　沖縄組合教会
比嘉賀秀と伊波普猷が中心になって一九一六（大正五）年三月に那覇で設立。西本町の長浜宅から、その後四軒隣の伊波宅へ本拠を移した。既成の教会にとらわれない自由主義的教会で、一九一〇年代後半まで活発な活動を行った。

縁戚だったのであろう。同じ士族で伊波家ともそれほど遜色のない家柄だったはずである。

伊波の実家は高い石垣に囲まれた屋敷で、いかにも旧家のたたずまいをしていたというが、一階は来客に使う床の間のある御座《ウジャ》（一番座）が大よそ十二畳あり、その隣には中前《ナカメー》の居間が八畳あった。帝大卒業後に立ち上げた「子供の会」や組合教会の集まりなどのときには、この二つの部屋の仕切りを取り払って大広間にしていたと、金城は記憶してい

「那覇市全図」（近藤詮次郎作成、1929年、沖縄県立図書館蔵）からみた伊波普猷の実家（A）と組合教会（B）、及び松村家のあった上之蔵付近

注7　金城芳子（きんじょう・よしこ　一九〇二～一九九一）
那覇区久米に生まれる。沖縄県立高等女学校卒業ののち教員をつとめ、その後東京で、小学校、改造社、東京都養育院に勤める。言語学者で民俗学者の金城朝永は夫。旧姓は知念。

注8　善興寺(ぜんこうじ)
真言宗の仏寺。明治以降は那覇市公会堂から上之蔵へあがる坂の上にあった。近くに天妃尋常高等小学校があり、当時はその周辺の小字を善興寺と呼んだ。

「子供の会」などの会場になった那覇区西本町にあった大正時代の伊波普猷宅
(『生誕百年記念アルバム　伊波普猷』)

る。これらの部屋のまわりには広い幅の廊下があって、普猷の書斎はそこを通って行く二階にあった。物外楼と呼んでいた六畳ほどの部屋がそれである。

屋門《やーじょう》をもつ二階建ての邸宅は、大正十年ごろになると西本町には伊波家ともう一軒しかなかったらしいが、普猷が東京に出てからはその暮らしにもそれほどの余裕はなく、父の放蕩もあって徐々に翳りがさし始めていたのではないか。普猷が帝大一年であった明治三十七年一月十七日付の『琉球新報』に、「琉球婦人の行商」と題する記事が載っている。『九州日日新聞』から採ったもののようだが、「西村東村等の地方は殆ど毎戸特産物たる紬や絣の織物をやッて居ない処とてはなき位ゐ、ヨシ中等以上の家庭で織物の稼業をやッて居らぬ迄も内地から輸入せらる丶処の原料を紬ぐ抔《など》の事は悉《ことごと》く皆内職として居るさうな」と報じている。

伊波の家がそうだったのかどうかは不明だが、普猷と普成兄弟の仕送りをふくめて、いったい家計はどうなっていたのか。明治三十七年の六月、普猷が沖縄へ帰省するときにも、尚《しょう》家の汽船に無賃乗船させてもらったことがあり、それらも考え併せると、旧家ではあってもその当時すでに「内職」をせざるをえない経済状態にあったのではないだろうか。

そこで魚住や金城の文章だが、いつもひっかかりを感ずることがある。大正時代には普猷の母と普成の妻がすべてを切り盛りしていたという記述がそれで、マウシの姑と義妹のテキパキとした行動的な姿がある一方、マウシは体が弱く性格的にも控えめで頼りない姿が対照としてある。マウシがどの程度の教育を受けていたのかはわからぬが、伊波の周囲に集まる女学校出のチャキチャキ娘でなかったことははっきりしている。だからといって妻として、または女性として何も出来なかったとか、社会的能力がなかったかのように描かれるのはどうだろう。

金城も魚住も直接マウシとは話をしたこともなかったらしいが、金城は子ども心に「血色のよくない病的な様子」を感じたと記している。鹿野・堀場の聞き取りによれば、大正の中期以後は精神的な障害を抱えていたようだが、ならば東京での新婚時代からすでにそうだったのか。国男が生まれる前後までは、必ずしもそうではなくて、「病的な様子」はその後の夫婦関係が惹き起こしたものではなかったろうか。

私が思うに、伊波の結婚——それは家長となるべき嫡男への年齢的な焦燥感があったのはむろんであるが、結婚によって松村家から経済上の支援を見込んだこともあったような気がする。伊波の両親にはこの二つの問題を一挙に解決する方策としても、長男の結婚が考えられていてもおかしくはない。両親のそうした思いは普猷本人もうすうす感じ取っていたはずである。しかしこのとき普猷は、この結婚にじゅうぶん満足ではなかったにせよ、松村マウシと夫婦となることをそれなりに喜んだはずだと私は確信している。

一九〇五（明治三十八）年の三月下旬ごろ、伊波普猷と新妻・マウシは東京へ出発した。大阪までは船旅で、そのあとは東海道を陸路で行ったか、海路で横浜へ向かったのかはわからない。そのときマウシが琉装だったか、それとも和装して行ったのか、これまたはっきりしないが、この約一週間にわたる上京の旅が彼ら夫婦の新婚旅行であった。そして四月の上旬に東京へ着くと、すぐさま普猷の下宿先である小石川区戸崎町に落ち着いた。

しかし、そこは田中という家の手狭な下宿であったから、いくら学生とはいえ所帯を持った新婚夫婦にとっては、新たな場所が必要であったろう。そうして五月ごろに移った先が、帝大のある本郷からはかなり離れた千駄ヶ谷村であった。七月十日発行の『史学雑誌』（第十六編第七号）には「府下豊多摩郡千駄ケ谷村八五六」に転居したとある。「田中方」というふうにはなっていないから、たぶん一軒家を借りたにちがいない。

いまでこそ千駄ヶ谷は東京の都会であって何の不思議もないが、そのころはどういうところだったのか。伊波たち夫婦が暮らしていた当時の出版物、『東京遊行記』（大倉書店、一九〇六年）には、「この村、一半は田畑、一半は市街也。地図に寺のし

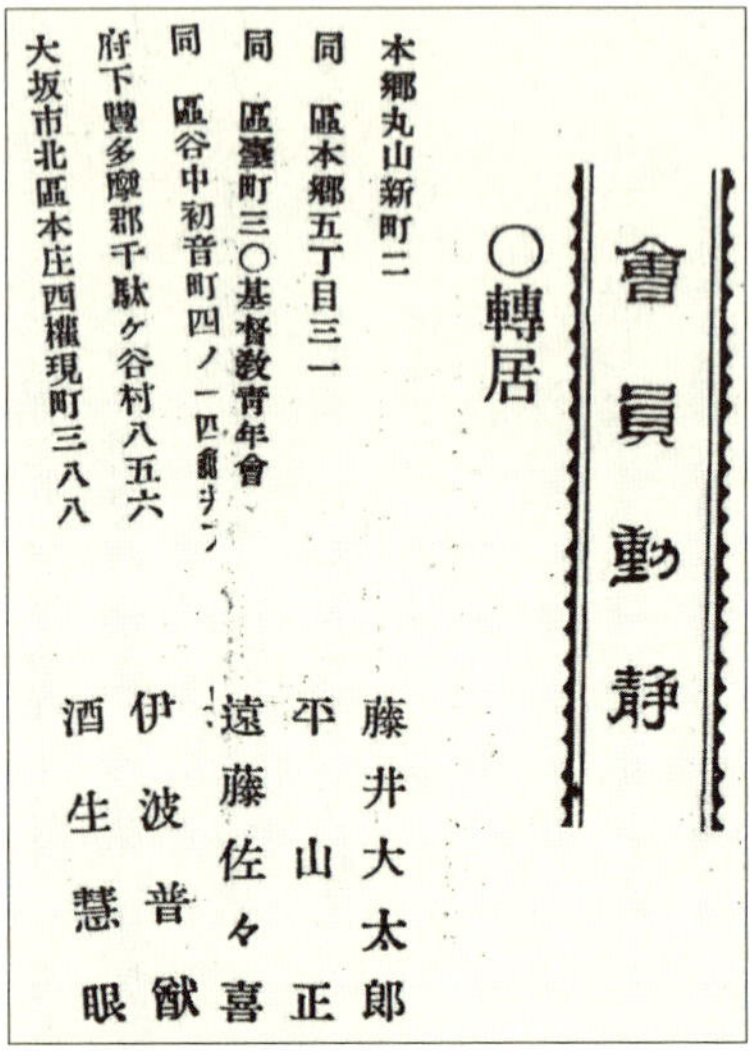

會員動静

○轉居

本郷丸山新町二　藤井大太郎
同　區本郷五丁目三一　平山正
同　區臺町三〇基督教青年會　遠藤佐々喜
同　區谷中初音町四ノ一四[illegible]方
府下豊多摩郡千駄ヶ谷村八五六　伊波普猷
大坂市北區本庄西權現町三八八　酒生慧眼

伊波普猷の豊多摩郡千駄ヶ谷村への転居届
（『史学雑誌』第16編第7号、1905年7月）

るし多けれども、名なければ」云々の文言がある。龍岩寺、仙寿院、聖輪寺、千駄ヶ谷八幡など有名無名の神社仏閣が多くあるとの説明で、そのほかにはこれといった特徴もないように見える。

新宿から渋谷の南北の線路に沿って、明治神宮と明治神宮外苑に挟まれた土地である。現在の南新宿駅からほどない場所に伊波の一軒家はあったらしく、明治三十九年になって代々木駅が出来て新宿方面、あるいは信濃町、四谷へと通じていた。地図をみてもらえばわかるが、東京十五区の繁華地域からはかなり離れた土地で、当時は閑静な場所というよりも辺鄙《へんぴ》な田舎でしかなかった。先の転居届けに、「府下」の「豊多摩郡」であり、なおかつ「村」なのであったことからも、どんな所だったのか、大よその想像ができるのではないかと思う。

その新居に、沖縄出身の友人や知人たちが結構出入りしたようである。同じ帝大の後輩、東恩納寛惇をはじめ、三月に沖縄県立中学を卒業したばかりの弟、伊波普助[注9]とその友人・島袋全発[注10]、駒込病院で研修中の

注9　伊波普助（いは・ふすけ　一八八四～一九二六）那覇四町のひとつ西村出身の医者。伊波普猷の父、普済とカメの間に生まれた。一九〇五（明治三十八）年に沖縄県立中学校を卒業。翌年、名古屋医学専門学校に入学。一九一〇年に卒業して北谷の村医をへて那覇で伊波外科院を開業。台湾で客死した。一八九四年生まれの妹、尚子も、同じく普猷の異母妹である。

医学生・金城《かなぐすく》紀光《きこう》なども幾度となく往来したであろう。普助は普猷にとっては腹違いの弟で、そのころ彼は中学の同級生・全発とともに早稲田の高等予科に通っていた。

明治38年当時の東京地図。左端中央の★印が伊波夫婦のいた千駄ヶ谷（大町桂月『東京遊行記』大倉書店、1906年）

一九五一年二月十九日の『うるま新報』[注11]に、全発がこう書いている。「私は一年先輩の安次嶺栄輝君と一緒に大学生ながら既に一家を構えて奥様を東京に迎えられていた伊波さんの千駄ケ谷のお宅に御厄介になつたこ

注10　島袋全発（しまぶくろ・ぜんぱつ　一八八八～一九五三）
那覇西村生まれの琉球・沖縄研究者、教師、歌人。一九一四年京都帝国大学法科大学を卒業。沖縄毎日新聞記者、那覇区書記から教諭へ転身。那覇市立実科高等女学校の校長、沖縄県立沖縄図書館長を歴任した。著書に『那覇変遷記』（沖縄書籍、一九三〇年）、『沖縄童謡集』（一誠社、一九三四年）などがある。号は濤韻（とういん）。

注11　『うるま新報』
沖縄戦直後の一九四五（昭和二十）年七月二十日、島清らによって創刊された戦後最初の新聞。当初はカタカナのウルマ新報で、翌年五月二十六日にひらがなに変更。一九五一年九月十日に琉球新報へと改題した。

とがあった」。「伊波普ゆう氏」と題する思い出の一節だが、明治三十八年当時、全発は普猷のことを「ウフーッチィー」（大兄）、月城の普成を「ヤッチーグヮー」（小兄）と呼ぶくらい、伊波家とは親密な間柄であった。

こうしてやって来る友人たちを、何くれとなく気遣い迎えてくれたのがマウシであった。残された写真をみると、そのころを境に夫・普猷の服装が学生服からパリッとした和服のそれに変化したような印象をうけるが、こうした日常生活のこまごましたことも含めて、口数の多い行動的な性格でなくとも、すべきことはそれなりにしていただろうと思うのである。

伊波普助と妹の尚子（『生誕百年記念アルバム　伊波普猷』伊波普猷生誕百年記念会、1976年）

そこでまた金城芳子の自伝『なはをんな一代記』（沖縄タイムス社）を

先人は如何に生き抜いたか!

月曜特集

伊波普ゆう氏

島袋全發

潮東太

うるま新報

講和條約締結前に

千駄ヶ谷の伊波普猷・マウシ宅に宿泊した島袋全発の回想文（『うるま新報』1951年2月19日）

みると、こういう箇所がある。

「体のお弱い伊波先生の奥様を抱え、経済的な一切を切りまわして支えていらっしゃるお母様や月城夫人が、女弟子の出入りにいやな顔ひとつ見せられなかった。それどころか、私たちが夜まで一室で講義を受けていると、お茶を入れて下さったり、時にはブクブクーをたてて下さったりした。それは伊波先生を十分理解しておられるからこそできることだった。（中略）私は、伊波先生の学究生活また啓蒙活動、月城さんの社会活動のかげには、那覇女の中の那覇女であるこのお二人の力があったと信じている。」

当時はまだ知念芳子だった彼女が、伊波のところに足繁く通ったのは「子供の会」で接した十歳前後のころと、高等女学校生だった一九一七（大正六）年ごろ以降、上京する一九二二年までの、十五からハタチまでのことである。私からすれば、いくら頻繁に会ったといっても、所詮は他人によるいっときだけの表面的な印象にすぎなかったろうとしか思えない。しかも、その幼い年齢で複雑多岐にわたる家庭の内情など、多少の様子は掴めたにしても、とうていわかるというものではない。ましてや四十代半ばを過ぎた中年夫婦の内実を、尻の青い少女たちがどの程度理解していたか、という気がするのである。人生の酸いも甘いも舐《な》め尽くした後年の金城が見た〝観察〟ではない点を、十分に自覚して自伝を読む必要があるのではないか。

ものごとはハタからみえないもの、あるいは特に印象深く感じないところにこそ、普段のコツコツとした陰日向の営為がなされているものである。そういう意味で、研究や社会活動に没頭した男性・伊波普猷を支える功労者として、マウシを端《はな》から除外したような決めつけ方に、私は直感的に違和感を覚えざるをえないのである。

功成り名を遂げた人間を実際以上によく描く傾向があるのは、誰しもやむを得ない。尊敬する身ぢかな人物ともなれば、シビアに見る眼が自然と弱くなるのは仕方がないともいえる。その証拠にたとえば、大正の末年に若い恋人と東京で暮らし始めた伊波の生活を、金城やのちの研究者たちはどう伝え、どう描いてきたのか。伊波は沖縄に残した、それこそ身の置きどころのない妻子に生活費を送金し、国男の進路を手助けするどころか、周囲の恩情なしには東京での生活を維持できなかったのが実際ではなかったか。同棲していた真栄田マカトへの身びいきもふくめて、あまりにも公平さを欠くというのは、そこである。

伊波が松村マウシと一緒になると、その新居には入れ代わり立ち代わり友人たちが出入りした。そのひとりが東恩納寛惇で、彼は伊波夫婦が結婚して一年半後、伊波が帝大を卒業して帰郷するに際し、「東郊千駄ヶ谷、我れには思ひ出多き所なるかな」と書いたことがある。一九〇六（明治三十九）年八月七日の『琉球新報』に寄せた小文「伊波普猷君と『於もろ』」の言葉である。

そのなかで東恩納は、伊波が言語学の道を志したことについて、「誰れか知らんやこれ彼れが畢生の志望たる郷土史の研究に向つて大発展を試むべき一大伏線で有つて、大学三年の研究は一部の『おもろ』研究に対する準備に外ならなかつた」と高く評価するのだが、その功績を支える裏方として妻・マウシへの言及をすることはな

明治四十一年四月、東京帝大三年の東恩納寛惇（『東京沖縄青年会明治四十一年度卒業生予餞会時紀念撮影』沖縄県立図書館蔵）

かった。しかし、そうしたことは彼が意図的に伊波の妻を無視したということではなくて、彼女が当然にすべきことをしていたことの逆証明にすぎない。千駄ヶ谷の寓居で伊波と語り合った日々の数々は、いちいち口に出さずとも、いつもマウシの姿が対《つい》になっていたともいえるはずだからである。

公の面前で夫が妻に感謝する、妻が夫を褒める、子が親など身内を自慢する、または自分で堂々と自画自賛をするというのは、まったく日本国昨今の風俗であって、明治のころにはよほどの厚顔でなければ出来るものではなかった。いや、いまでもそうだと思うが、東恩納のいう「思ひ出多き所」の言葉のうちには、伊波が帝大において心おきなく勉学を続けられた日々の生活が、坦々とした営為として意味されているのだと私は思うのである。伊波を伊波たらしめていく功労者は、伊波の実母と義妹のふたりだったとか、あるいは後妻の存在をとくに強調するのは、私にしてみればまったくの色眼鏡というほかはない。マウシに特別義理

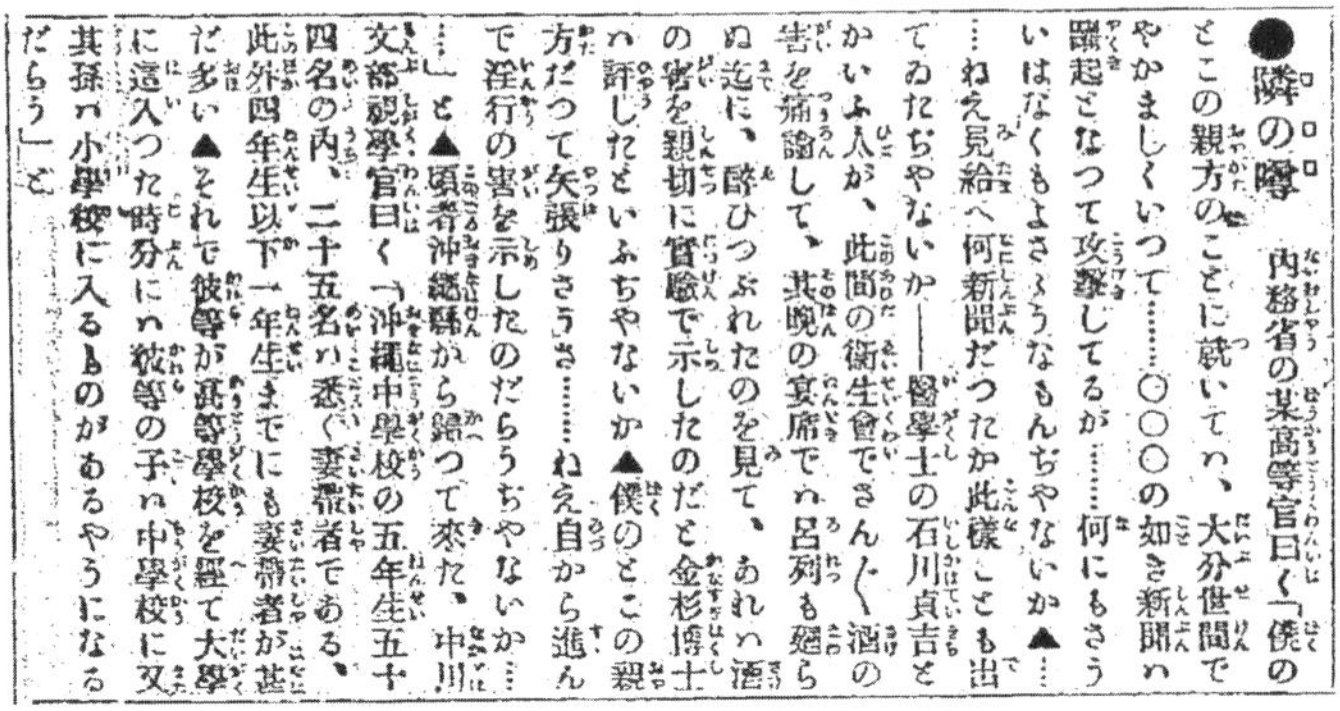

●隣の噂　内務省の某高等官曰く「僕《ぼく》のとこの親方《おやかた》のことに就《つ》いては、大分世間《だいぶせけん》でやかましくいつて……○○の如き新聞《しんぶん》は躍起《やくき》となつて攻撃《こうげき》してるが……何《なに》にもさういはなくもよささうなもんぢやないか▲……ねえ見給《みたま》へ何新聞《どこしんぶん》だつたか此様《こんな》ことも出《で》てゐたぢやないか――醫學士《いがくし》の石川貞吉《いしかはていきち》とかいふ人《ひと》が、此間《このあひだ》の衛生會《えいせいくわい》でさんざん酒《さけ》の害《がい》を痛論《つうろん》して、其晩《そのばん》の宴席《えんせき》では呂列《ろれつ》も廻《まは》らぬ迄《まで》に、酔《ゑ》ひつぶれたのを見《み》て、あれは酒《さけ》の害《がい》を親切《しんせつ》に實驗《じつけん》で示《しめ》したのだと金杉博士《かなすぎはくし》は許《ゆる》したといふぢやないか▲僕《ぼく》のとこの親《おや》方《かた》だつて矢張《やつぱ》りさうさ……ねえ自《みづか》ら進《すゝ》んで淫行《いんかう》の害《がい》を示《しめ》したのだらうぢやないか……」と▲頃者沖縄縣《このごろおきなはけん》から歸《かへ》つて來《き》た、中川《なかがは》文部視學官《もんぶしがくくわん》曰く「沖縄中學校《おきなはちうがくかう》の五年生《ねんせい》五十四名《めい》の内《うち》、二十五名《めい》は悉《こと／＼》く妻帶者《さいたいしや》である、此外《このほか》四年生《ねんせい》以下一年生《ねんせい》までにも妻帶者《さいたいしや》が甚《はなは》だ多《おほ》い▲それで彼等《かれら》が高等學校《かうとうがくかう》を經《へ》て大學《だいがく》に這入《はい》つた時分《じぶん》には彼等《かれら》の子《こ》は中學校《ちうがくかう》に又《また》其孫《そのまご》は小學校《せうがくかう》に入《はい》るものがあるやうになるだらう」と

1905（明治38）年５月28日の『読売新聞』（朝刊）のコラム「隣の噂」

があるわけではないが、この帝大時代以降のことを踏まえて一言しておく。

　一家を構えながら帝大二年の三学期が進行中の五月二十八日、ときあたかも、ひとつの新聞記事が伊波の目をとらえた。遅い春ながら、心浮き立つ新婚二カ月ごろのことである。この日の『読売新聞』のコラム「隣の噂」欄をその日読んだのか、それとも誰かに教えられて後日読んだのかは知らないが、伊波は一読して猛烈に腹が立ったらしい。怒りを惹起させたのは文部省の中川謙二郎[注12]視学官の発言であった。彼は三月十一日から約二週間あまり沖縄県下の学事状況視察をしており、実際に首里や那覇、島尻、中頭《なかがみ》、そしてヤンバルもこまめに見てまわっての感想なのであった。那覇では池畑旅館に宿泊して、帰京の途についたのは三月二十九日だから、もしかしたら伊波夫婦と同じ汽船だったかもしれない。

明治40年代の中川謙二郎（東京女子高等師範学校卒業記念写真帖『蘭香帖』1911年）

中川視学官の沖縄県視察は、そのころ琉球新報が丁寧に記事にしており、伊波はそれによって大よそのことは知っていたと思うが、その中川が視察の感想を読売記者に遠慮なく正

注12　中川謙二郎（なかがわ・けんじろう　一八五〇〜一九二八）京都出身の教育家、行政官。一八七六（明治九）年東京開成学校（現・東京大学）製作学製錬科に学ぶ。のち新潟学校、学習院、東京女子師範学校、東京師範学校の教諭を歴任。明治三十一年に東京工業学校教授と高等師範学校教授を兼任。明治三十二年文部省視学官。明治四十三年に現在のお茶の水女子大学の前身、東京女子高等師範学校長に就任、女子教育に長く関与した。著書に『簡易化学器械』（金港堂、一八九一年）、『婦人の力と帝国の将来』（冨山房、一九二五年）などがある。

直に吐露したのが、そのコラムだったわけである。記事はこう記している。「沖縄中学校の五年生五十四名の内二十五名は悉《ことごと》く妻帯者である此外四年生以下一年生までにも妻帯者が甚だ多いそれで彼等が高等学校を経て大学に這入つた時分には彼等の子は中学校に又其孫は小学校に入るものがあるやうになるだらう」。

中学五年生のほぼ半数ちかくが既婚者で、それ以下の学年にも既婚者が多かったのは事実だろうが、これは必ずしも年齢の早婚だけでなくて、もともと年齢のいった者が学校に多かったことにもよる。伊波よりひとつ年長の友人・真境名安興《まじきなあんこう》は、尋常中学の四年だった明治二十七年には数えでハタチになっていて、その年にカマドと結婚している。だから、あのストライキ事件のときにはもういっぱしの妻帯者だったのである。むろん周囲のほとんどがそれを知っていたし、それは例外的に珍しいことでもなかった。しかしヤマトの中川にしてみれば、生徒の身で妻帯とはとんでもない常識はずれとの感覚だったのであろう。

中川の皮肉っぽい嗤《わら》いのコメントは、琉球新報の紙上ではなく、沖縄人の目にはほとんど触れないヤマトの新聞であったことも、伊波にとってはいよいよ意図的なさげすみと感じられたはずである。そして年齢が三十になったばかりの伊波も学生の身分でありながら妻がいた。沖縄のありようをヤマトの物差しで一律に測られたことに加えて、その揶揄は自分にもまた向けられていると思っただろう。

カチンときた伊波は「先生中々綿密に調査されたと見える其推測なぞは特に面白い」と書いたあと、「さういふ変つた所のある沖縄の視察は頗る趣味のあることであらうよ」と、吐き捨てるかのような感情を表出した。「さういふ変つた所」がなぜ沖縄にあるのか、その由来を知ろうとするのでもなく、またそうした人びとの水位へと降りていって理解しようという姿勢も中川には欠けていた。同じ教育者の森山徳助が沖縄は奇妙だ奇異だとした文章に続いて、伊波はここでも自分が批判されたことになる。

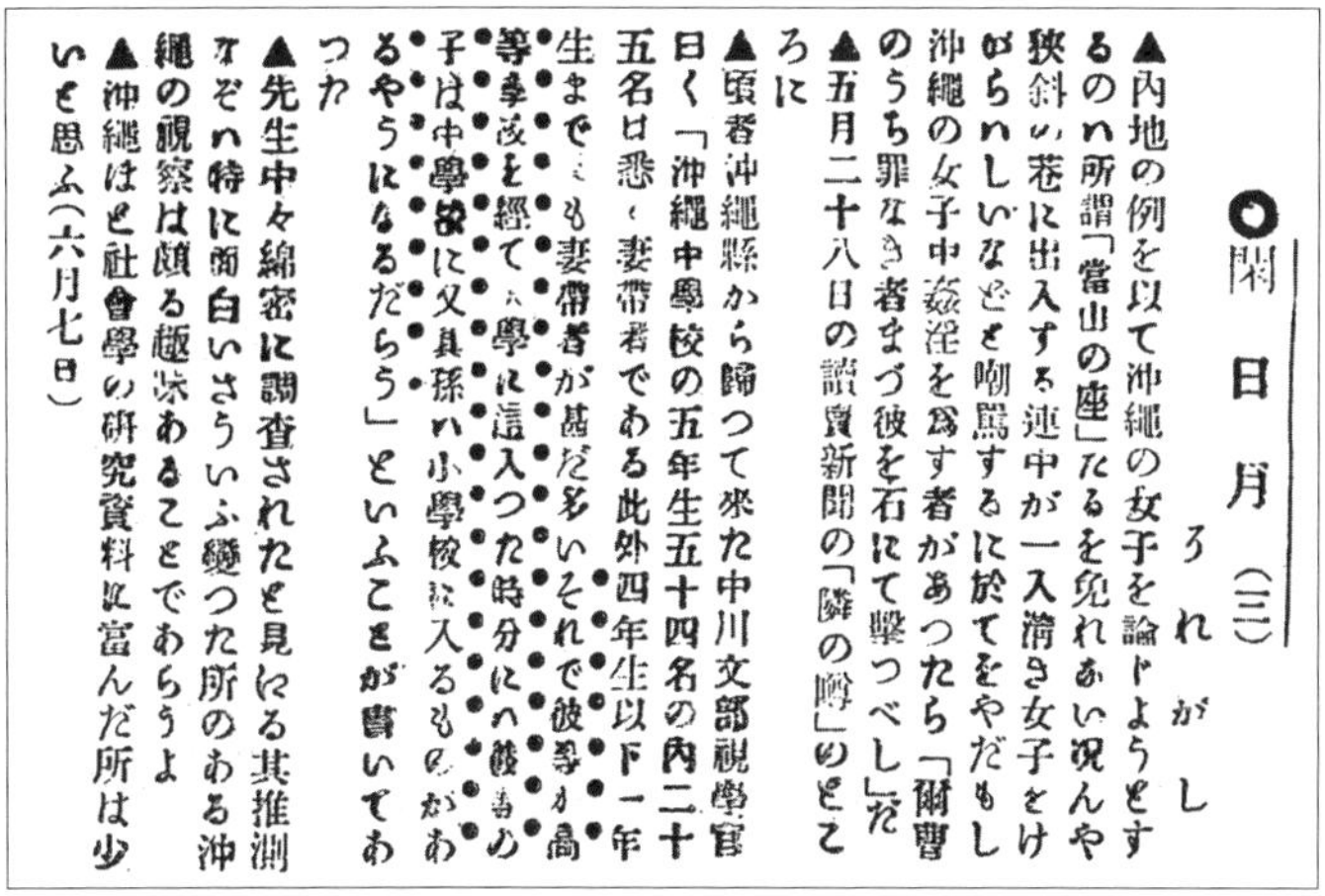
◎閑日月（三）

それがし

▲内地の例を以て沖繩の女子を論じようとするのは所謂「當山の座」たるを免れない況んや狹斜の巷に出入する連中が一入清き女子をけがらはしいなどと嘲罵するに於てをやだもし沖繩の女子中姦淫を爲す者があつたら「爾曹のうち罪なき者まづ彼を石にて擊つべし」だ

▲五月二十八日の讀賣新聞の「隣の噂」のところに

▲頃者沖繩縣から歸つて來た中川文部視學官曰く「沖繩中學校の五年生五十四名の内二十五名は悉く妻帶者である此外四年生以下一年生までにも妻帶者が甚だ多いそれで彼等が高等學校を經て大學に這入つた時分には彼等の子は中學校に又其孫は小學校に入るものがあるやうになるだらう」といふことが書いてあつた

▲先生中々綿密に調査されたと見える其推測はそれ特に面白いさういふ變つた所のある沖繩の視察は頗る趣味あることであらうよ

▲沖繩は社會學の研究資料に富んだ所は少いと思ふ（六月七日）

中川謙二郎文部視学官を批判した伊波普猷のコラム「閑日月」（『琉球新報』1905年６月23日）「それがし」は伊波の筆名

「内地の例を以て沖縄の女子を論じようとするのは所謂『当山の座』たるを免れない況んや狭斜《きょうしゃ》の巷に出入する連中が一入《ひとしお》清き女子をけがらはしいなどと嘲罵するに於てをやだ」。珍しいくらい、こうまでにつよい口調にならざるをえなかった伊波だが、この「沖縄の女子」云々の文言は一般的な意味での使用だが、伊波にはそれが他人事でなく彼の母や義妹が、そして彼の妻・マウシが二重写しになっていたはずである。当山という一座では通用したかもしれない演技は、ほかの劇団へ行ってみなければどうだかわかりやしない。何から何まで「内地の例を以て」裁断された日には、それこそたまったものではない。沖縄はヤマトによって規定される存在なのか、と伊波は言っているようにみえる。

六月二十三日の『琉球新報』「閑日月」欄に「それがし」の匿名で書いた伊波の小文は、学術上において日琉は姉妹的関係にあると口を酸っぱくして説明し続けてきた彼が、現実社会はそれとは裏腹に、沖縄とヤマトとの溝がいかに深いかを思い知らされた苦渋にみちた文章なのであった。

2　琉球の説話と万葉集

沖縄の由ってきたる事情も知らずに、調査とか視察と称して沖縄へ行き、勝手な訓戒や批難をしたのは、何も中川謙二郎文部視学官のような役人・教育者ばかりではない。そして、時代も遠く明治に限るものでもない。試みにこれまで、どんな事例があったのか、それを知りたいと思うなら、図書館へ行って明治以降の『琉球新報』や『沖縄毎日新聞』[注13]、または戦後ヤマトの新聞[注14]や書籍をめくってみれば、いくらでも知ることができる。

ここでは文部官僚のことが出たから、ついでにもうひとつ取りあげるのだが、似たことは学者・知識人（イヤな言葉だが）にあってもまったく同様で、伊波はこんなことを書いている。

注13　『沖縄毎日新聞』　一八九三（明治二十六）年九月の琉球新報、同三十八年十一月の沖縄新聞に続いて、明治四十一年十二月に発刊された沖縄で三番目の新聞。當間重慎を中心に那覇や郡部の権益擁護から、琉球新報に対抗した。末吉麦門冬や伊波月城らのすぐれた論説を掲載したが、経営不振による紙名変更をへて一九一九（大正八）年に廃刊となった。

中川の沖縄県視察があった同じ一九〇五（明治三十八）年のことである。年の瀬の十二月ごろ、「独乙人」自然科学者が京都の同志社をつうじて東京の伊波に問い合わせをしたことに始まる。その外国人とは「アンドレー氏」といって、「主として植物研究」をしている学者だと伊波は記している。その彼が今回初めて琉球諸島へ実地調査に行くので、その前に何はともあれ琉球の勉強をするつもりでいる。ついては、関係する文献や資料の教示をお願いしたい、または事前にこれだけはぜひ頭に入れておくべきことを教えてほしいとの依頼である。

ヤマトの出自を笠に着た者、あるいは官尊民卑を絵にかいた態度の者を、それこそ腐るほど見

月刊『瀬戸内新聞』（1962年２月21日〜８月21日）に「南の国沖縄」を執筆したころの瀧川幸辰（『瀧川幸辰　文と人』世界思想社、1963年）

注14　ヤマトの新聞
その一例、愛媛県川之江の『瀬戸内新聞』に、瀧川幸辰（たきかわ・ゆきとき一八九一〜一九六二）が「南の国沖縄」という題の視察旅行記を載せている。中城城をオランダ人などが造ったというのはまだいいとしても、彼の沖縄滞在は折しも那覇市長選挙の真っ最中だったのだが、兼次佐一のポスター「サ一」を見て、「沖縄の教育普及度は本土にくらべて、よほど低いことを知った」と書いている。さらにはコザの感想として、「パンパン・スタイルの女が多く、それが米語まがいの言葉をつかってアメリカ兵の腕にぶらさがって歩いているという始末。これでも日本の一部か、日本は独立国か、という気がしたので、短大の学生や若い婦人たちに警告したつもりで話しをした」とある。彼の沖

聞きしてきた経験からであろう、アンドレー氏からの通信は、いまどき殊勝な人間もいるものだと伊波をいたく感心させたらしい。「其地へでかける前に一通り其地に関する知識を得ようとする心がけは確に賞賛するの価値があると思ひます」と伊波は書いている。その一方で、「不用意にやつて来て沖縄を調査し得たりと心得てゐる先生がたは少しく欧米人のやりかたを学んだらよからうかと存じます」とも添えるのを忘れなかった。そしてアンドレー氏のように、琉球渡航にあたって「一通りの事」を学習したうえで琉球調査を実践したチェンバレンの例が持ち出されるのである。

お手本となる人物というわけであるが、一代の碩学と比較されたのではどんな人間でも可哀想というか、とても堪らない気もするが、それはともかく、伊波の言葉はやんわりとした言い方ではあるものの、わざわざ『琉球新報』に寄稿した事実からも、それまでいかに苦々《にが》しい思いでそれらの「先生がた」を眺めていたか、そうした積年の不満がよく映し

縄視察の目的は「民主教育普及」という大上段からの〝沖縄の啓蒙と教育〟だったとはいえ、まったく恐れ入った「警告」である。ちなみに瀧川は一九三三（昭和八）年の京大事件で有名な刑法学者で、戦後には日本刑法学会初代理事長、日本学士院会員、京大総長となった人物。

ロシアの植物学者アンドレイ・N・クラスノフ（山本秀峰編『富士山に登った外国人　幕末・明治の山旅』露蘭堂、2012年）

出されている。「右一寸御知らせ申します」という締めの言葉には、アンドレー氏が沖縄へ行ったときには宜しく配慮をお願いしたいとの意味と同時に、ヤマトから〝不用意にやって来た先生がた〟への、チクリとした「御知らせ」の皮肉も込められているのであろう。十二月二十七日掲載の「外人と沖縄」と題する小文である。

なお、伊波が「独乙人アンドレー氏」と書いているのは、正確にはアンドレイ・ニコラエヴィッチ・クラスノフ[注15]のことで、彼はフルネームをみてわかるように、ドイツ人ではなくロシア人。一八六二年の生まれだから、伊波よりも十五歳の年長で当時四十八歳。一八九二（明治二十五）

注15　アンドレイ・ニコラエヴィッチ・クラスノフ（一八六二～一九一四）　ロシア・ペテルブルグ生まれの地理学者、植物学者。ペテルブルグ大学卒業。一八八九（明治二十二）年にハリコフ大学教授。中国や日本、中央アジア、北アメリカなどで植物調査、研究を行った。明治二十五年と二十八年の日本訪問では北海道から西日本までの広範囲を跋渉した。

○外人と沖縄

在京　伊波物外

今回獨乙人アンドレー氏が學術研究（主として植物研究）のため琉球諸島へ航渡するに就いて琉球の文献や琉球に關する内外人の著書など一通り心得てゐたいといふので京都同志社の手を経て右の書名を私の方に問合せに參りましたから早速調べてやりました此のアンドレー氏がどういふ種類の學者であるか能く存じませぬが其地へでかける前に一通り其地に關する知識を得ようとする心がけは確に賞賛するの價値があると思ひます不用意でやつて來て沖縄を調査し得たりと心得てゐる先生がたは少しく歐米人のやりかたを學んだらよからうかと存じます右一寸御知らせ申ますついでに御話申しますが彼の琉球文法の著者として有名なチヤムブレン氏なども沖縄へ渡航さるゝ前に沖縄に關する一通りの學は調べて居られたらしい氏が明治二十五六年頃沖縄を探撿された時の報告は「琉球諸島及び其住民」といふ六十頁餘の長篇で一度英國の學士會院で朗讀せられ後英國の地學雜誌に掲げられましたが琉球諸島の地理歴史人種言語人情風俗政治などのことが至つて公平に書かれてゐますこれは他日飜譯して貴紙に投ずる積りです

1905（明治38）年12月27日付『琉球新報』に掲載された伊波普猷（筆名・物外）の「外人と沖縄」

年に最初の来日をして、三年後にも日本の各地を歩いて研究を継続している。地理学にも業績があるようで、調査を兼ねてであろうか、富士山に登って地形や地理の確認をし、さらには山岳信仰などを考察した外国人としても知られている。後年はウクライナのハリコフ大学で植物学と亜熱帯農芸学の教授を勤めたという。

おそらく伊波は彼と直接会ったことはなく、要望に応じて参考資料のリストなどを提供しただけではなかろうか。伊波からはせっかく琉球諸島についての道案内をしてもらいながら、どうやら沖縄へ行った形跡はないから、調査は実現しなかったようである。だから、同志社が仲立ちをして手紙を伊波に送ったときはロシアにいたらしい。その彼も沖縄を踏むことなく、第一次世界大戦の始まった一九一四年に、ウクライナでまだ五十二歳の若さで亡くなっている。彼のもとには伊波とやりとりをした書簡などが残っている可能性もあるから、誰かロシアやウクライナへ行く機会があれば調べてみる価値はあるかもしれない。

こうして東京の伊波に沖縄研究のアドバイスをしてもらおうとした一事からしても、関西でもいくらか伊波の名前が知られる存在になりつつあったのであろう。『東京人類学会雑誌』や『考古界』『史学界』への執筆がその存在を知られる役割をしただろうし、人的なつながりも徐々に広がっていることを示す証拠のようにみえる。

つまり大学外において、沖縄研究の学徒として認知されていったのが、この東京帝大二年であった。当然に大学内での交友も増えていただ

○その折り／＼　それがし

▲所謂與那原の濱物語は沖繩の浦島說話であつて其白鳥處女式說話なる銘苅子の物語と共に沖繩說話の寶庫を飾る珠玉の一であるこの形式に屬する說話《サーガ》は殆ど凡ての民族間に發見することが出來る位廣大な範圍に分布して居る啻に和漢の故事なるのみならず實に世界的說話である各地のゝを比較してろが文化の如何なる程度に於て發生せしかを研究するとは神話學上一入興味あることであらう此說話琉球に入つて稍々に修飾せられ遂に與那原の濱物語の形にまで進んださてこの物語は印度支那神仙說の影響も受けて居るが其中にはまだ日本南方種族の特徵が現はれて居る

▲沖繩の羽衣說話は百八十年前に組踊作者の鼻祖玉城朝薰の筆に詩化せられて銘苅子の名で傳へられて居るが惜い哉其姉妹的說話なる浦島說話は今日に至るまでどの詩人にも知られてゐない余は沖繩人の精神的產物あるあれらの說話が他の古い物と共に漸く忘れられようとするを恐れてまだ記錄に上つてゐない說話を深山探し出して手帳のかたはしに書付けて置いたが詞人鴻巢盛廣氏の筆によりて詩化せられた與那原の濱物語は即ち其一である

▲これらの麗しき說は實に沖繩を飾る花である若しヰリヤムモリスが支那海の一隅にかういふ說話の寶庫のあることを聞いてゐたら彼はこれらの貴重なる珠玉を以てその「地上樂園」の一部分を飾つたに相違ない（未完）

「与那原の浜物語」を書いた鴻巣盛広に関する「それがし」（伊波普猷）の文章（『琉球新報』1905年５月９日）

ろうが、そのなかでも、とりわけこのころ肝胆相照らす仲だったのは、以前にもちょっと触れた鴻巣盛広である。

沖縄の羽衣伝説である銘苅子《みかるしい》に伊波が着目したことをこれまで何度も書いたが、地元沖縄の人びとに忘れられ、まさに消えようとしつつあるそうした説話を、伊波は高等学校のころからひとりコツコツと収集していた。「沖縄の羽衣説話は百八十年前に組踊作者の鼻祖玉城朝薫の筆に詩化せられて銘苅子の名で伝へられて居るが惜い哉《かな》其姉妹的説話なる浦島説話は今日に至るまでどの詩人にも知られてゐない」。五月九日の『琉球新報』「その折り〳〵」での言葉である。

たんに知られていないからという理由ではなくて、それを産み出した人びとの貴重な文化遺産としての着目であったのはいうまでもない。――「余は沖縄人の精神的産物なるこれらの説話が他の古い物と共に漸く忘れられようとするを恐れてまだ記録に上つてゐない説話を沢山探し出して手帳のかたはしに書付けて置いた」。それまでまったく文字化されていない語り伝え、口碑の類が主だったらしい。具体的には神話、伝説、俚歌、童謡の、一般的には価値が低いと軽んじられている民衆の文芸であった。これらを口ずさむことで伝承してきた人びとを、伊波は「老幼男女挙《こぞ》つて一種の詩人」（五月十一日付コラム）だとみなした。

そして、ある機会を介してだったと思うのだが、伊波は手帳に記録した説話のひとつ「与那原の浜物語」を、和歌に造詣のふかい詩人肌の友人・鴻巣に提供したのである。

伊波が採集した、いわゆる「沖縄の浦島説話」を、鴻巣盛広は繊細で詩情あふれる日本文語で表現した。――「昔男ありけり。潮さゐ荒き大《おほ》和田《わだ》つ海《み》の唯中に、蛇《くちなは》の如《ごと》、横《よこた》ほれる琉球《うるま》の島、与那原の浜に住ひけり。男漁《すなど》る業を以て産業《なりはひ》とぞしける。」一九〇五（明治三十八）年四月の『こゝろの花』（第九巻第四）に鴻巣槇雨の筆名で発表した「琉球浦島伝説（与那原の浜物語）」の、冒頭の一節である。

アネッタイの空気と琉球語のなかに住む者からすると、その透明な美に感嘆しつつも、与那原とはあまりにも異なる世界の出現に違和感は否めないが、鴻巣が沖縄に行ったこともなく、またさしたる知識もなかったことを考え併せれば、それも仕方のない

東京帝大卒業後、高等学校教授時代の鴻巣盛広（『飛騨偉人銘銘伝』濃飛展望、1976年）

ことであろう。しかし、さすがに幼少のころから詩歌に親しんだだけあって、流麗な筆致は起伏に富んだ物語の最後まで、わずかな呼吸の乱れさえみせずに、読む者をして陶然とさせる。この文章を伊波は、五月九日付『琉球新報』の連載「その折り〳〵」に、「詩化せられた」作品だと評した。

　おそらく伊波は鴻巣の才能を十分に知ったうえで琉球説話を提供したのであろう。いっしょに間借り生活をしたくらいだから、性格はもちろんのこと、文学の素養がどうなのかもよく承知していたはずで、つね日頃からその方面の話をしていたとしてもおかしくはない。「わが同人鴻巣盛広氏」と伊波は記しているが、その「わが同人」という意味は、『こゝろの花』を発行している竹柏会《ちくはくかい》の会員のそれではなかったらしい。もしかしたらほかのサークルの「同人」だったのかもしれないが、そうした同人雑誌の仲間とか、何かの同門というよりは、ある意見や嗜好を共有している者といったほどの意味ではないかと思う。

鴻巣が、伊波にみせてもらった琉球説話にだけ特に関心を有していたのでないことは、それから三カ月後の同じ雑誌（第九巻第七）に、「与那原の浜物語」と同種類の筑紫の伝説「大浪池の物語」を掲載しているのでも頷ける。それだけに両者は説話論ですぐに意気投合したはずで、伊波の文章化の申し出を、鴻巣は二つ返事で引き受けただろう。人びとのあいだに古くから語られながら、いままさに消えつつある文化遺産を、ふるえるような感動の文字に映し取ったのが、この一篇で

こゝろ乃華

第九巻
第七

大浪池の物語

鴻巣楨雨

筑紫のある里に一人の少女ありけり。ある男と戀ひあひて互に行末を堅く契りぬ。此少女見めよかりければ思ひを惱ますものいと多かりき。中にも一人の男は、二人の間を妬みて、さま〴〵の術していとつらくあたりてけり。二人は堪へかねて煩多き此世の戀に泣かんよりは、相携へて死なんと思ひぬ。霧島山の腹にありとふ、清き靜かなる大浪の池こそ、安らかなる床なんめりとて、其處をとめて行きてけり。月明き秋の夜なりき。こゝしき山路の露踏み分けて、二人は池のほとりに出でぬ。浮べる木の葉もなく鏡なせる面のあまり清きに、汚さんことのおほけなしと思ひぬ。されど、もとより永らへん心なき二人は、久しくためらはざり

（二三）

1905（明治38）年７月の『こゝろ乃華』（第９巻第７）に載った鴻巣盛広（筆名・楨雨）の「大浪池の物語」

あった。

伊波の嬉しさは、ただちに郷里の人びとにもそのすばらしさを共有してほしいとの思いに変化したにちがいない。そして『琉球新報』は五月五日から四回連載で、鴻巣の作を紹介した。鳥居龍蔵の沖縄先住人民論考に続いて、これまた伊波のつよい慫慂があったのはいうまでもない。

しかし、伊波の思いはひとつの口碑が美文でもってかたちになり、それが広く読まれ、これから先も長く沖縄の文化遺産として残っていくことで満足したのではない。彼が何としても保存せねばならぬとの思いから、こまめに手帳に記録し、その重要性を片時も忘れなかった一番のエネルギー源は、次の点にあったのである。

――つまり、「与那原の浜物語」は、沖縄の浦島伝説として、銘苅子とともに沖縄説話の代表であり、その多様な類型は世界の各地に存在する。文化の発展段階において、その変化と形態もさまざまに異なるが、沖縄のそれは印度支那神仙説の影響を受けると同時に、日本南方種族の特徴も含んでいる。こうした沖縄の説話は、神話や俚歌、童謡などもそうであるが、アマミキヨ時代から連綿と受け継がれてきた「精神的産物」である。ところが、郷里の小学校教員のほとんどは、沖縄のものは何でもかんでも価値がないと決めつけて、ヤマトにばかり目を向けている。「一種の愛国心から割り出してこれらの貴重な説話をかたッぱしからぶちこはさうとする人がある」と伊波はいう。

「一種の」の「一種」に黒傍点をふって読者の注意を喚起しているように、伊波にしてみれば、ヤマトのものを後生大事にするのは確かに日本の「愛国者」ではあろうが、それはまったく一面的なのを逃れない。なぜか？　ここからあとは、ぢかに伊波本人の言葉をもって語らせることにするが、彼ら小学校教員たちの行為は、「これやがて大和民族と阿摩美久派との連鎖を切断するもの」ということを意味するからである。なんとなれば、「神話伝説の類似が体質言語等の類似と共に二種族の間の密接な関係を示すものなるを知らない罪である」と伊波は説明した。

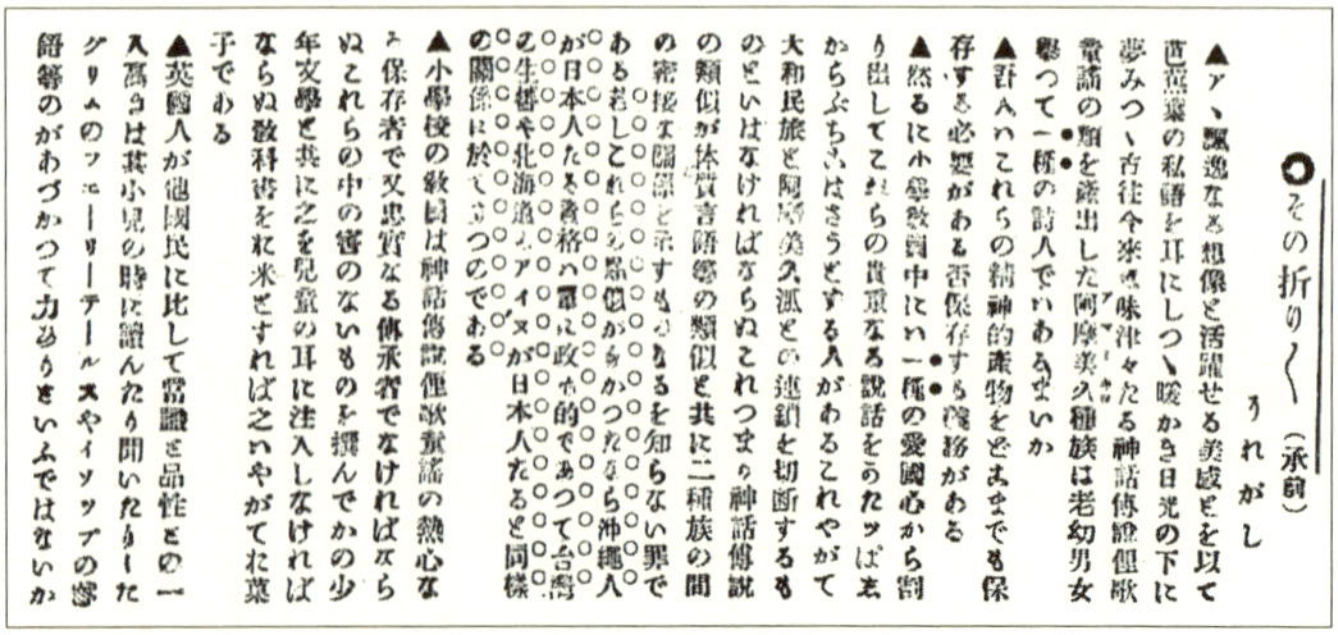

○その折り〳〵（承前）　うれがし

▲アヽ飄逸なる想像と活躍せる美感とを以て薔薇叢の私語を耳にしつゝ暖かき日光の下に夢みつゝ古往今来興味津々たる神話傳説俚歌童謡の類を醸出した阿摩美久《アマミキヨ》種族は老幼男女擧つて一種の詩人でゝあるまいか

▲吾人はこれらの精神的産物をどこまでも保存する必要がある否保存する義務がある

▲然るに小學教員中には一種の愛國心から割り出してこれらの貴重なる説話をうたッぱなからぶちこはさうとする人があるこれやがて大和民族と阿摩美久派との連鎖を切断するものといはなければならぬこれつまり神話傳説の類似が体質言語等の類似と共に二種族の間の密接な關係を示すものなるを知らない罪である若しこれらの類似がなかつたなら沖繩人が日本人たる資格は單に政治的であつて台湾の生蕃や北海道のアイヌが日本人たると同様の關係に於て立つのである

▲小學校の教員は神話傳説俚歌童謡の熱心なる保存者で又忠實なる傳承者でなければならぬこれらの中の害のないものを撰んでかの少年文學と共に之を兒童の耳に注入しなければならぬ教科書を丸米させすれば之れやがて丸菓子である

▲英國人が他國民に比して常識と品性との一人高きは其小兒の時に讀んだり聞いたりしたグリムのフェーリーテールスやイソップの寓話等のあづかつて力ありきいふではないか

沖縄人と生蕃、アイヌとの違いを強調した伊波普猷の連載コラム「その折り折り」（『琉球新報』1905年５月11日）

「二種族」とは琉球と日本なのはいうまでもないが、これまで伊波が新聞や雑誌で書いてきたこと、すなわち琉球語と日本語の言語関係においても、また沖縄人と日本人の体質調査からも、両者が姉妹的関係、あるいは同一であることに、彼ら小学校教員がまるで無知だと怒っているのである。

さらに続けて伊波は、こうもいう。「二種族の間の密接な関係」、あるいは、「これらの類似がなかつたなら沖縄人が日本人たる資格は単に政治的であつて台湾の生蕃や北海道のアイヌが日本人たると同様の関係に於て立つの

1903（明治36）年、第５回内国勧業博覧会ポスターに描かれた人類館の生蕃とアイヌ（『人類館　封印された扉』アットワークス、2005年）

である」――と。これは伊波が、生蕃やアイヌを日本国家内で自分たちよりも格下だと認識し、差別するとともに、他方で沖縄の教員に向かって、お前たちは生蕃やアイヌと同じ扱いになってしまってもいいのかと脅したも同然であった。

　ヤマトとは「単に政治的関係であって」は済まなかったわけで、二年前の人類館事件を背後で指導した坪井正五郎や帝大理科大学人類学教室の人類観を、伊波もほとんどそのまま受容してきたがゆえの論旨といってもいい。

それゆえに、伊波が人類館事件をどう考えたのか、それを知りうる直接の文章はなくとも、彼の考えのおおよそが見当つくだろう。当然にその当時、琉球新報が展開した生蕃などへの抑圧の移譲[注16]原理を、伊波は明治三十六年以前からずっと持ち続けながら、ここでも繰り広げたことになるのである。

鴻巣盛広の「琉球浦島伝説（与那原の浜物語）」は、伊波普猷にとってどういう位置を占める作品だったのだろうか。私の理解では、それはチェンバレンの琉球語研究、及び鳥居龍蔵の人類学調査に並ぶ文学表現、すなわち沖縄とヤマトをむすぶ神話・説話の再生を意味した。伊波が「沖縄人の精神的産物」と呼ぶこの説話は、「大和民族との連鎖」を如実に証拠立てる文化的遺産という点で、特筆大書すべきものにほかならなかった。そのことが、これらの説話を価値づける第一にして最大の理由であったし、それまで忘れられ無視されつつあったこれらの保存

注16　抑圧の移譲
「上からの圧迫感を下への恣意の発揮によって順次に移譲して行く事」と思想史家・丸山眞男（まるやま・まさお　一九一四～一九九六）は「超国家主義の論理と心理」（『世界』第五号、一九四六年五月）で説明した。

に、伊波が精力を傾けた原動力でもあった。

　そして、彼がとくに小学校教員を厳しく叱ったのは、それだけ彼らの教育的役割が大きいことの認識であり、今後の期待も同様に大きかったことによる。「小学校の教員は神話伝説俚歌童謡の熱心なる保存者で又忠実なる伝承者でなければならぬ」。そして、「これらの中の害のないものを撰んでかの少年文学と共に之を児童の耳に注入しなければならぬ」というのがそれである。

　伊波のいう「かの少年文学」とは、当時博文館が出していた人気の叢書「少年文学」を指す。坪谷善四郎[注17]の『博文館五十年史』（博文館、一九三七年）によると、値段が一冊十二銭と安かったこともあって、伊波が上記の文章を書いた明治三十八年までに二十九版の印刷を行い、総計三万七五〇〇冊を世に出したという。とくに売れた巌谷小波[注18]の『こがね丸』を始めとして、幸田露伴[注19]『二宮尊徳翁』、北村紫山[注20]『維新三傑』など英雄偉人を題材にしたもので、たぶん伊波もそのうちの何冊かは手に

注17　坪谷善四郎（つぼや・ぜんしろう　一八六四～一九四九）新潟生まれの出版人、政治家。東京専門学校卒業後に博文館に入り、多くの著作を編集し、雑誌『太陽』の創刊などに辣腕を振るった。のち東京市会議員となり、市立図書館の建設に尽力した。号は水哉。

注18　巌谷小波（いわや・さざなみ　一八七〇～一九三三）東京出身の小説家、児童文学者。博文館から刊行の『少年世界』の主筆として活躍。『日本昔噺』（全二十四冊）や『世界お伽噺』（全一〇〇冊）などを編集。本名は季雄（すえお）。

取ったこともあったろう。
そういうわけで伊波は、小学校教員に向かってぜひとも「～しなければならぬ」「～でなければならぬ」とその義務を二度強調した。人格の陶冶《とうや》と知識の提供、思考の鍛錬を行う学校教育に、さらにもうひとつ日本人としての自覚を「注入」しなければならぬとの、彼のつよい使命感がここには表出している。

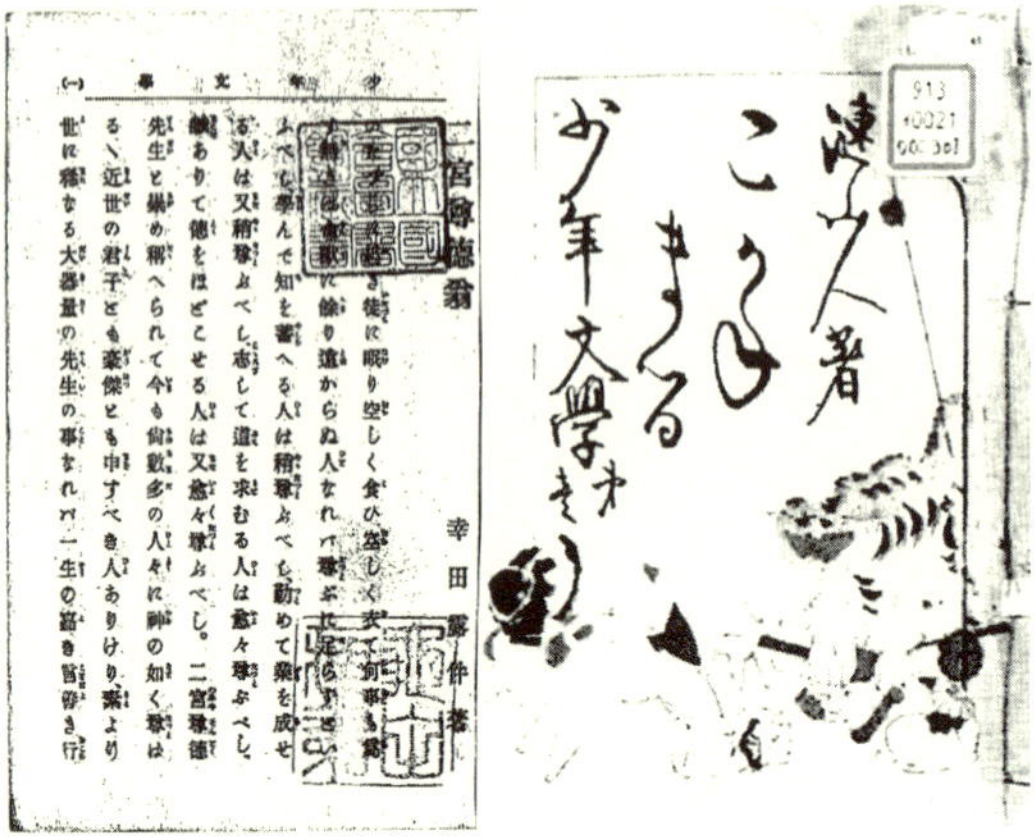

1891（明治24）年、博文館から「少年文学」シリーズで刊行された巌谷小波の『こがね丸』と幸田露伴『二宮尊徳翁』

かくて沖縄の説話文学のすばらしさを、伊波はみずからの祖先アマミキヨこそ

注19　幸田露伴（こうだ・ろはん　一八六七～一九四七）江戸生まれの小説家、史伝作家。電信技師をへて、『風流仏』（一八八九年）等で作家として立ち、のちに尾崎紅葉と「紅露時代」といわれる存在となった。日露戦争中に「天（そら）うつ浪」を連載するも中絶。本名は成行（しげゆき）。

注20　北村紫山（きたむら・しざん　一八六四～一九四三）明治から昭和戦前期の作家。本名は川崎三郎で、千山万水楼主人とも名乗った。

はじつに「一種の詩人」であったと誇りつつ、さらにはウィリアム・モリス[注21]がもしこれらの説話を知っていたなら、きっとその作『地上楽園』に採り入れたかもしれないとまで口にしていた。そのときの彼は沖縄に限定した範囲であれば、郷土文化のすばらしさを語ってじつに倦むことを知らなかった。近代文明に目を奪われるばかりの無風流を批判しつつ、そうした「幾何学的」な「法則の世界」に対して、詩や歌の大いなる豊穣さを「価値の世界」と名づけてもいた。

ウィリアム・モリス（『散文と韻文』オックスフォード大学出版局、1913年）

しかし、視野をいったん沖縄の外に拡げれば、伊波に

注21　ウィリアム・モリス（William Morris　一八三四～一八九六）『ユートピアだより』（一八九〇年）で知られるイギリスの詩人。叙事詩『地上楽園』とは　The earthly paradise: a poem（一八七〇年）のことで、伊波が帝大在学のころはまだ邦訳は出ていなかった。

とって沖縄だけでは十分な価値をもつものではなかった。「沖縄人の精神的産物」が日本と根っこで親密につながることがあって初めて、言葉をかえていえば、沖縄が真正の日本国民化することで、沖縄の個性は日本社会及び世界で発揮せられるのである。悲しいかな、沖縄それ自体のみではいくら文化的に独自性があろうが、存立の意味は低いとの考えを表明したことになる。

それにしても、「一種の愛国心」でもって沖縄的なものを弊履のごとく打ち捨てた点では、小学校教員たちも批判されてしかるべきではあるが、かといって、それらの古い説話がヤマトとの「二

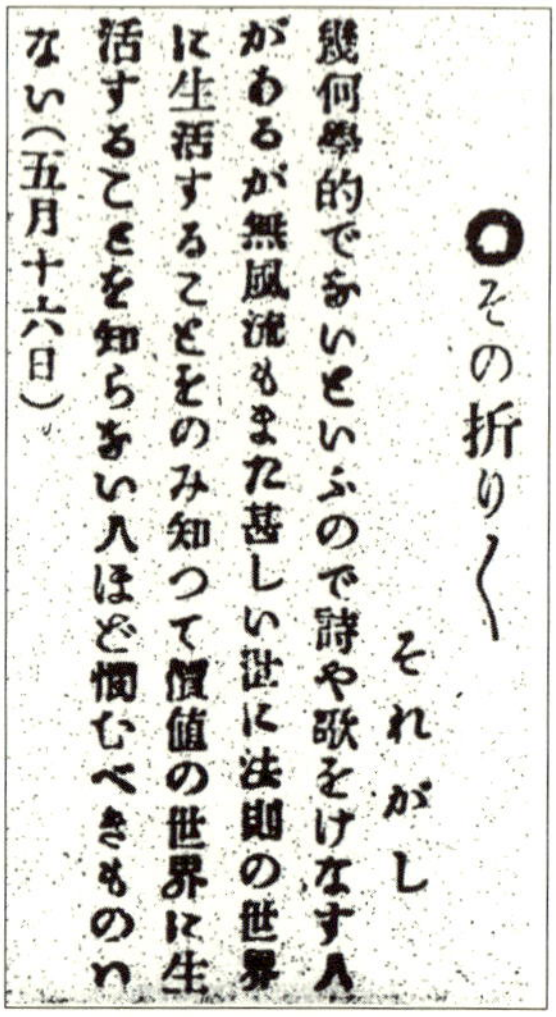
○その折り〳〵

それがし

幾何學的でないといふので詩や歌をけなす人があるが無風流もまた甚しい世に法則の世界に生活することをのみ知つて價値の世界に生活することを知らない人ほど憫むべきものはない（五月十六日）

詩や歌をたしなむ「価値の世界」を強調した伊波普猷のコラム「その折り折り」（『琉球新報』1905年6月3日）

種族の間の密接な関係を示すものなるを知らない罪である」とまで言えるのか。無知の罪とはよくも言ったものである。

沖縄の主体性もしくは自立を、ヤマトへの依存と従属的心性へと流し込むこうした言論を、私は徹底的に批判するし、私たち沖縄人は今後一切その根を断ち切るべきだと考える。そこからしかほんとうの自立の道は開けないと信ずるからである。沖縄人が幸福になるための方法、道筋との思いからだったにせよ、歴史的に自恃の民であった沖縄人を骨の髄から入れ換えて懦弱にするような、こんなドレイの思想を、ことさらに必要とすることはなかったのである。

体質や言語とともに、神話、伝説の類似がなければ、ヤマトとは「単に政治的」な関係になってしまうと伊波はひどく怖れているが、その類似性または同根によって沖縄人が日本人に〝なる〟ことを正当化しているのに対して、ヤマトの方では沖縄を我がモノにする根拠としてきた歴史を忘れてはならないだろう。

沖縄が日本に思い焦がれるほどには、日本人はちっとも沖縄人を思ってやしないとアメリカの歴史家・ジョージ・H・カーが[注22]『琉球の歴史』（琉球列島米国民政府、一九五六年）の「序文」で、その研究の結果として明快に断言したことは、何もこのとき明治三十八年だけの話ではない。類似性をタテに一方は他律依存に通ずる自主的同化への道を歩み、他方は支配と領有に、それぞれ今日まで邁進してきたといってもよい。

1960年代初期のジョージ・H・カー
（『裏切られた台湾』英文、ホートン・ミフリン社、1965年）

だから少なくもこの場合、伊波個人が日本人になりたければ勝手になればいいのであって、沖縄にとっては「日本人たる資格」が「単に政治的であつて」も一向に構わないし、そこから別の新た

注22　ジョージ・H・カー（George Henry Kerr 一九一一～一九九二）アメリカの外交官、歴史家。日本留学後、台湾で教師をつとめ、戦中から戦後にかけて台湾専門家としてアメリカ陸海軍、及び国務省に勤務。スタンフォード大学、カリフォルニア大学バークレー校で日本史を講じた。『沖縄――島民の歴史』（英文、タトル書店、一九五九年）などの著書がある。

な道が開ける余地が十分にありえたし、これからもまたそうだからである。伊波が小学校教員の無学を罪だというならば、こうした真に精神的自立の芽を摘み取っていく思想を、沖縄の在野で牽引していく彼の方こそ、罪は格段に大きいといわざるをえないのではないか。

「飄逸なる想像と活躍せる美感」の世界に生きた琉球・沖縄の人びとに感嘆しながらも、伊波はそれだけではけっして満足しなかった。イソップ物語やグリム童話のように、「日本国民」としての品性ある作品にまで高められる必要があったのである。当時はまだ一介の帝国大学生にすぎなかった彼ではあるが、しかし『琉球新報』へのこうした寄稿を、彼は余暇の手すさびにしていたのではなく、このころには強固な信念のもとに明確な意図を発酵させるまでになっていた。沖縄の人びとを日本人と離れては生存しえないかのように改造すべく、啓蒙し教え込んでいく自画像を、彼自身はっきりと意識していたことになる。

沖縄の羽衣伝説を「銘苅子」の組踊に「詩化」した玉城朝薫《たまぐすくちょうくん》。ちょうどそれと同じように沖縄の浦島伝説をみごとに「詩化」したと、伊波が高く評価した鴻巣盛広の流麗な作品――。しかしそれは、伊波の抱える根本問題を白日のもとにあぶり出した。鴻巣にとってはたんなる文芸化の行為であったものが、伊波にとっては郷土の人びとの精神改造につらなる大問題であったのである。

その鴻巣と伊波との交友は、国文学と言語学という専門のちがいにもかかわらず、こののちも続いていくのだが、とりわけ両者を長く結びつけたのは『万葉集』であったと思われる。ふたりが知り合った直接のきっかけ、それは文科大学におけるそれぞれの友人をつうじてであったら

第四高等学校教授時代の鴻巣盛広
(『あしつき』通巻126号、1942年2月)

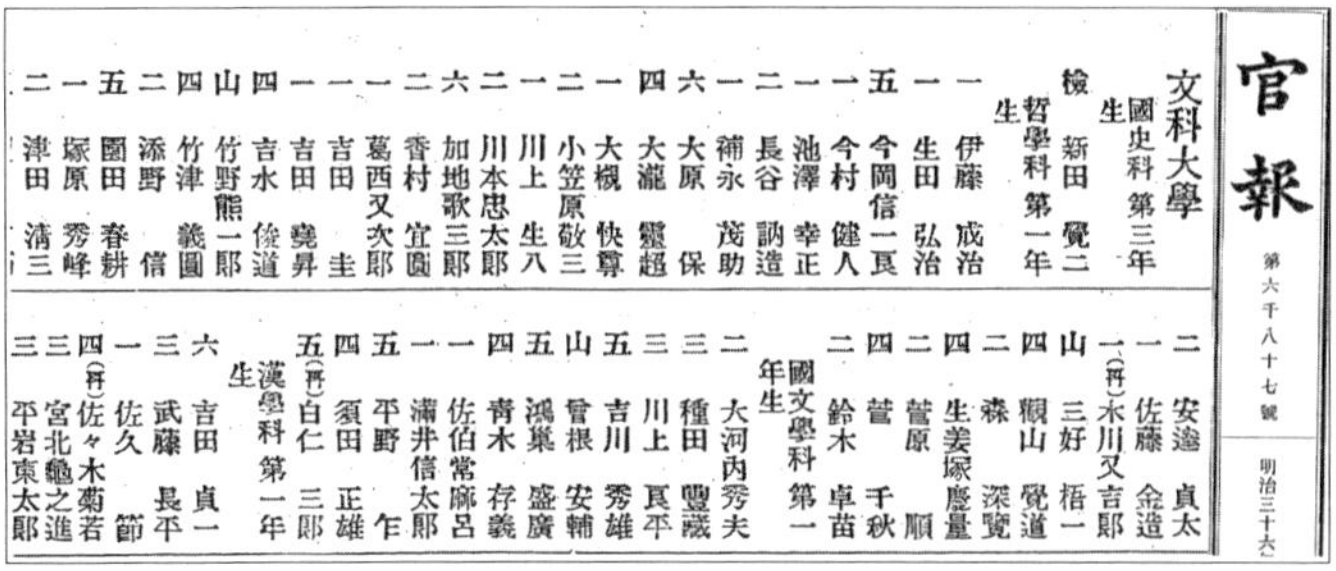

官報
第六千八十七號
明治三十六

文科大學
國史科第三年生
檢 新田　覺二
哲學科第一年生
一 伊藤　成治
一 生田　弘治
五 今岡信一良
一 今村　健人
一 池澤　幸正
二 長谷　訥造
一 補永　茂助
六 大原　保
四 大瀧　靈超
一 大槻　快尊
二 小笠原敬三
一 川上　生八
二 川本忠太郎
六 加地歌三郎
二 香村　宜圓
一 葛西又次郎
一 吉田　圭
一 吉田　堯昇
四 吉水　倹道
山 竹野熊一郎
四 竹津　義圓
二 添野　信
五 園田　春耕
一 塚原　秀峰
二 津田　清三
二 安逸　貞太
一 佐藤　金造
一（再）水川又吉郎
山 三好　梧一
四 觀山　覺道
二 森　深覽
四 生姜塚應量
二 菅原　順
四 菅　千秋
二 鈴木　卓苗
國文學科第一年生
二 大河内秀夫
三 種田　豐識
三 川上　眞平
五 吉川　秀雄
山 曾根　安輔
五 鴻巣　盛廣
四 青木　存義
一 佐伯常麿呂
一 滿井信太郎
五 平野　乍
四 須田　正雄
五（再）白仁　三郎
漢學科第一年生
六 吉田　貞一
三 武藤　長平
一 佐久　節
四（再）佐々木菊若
三 宮北龜之進
三 平岩東太郎

明治36年東京帝大文科大学の哲学科、国文学科、漢文科の入学者。氏名の上の数字は出身高等学校の略で、山は山口（『官報』第6087号、1903年10月14日）

しい。

いまの東大文学部は大変な人数にのぼるのだが、その当時は各学科とも前に説明したように、一番多い学科の哲学でも一学年五十二名で、英文学科十九名、史学科十六名、国文学科とドイツ文学科が十二名、国史科と漢学科が六名、フランス文学科四名、そして伊波たちの言語学科はわずかに三名にすぎなかった。だから入学から二、三カ月もすれば全学科の皆が互いに顔見知りになったとしてもおかしくはない。三高からの伊波の同級生が鴻巣と同じ国文学科に二名いたし、各学科の学生は必修と選択科目の講義でしばしば席を並べるのが普通であったから、何かの機会に共通の話題ですぐに気の合う友人が出来ていったはずである。

鴻巣と伊波についてもまさしくそうで、竹柏会の短歌や古典文学のサークルなどちょっとした場さえあれば、小さいころから父親の影響で歌を詠むことに習熟していた鴻巣と、やはり琉球文学にのめり込んでいた伊波とが、たちまちのうちに意気投合したのは何ら不思議ではなく、ごく自然のなりゆきだったような気がする。

やがて、約半年にわたる共同生活によって、互いの文学的資質がさらによくわかったにちがいない。そうしたつき合いのうえに、伊波は沖縄で採集した浦島伝説を「詩化」するよう鴻巣に依頼したのであろう。

その後の鴻巣は、明治三十九年に「万葉論」の卒論で文科大学を卒業すると、ただちに大学院に進学したが、テーマは「和歌史の研究」であった。そして明治四十三年七月に大学院を卒えると、九月には第七高等学校造士館の教授として鹿児島へ赴いている。その間の著作には大学院の成果ともいうべき『新古今和歌集遠鏡』（博文館）を修了の直前に刊行し、その二年後には『口訳　落窪物語』（博文館、一九一二年）を出版。一九一六（大正五）年に金沢の第四高等学校に異動すると、昭和十六（一九四一）年の退官までその地にあったが、それから約半年後、太平洋戦争勃発の一カ月前に急逝した。

彼の子息でやはり国文学者の鴻巣隼雄によると、大伴家持の研究をするために金沢へ転任したようなものだったそうだが、それをまとめたのが『北陸万葉集古蹟研究』（宇都宮書店、一九三四年）といってよいだろう。しかし何といっても鴻巣の名を一躍高からしめたのは昭和五年から毎年一冊づつ刊行を始めた『万葉集全釈』（全六冊、廣文堂書店）である。今もなお名著との評価を保っているようだが、その着手については彼自身、「旧稿起筆の明治四十三年から数へれば、正に二十五年、長いと言へばかなりの長さである」（第六冊、一九三五年、「後記」）と記している。

また学恩に関連して、こうも書いている。「予が父盛雄は、弘化の初年飛騨高山盆地の寒村に生れ、夙《つと》に国学に志して、田中大秀の門人なる富田礼彦に師事し、明治の初め郷関を出でて、東京に飯田年平に学んだ人である。世相の激変と家運の推移とは、父をして長くこの道を辿らしめなかつたから、転じて司直の庁に職を奉じ、終《つい》にそれを生涯の業としたのであるが、好める敷島の道は終身これを捨てず、作品の記録せられて遺されたもの数千首に及んでゐる。予が国文学に対する熱愛は、全く父の遺伝であり、その感化を受けたものと言つてよい。」

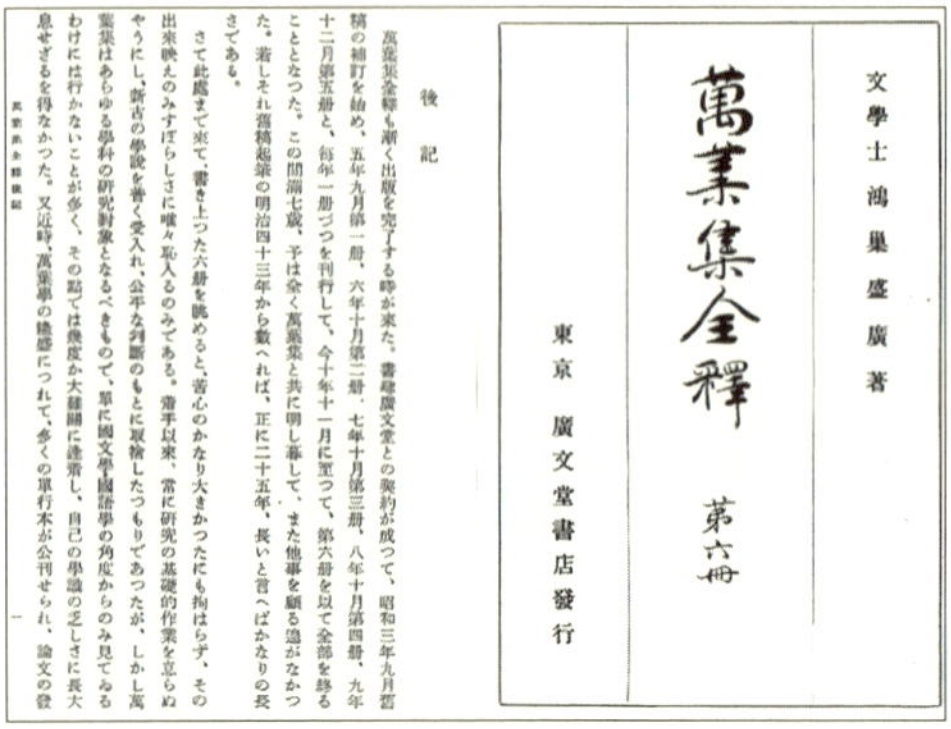
文學士 鴻巣盛廣 著
萬葉集全釋
第六冊
東京 廣文堂書店發行

後記

萬葉集全釋も漸く出版を完了する時が來た。書肆廣文堂との契約が成つて、昭和三年九月舊稿の補訂を始め、五年九月第一册、六年十月第二册、七年十月第三册、八年十月第四册、九年十二月第五册と、毎年一册づつを刊行して、今十年十一月に至つて、第六册を以て全部を終ることとなつた。この間滿七歳、予は全く萬葉集と共に明し暮して、また他事を顧る遑がなかつた。若しそれ舊稿起筆の明治四十三年から數へれば、正に二十五年、長いと言へばかなりの長さである。

さて此處まで來て、書き上つた六册を眺めると、苦心のかなり大きかつたにも拘はらず、その出來映えのみすぼらしさに唯々恥入るのみである。着手以來、常に研究の基礎的作業を怠らぬやうにし、新古の學説を普く受入れ、公平な判斷のもとに取捨したつもりであつたが、しかし萬葉集はあらゆる學科の研究對象となるべきもので、單に國文學國語學の角度からのみ見てゐるわけには行かないことが多く、その點では幾度か大難關に逢着し、自己の學識の乏しさに長大息せざるを得なかつた。又近時、萬葉學の隆盛につれて、多くの單行本が公刊せられ、論文の發

萬葉集全釋後記 一

鴻巣盛広の主著『万葉集全釈』の最終巻（第６冊、廣文堂書店、1935年）の表題紙と「後記」

少し長い引用になったが、明治三十年前後の五、六年を那覇地方裁判所長として沖縄で過ごした鴻巣盛雄から受けた薫陶、いや盛広の言葉でいうところの〝遺伝・感化〟が、いかに盛広が国文学の道へ進むのに決定的な作用をしたかが語られている。

その後鴻巣は『万葉精神』（教学局、一九三八年）、『万葉集語彙索引』（廣文堂書店、一九四一年）を出して、その分野では誰からも一目置かれる存在となった。これは偶然かもしれないが、『万葉集』全釈の鴻巣と『おもろさうし』の全釈に精力をそそいだ伊波との共通性を思わずにはいられない。

こうして鴻巣の万葉集研究が地道な研鑽によって、晩年に集大成されていった道程がよくわかるのではないかと思う。しかし彼個人の営為もさることながら、彼が教えをうけた身ぢかな先学たちのことも忘れてはならないだろう。とくに学問の世界へ足を踏み出したころにそれがいえるような気がするが、鴻巣の場合、そのひとりが佐佐木信綱[注23]であった。

注23　佐佐木信綱（ささき・のぶつな　一八七二～一九六三）三重出身の歌人、国文学者。帝大文科大学古典科卒。高崎正風（たかさき・まさかぜ）に和歌を教わる。一八九八（明治三十一）年『心の華』を創刊。第一歌集『思草』（一九〇三年）以下、著書多数あるが、『校本万葉集』（一九二四～二五年）は一時代を画した。一九三七年に第一回文化勲章を受章。号は竹柏園。

歌人、万葉集研究者・佐佐木については改めて説明するまでもないと思うが、明治三十八年以前から鴻巣たちとは旧知だったのに加えて、その年の秋に始まる三年の新学年からは佐佐木が国文学担当の講師として、鴻巣や伊波たちに万葉集と歌学史を講じるべく教壇に立つことになった。東京帝大との親密な関係の最初になるわけで、鴻巣の処女作『新古今和歌集遠鏡』の校閲をしただけでなく、芳賀矢一[注24]教授とともに序文まで書いたのは佐佐木であった。

明治40年代、東京帝大卒業式の日の記念撮影。前列左から2人目藤岡作太郎、芳賀矢一、佐佐木信綱、上田万年、関根正直、保科孝一（佐佐木信綱編『竹柏華葉』人文書院、1940年）

してみると、後年のことにな

注24　芳賀矢一（はが・やいち　一八六七〜一九二七）福井生まれの国文学者。一八九二（明治二十五）年帝国大学文科大学国文科を卒業。第一高等学校教授をへて、東京帝大助教授。ドイツ留学ののち教授。代表的な著作に『国民性十講』（一九〇七年）がある。

るが、佐佐木が所蔵していた『琉歌百控乾柔節流』[注25]の史料鑑定を伊波に親しく依頼したのも、また佐佐木が監修者をつとめた『万葉集講座』（全六巻、春陽堂、一九三三～三四年）に鴻巣や伊波、金田一京助が参加するのも、さらには橋本進吉との『校本万葉集』もすべて明治三十七年ごろからのつき合いに発すると想像されるのである。

注25　『琉歌百控乾柔節流』（りゅうかひゃっこうけんじゅうせつりゅう）
佐佐木信綱が明治の末年に神田の古本屋で入手した写本の琉歌集。琉球大学附属図書館伊波文庫所蔵のものとは別種で、伊波はこの琉歌集の編纂年代を自己の所蔵本よりもあとの十九世紀前半と鑑定した。一九三二（昭和七）年十月の『心の花』（第三十六巻第十号）に掲載した「竹柏園珍蔵の琉歌集に就いて」がその報告である。

3　ヤマトと沖縄と妻と

伊波普猷が松村マウシと新居を構えたのは、西暦一九〇五年、明治三十八年の四月である。伊波にとっては必ずしも満足のいく結婚ではなかったかもしれないが、かといって彼女に対し、どうにもならないほどの不満があるわけでもなかったようにみえる。そのころの沖縄では、周囲の友人たちにしたところで、皆が皆望んだ女性との祝言をあげたわけでもなかったし、伊波の場合も特別に不釣り合いの結びつきでもなかった。少なくとも新婚のこの当時、伊波は精神的にも、また生理的にもほぼ充たされた生活だったはずである。

そこでひとつ疑問が湧く。それでは彼ら新婚夫婦は、毎月の生活費をいったいどうしていたのか、である。いくら学生とはいっても、一人前に所帯を持ったことにより、一軒家への引っ越しもそうだが、家財道具も一通り揃えなければならなかったのはむろんである。ところが当時の伊波家の経済状態では、長男ひとりの仕送りだけでも汲々としていたことを思うと、はてどこからさらに追加分の費用をひねり出していたものか、まさか霞を食っていたわけでもなかろうから、これは当然すぎる疑問というべきだろう。

伊波普猷・マウシ夫婦が東京で使用した武内宿禰（たけうちの・すくね）の５円紙幣、稲１銭銅貨、龍10銭銀貨、龍50銭銀貨

　翻って明治三十八年の東京で生活をするのに、こうした夫婦にとってどのくらいの費用が入り用とされたのか。たとえば白米十キロで一円二十銭ほどかかり、散髪代が十五

銭、卵は高級品で一個二銭五厘、盛りかけそば一杯が二銭、ハガキは一銭五厘といった塩梅で、家賃だとむろん物件の中身やその場所などにもよるが、だいたい五〜六円はしたらしい。人里離れた豊多摩郡の千駄ヶ谷に移ったのも安かったのが第一の選択理由だったと思われるし、当時の中学教諭の俸給が地方でおおよそ三十円前後、これは出身校が大学か、それとも師範かによっても大きく違っていた。そして、琉球新報の購読料が一カ月隔日の十五〜十六日で二十五銭。伊波が沖縄から郵送してもらっていたとすれば月々三十二銭五厘かかったことになる。東京の新聞は月四十五銭もしたから、これは大学の図書館で読むのが日課だったろう。

これらの物価などから総合すると、各学期ごとの授業料合計二十五円をはじめとして、衣料費や交通費、遊行費、書籍代を含めると、夫婦二人では結構な金額になったと思われる。それから交通費の場合だが、新橋[注26]〜神戸間の汽車賃が二等で七円、三等でも四円したから、東京と沖縄

注26　新橋（しんばし）
一八七二（明治五）年十月、日本で最初の鉄道が横浜との間に開設したとき、東京側の起点となった駅。一九一四（大正三）年に東京駅が開通するまでは、東京の表玄関の役割を担った。

1907（明治40）年ごろの新橋停車場（『東京名所はがき』）

を往復するとなると船賃と汽車賃だけでも、ひとり十円以上はかかったものと思われる。いまと違って休暇のたびにそうそう帰省出来なかったのはいうまでもない。

以上のことを斟酌して、どうも私の推測では伊波は松村家からいくらかの援助をもらっていたような気がする。本来だと伊波家が松村家に結納金を入れるのだろうが、実際は松村家がマウシに幾分の持参金を持たせて送り出したのではなかったか。金に釣られてというほどではないにしても、地域では有数の旧家であった伊波家にとって、相手方の家格はむろんだが、経済状態もちゃんと念頭にあったものと思われるのである。しっかり者との評判の母・マツルがそれくらいのことは十分承知していてもおかしくはないし、長男の今後の出世をそれこそ口八丁手八丁で、陰に陽に売り出したかもしれない。それくらいのことは那覇女であればごく自然の身上でもあったはずである。

そういうわけで、伊波にとっても家計に無頓着ではいられなかっただろうが、そこで改めて明治三十八年四月以降の彼の琉球新報への執筆が、猛烈だったことが思い出される。先にも書いたが、もう一度整理してみると、まず四月七日の「頌徳碑」を皮切りに、九日に「頌徳碑解」を書くと、二十七日から六月三日までを「その折り〳〵」の五回連載を行い、五月十七日から八月二十五日までを「喜安日記」の二十二回連載。その間の五月二十七日に「頌徳碑略解」があって、六月三日と五日が「八重山乙女の抒情詩」、七日には「沖縄に固有の文字ありしや」が登場し、

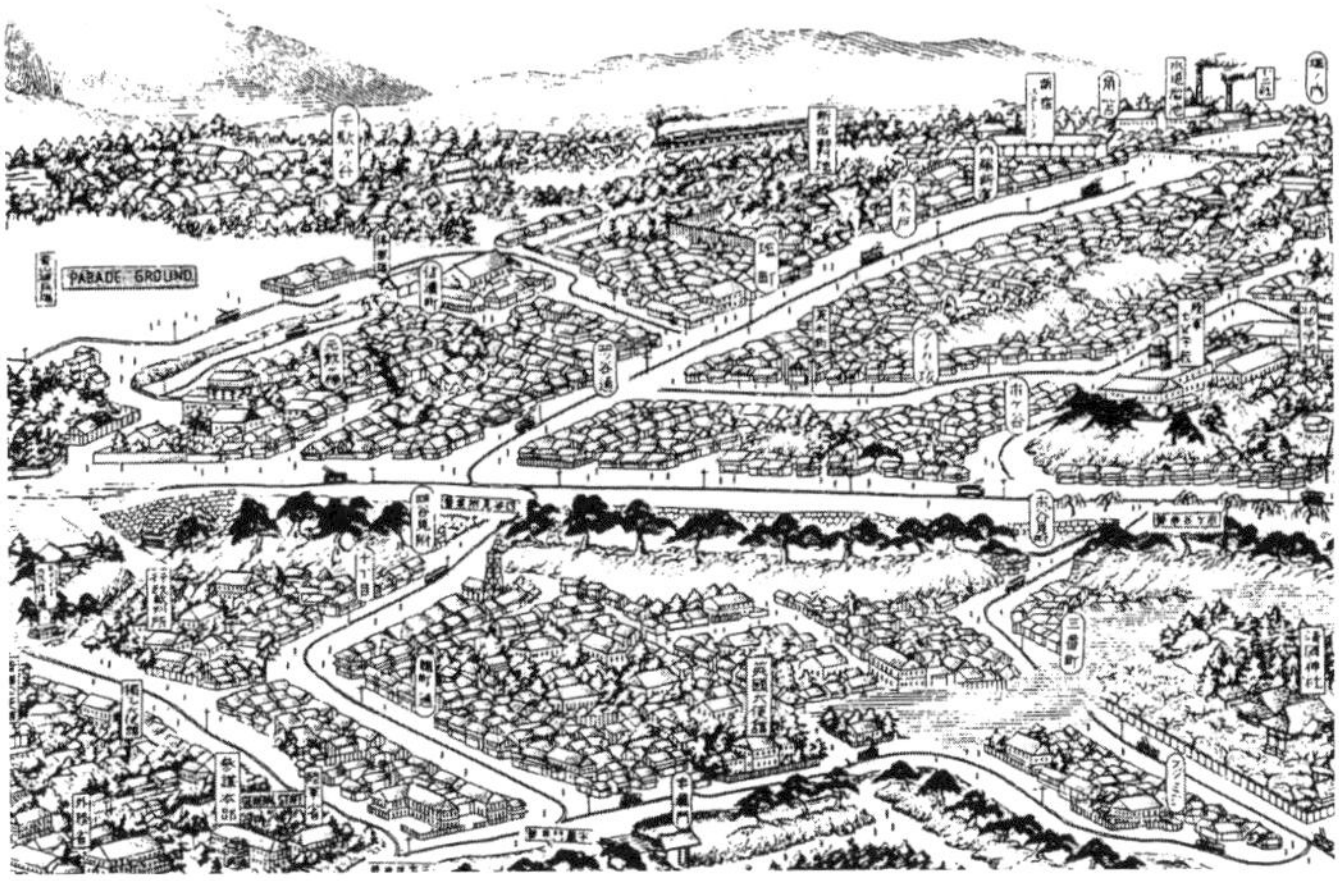

明治40年の東京鳥瞰図。右上に新宿ステーション、右下に靖国神社が位置し、左下に参謀本部があり、左上の青山練兵場と信濃町停車場の向こう側に千駄ヶ谷が見える

六月十九日から七月五日までは「閑日月」の六回連載。そして同じ月の九日から二十一日までを「阿摩和利考」の七回連載が続く。以後もなお九月十五日に「浦添考」を二十三日まで四回連載し、二十七日に「島尻といへる名称」を寄稿し、十月九日には「琉球に発見せる倭寇碑」を十七日まで五回連載して、年

の瀬の十二月二十七日に「外人と沖縄」を書くのである。

しかも、それと併行して鳥居龍蔵の「沖縄に住居せし先住人民に就て」を三月十三日から二十三日まで五回連載に骨を折ったのに続いて、今度は鴻巣盛広の「与那原の浜物語」を五月五日から十三日まで四回連載してもらうよう取り計らい、なおかつそのほかにもヤマトの雑誌からの転載に仲介の労を取っている。まるで琉球新報の東京支社員並みの働きにもみえるくらいだが、新報にとっては力のある書き手を得たということのほかに、沖縄出身者で最初の文学士と

明治末年の本郷３丁目付近。通りの奥の林が東京帝大（『東京名所はがき』）

なるであろう伊波の将来を見込んでの先物投資のようでもあり、たんに新聞社と一寄稿者の関係以上のものがあったと考えていい。だが、伊波の側にはそうした関係とは別に、執筆による当面の原稿料が頭にあったのではないだろうか。

　そのころの新報の原稿料[注27]がどんなものであったのか、これはまったくわからないので、どなたかにぜひとも教えてもらいたいのだが、参考として、五号活字二十文字の一行分の広告料が八銭とある。四〇〇字詰原稿用紙一枚につき二十〜三十銭といったところではなかったろうか。露伴が明治三十九年当時、「天《そら》うつ波」など数本を新聞と雑誌に連載しても生活はできなかったということからも、大よその想像はできる。明治時代の沖縄だからといって、まさかタダで書いたということでもなかろうから、新報への寄稿はマウシにとってもいくらかは家計の助けになったにちがいない。こうした精力的な執筆の背後には、伊波の沖縄研究の進展と同時に、彼ら新婚夫婦の生活事情もまた絡み合っていたように思

注27　原稿料
伊波普猷が帝大を卒業する一九〇六(明治三十九)年、夏目漱石の小説「草枕」が『新小説』に掲載されたときは、原稿約一〇〇枚に対して一〇〇円だったという。同じ雑誌に石川啄木が明治四十三年に小説「道」を載せたときは一枚三十銭だったそうである。

うのである。

松村マウシが伊波普猷に嫁いで、いきなりのヤマト生活。いまならともかく、百年以上前の一九〇五年のことである。彼女の緊張たるやいかばかりだったかと、その心中を忖度せずにはおれないのだが、しかも人《ひと》気《け》の少ない土地で、夫以外には誰ひとり頼る親族とていない心細い一軒家での生活。同じ日本国とは言っても、実質的には異国に放り込まれた感覚は彼女のからだや気持ちを圧倒していたにちがいなく、言葉や習慣などからくるヤマトゥンチューへの気後れもあって、買い物ひとつとっても非常なストレスを日々蓄積していったはずである。

かくいうのも、マウシの時代から約七十年後に、私が初めてヤマトに行ったときのことが、まざまざと思い出されるからで、とても他人事とは思えないし、心底同情を禁じえない。その意味ではマウシの心情をいくらか追体験したような気にもなる。そうした別世界の環境であってみれば、何事につけ夫がひとつひとつ丁寧に教えてやらなければ、彼女は外出さえままならなかっただろう。しかし、夫婦のあいだの小さな亀裂は、夫・普猷が新婚生活の場を選択する時点ですでに生じていたといえるのかもしれない。

明治の末ごろの本郷森川町の通り（『東京名所はがき』）

この、伊波普猷・マウシの新婚夫婦のスタートが、当時の東京府の郊外、豊多摩郡の千駄ヶ谷だったについては、なぜその場所だったのかといぶかしく思ってきた。何につけ便利な帝大近郊からどうして通学や生活に不便な遠い場所へ引き移ったのか、何か特別の理由があってのことなのかと気になっていたのである。このことについて、私はふたつの理由から、伊波はあえてその地を選んだのだと考えている。

これはあくまで推測だが、この一軒家を見つけたのは、身ぢかな知人からの情報と勧めであった可能性が高い。このころ伊波は「琉球の神話」の執筆前後からだと思うのだが、雑誌『史学界』との繋がりを得ていた。その人間的なツテで空き家になっているのを借りたのだと思う。伊波夫婦の住む豊多摩郡千駄ヶ谷村八五六番地の住所は、その一年ほど前の明治三十七年二月ごろに彼が住んでいた本郷区西片町十番地が、ちょうどイからトまでの地番があったように、一家族・一軒の住所ではなく、実際には八五六番地に枝番のついた数十軒もの住人が集まった場所であったらしい。

そこで明治三十六年十二月時点の『史学会会員名簿』を見ると、豊多摩郡千駄ヶ谷村八五六番地に野々村戒三[注28]と大町芳衛[注29]という名の会員が住居していることがわかる。史学会は東京帝国大学出身者が主体になって構成する団体ということから、もうお分かりかもしれないが、野々村戒

注28　野々村戒三（ののむら・かいぞう　一八七七～一九七三）
大分出身の歴史学者。東京帝大文科大学史学科でヴィルヘルム・ルードウィヒ・リース、坪井九馬三に学び、明治三十四年に卒業。戦後は立教大学教授をつとめた。『能楽史話』（一九四四年）など能楽研究に業績を残した。号は蘆舟（ろしゅう）。

三とは第三高等学校や早稲田高等学院で西洋史を教授した人物で、キボンの『ローマ帝国衰亡史』を翻訳した西洋史学者。そして大町芳衛とは、高知県出身の文筆家・大町桂月《けいげつ》の本名である。月の名所、桂浜にちなんだ筆名の桂月は、明治二十九年七月に帝国大学文科大学国文科を卒業すると、その年の秋には佐佐木信綱や与謝野鉄幹、[注30]正岡子規らと新詩会を結成。その後旺盛な執筆活動を続けて、伊波が帝大二年当時は押しも押されもせぬ当代の売れっ子作家として名をなしていた。

その桂月は伊波が千駄ヶ谷に移る二年前まで、同じ家か、または近

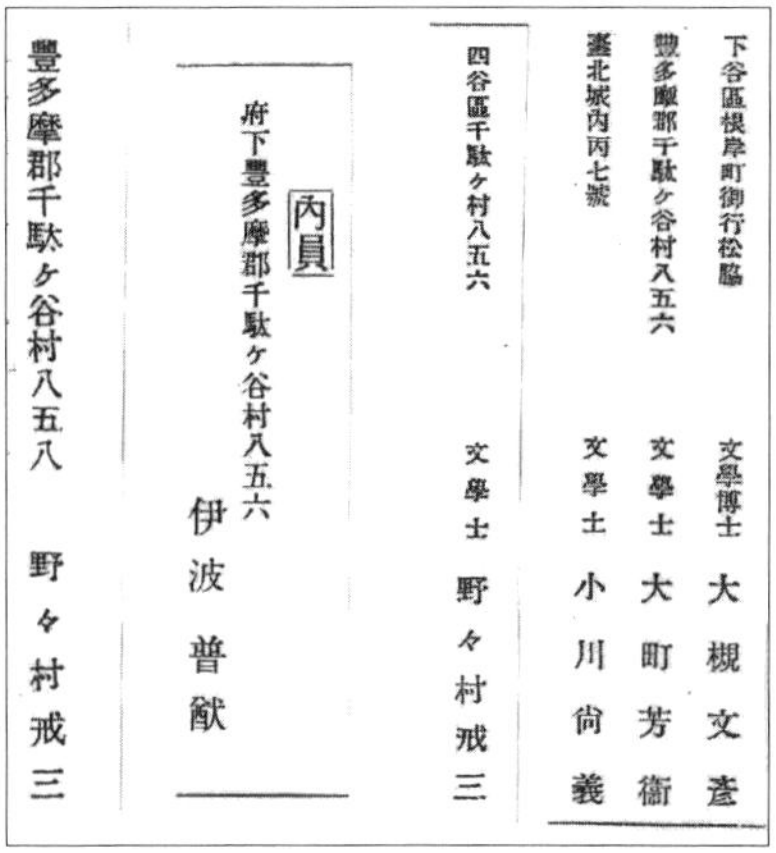

下谷區根岸町御行松臨　文學博士　大槻文彥
豐多摩郡千駄ヶ谷村八五六　文學士　大町芳衛
臺北城內丙七號　文學士　小川尚義
四谷區千駄ヶ村八五六　文學士　野々村戒三

內員
府下豐多摩郡千駄ヶ谷村八五六　伊波普猷
豐多摩郡千駄ヶ谷村八五八　野々村戒三

『史学雑誌』（第14編第12号附録「史学会会員名簿」明治36年12月）と『帝国文学』（明治38年12月）に載った大町桂月、野々村戒三、伊波普猷の住所

注29　大町芳衛（おおまち・よしえ　一八六九〜一九二五）
高知生まれの作家、評論家。博文館には明治三十九年まで在職。『太陽』や『文芸倶楽部』で健筆をふるった。伊波が帝大二年に在学中の明治三十七年九月、『明星』に掲載された与謝野晶子の長詩「君死にたまふこと勿（なか）れ」を『太陽』（十月号）で批判。晶子は「ひらきぶみ」（『明星』十一月号）で反論、それに対し桂月は翌年一月の自誌で晶子を「乱臣・賊子・罪人」と再批判し世の注目を浴びた。著書は『桂月全集』（全十二巻＋別巻、一九二二〜二九年）ほか多数。

所の家に住んでいて、そのあと同じ豊多摩郡の大久保村へ引っ越したのである。明治三十八年当時、彼は老舗の出版社、博文館に所属していたが、『帝国文学』の編集をした経験もあることから、伊波が帝大二年のころには『史学界』の和歌選者をつとめると同時に、他方で「建武中興時代人物の役割」とか「日本女傑の役割」といった史論を同誌に掲載していた。だから、ちょうどそのころに桂月が出版した『東京遊行記』（大倉書店、一九〇六年）にある千駄ヶ谷村の記述は、彼が実際に住んだ経験が加味されており、そこここに点在するいくつもの

1906（明治39）年の大町桂月と長女・愛子（『桂月全集』第4巻、桂月全集刊行会、1926年）

注30　与謝野鉄幹（よさの・てっかん　一八七三〜一九三五）京都生まれの歌人。一九〇〇（明治三十三）年に『明星』を創刊。翌年に鳳（ほう）・志よう（晶子の姓名）と結婚。浪漫主義の短歌革新運動を牽引し、そこから北原白秋や石川啄木などが輩出した。本名は寛（ひろし）。

神社仏閣などは勝手知った風景であった。

では、なぜ桂月は生まれたばかりの長女をかかえて、早々に大久保村に移ったのか。それについて高橋正は、『評伝大町桂月』（高知市民図書館、二〇〇一年）のなかでこう書いている。――千駄ヶ谷の「家は新宿の停車場から五、六町しか離れていず、汽車の沿線にあった。汽車の往来は多少うるさいだろうが、子煩悩の桂月は汽車を間近に見ることができるので子供たちはきっと喜ぶだろうと思った。ところが、下りの汽車が通るたびに、この家のあたりで汽笛を鳴らすことが住んでみて初めて分かった。その音は耳を聾《ろう》するばかりであった。生まれたばかりの第四子長女の愛は汽笛が鳴るたびに、寝ていても醒めていても、驚き震え上がった。我慢できなくて四カ月ほどで大久保村へ移った。」

昭和八年の地籍図を見ると、たしかに線路沿いに八五六番地が枝番をつけていくつもある。明治三十七年末には野々村も築地へ転居しており、桂月とは隣近所だったのであろう。小石川区の戸崎町にいた伊波が一軒家を捜していると聞いた『史学界』の誰かが、桂月その他からのクチコミ情報をもとに、伊波に千駄ヶ谷の家を勧めたのではないか。汽笛の大轟音もあって、おそらく家賃も安かったことが、伊波にとっては大きな魅力であっただろう。

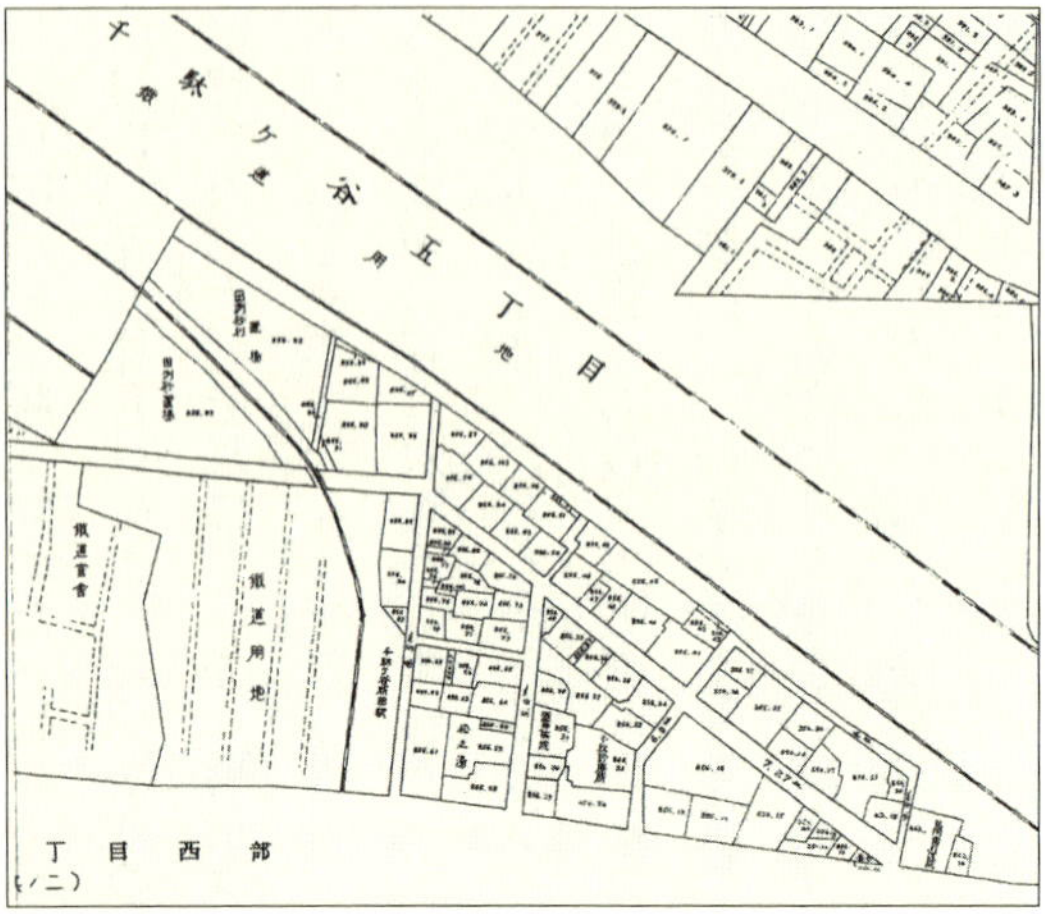

伊波普猷とマウシが住んでいた千駄ヶ谷の、1933（昭和8）年の地籍図。線路に挟まれた地はすべて856番地（『東京市渋谷区地籍図』下巻、内山模型製図社、1935年）

そして、帝大界隈から郊外の地に引き移ったもうひとつの理由——それはヤマトの友人たちにマウシとの生活を見られたくないとの思いからではなかったか。

それというのも、そのころの帝大生はほとんど例外なく本郷や牛込、小石川、麹町などの十五区に住んでいて、こんな辺鄙な場所から大学へ通っている者は、たぶん彼以外にはいなかった。同郷の者であれば何ということもなかったろうが、とくに豊かな教養があるのでもない沖縄女性の妻を橋本進吉や鴻巣盛広たちがどう思うかの懸念、そうした不安で気を病むことの反映だったと私は想像する。家賃の安さはあったにしても、それは二番目の理由だったはずである。

第三章

琉球史と島嶼文化の豊穣性

1 日本社会と活動の拡大

東京帝国大学二年目になって、伊波普猷は『史学界』関係の編集者や記者とのつきあいを深めていった。明治三十八年当時の編輯兼発行人であった横山達三[注1]と、その手伝いをしていた遠藤佐々喜[注2]はそのなかでもとくに親しくなった人物であった。

たぶん彼らの誰かが仲介しての千駄ヶ谷居住ではないかと私は想像しているのだが、横山は明治三十一年に東京帝大文科大学国史科の卒業生で、『大西郷』や『高杉晋作』の維新史を題材にした作の著者。横山達三というよりは横山健堂あるいは黒頭巾と言った方がわかりが早いだろうか。一九一三（大正二）年六月に横山が沖縄に来たとき、沖縄県立沖縄図書館長をしていた伊波が三週間ずっと彼を自宅に宿泊させたのも、

注1　横山達三（よこやま・たつぞう　一八七二～一九四三）
山口生まれの新聞記者、評論家。明治四十一年、『読売新聞』に黒頭巾のペンネームで書いた「新人国記」の連載は有名。同年、三井家編纂室の分室主任。維新史、紀行文など著書多数。大正二年六月十六日から七月六日まで沖縄に滞在し、伊波普猷・普成兄弟ほか太田朝敷や伊江朝助らと交流した。

大正２年６月に沖縄を訪問した横山達三を囲んで（左から崎浜秀主、太田朝敷、横山、親泊朝擢、伊江朝助、當真嗣合、伊波普猷）（『生誕百年記念アルバム伊波普猷』1976年）

また末吉麦門冬《すえよしばくもんとう》らと彼を歓待したのはその因縁によっていた。横山の『薩摩と琉球』（中央書院、一九一四年）がそのときの記念碑ということになる。

それからもうひとりの遠藤は、伊波と同じく明治三十九年七月に東京帝大の文科大学史学科を卒業した研究者である。大学院修了後はのちに三井文庫となる三井家編纂室に嘱託として採用され、昭和十四年に三井

注2　遠藤佐々喜（えんどう・ささき　一八七六～一九四六）島根出身の歴史研究者。松江中学を卒業後、久木村組合小学校の教員をしたあと、伊波より一年早く三高に入学。明治三十五年に東京帝大文科大学入学。大学院では「東洋文化要素ノ西漸」をテーマに研究。三井文庫では両替事業史の編纂に力を尽くしたが、麦門冬と同様に、郷里において川への転落事故で急逝した。伊波と登山をした明治三十八年夏の文章に「大和魂の古義は世才なり常識なり」（『史学界』第七巻第七号）がある。そのほか『経済史研究』『社会経済史学』『東洋学報』『貨幣』などに徳川時代の貨幣研究や中国イスラム研究の論文を発表している。

合名会社を退職するまで、長く三井に関わっている。明治三十八年当時はむろん文科大学在学中で、その前年から学業の合間に史学界事務所で雑誌記者や編集事務をしていた。後年、「徳川幕府非常用の金銀分銅の研究」(『史学』第三巻第一号、一九二四年六月)など江戸時代の貨幣研究論文をいくつか書いたが、なかでも古算盤の研究では現在も必ず名前が登場する第一人者で通っている。号を萬川《まんせん》といって紀行文も多い。

次に取りあげる遠藤の「富士山紀行」は、伊波とふたりで旅行をするほどの仲だったことを示す興味ある記録である。同い年生まれということもあって、性格的にもウマが合ったのであろう。その紀行文は明治三十八年十月七日と九日の『琉球新報』に載っているが、この登山は彼ら二人が八月六日の早朝六時に新宿駅で待ち合わせて、そこから大月、小沼を通って吉田に着き、軽装で富士山頂に登るというエッセー。東京時代の伊波は浪人時代に親友の照屋松(のちの宏)と日光まで徒歩旅行をしてみたこともあったように、結構なスポーツ好きというか、幾分冒険好みのところがあって、後年の書斎に籠って文献にばかりとりついている印象とはずいぶん違う。

　この富士山への登山も昨今の誰もがするような用意周到な登山ではなくて、遠藤とふたりとも下駄履きスタイルをして周囲を驚かせている。新報には八月七日までの二日分しか掲載されていないが、もとになった文章は同年九月の『史学界』(第七巻第九号)に全文が掲載されており、そこには六合目から山頂までの痛快な行動とそれに対する周囲の反応が

1911（明治44）年8月、三井家編纂室員時代の遠藤佐々喜（公益財団法人三井文庫提供）

記述されている。遠藤と伊波の、寒冷の気候を無視した常識外の軽装を「嘲り笑ふ」人びと。にもかかわらず、「余等益々敵愾心を起す」ほどの意気軒昂ぶり。そして八日の午前八時に富士山頂に到達したあと、「絶頂の岩頭にかぢりつき、湧き返り巻き来る白雲濛々の大火口内の偉観に寒さと共に歯の根も合はず」といった体験が映し出されている。

帰りは御殿場から品川へ行き、そこで遠藤は牛込へ、伊波は千駄ヶ谷へと別れている。遠藤はこの富士山旅行がひとり五円半かかったこと、及びそれぞれの土産についても書き留めている。——「千駄ヶ谷に住める伊波君は『山北』の香魚《あゆ》のすしを帰て細君に与ふ。共に終りを善くするものか呵々《かか》。」新婚まもないころには、伊波にもこんなことがあったのである。

そして遠藤は、翌日伊波から一通のハガキをもらうのだが、そこには富岳を詠じた程順則《ていじゅんそく》など琉球人の詩歌が三点示されていた。そのひとつが、宜湾朝保《ぎわんちょうほ》の作、「大空にたなびく雲を帯にして高くも立てる富士の

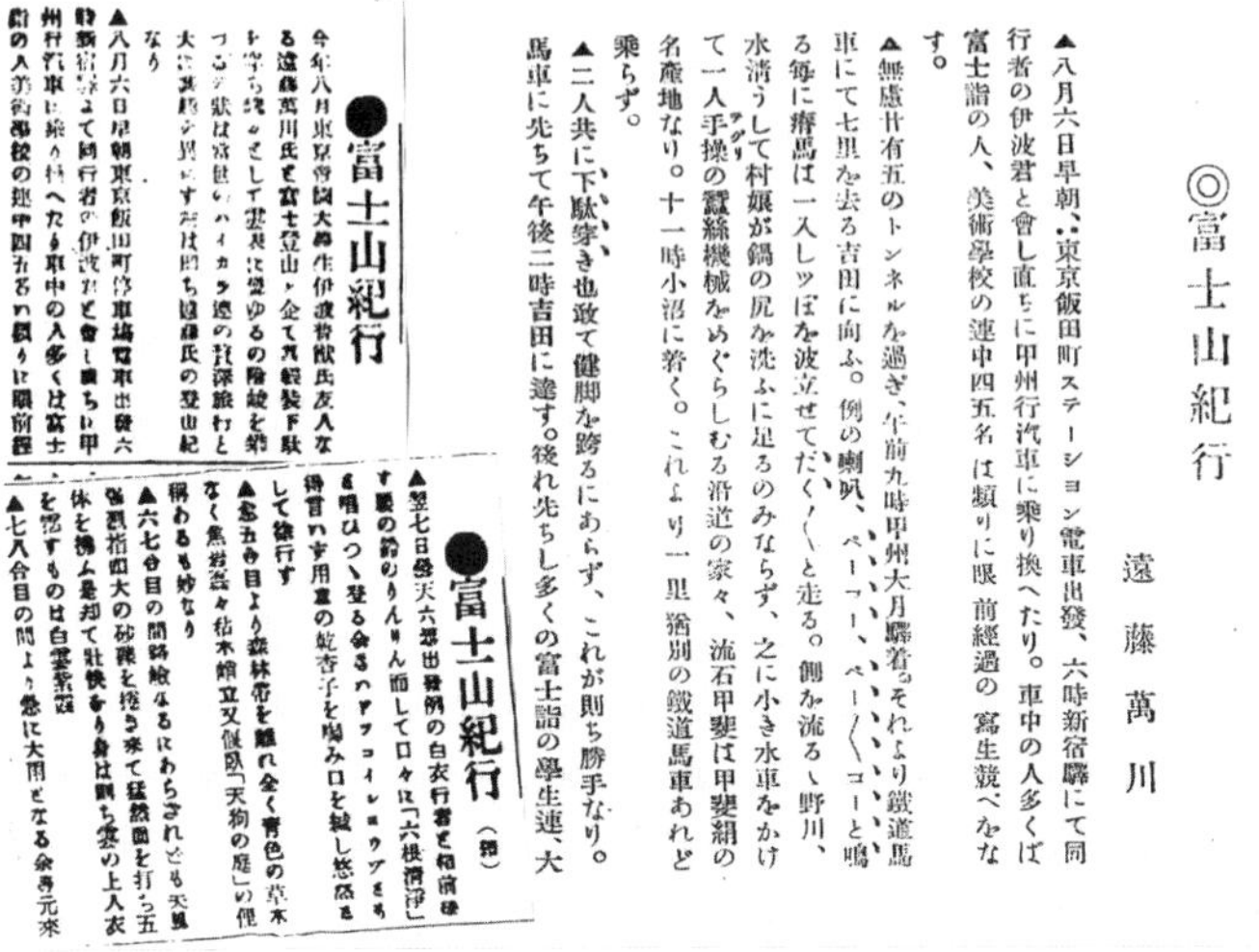
◎富士山紀行

遠藤萬川

▲八月六日早朝、東京飯田町ステーション電車出發、六時新宿驛にて同行者の伊波君と會し直ちに甲州行汽車に乗り換へたり。車中の人多くは富士詣の人、美術學校の連中四五名は頻りに眼前經過の寫生競べをなす。

▲無慮廿有五のトンネルを過ぎ、午前九時甲州大月驛着。それより鐵道馬車にて七里を去る吉田に向ふ。例の喇叭、ペーコー、ペー〳〵コーと鳴る毎に瘠馬は一入しッぽを波立せてだく〳〵と走る。側を流るゝ野川、水清うして村娘が鍋の尻を洗ふに足るのみならず、之に小き水車をかけて一人手操《テグリ》の蠶絲機械をめぐらしむる沿道の家々、流石甲斐は甲斐絹の名産地なり。十一時小沼に着く。これより一里猶別の鐵道馬車あれど乗らず。

▲二人共に下駄穿き也敢て健脚を誇るにあらず、これが則ち勝手なり。馬車に先ちて午後二時吉田に達す。後れ先ちし多くの富士詣の學生連、大

●富士山紀行

今年八月東京帝國大學生伊波普猷氏友人なる遠藤萬川氏と富士登山を企て其軽装下駄を穿き巍々として雲表に聳ゆるの険峻を攀づるの状は當世のハイカラ連の贅沢旅行と大に其趣を異にす左は則ち遠藤氏の登山紀なり

▲八月六日早朝東京飯田町停車場電車出發六時新宿驛にて同行者の伊波君と會し直ちに甲州行汽車に乗り換へたり車中の人多くは富士詣の人美術學校の連中四五名は頻りに眼前經

●富士山紀行（續）

▲翌七日發天六擧出發例の白衣行者を相前後す腰の鈴のりんりん而して口々に「六根清浄」と唱ひつゝ登る余等はアツコイレコウアと相得言はず用意の乾杏子を噛み口を潤し悠然として徐行す

▲五合目より森林帯を離れ全く青色の草木なく焦岩累々枯木幹立又偃臥「天狗の庭」の便稱あるも妙なり

▲六七合目の間路嶮なるにわらされども天風強烈指頭大の砂礫を捲き来て猛然面を打ち五体を擁むも却て壮快なり身は則ち雲の上人衣を湿すものは白雲紫霞

▲七八合目の間より急に大雨となる余等元来

『史学界』（明治38年９月）に載った遠藤萬川「富士山紀行」。同年10月にその一部を転載した『琉球新報』は、「其軽装下駄を穿き巍々として雲表に聳ゆるの険峻を攀づるの状は当世のハイカラ連の贅沢旅行と大に其趣を異にす」と書いている

山かな」である。

どういう意図を込めて伊波がこの歌を遠藤に書き送ったのか、想像を逞しくするしかないのだが、富士山頂からのご来光のまばゆさと山頂久須志岳での感激は、ハガキを書く指の先までもまだ熱く残っていたにちがいない。すぐ

さま、かつて琉球の先人が同じ富士を題材にしたことを思い出したのだろうが、程順則の漢詩はまだしも宜湾朝保ともなれば、伊波が無造作に選んだ詠歌といって済ますわけにもいかない。

伊波が富士に登攀《とうはん》をしたその日、多くのヤマトゥンチューは遠藤も含めてそうだったのだろうが、富士詣に対する思い入れは伊波とは同じではなかったと思うのである。似たような志向ではあったかもしれないが、富士に込めた意味は一八〇度ほどにも違っていたと私は確信する。遠藤たちが日本人として抱いた富士の有り難さ、誇りではなく、伊波の場合は近代沖縄になって惹起するヤマトへの羨望であり、マイノリティー特有の欲求にちかい感情だったと推測する。

この点で伊波は、近代以前からの長い固有の歴史と自恃独立の琉球人の子孫として、自立の根はすでに変質していたといわざるをえないのである。程順則や蔡温とは同じ琉球に生をうけ成長していった人間ではあっても、とうてい同じ琉球人とは思えないほどの懸隔があるといってよい。

こうして、伊波は友人の遠藤と山登りをして愉しんだ。東京帝大の二年目の課程がすべて終了して夏休みになっていたからだが、しかし、のんびりした学生の生活とは関係なく、現実の日本社会は数年来にわたる国家行動に対する手ひどい報いをあらわにしつつあった。

九月五日、ポーツマスでの日露講和条約調印に反対する民衆の国民大会が日比谷公園で開かれた。かつてないほどの戦死傷者を出していた人びとは、苦しい生活の鬱憤《うっぷん》を爆発させて御用新聞社や内務大臣官邸、市内の警察署を次々と襲撃、焼打ちしていった。六日には東京市と府下五郡に戒厳令[注3]が適用される。前代未聞の混乱に陥った東京にまさに伊波もいたのである。「露西亜《おろしや》とのくはらに／皇国《みくに》す稜威《せぢ》まさたれ／みかない嵩《かさ》みゆかかさで」――。昭和八年に伊波が詠んだ「迎へほこら」[注4]の一節だが、この感覚は当時の生活実見にもあったのではないか。

明治二十九年の夏に上京して不良中学といわれた明治義会に編入し、

注3　戒厳令
一八八二（明治十五）年八月五日の太政官布告第三十六号で成立した命令。戦時・事変に際し、平時の行政権、司法権の全部又は一部を停止し、戒厳司令官が管掌の権をもつとの法令。準用事例としては、関東大震災時の一九二三（大正十二）年九月二日、一九三六（昭和十一）年に二・二六事件が発生した翌日の二月二十七日に布告されたことを含め三例がある。

注4　「迎へほこら」
一九三三（昭和八）年十二月二十七日に書き上げて、『琉球新報』（掲載年月日不明）に掲載された。「東恩納寛惇君が南蛮より帰るを迎へて作ったオモロ」である。「くはら」は戦争で、「みかない」は税金のこと。

日比谷公園近くにあった内務大臣官邸の襲撃と焼打ち（『戦時画報』臨時増刊「東京騒擾画報」第66号、明治38年9月18日）

その後第三高等学校、東京帝大に学び、ヤマトの友人知人が出来ていく伊波の生活――それは足かけ九年になろうとしていた。外見はヤマトの人間と変わらぬながらも、人びとのふとした所作、些細なことが、文字通り一瀉千里、遠く離れた郷里を敏感に想起させた。というよりも、潜在的に絶えず沖縄を意識しているような緊張状態であってみれば、何かちょっとしたきっかけがスイッチになって、奥まった感情が表面に露出するのであった。押し込められた自意識は、ヤマトに対しても、またウチナーに向かっても、憧憬と不信、愛着と嫌悪、希望と諦念など、一方に落ち着くことのない反撥し合う情念を増幅させていったようにみえる。

そうした苛立ちを、伊波は小さな新聞記事によって、またもや引き起こされた。彼の目を射たのは、「児玉喜八」の四文字であった。明治三十八年四月十三日の『読売新聞』と『東京朝日新聞』は、児玉が十二日付で沖縄県の視学官[注5]に任ぜられたことを伝えていたのである。

伊波が驚きとともに、怒りの感情を発したのは無理もなかった。げんにこうしてヤマトにいるのは、もとはといえばかつての児玉校長に起因していたし、退学処分によって一時は高等学校受験の苦しみから死のうとさえした。また彼の友人のなかにはあのストライキ事件によって、その後の人生が大きく変わった者もいた。しかし何よりも、伊波が沖縄人として受けた侮辱の憤怒は九年以上たっても消えるどころか、毫も弱まりはしていなかった。たぶん伊波にしてみれば、沖縄を内国植民地か、

注5　視学官
旧制度において、文部省及び各府県に設置された教育行政官。一九〇五（明治三十八）年四月の「地方官官制」の改正で、教育・学芸・学事の事務を第二部が所管とするようになり、学事視察や教員の監督などを指導した。沖縄に赴任した児玉喜八は、同年の文部省令（第七号）によって、明治三十三年に公布された「小学校令施行規則」中の第九十九条改正で、「府県視学官」から沖縄県の「第二部長タル府県事務官」となった。

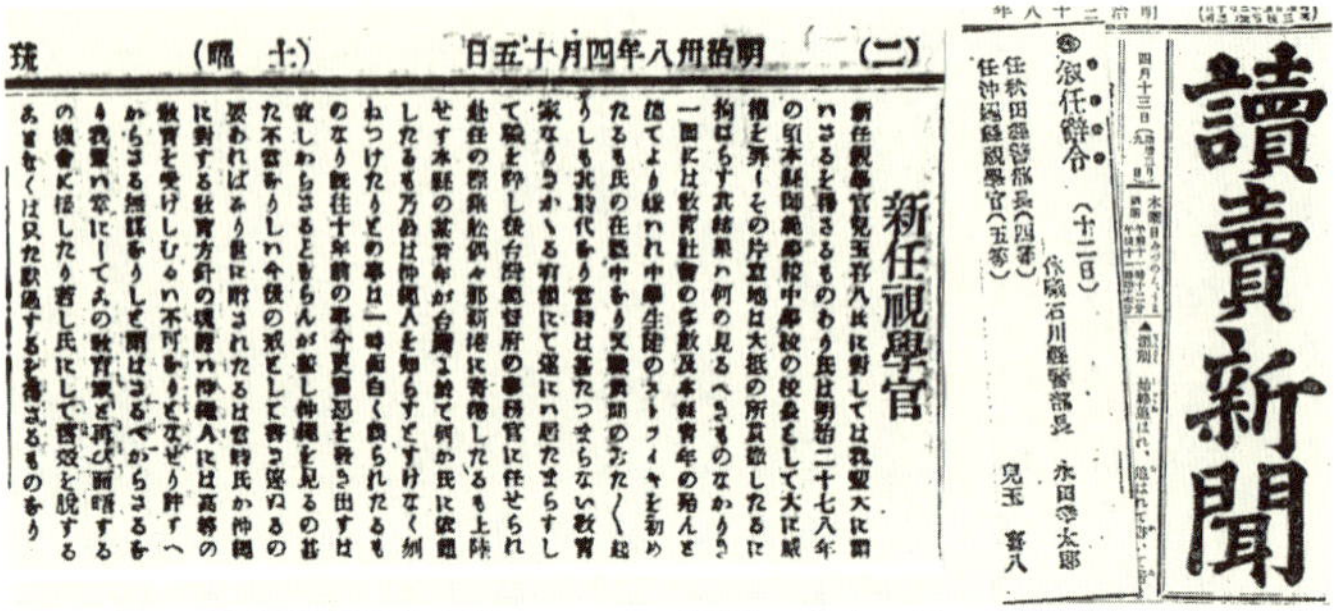

讀賣新聞

叙任辞令（十二日）

任沖縄縣視學官（五等）　兒玉喜八

明治卅八年四月十五日（土曜）

新任視學官

児玉喜八の沖縄県視学官を報じる1905（明治38）年４月13日付『読売新聞』の「叙任辞令」と児玉喜八を批判する琉球新報の論説「新任視学官」（４月15日）

高等教育を受けるに値しない劣等野蛮としか扱わなかったヤマトゥンチューの、最たる人間として児玉はあったはずである。

その児玉はストライキ事件の翌年に台湾総督府への転任となったものの、本人とその周囲の者たちはすっかりほとぼりが冷めたと思ったのか、またもや児玉が沖縄教育界を指導するというのである。それを知った伊波が激昂するのは当たり前というほかないだろう。

この児玉の人事異動は、沖縄では四月十五日付『琉球新報』が「新任視学官」として大見出しで報じたのが最初である。このなかで新報記者は開口一番、児玉視学官に「吾輩大に言はざるを得ざるものあり」と述べ、当時の児玉がなした事蹟を、次々と列挙した。「威権を弄しその片意地は大抵の所貫徹したるに拘《かか》はらず其結果は何の見るべきものなかりき、一面には教育社会の多数及本県青年の殆んど総てより嫌はれ、中学生徒のストライキを初めたるも氏の在職中なり、又職員間のごたごた起りしも其時代なり」。当時をよく知る者の筆であることは確かで、そのころの児玉の「沖縄を見るの甚だ不当なりし」こと、さらには「沖縄に対する教育方針の魂胆は沖縄人には高等の教育を受けしむるは不可なりとなせり、許すべからざる無謀なりしと謂《い》はざるべからざるなり」と、尋常でない言葉が続く。

その論説が異常でもなかったことは、二十一日の、葵園生による「時世小観」にみてとれる。「蛮的経歴ある教育者を以て現時最も進歩発達せる沖縄教育の指導者たらしむるは、沖縄の教育を蛮的視するなり、沖

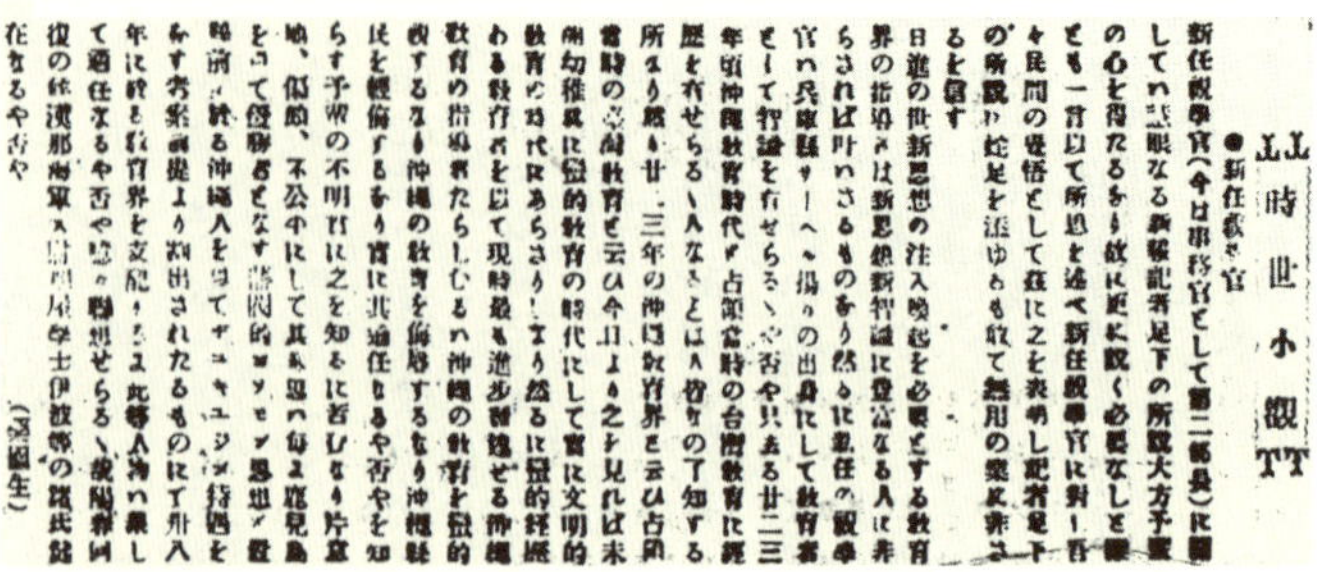
時世小觀

●新任視學官

新任視學官(今は事務官として第二部長)に關して吾人は[illegible]眼なる新報記者足下の所說大方予輩の心を得たるなり故に更に說く必要なしと雖とも一言以て所思を述べ新任視學官に對し吾々民間の覺悟として茲に之を表明し記者足下の所說に蛇足を添ゆるも敢て無用の業にあらざるを信ず

日進の世新思想の注入喚起を必要とする教育界の指導者は新思想新智識に豐富なる人にあらざれば叶はざるものなり然るに新任の視學官は兵庫縣[illegible]の出身にして教育者として智識を有せらるゝや否や只ある廿二三年頃沖繩教育時代に占領當時の台灣教育に經歷を有せらるゝ人なることは人皆々の了知する所なり然るに廿二三年の沖繩教育界と云ひ占領當時の台灣教育と云ひ今日より之を見れば未開幼稚なる[illegible]的教育の時代にして實に文明的教育の時代にあらざりしなり然るに[illegible]的經綸ある教育者を以て現時最も進歩發達せる沖繩教育の指導者たらしむるは沖繩の教育を[illegible]的視するなり沖繩の教育を侮辱するなり沖繩縣民を輕侮するなり實に其適任なるや否やを知らず予輩の不明實に之を知るに苦しむなり片意地、偏頗、不公平にして[illegible]鹿兒島を以て[illegible]者となす[illegible]思想[illegible]誇る沖繩人を目して[illegible]待遇をなす[illegible]より[illegible]されたるものにて廿八年に於ける教育界を支配したる此等人物は果して適任なるや否や[illegible]陽春回復の候漢那海軍大尉照屋學士伊波等の諸氏健在なるや否や

(葵園生)

「陽春回復の候、漢那海軍大尉、照屋学士、伊波等の諸氏健在なるや否や」と呼応を求めた葵園生の「時世小観」(『琉球新報』1905年4月21日)

縄の教育を侮辱するなり、沖縄県民を軽侮するなり」。葵園生はこの一文を「吾々民間の覚悟として茲《ここ》に之《これ》を表明」していた。そして最後に、「陽春回復の候、漢那海軍大尉、照屋学士、伊波等の諸氏健在なるや否や」と締めくくったのである。

沖縄でのこうした動きとは別に、東京にいた伊波は二十七日付『琉球新報』に掲載した「その折り〳〵」を、十五日に書き上げていた。児玉の沖縄赴任を知って、それほどの時間もたたないうちに執筆した「それがし」名によるコラムである。そのなかで彼は、九年前に台湾へ追いやられた児玉について、「悪魔は遂に

○その折り〳〵

それがし

▲今は去ること十年前師範及び中學に校長たりし兒玉喜八氏が琉球人に對する教育の方針を誤りて臺灣へ放逐せらるゝやさる教育家うち喜びていはく「惡魔は遂に沖繩を去りぬ」

▲時は移りぬ物も變りぬ十年前の所謂惡魔は沖繩縣視學官に任ぜられぬ例の教育家はじめて之を聞きし時「惡魔は巢窟を脫しぬ」と絕叫しき されば數日の後かれ鹿兒島を出づとの報に接するもたゞ「兒玉は愈鹿兒島を出でぬ」と獨言つのみ早や大島につきぬと聞きて苦笑していはく「兒玉樣は明日は早くはつき給はじ」當日彼を波止場に迎ふるに及んで「師の君は恙なく歸りましぬ」

▲これやがて恐怖時代の來れるならん往年の所謂探偵教育家は血に餓えたるサラーの如く肩風を切つて鬼納に入りぬ知らず其プロスクリプション中果して幾人の姓名をか記せる

▲口は重寶なるものなり（四月十五日）

伊波普猷が４月15日に匿名の「それがし」で書いた「その折り折り」（『琉球新報』1905年４月27日）

沖縄を去りぬ」と喜んだ沖縄の教育家が、今回の沖縄県視学官就任を聞いて、「悪魔は巣窟を脱しぬ」と驚いたものの、児玉が郷里を出発して沖縄に向かったとの報に、「児玉は愈《いよいよ》鹿児島を出でぬ」と言い、やがて彼を乗せた船が奄美大島まで来たと知って、「児玉様は明日は早くはつき給はじ」と苦笑し、ついに那覇港へ着いたときには、「師の君は恙なく帰りましぬ」と語った、と書いている。

伊波がいうように、まさに「口は重宝なるものなり」で、これは沖縄人が薩摩の時代以降、日本の武力併合をへて、ほとんど体質ともなっていった感のある日和見主義を、こっぴどく批判する意図をもっていた。長いものには巻かれろの奴隷根性もこれほどまでにひどいとの説明をするために、伊波はこの事例を持ち出したのである。しかしこの教育家の発言は九年前のそれだけが事実で、「悪魔の巣窟脱出」以下は伊波の創作であったらしい。

というのも、児玉が沖縄へ実際に着任したのは、発令から一カ月半もたった五月二十八日だからである。伊波の文章が新聞に載ったときには、児玉はまだ赴任していなかったし、げんに二十三日付新報は日比重明[注6]書記官が代理をつとめていると記事にしており、五月十九日になってやっと、もうぢき児玉が着任するだろうと報じていた。だから、伊波の

注6　日比重明（ひび・しげあき一八四八～一九二六）
三重出身の行政官。和歌山や千葉をへて、一九〇〇（明治三十三）年一月に沖縄県書記官。同四十一年四月から一九一三（大正二）年六月まで沖縄県知事。

このコラムは某沖縄教育家（これも実在したかどうかわからないが）の発言から割り出した想像の文章なのである。伊波は児玉が来れば、「やがて恐怖時代の来れるなり」と書いて、「所謂探偵教育家は血に餓えたるサラーの如く肩風を切つて悪鬼納《おきなわ》に入りぬ」とも言い切っていた。

だが伊波の予想はみごとにはずれ、児玉を迎える沖縄は新報が先の論説を掲げ、葵園生も断固たる「覚悟」を表明していた。もはや児玉が「サラーの如く肩風を切つて」県庁の内外を闊歩できるような地ではなかったのである。着任から約二カ月後の八月十一日、児玉は突如秋田県事務官への転任となった。厳しい状況を察した奈良原知事によるものとも言われるが、直截にモノを言い行動をすることこそが、沖縄に最も必要なことを示したことになる。二〇一四年の沖縄の状況に何が一番求められているのか、明快に示しているだろう。

一九〇五（明治三十八）年は伊波普猷飛躍の年である。そのエポックの劈頭《へきとう》を飾る文章が、一月の『史学界』に載せた「琉球の神話」だと何

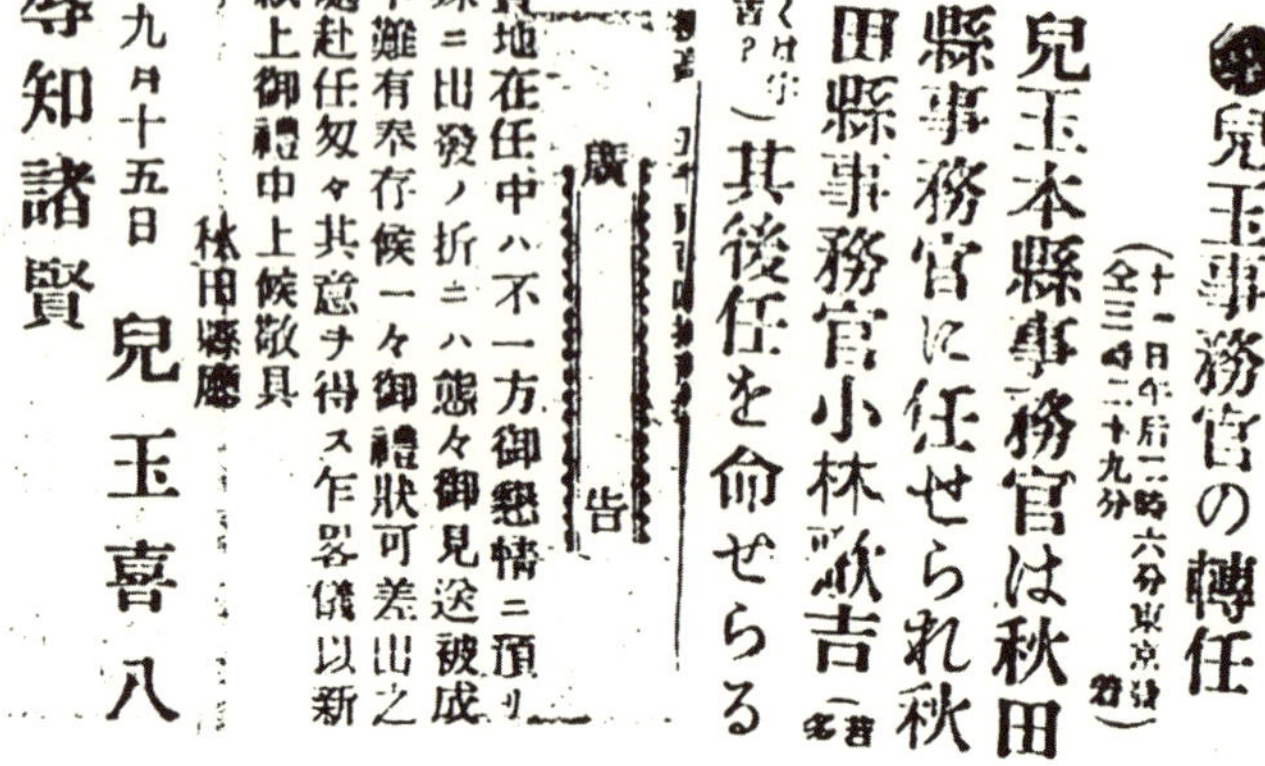

●兒玉事務官の轉任
（十一日午后二時六分東京發）（全三時二十九分着）
兒玉本縣事務官は秋田縣事務官に任ぜられ秋田縣事務官小林歌吉（[illegible]）其後任を命ぜらる

廣告
貴地在任中ハ不一方御懇情ニ預リ殊ニ出發ノ折ニハ態々御見送被成下難有奉存候一々御禮狀可差出之處赴任匆々其意ヲ得ス乍略儀以新紙上御禮申上候敬具
秋田縣廳
九月十五日　兒玉喜八
辱知諸賢

沖縄着任から２カ月後に突如秋田県に異動となった記事と児玉の挨拶広告（1905年８月13日及び９月15日付『琉球新報』）

度も説明した。彼は明治三十六年十月に東京帝大に入学するのだが、その直前の九月ごろには帝国文学会に加入し、そのあとすぐに東京人類学会に入会した。

前者への入会は帝大生であってみれば、帝大の教師や卒業生たちの研究や思想、学芸発表の雑誌『帝国文学』の発行元だったから珍しくはないが、後者への加入は必ずしもそうではない。言語学研究に求められる専門知識のひとつであるとの認識があって、それがために同級生の橋本進吉と小倉進平も揃って会員になったのであろう。そして帝大一年の三学期になった明治三十七年の春になると、伊波は今度は考古学会に入ることになる。

こうした自主的な学会活動の範囲拡大は、とりもなおさず伊波のうちに渦巻いていた強烈な問題関心の拡がりと深化を示していた。具体的にいえば、『帝国文学』には執筆こそしなかったものの、そこに掲載された多種多様な論考から受けた刺戟は、ずいぶんと伊波の知的肥やしになった。

伊波普猷が卒業時の明治39年７月、（前列左から）英文学科講師の夏目金之助、アーサー・ロイド、上田敏（『夏目漱石』日本文学アルバム・7、筑摩書房、1954年）

上田万年の

「語学創見」が載ったのもそれだし、岡沢鉦次郎《おかざわしょうじろう》の音声論や標準語論、高木敏雄の日本神話論、さらには身ぢかで接する帝大の教師たちが次々と発表する専門の文章やエッセイがあった。英文学科講師・夏目金之助の、かの名高いマクベス論[注7]も、さらには日露戦争に係る詩「従軍行」[注8]も伊波が一年のとき目にしたはずである。

次に東京人類学会との結びつきだが、これについてはこれまでウンザリするくらい書いてきたので、もう改めてのくどい説明は要らないだろう。東京帝大理科大学の坪井正五郎教授、鳥居龍蔵助手たちとの接触は、まさに運命的であって、交流などというようなレベルではなかったし、のちに振り返ってみて、もし彼らがいなかったならば、はたして伊波はどんな道筋を辿ってどんな研究の進展をみせていたのか、想像するもむつかしい。

理科大学の人類学教室とほとんど一対《いっつい》だったこの学会の、その定例の研究発表会などに伊波は足繁く出席した。機関誌の『東京人類学会雑誌』

注7　マクベス論
一九〇四（明治三十七）年一月発行の『帝国文学』（第十巻第一号）に夏目漱石が執筆したシェイクスピア論「マクベスの幽霊に就て」のこと。この号には漱石と同じ英文学科の講師・上田敏ほか、芳賀矢一、佐佐木信綱、金沢庄三郎、上田万年、小山内薫などの作が並んでいる。

注8　「従軍行」
明治三十七年五月の『帝国文学』（第十巻第五号）所収。「百里を行けど、敢て帰らず、千里二千里、勝つことを期す／……／天上天下、敵あらばあれ、敵ある方に、向ふ武士（もののふ）」と漱石が詠った作品。この号には岡沢鉦次郎の「標準語と国語調査の方針」、上田万年の「新躰詩二章」が掲載されている。

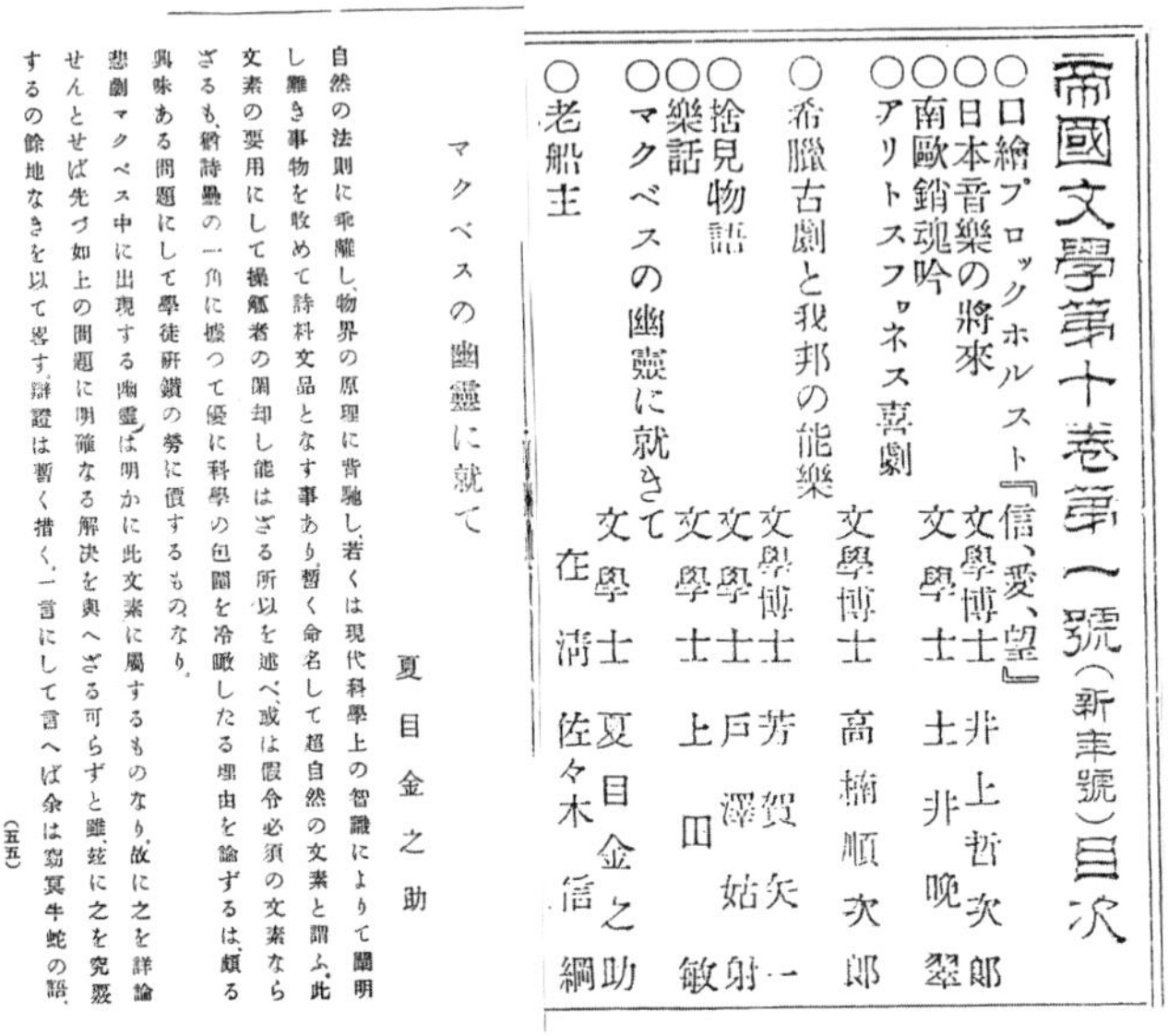
帝國文學第十巻第一號（新年號）目次

○ロ綸プロックホルスト『信、愛、望』
○日本音樂の將來
○南歐銷魂吟
○アリトスフヮネス喜劇
○希臘古劇と我邦の能樂
○捨見物語
○樂話
○マクベスの幽靈に就きて
○老船主

文學博士　井上哲次郎
文學士　土井晩翠
文學博士　高楠順次郎
文學博士　芳賀矢一
文學士　戸澤姑射
文學士　上田敏
文學士　夏目金之助
在清　佐々木信綱

マクベスの幽靈に就て

夏目金之助

自然の法則に乖離し、物界の原理に背馳し、若くは現代科學上の智識によりて闡明し難き事物を取めて詩料文品となす事あり、暫く命名して超自然の文素と謂ふ。此文素の要用にして操觚者の閑却し能はざる所以を述べ、或は假令必須の文素ならざるも、猶詩壘の一角に據つて優に科學の包圍を冷瞰したる理由を論ずるは、頗る興味ある問題にして學徒研鑽の勞に價するものなり。

悲劇マクベス中に出現する幽靈は明かに此文素に屬するものなり。故に之を詳論せんとせば先づ如上の問題に明確なる解決を與へざる可らずと雖、茲に之を究覈するの餘地なきを以て略す。辯證は暫く措く、一言にして言へば余は窈冥牛蛇の語、

（五五）

夏目漱石の論文「マクベスの幽霊に就て」と掲載誌『帝国文学』（第10巻第１号）の目次

には帝大二年のとき、「琉球群島の単語」の一篇しか寄稿していないが、この学会からの恩恵たるや天恵の無量無数という表現がちっとも誇張でないくらいである。

そして考古学会。その学会規則の第一

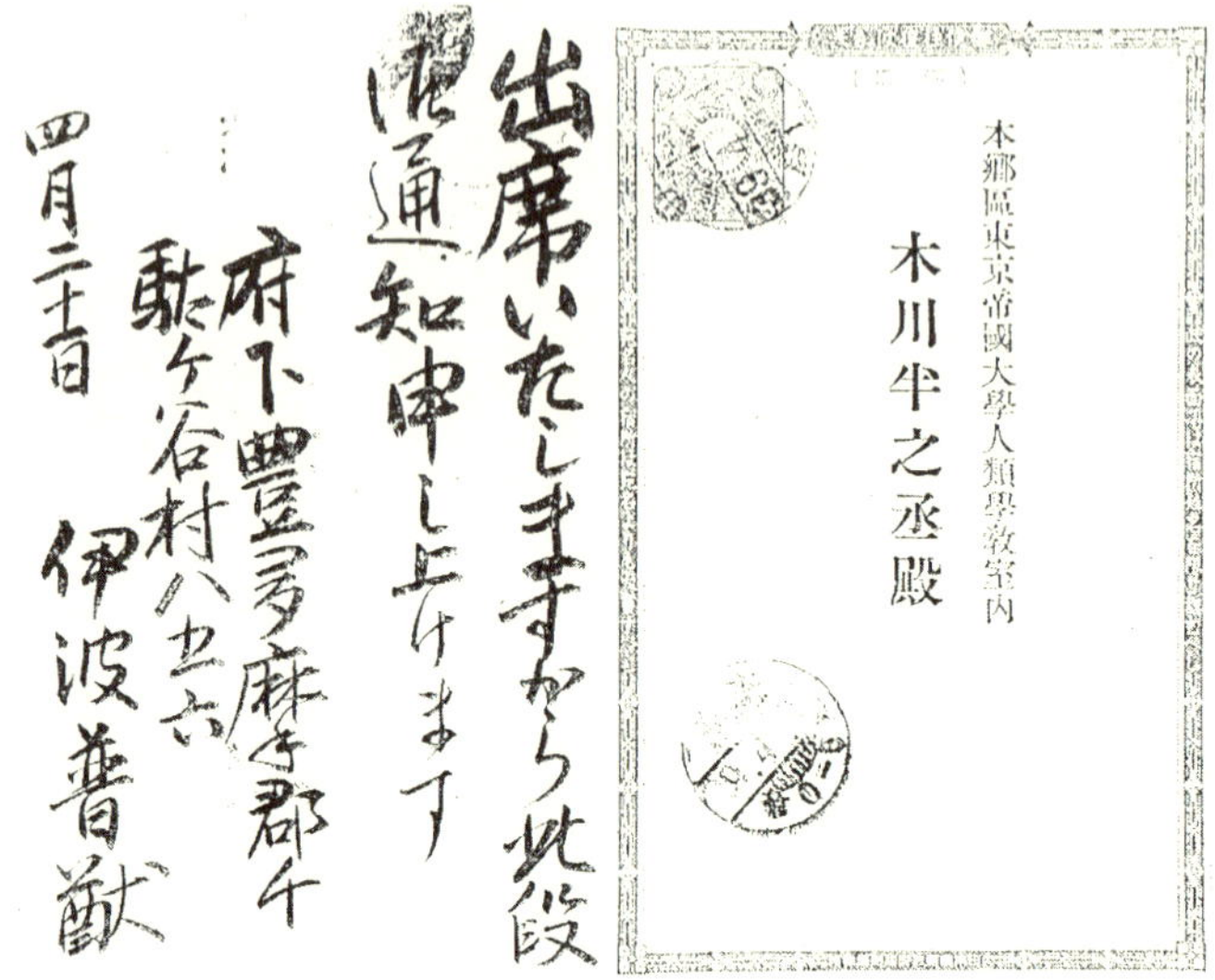
本郷區東京帝國大學人類學教室内
木川半之丞殿

出席いたしますから此段
御通知申し上けます
府下豊多摩郡千
駄ヶ谷村八五六
伊波普猷
四月二十日

伊波普猷が豊多摩郡千駄ヶ谷の自宅から、明治39年４月21日付で投函した東京人類学会第217回例会出席の自筆ハガキ（『沖縄タイムス』1997年８月15日）

条は「其ノ目的ハ主トシテ遺物遺跡ニ拠リ古代ノ風俗制度文物技能ヲ明カニスルニアリ」と謳っているように、この加入が伊波にとっては東京人類学会が抱える問題に対する考古学からのアプローチであると同時に、彼のうちにわだかまっていた問題をさらに深化・追究していることは明白である。

入会した年の十一月には、やはり機関誌の『考古界』に「琉球文にて記せる最後の金石文」を書くことになった。ここで伊波は、琉球人が「不完全なる日本の文字をかりて音韻の豊富なる自国語を写すに幾多の困難に縫遇」しながらも、「自国語を以て万事を記さんとするの熱心と好奇心」を有していたことを述べるのである。それは慶長以前、すなわち島津が侵略してくるまでの「自国語」たる琉球語のありようを、はっきりと視野に入れたものにほかならなかった。

以上のような経過をへて明治三十八年を迎えるのだが、この年の二月ごろには東京帝大文科大学を基盤とする史学会に入った。これは伊波が教えをうけた史学関連の教授たちが幹部となって運営する学会である。明治三十七年十二月付の会員名簿をみると、法科大学や理科大学の教授連のほかに、チェンバレンやフローレンツの外国人教師たち、同年七月に言語学科を卒業した大阪の梅上尊融がおり、在学生としては史学の濱田耕作、遠藤佐々喜、言語の一期先輩である神田城太郎、そして国史科と史学科の一年次が名をつらねていた。

学生それぞれの専門とそれを補助する他分野への向き合い方という点では、文科大学生として入会が当然視されていた帝国文学会と史学会はさておき、それ以外の学会への関わり方が、ひとつの目安になるだろう。たとえば明治三十八年になって言語学科の一年先輩、徳沢建蔵と同級生の小倉進平が東京人類学会を退会している事実を、伊波が坪井や鳥居たちの磁場に一段とつよく引き込まれていくことと較べてみると、小倉たちと伊波の言語学がそのときどういう視界のなかでどういう意識のもとに学習されていたかがわかるのではないかと思うのである。

いまだ勉学途上の者たちにとってみれば、大学の課業に集中し、それをこなすのに手一杯で、それほどの余裕はなかったかもしれない。しかし、それでも彼らは上田のいう「東洋言語学」をたえず念頭におきつつ、中国語や朝鮮語、アイヌ語、琉球語といった周辺言語のありようを、つ

正面からみた東京帝国大学の法科大学と文科大学。1884（明治17）年にジョシア・コンドルの設計によるイタリア風ゴシック様式建築（小川一眞編『Imperial University of Tōkyō　東京帝国大学』小川写真製版所、1904年）

ねに「国語」との関連性で研究することを忘れなかった。人文・社会科学の学問が本来内包している特質は、帝国大学生たちの生き方を新興明治国家の支柱となる国家意識から離れることを許さなかったともいえるはずである。

それを承知したうえで伊波の場合、言語学はたしかに専門ではあったが、それだけでは彼がずっと抱懐してきた目標を十全に達成できるものではなかった。近代科学の言語学を学び極めることは、彼のうちにあっては意図とする地点に至るひとつの一里塚、ないしは一階梯《かいてい》にほかならなかった。琉球語の構造をふかく知り、それが周辺言語のなかでどういう位置にあるのかを正確に把握することの先に大問題が控えていた。研究のための研究ではまったくなかったのであり、当然に研究それ自体に彼自身の安楽と生活の活路を見出していたのでもない。

むろん小倉たちにそうした思念が欠けていたというのではないが、身に迫る使命ともいうべき必死さの圧迫は、伊波の背後に控える郷土沖縄の存在とそのゆくすえに源を発していた。異国たる日本《ヤマト》国家のなかで生きていかざるをえなくなった宿命——それが伊波の心身に圧倒的な勢いでおおいかぶさっていたと言っても過言ではなかった。

ではそのころの伊波はこうしたことについて、どう自覚していたのだろうか。

最高学府の東京帝大生として、伊波普猷は最新の学問を修めることで万事よしとしていたのか。それについて、彼の考えをストレートに表白

沖縄戦で消失する前の「海邦養秀」の銘文（『養秀』第35号、沖縄県立第一中学校、1934年）

した文章がある。一九〇五（明治三十八）年の四月中旬、帝大二年の三学期が始まってすぐに書いたもので、五月五日の琉球新報に掲載された「その折り〳〵」の小文は、まさにそれへの彼の回答といってよい。内容は、彼の母校沖縄県立中学校の玄関に掲げられた「海邦養秀」[注9]の扁額にまつわる話である。

　十八世紀が終わろうとするころ、わずか十二歳で即位した尚温王[注10]を伊波は紹介する。久米村独占の特権を他に配分しようとした門閥打破の革新的施策、そして首里の中城御殿[注11]に公学校所を設置して「国学訓飭《くんちょく》士子諭」[注12]を発するなど、その年齢からは想像もできないほどの意欲的な国家経営をなしていく。三年

注９　海邦養秀（かいほうようしゅう）尚温王が国学を開いたとき、建学の根本精神をこめて揮毫（きごう）した銘文。海表と礼邦から採った海邦と、人材育成の養秀を意味する。オリジナルの扁額は沖縄戦で消失し、復元物が首里高校に所蔵されている。

注10　尚温（しょう・おん　一七八四～一八〇二）第二尚氏の王位を、一七九五年に祖父の尚穆（しょう・ぼく）から受け継いだ第十五代の王。在位わずかに八年、十九歳で早世した。書に秀でた才能をみせた。

後には公学校所を龍潭のほとりに移転して、国学と改称し、くだんの四文字を掲げたという。しかし、「着々その改革の武歩を進めしも惜い哉《かな》其夢想せし平民政治の実現を見ずして十九歳を一期《いちご》として遽《にわか》に墳墓に入りぬ」。

尚温に対する伊波の敬慕は、必ずしも「我を育くみたる母校」という出身の関係性からではなかった。「かの校に残れる我が古き友の一なり」というように、その扁額にこめられた「其抱負」のゆえであり、「年少英気」の喚起力にほかならなかった。「その口に吶《とつ》にして行に敏なる底の人格」からふつふつと迸り出る「覇気ある一青年」の姿が、何よりも伊波を捉えて離さなかったのである。

かくまでにして尚温を「寧馨児《ねいけいじ》」と伊波は讃えるのであるが、かといって伊波は琉球処分以前の王国時代を追慕しているわけではない。この点は勘違いしてはならないのでとくに一言しておくが、彼のなかには思想としても、また情念あるいは気概としても「日本」からの分離独立とい

注11　中城御殿（なかぐすくうどぅん）　琉球王世子の住む住居のこと。中城間切を領地としたことに由来する。龍潭の向かい側にあった琉球政府立博物館跡地の約三千坪の敷地がそれで、表御殿と奥御殿を合わせて二〇数棟の家屋のほか、蔵、庭園などで構成された。一八七五年に、現在の首里高校のある場所から移転した。

注12　「国学訓飭士子諭」（こくがく　ししに　くんちょくするのゆ）　朝夕勉学に精進し、親に孝養をつくし、国家への高い志をたてるべく努めること。さらには、家柄の名門や出身地のいかんを問わず、学問の力量と高い見識ある者を登用することなどを宣明にした内容。一七九八年、尚温王が首里の真和志に公学校所（＝国学）を置いたときの訓辞で、原文は漢文。

うことは露ほども存在しなかった。そうではなくて、ヤマトへの世替りから二十五年も経過したという沖縄の現状は、伊波をしてとうてい我慢のならぬ状態だったのである。その年一月の「琉球の神話」（『史学界』第七巻第一号）で彼がもっとも強調した点、つまり大和民族と姉妹的関係をもつ琉球は、日本国家の正当なる一員でありながら、沖縄人の意識はいまなお旧態依然たるものだと憤懣をもって認識されていた。

それゆえに土地整理事業を成し遂げ、日本人としての公教育などを強力に推進した奈良原県政への評価は高かったのであり、そうした政治・経済・教育機構の日本への組み換え成就は、彼の文化的・思想的啓蒙活動と軌を一にするものであった。奈良原知事を褒め讃える「頌徳碑」をこのころ意図的に沖縄の新聞で一再ならず公表したのも、このことに関連した伊波の現状認識と立ち位置を明示していたのである。

このエッセイで伊波は、「記憶せよ中学生諸君！」と声高らかに呼びかけた。しかし実際には中学生の青少年だけでなく、あらゆる階層の

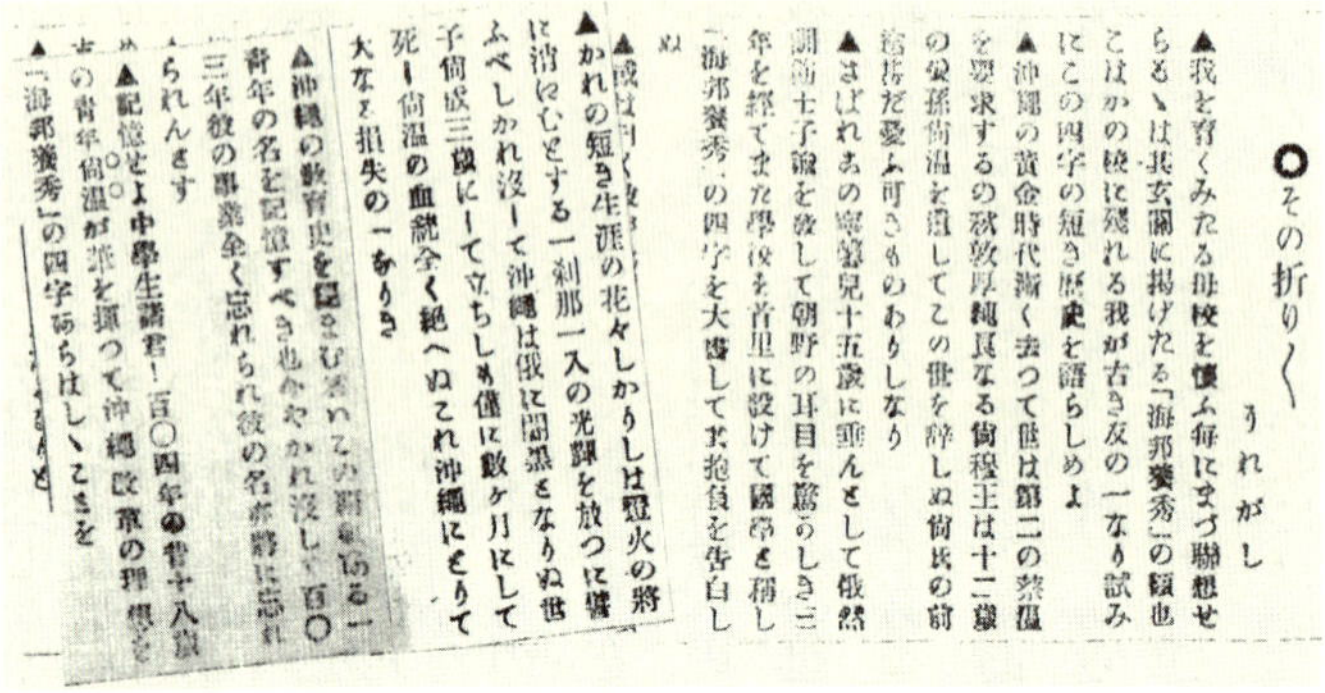

○その折り〳〵　それがし

▲我を育くみたる母校を懐ふ毎にまづ聯想せらるゝは其玄關に掲げたる「海邦養秀」の額也これはかの校に殘れる我が古き友の一なり試みにこの四字の短き歴史を語らしめよ

▲沖繩の黄金時代漸く去つて世は第二の蔡温を要求するの秋敦厚純良なる尚穆王は十二歳の幼孫尚温を遺してこの世を辭しぬ尚氏の前途甚だ憂ふ可きものありしなり

▲さばれあの寧馨兒十五歳に垂んとして俄然訓詁士子論を發して朝野の耳目を驚かしき三年を經てまた學校を首里に設けて國學と稱し「海邦養秀」の四字を大書して其抱負を告白しぬ

▲或は曰く彼

▲かれの短き生涯の花々しかりしは螢火の將に消えむとする一刹那一入の光輝を放つに髣ふべしかれ沒して沖繩は俄に闇黑となりぬ世子尚成三歳にして立ちし者僅に數ヶ月にして死し尚温の血統全く絶へぬこれ沖繩にとりて大なる損失の一なりき

▲沖繩の教育史を繙き……一青年の名を記憶すべき也かれ沒し百〇三年彼の事業全く忘れられ彼の名亦將に忘れられんとす

▲記憶せよ中學生諸君！百〇四年の昔十八歳の青年尚温が筆を揮つて沖繩改革の理想を「海邦養秀」の四字にあらはしゝことを

「沖縄改革」を鼓舞する伊波普猷のエッセイ「その折り折り」(『琉球新報』1905年5月5日)

沖縄人に対する叱咤激励というべきである。文章を閉じるにあたって伊波は、「百《ママ》〇四年の昔十八歳の青年尚温が筆を揮つて沖縄改革の理想を『海邦養秀』の四字にあらはしゝことを」と書いたが、この「沖縄改革」こそは、尚温の時代とは違うものの、明治三十八年現在を踏まえた伊波の激白だったことになる。

彼が東京帝大での学業でもって、いや帝大の卒業による文学士の称号をもって事足れりとするものでなかったことを、これほど雄弁にあらわしているものはない。すでに三十歳という壮年に達した彼の学問の先には、たえず沖縄社会の変革が人びとの啓蒙を通して思念されていたといっても言い過ぎではない。そして、その「沖縄改革の理想」は言語学を中心とした彼の沖縄研究がすすみゆく方向とほとんど重なり合っていたともいえるのである。

そして何度もくり返すようだが、彼の「沖縄改革」の意味するところは、明治後期の時点にとどまらず、その後百年余にわたって私たち沖縄の人間を卑屈なほど「日本」に縛りあげる自己認識の大改変とその啓蒙を中核としていたことを、けっして忘れてはならない。

こうして伊波は、帝大における学生生活の外見からはほとんど窺いしれない内面の焦燥をかかえていた。おそらく彼がこれほどの煮えたぎるような社会変革の意思をもっていたとは、同級生の橋本進吉や小倉進平は知らなかったのではないだろうか。気の置けない間柄の鳥居龍蔵を始めとする帝大の教師たちも、たぶんひとりとして気づいた者はいなかっただろうと思う。ましてや、帝大でのさまざまな専門科目の修得が彼の郷里・沖縄とその人びととの今後に、ふかく繋がるものであることなど想像できなかったにちがいない。

同郷人でなくてはとてもわからないとの思いが、おそらく伊波にはあったはずである。頭脳のなかではいくら友人だの「姉妹的関係」だといっても、現実はウチナーンチュとヤマトゥンチューの間には、その歴史的経緯と文化的特性による違和感が根深くあったというべきである。のちに伊波が使用した言葉でいえば「一大塹壕」が拡がっていた。

では、彼はどこでそうした本音を口にし、議論をしていたか。富士見町の尚家邸内に事務所のあった沖縄青年会がそれであり、彼らの下宿先などがその場所であった。定期的な会合や節目の行事もそうだが、彼らの誰彼が学校を卒業して帰郷するともなれば、すぐに何名もの人間が集まって祝賀を兼ねた壮行会をしたのも、自己の抱負や見解をたたかわす機会となった。

それだけに、この年の七月一日に熊本の五高を卒業して、伊波と同じ

明治時代における尚侯爵邸とその周辺地図。住所は靖国神社に接した麹町区富士見町２丁目８番地。近くに陸軍経理学校、偕行社、暁星中学、和仏法律学校、明治義会中学、皇典講究所があった

東京帝大文科大学に東恩納寛惇が入学したのは何とも嬉しかっただろう。しかも、専攻が伊波の専門と重なる史学ともなれば、まさに同志を得たような心強さだったとしても不思議ではない。他方で、無二の親友である金城紀光《かなぐすくきこう》が、七月十一日に東京帝国大学医科大学医学科を卒業して、慣れ親しんだ赤門[注13]をあとにした。医

注13　赤門（あかもん）
加賀藩の第十三代藩主、前田斉泰（なりやす）が徳川家斉の娘・溶姫(やすひめ)を正室に迎えたとき建造したもの。当時、三位以上の大名が将軍家から妻をもらうと朱塗りの御守殿門（ごしゅでんもん）を建てるのが慣習であった。現在は国指定重要文化財。

伊波普猷が帝大２～３年だった1905(明治38)年ごろの赤門(『東京名所はがき』)

学士となっていよいよ実社会に出る金城に、伊波もまた一年後にはみずからも故郷で活動する姿を思い浮かべたのかもしれない。

一九〇五（明治三十八）年七月十一日は東京帝国大学の卒業證書授与式の日である。この日の式場である本郷の帝大図書館には伊波普猷も足を運んだ。卒業者は法科大学をはじめとする医科、工科、文科、理科、農科の六分科大学、いまでいう六学部すべてをあわせた五一〇名。明治天皇「臨幸」のもと、各大学の学長（現在の学部長）以下が勢ぞろいするなかで、六大学を統率する山川健次郎総長が式辞を述べて式典が終わると、それぞれが所属大学で、あるいは各学科に集まって学士となったことを教師や後輩たちとともに祝った。

文学科の言語学専修では伊波の一年先輩、つまりこの日卒業したのは神田《かんだ》城太郎《じょうたろう》、畠山円諦、徳沢建蔵の三名であった。前年度は梅上尊融ただひとりだったのだが、それ以前の博言学科時代を振り返ってみても、明治二十八年卒業は榊亮三郎ら二名、同二十九年は小川尚義と金沢庄三郎の二名、三十年が藤岡勝二《ふじおかかつじ》ら二名、三十一年がゼロで、三十二年は新村出《しんむらいずる》ら二名、三十三年が八杉貞利《やすぎさだとし》ら三名、三十四年から三十六年までの三年間はひとりもいない状態であった。

それだけにこの年の卒業は、伊波の周辺に例年にない賑やかさを醸し出していた。畠山は都合があってか授与式を欠席していたようだが、言語学科の教員スタッフは上田万年教授以下、藤岡勝二、保科孝一、新村

1905（明治38）年７月11日、東京帝大文科大学文学科言語学専修の卒業記念写真。前列左から神田城太郎、伊波、小倉進平、中列左から新村出、藤岡勝二、上田万年、八杉貞利、保科孝一、後列左から金田一京助、後藤朝太郎、徳沢建蔵、橋本進吉（『新村出　国語学概説』教育出版、1974年）

出の三助教授、そして八杉貞利講師が集まり、神田と徳沢の前途を祝した。

　在学生では伊波の同級生・橋本進吉、小倉進平、後藤《ごとう》朝《あさ》太郎《たろう》、一年後輩の金田一京助が先輩の労をねぎらった。

　学科の懇親会のあと、たぶん伊波は医科大学に出かけて金城紀光に会っただろう。こ

の日、長与又郎[注14]ら七十九名とともに卒業した金城は、年齢こそ伊波より
ひとつ上だったが、中学のときから東京帝大までをほとんどいっしょに
すごした親友である。

例のストライキ事件後に尋常中学に復学したのち、明治三十年三月に
卒業して、その年の九月に熊本の第五高等学校にすすみ、三年後の明治
三十三年十月に東京帝大の医科大学医学科に進学。彼が五高に入ったと
きに伊波は西銘五郎と本郷にある第一高等学校入試に落ちて、三人同宿
のうち照屋松（のちの宏）だけが一高に合格。そして、照屋が明治三十
三年九月に京都帝大の工科大学土木工学科に入学したとき、伊波は四度
目の受験でやっと京都の第三高等学校にパスして、また照屋と同じ京都
生活をすることになるのである。

それについては、すでに書いたからこれ以上の説明は要らないと思う
が、照屋と金城、伊波の三人は那覇の泉崎、泊、西で育った小さいころ
から、青年になって京都と東京の両帝大に入って卒業するまで、ヤマト

注14　長与又郎（ながよ・またろう　一八七八〜一九四一）
東京生まれの病理学者。ドイツ留学をへて、母校の医科大学助教授、教授となり、一九三四（昭和九）年に東京帝大第十二代総長。ツツガムシ病の病原体発見者であり、漱石の遺体を解剖したことでも知られる。長与や金城たちは、明治三十七年九月〜明治三十八年三月の卒業試験に合格して、七月に卒業した。

大正初期の（左から）照屋宏、金城紀光、伊波普猷（親泊朝擢編『沖縄県写真帖』第1輯、小澤書店、1917年）

でなにくれとなく助け合ってきた仲なのであった。ナンバー・スクールの一高、三高、五高からそれぞれ帝大にすすみ、ウチナーンチュで最初の工学士、医学士、文学士になった友人どうしである。

卒業式のこの日、そうしたように、学生たちは自分の出身地や出身高等学校の先輩・知人を訪ねて愉快なときを過ごした。三高出の伊波は橋本と連れ立って、漢文学専修の同級生・武藤長平[注15]たちと集まっただろうし、五高出の後藤は鴻巣盛広らとまた騒いだのかもしれない。そして、後藤たちのなかにはやはり同級生の英文学専修・魚住惇吉[注16]もいたような

注15　武藤長平（むとう・ちょうへい　一八七九～一九三八）愛知県生まれの歴史学者。三高から東京帝大をへて、一九〇八（明治四十一）年に鹿児島の第七高等学校造士館講師となり、翌年教授。その後福岡高等学校、広島高等師範学校教授を歴任。『芸文』や『東亜之光』などに琉球関係論文を発表。そのおもな論考は『西南文運史論』（岡書院、一九二六年）にまとめられた。一九一六（大正五）年八～九月に沖縄、八重山を歴訪。島袋全発は七高時代の教え子。

気がする。以前に名前の出た魚住千代の夫となる人物である。せっかくの機会なので、ここでその魚住について周知のことも含めて、ざっとひととおりのことを書いておくのも無駄ではなかろう。

　魚住惇吉は、一八八二（明治十五）年の生まれで、郷里は福岡。幼少期についてはよくわからないが、五高から伊波と同じ明治三十六年に東京帝大文科大学に入学。子供のころ、不発弾が爆発して左手を失くしたこともあって、普段は和服を着て懐に手を突っ込んだような格好だったという。

　ある日のこと、大学の講義でもそうしていると、夏目金之助講師に「君！教師が講義をしているのに、懐手とは失礼じゃないか。手を出したまえ。」と言われた魚住は、無言でただうつむいたまま。そこで同席の学生が、「先生、彼は左手がないんです。」と彼に代わって返事をした。一瞬躊躇した夏目先生だが、そこは漱石、「小生も毎回、ない知恵をしぼって講義をしている。君もない手を出してみたらよかろう。」と言ったと

注16　魚住惇吉（うおずみ・じゅんきち　一八八二〜一九四二）
福岡出身の教育者。熊本の第五高等学校から東京帝国大学文科大学にすすみ、明治四十年七月に卒業して、その年には栃木県佐野中学校に教諭として赴任。英語を担当した。持病もあって四十二歳で沖縄県立第二中学校を退職し、その後は悠々自適の生活をなした。無類のスキーと野球好きで、ストックも必ず両方持参して各地のスキー場に出かけたという。戦時中の昭和十七年に心筋梗塞で急逝した。速人氏のエッセイは『思いがけない涙』（日本エッセイスト・クラブ編、文藝春秋、一九八八年）に再録されている。

いう。

よく知られた逸話で、息子の速人氏が「漱石と隻腕《せきわん》の父」（『正論』一九八七年十月号）のエッセイに記している。その後惇吉は一年遅れて明治四十年に帝大を卒業すると、栃木の佐野中学に職を得る。郷里の先輩の妹・高田清子と結婚したのはそのころだが、彼女が肺結核にかかったこともあって、転地療養のつもりで暖かい気候の沖縄へ行くことになったとのこと。大正六年三月、沖縄県立第一中学校の教諭に赴任して、四年後には沖縄県立第二中学校の第三代目校長になった。当時、沖縄県立沖縄図書館長をしていた伊波と帝大文科大学の同期入学ということを知って、すぐに親しくなったのだろうが、帝大在学中は互いに面識はな

栃木県立佐野中学校教諭時代の魚住惇吉（『旭城』第14号、1917年）

かったようである。大正八年に清子を失ったものの、大正十三年三月まで沖縄で暮らした。

恩給が付いたのを潮に教員を退職し、東京では帝大に通って英文学やラテン語を学んでいたとか。沖縄時代に知り合った永田千代が押しかけて来て、年の差二十一で再婚をしたのが昭和二年である。大正十四年二月、伊波がマウシと国男を捨てて上京しそのまま真栄田冬子と同棲すると、魚住のいた小石川区戸崎町に金城朝永《きんじょうちょうえい》・芳子夫婦の三家族が住まうことになった。そういう関係から魚住は自然に南島談話会にも足を運んだりするなど、昭和十七年に亡くなるまで伊波と親交を結んだ。

昭和二十年の空襲で焼け出された千代が、荻窪の比嘉春潮宅で普猷・冬子と約一年ものあいだ同居したのはよく知られている。そこへ復員してきた速人氏だが、彼は惇吉・千代の実子ではなく、惇吉の妹の子からの養子である。中学生のとき伊波に紹介されたそうだが、二〇一四年二月現在で九十一歳、いまも伊波先生、春潮さんと呼んで当時の様子を克明に記憶している。晩年の伊波を知る唯一ともいうべき生き証人であろう（ちなみに、「上巻」の第四章二七〇頁の写真における後方の男性が魚住惇吉で、前列右が千代）。

（左から）魚住速人氏と筆者（2012年11月29日、東京都千代田区丸の内の日本工業倶楽部にて）

2 抒情詩と伊波の女性観

一九〇五（明治三十八）年四月、帝都のはずれ千駄ヶ谷は、おそらく濃い緑のなかに鮮やかなピンクの燃え立つ風景につつまれていた。まさに桜花爛漫の候――。伊波普猷、帝大二年目の最終学期はその四月八日に始まった。七月十日までの約三カ月である。そのころ彼がモーレツな勢いで沖縄の新聞とヤマトの雑誌に執筆をしていたことはすでに書いたとおり。

そのなかで一点、異色というか、やや趣きを異にする文章がある。六月十五日発行の『史学界』（第七巻第六号）に、「文科大学　いは生」の署名で書いた「八重山乙女の抒情詩」がそれである。雑誌の表紙では「八重山島少女の抒情詩」になっているが、見開きの目次では「八重山島乙

明治末年の千駄ヶ谷町役場（『大日本名所図会』第89号、「東京近郊名所図会」其14、1911年7月）

女の抒情詩」、そして本文では表紙と同じタイトルになっている。昨今と違って、少々のことには頓着しない鷹揚な学術の世界がここにも偲ばれる小文である。

　内容を簡単に紹介すると、西暦一五〇〇年、八重山のオヤケ・アカハチが反乱したとき、宮古の仲宗根豊見親玄雅注17が首里の中山《ちゅうざん》軍に従軍し、彼の嫡男・仲屋金盛注18

注17　仲宗根豊見親玄雅（なかそねとぅゆみや・げんが　生没年未詳）十五世紀に生まれ、十六世紀に没した宮古の統治者。忠導氏（ちゅうどうじ）で、童名は空広（そらびー）。宮古の三間切を治める中心政庁として蔵元を設置した。土木工事などに敏腕をふるった。

注18　仲屋金盛（なかや・かにむり　生没年未詳）親の豊見親玄雅の嫡子。親のあとを継いで頭職となったが、ある問題で首里王府に叱責されたことが原因になり自殺した。名は玄武。

がひとりの女性を捕虜にして凱旋した。その後、彼女は昼は嶮岨な場所での飲料水を汲みあげる労働をさせられ、夜はまた女の辛い務めをしいられるなかで、望郷の念を大海原の自然をバックに宮古のアヤゴ[注19]で謳った。その作品を噛み砕いて解説し文化的価値にまで言及したものである。

伊波は和漢の文学でそれほど発達しなかった史詩《エピック》が、こんな南海の地、宮古で盛んに謳われたことに驚く。そして彼女が八重山の人間でありながら、宮古の言葉を自由に使いこなした理由を、「此時代には、宮古語と八重山語との間に今日見るほどの差異がなくて、両語の祖語に近い言語が使はれた為」とみなした。と同時に、この抒情詩の出来栄えはともかくとして、「その口調や何かゞ万葉のそれに似通つてゐる所は少しく注意すべき点と思ふ」と記した。

沖縄島その他の島じまに残る琉球の文芸ではなく、一挙にヤマトの『万葉集』を想起させるところが、たぶん無意識であろうが、伊波のうちにある日本文化の体系をとらえる価値基準、あるいは中心となる視座をは

注19　アヤゴ
宮古に謳われる歌謡の一種。アーグ、もしくはアヤグともいう。労働や祈願など人びとの生活に密着した幅広い事象を対象とした。綾言（あやごと）に起源をもつ。

しなくもあらわしているような気がする。

伊波がこうした見方をするようになったのには、おそらく二度にわたる機会が大きく作用したと私には思われる。そのひとつは、中学時代に田島利三郎による日本文学《ヤマト》の講釈を受けていたこと、さらには日本文学とオモロの話とがその後田島によって語られて影響したことである。第三高等学校に入る前の浪人時代、伊波の琉球・沖縄に関する知識はかなりのものになっていたが、明治三十三年一月の『文庫』（第十三巻第六号）に投稿した「琉球だより」はそれを如実に示している。たとえば、こう書いている。「琉球の万葉集ともいふべき神歌《オモイ》はその根原で、「つらね」、長歌、琉歌、琉球浄瑠璃、口説はその諸躰である、神歌は千首もあつて、これまで解釈の出来ないものになつてゐたが、近頃になつて段々解せるやうになつた」。これは、翌二月に田島が『図光』（第一八八号、臨時号）に発表することになる「琉球語研究資料」の内容をふまえたものにほかならなかった。

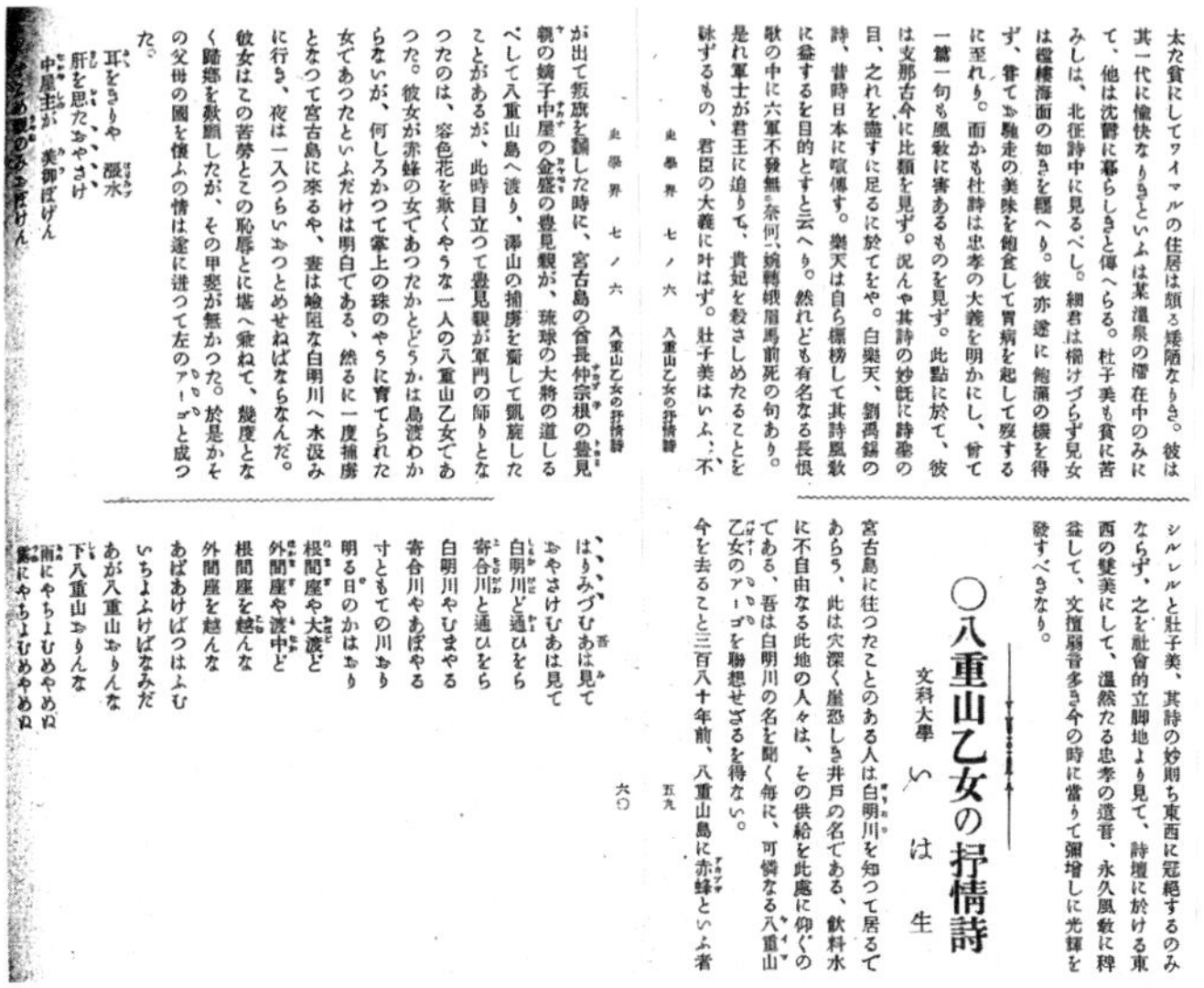
太た貧にしてワイマルの住居は頗ろ矮陋なりき。彼は其一代に愉快なりきといふは某温泉の滯在中のみにて、他は沈鬱に暮らしきと傳へらる。杜子美も貧に苦みしは、北征詩中に見るべし。細君は襤褸海面の如きを纒へり。彼亦遂に飽滿の欲を得ず、嘗てお馳走の美味を飽食して胃病を起して歿するに至れり。而かも杜詩は忠孝の大義を明かにし、曾て一篇一句も風敎に害あるものを見ず。此點に於て、彼は支那古今に比類を見ず。況んや其詩の妙旣に詩壘の目、之れを凾すに足るに於てをや。白樂天、劉禹錫の詩、昔時日本に喧傳す。樂天は自ら標榜して其詩風敎に益するを目的とすと云へり。然れども有名なる長恨歌の中に六軍不發無奈何、婉轉蛾眉馬前死の句あり。是れ軍士が君王に迫りて、貴妃を殺さしめたることを昧ずるもの、君臣の大義に叶はず。杜子美はいふ、不

シルレルと杜子美、其詩の妙期ち東西に冠絶するのみならず、之を社會的立脚地より見て、詩壇に於ける東西の雙美にして、溫然たる忠孝の遺音、永久風敎に稗益して、文壇弱音多き今の時に當りて彌增しに光輝を發すべきなり。

史學界　七ノ六　八重山乙女の抒情詩

○八重山乙女の抒情詩

文科大學　いは生

宮古島に往つたことのある人は白明川を知つて居るであらう、此は穴深く崖恐しき井戸の名である、飲料水に不自由なる此地の人々は、その供給を此處に仰ぐのである、吾は白明川の名を聞く每に、可憐なる八重山乙女のアーゴを聯想せざるを得ない。今を去ること三百八十年前、八重山島に赤蜂といふ者

五九

が出て叛旗を飜した時に、宮古島の酋長仲宗根の豊見親の嫡子中屋の金盛の豊見親が、琉球の大將の道しるべして八重山島へ渡り、澤山の捕虜を獲して凱旋したことがあるが、此時目立つて豊見親が軍門の師りとなつたのは、容色花を欺くやうな一人の八重山乙女であつた。彼女が赤蜂の女であつたかどうかは島渡わからないが、何しろかつて掌上の珠のやうに育てられた女であつたといふだけは明白である、然るに一度捕虜となつて宮古島に來るや、妻は嶮阻な白明川へ水汲みに行き、夜は一入つらいおつとめせねばならなんだ。彼女はこの苦勞とこの恥辱とに堪へ兼ねて、幾度となく歸鄕を歎願したが、その甲斐が無かつた。於是かその父母の國を懷ふの情は遂に迸つて左のアーゴと成つた。

耳をきりや　泓水
肝を思たおやさけ
中屋主が　美御ぼげん
はりみづむあは見て
おやさけむあは見て
白明川ど通ひをら
寄合川と通ひをら
白明川やむまやる
寄合川やあぽやる
寸ともての川おり
明る日のかはおり
根間座や大渡ど
外間座や渡中ど
根間座を越んな
外間座を越んな
あばあけばつはふむ
いちよふけばなみだ
あが八重山おりんな
下八重山おりんな
雨にやちよむめやめぬ
露にやちよむめやめぬ

史學界　七ノ六　八重山乙女の抒情詩

六〇

1905（明治38）年6月の『史学界』（第7巻第6号）に掲載された伊波普猷の「八重山乙女の抒情詩」

田島が伊波に譲り渡したノート『配流余材』（第壱）には万葉集の記述がぎっしりと書き込まれており、田島の日本文化に占める『万葉集』の存在がいかなるものであったかを暗示している。『おもろさうし』を琉球の『万葉集』になぞらえ

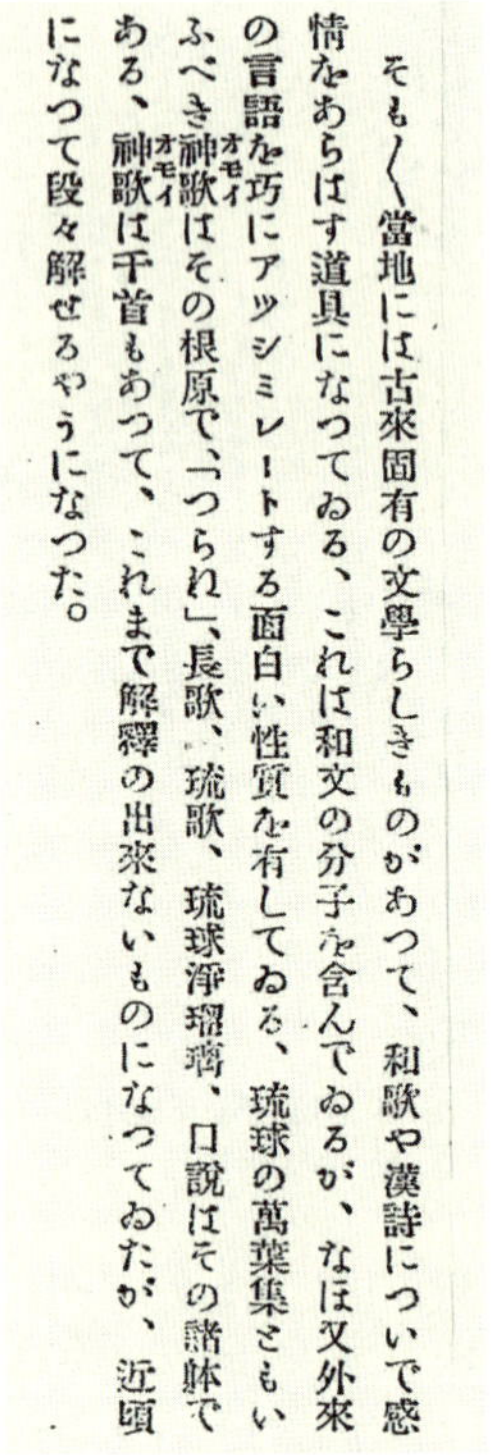
そも〳〵當地には古來固有の文學らしきものがあつて、和歌や漢詩についで感情をあらはす道具になつてゐる、これは和文の分子を含んでゐるが、なほ又外來の言語を巧にアッシミレートする面白い性質を有してゐる、琉球の萬葉集ともいふべき神歌《オモイ》はその根原で、「つらね」、長歌、琉歌、琉球淨瑠璃、口説はその諸体である、神歌《オモイ》は千首もあつて、これまで解釋の出來ないものになつてゐたが、近頃になつて段々解せるやうになつた。

『おもろさうし』を『万葉集』になぞらえた伊波普猷のフレーズ（『文庫』第13巻第6号、1900年1月）

たこのフレーズこそは、まさに田島の発案であっただろう。〝琉球の聖典〟を万葉に譬えたこと自体はまだいいとしても、田島が琉球と日本との関係をどう考えていたか、それについてはすでに説明したとおりだが、その琉球観から類推していけばオモロの位置は万葉集と並列ではなくなり、包摂関係が浮き上がっていく。

伊波への『万葉集』の浸透は、その後東京帝大にすすみ、鴻巣盛広と佐佐木信綱に出会うことによって、さらに一段と強まっていったようにみえる。「万葉論」を卒論にし、やがて生涯を万葉集研究にささげた鴻巣との交友は、万葉集という〝ヤマトの聖典〟の理解とそれへの愛着を醸成するとともに、万葉の伝統に立って歌を詠む歌人としての佐佐木からの影響によって、万葉集の羈絆力はよりいっそう加速しつつ伊波のなかに鎮座していったのではないか。

「その口調や何かゞ万葉のそれに似通つてゐる所は少しく注意すべき点」との感覚、つまりは琉球固有のものであっても、自然に万葉集との比較、それからの距離を図るクセ、もっとはっきり言えばヤマトとの類似性の如何を考える思考が、いつしか彼の心身に染みついていったような気がするのである。

それがやがては、日本《ヤマト》の文化が琉球・沖縄のそれと似ていることをもって異常に嬉しがる沖縄人の習性にも繋がっていくのであろうし、はてはたったひとつの単語間における共通性を知っただけで、さも地獄の中で仏にでも出会ったかのような喜びを感ずる人間を、二十一世紀の今日の沖縄で普段にみることにもなっていく。そうした画期となる端緒を沖縄

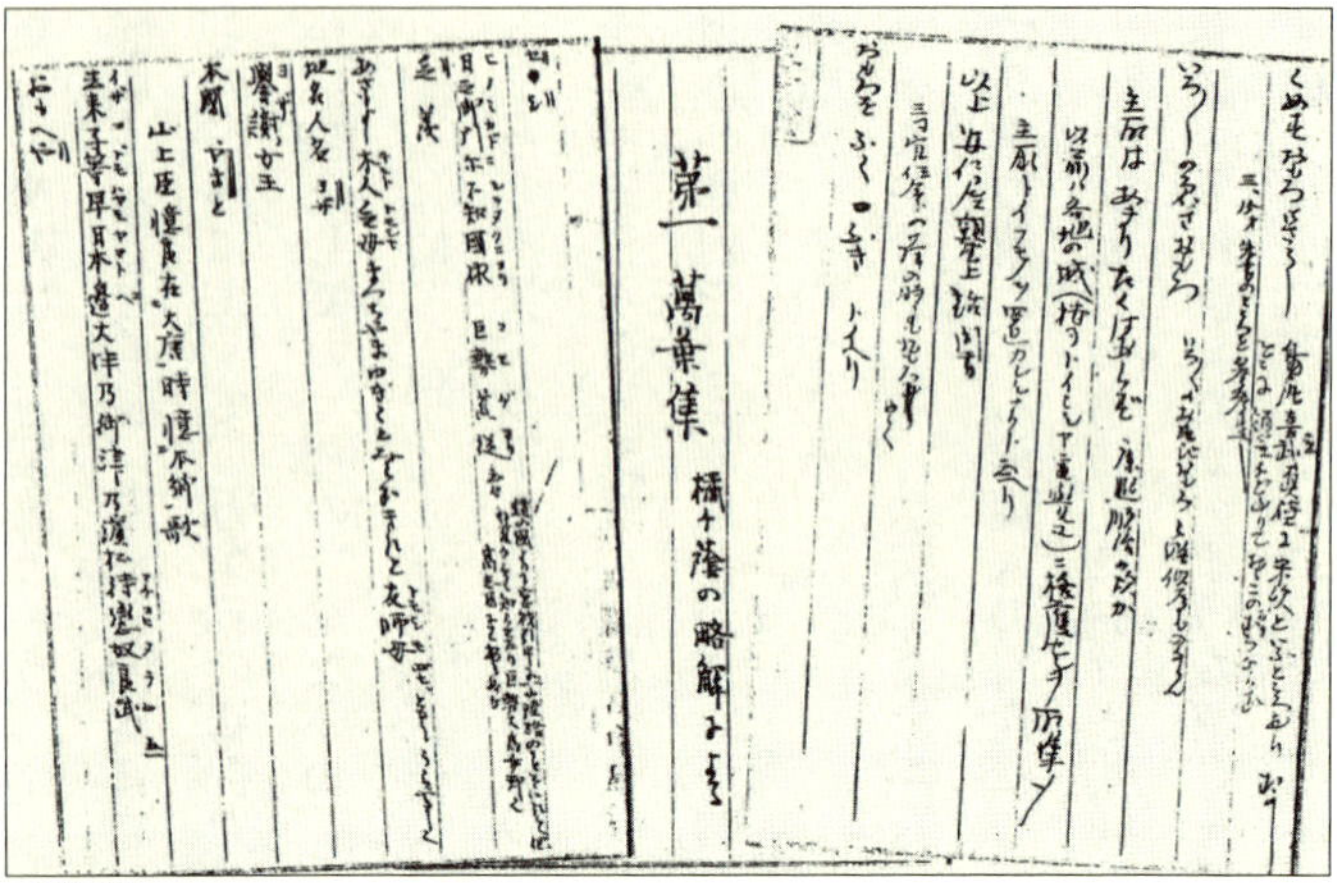

随々菴《まにまにあん》（田島利三郎の号）によるオモロと万葉集についての覚え書き（沖縄県尋常中学校の罫紙を使った『配流余材』第壱）

人として在野で形成していくのが、この東京帝大時代の伊波でもあると私は考えるのである。

話が多少横道にそれたが、この『史学界』の文章は、伊波がアヤゴを多角的かつ学術的アプローチでもってその価値を述べたものといってよい。ところが、このアヤゴに対する伊波の共感は、その整序された一文だけではどうにも収まりがつかなかったらしい。

というのも、彼はこのあと、この論考に手を加えて二回分の原稿に仕上げ、すぐに琉球新報社へ送付しているからである。いや、もしかしたら、ほとんど同時に二つの文章を用意していたのかもしれない。同名のタイトル「八重山乙女の抒情詩」が沖縄の人びとの目にふれたのは、六月三日と五日であった。郷里の人びとにこれだけはぜひとも言わねばならぬとの思いから、伊波は文章を沖縄向けに改稿して『琉球新報』に載せるのである。

「八重山乙女の抒情詩」と題するふたつの文章には、専門家向け雑誌と一般大衆向け新聞のもつ特性が如実にといっていいほど浮き出ていた。中身は八重山乙女のアヤゴについてだから、大部分はまったく同じなのだが、伊波普猷の叙述は『史学界』の方は終始一貫坦々とした調子でまとまっており、誰がどう読んでもアームチェアでのんびりとしていられるもの。

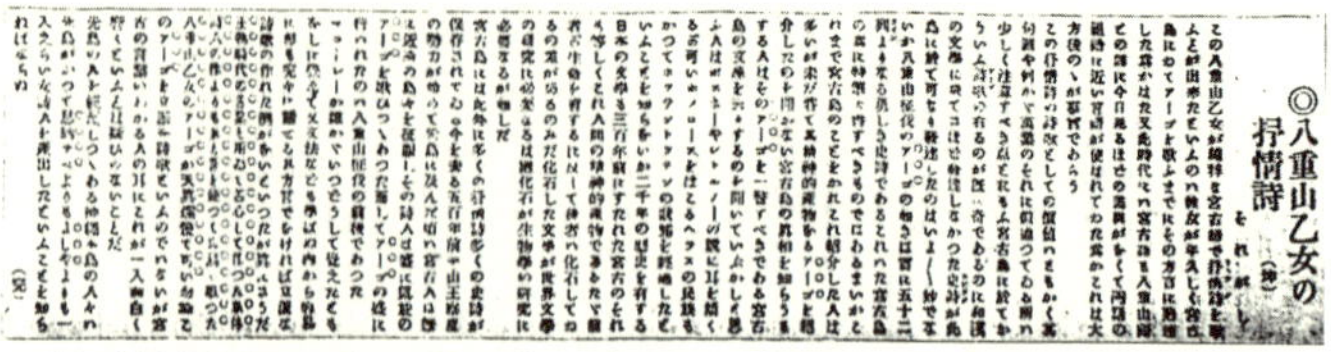
◎八重山乙女の抒情詩（坤）

それがし

『琉球新報』（1905年6月5日）に寄稿した「それがし」（伊波普猷）の「八重山乙女の抒情詩（坤）」

それに対して『琉球新報』の方は、二日連載の初日はアヤゴの各句を逐一説明した雑誌と同一なのだが、二日目のそれになると伊波の宮古に向けた思いが時としてつよい語調となって展開する。読者がハッと身を乗り出すようなフレーズが挿入されているのは、この部分である。伊波にとって、次の点が沖縄の人びとに教えたかった内容であろう。

まず第一に、宮古のアヤゴに注目せよと彼は訴える。「これまで宮古島のことをかれこれ紹介した人は多いが未だ嘗《かつ》て其精神的産物なるアーゴを紹介したのを聞かない宮古島の真相を知らうとする人はそのアーゴを一瞥すべきである」。

こう述べた伊波自身、初めて知った宮古文学への驚きが正直に表白されていた。宮古島の文学と聞いていぶかしく思うひとがいるかもしれないが、と彼は言いつつも、「人間の精神的産物」という点では、ホメロスの文学もヤマトの文学もそうであるように、宮古の文学だってそれらと何ら変わりはしない。すべて「ホッテントッテン[注20]の状態を経過した」ものであり、「化石した文学が世界文学の研究に必要なる」ことだってあるのだ、とまで口にした。沖縄島やヤマトを一気に飛び越えて世界と比較した、まさに最大級の賛辞を呈したことになる。

　そして第二点目に伊波が言いたかったことは、こうした豊穣な文学を産み出した宮古の社会的地位と、その宮古に向けられる視線に対する異議申し立てである。伊波はこの文章の末尾を、語気を強めてこう締めくくった。――「先島の人を軽蔑しつゝある沖縄本島の人々は先島がかつて恩納ナベよりもよしや[注21]よりも一入《ひとしお》えらい女詩人を産出したといふことを知らねばならぬ」。

注20　ホッテントッテン　アフリカ大陸の南西部ナミビアに居住する遊牧狩猟民Hottentot（ホッテントット）のこと。南アフリカ共和国のオランダ系白人のボーア語で「吃音の人、どもる人」を意味する蔑視用語であったが、現在ではコイコイ人またはコイ族と呼んでいる。

注21　よしや　正確な生没年はわからないが、十七世紀の女性歌人。幼少時に那覇の遊郭に身売りされたとの伝説で有名。琉歌にすぐれた作を残した。もとは「よしや」で、吉屋チルーは後年になってからの命名。

世に名高い恩納ナベよりも、また吉屋チルーよりもさらに格が上だと、伊波は具体的な名前を出して比較の俎上《そじょう》にのぼせたが、これはその前段で述べた次の言葉を受けてのものであった。「王朝時代の言葉を用ゐて苦心して作つた新体詩人の作よりも其方言を使つて容易に歌つた八重山乙女のアーゴが天真爛漫で可い」。立派な詩歌を作り、かつ謳うほどに完全なる方言を身につけた人間＝八重山乙女について、伊波はイギリスの歴史家・マコーレー[注22]の言まで持ち出して評価するのだが、こうなるとただ驚くほかはない。

トーマス・マコーレーの肖像（フリー百科事典『ウィキペディア（Wikipedia）』）

この当時の沖縄で、首里王府の言葉を駆使した詩人よりも宮古のアヤゴを謳う無名の八重山女性を誉め讃えることは、けっして簡単ではなかった。そうするからにはそれなりの度胸がなければ出来ることではなかっただけに、

注22　マコーレー（Thomas Babington Macaulay　一八〇〇～一八五九）イギリスの歴史家、評論家、弁護士、政治家。『エジンバラ・レビュー』誌に拠って、ミルトン論など幅広い評論活動を行った。ホイッグ（自由）党の下院議員をへて、インド法制調査会の会長となりインド刑法の基礎となる法案を作成した。代表作は晩年に刊行した『英国史』（全四巻）。

相当の思い切りを必要としたはずである。その意味で伊波の琉球文学研究は、文学という狭い枠を飛び越えて、沖縄島を中心とした「王朝」とその支配下にあった先島を、文学的価値を基準にしてまるで逆転せしめた。

おそらく、この文言を読んで反撥し怒りを爆発させた人間もあるいは多かったであろう。そうした反応を見越してであろうか、伊波は『史学界』では「文科大学　いは生」とした署名を、この新聞紙上では「それがし」と匿名にしたのであった。

以上を一言にしていえば、伊波は宮古と八重山に対するいわれなき差別や偏見を文化の面から指摘し矯正しようと、沖縄社会を果敢にも正面から批判したことになる。六月五日の連載二日目「坤」に関するかぎり、そう言い切ってよいだろうと思う。

では、伊波にこの論考を書くに至らしめた直接の要因は、何だったのだろうか。私は二点あると思う。そのうちのひとつは、文献資料がもたらした喚起であり、もうひとつは八重山乙女に対する共感が彼のなかで異常なほど昂進していたことがあると考える。

その文献資料とは、伊波が一九〇三（明治三十六）年秋に東京帝大へ入学した直後、一時同居していた中学時代の教師、田島利三郎からもらった「琉球語学材料」などの資料を指す。そのなかに『宮古島乃歌』と題する一冊があって、明治三十年の一、二月ごろ、宮古へ調査に行った田島が『宮古島旧記』から抜き出したアヤゴを何点かそこに記録していた。

しかし、伊波はこの資料で初めて八重山乙女のアヤゴを知ったのではなかった。それより以前の帝大入学を遡ること三年半前、やはり田島が執筆した「琉球語研究資料」（『圀光』第一八八号）ですでに脳裏に刻まれていた。「仲宗根豊見親八重山入の時嫡子中屋の金盛豊見親捕参候女のあやこ」とあるのがそれで、田島が歌詞のひとつひとつを丁寧に解釈し説明していた。伊波はそれをベースに「八重山乙女の抒情詩」を書きあげたことがわかるのである。

だがしかし資料面とは別に、このとき伊波が宮古のアヤゴに取り憑かれたのは、その内容が他人事でない身ぢかな哀歌としてしみじみと実感

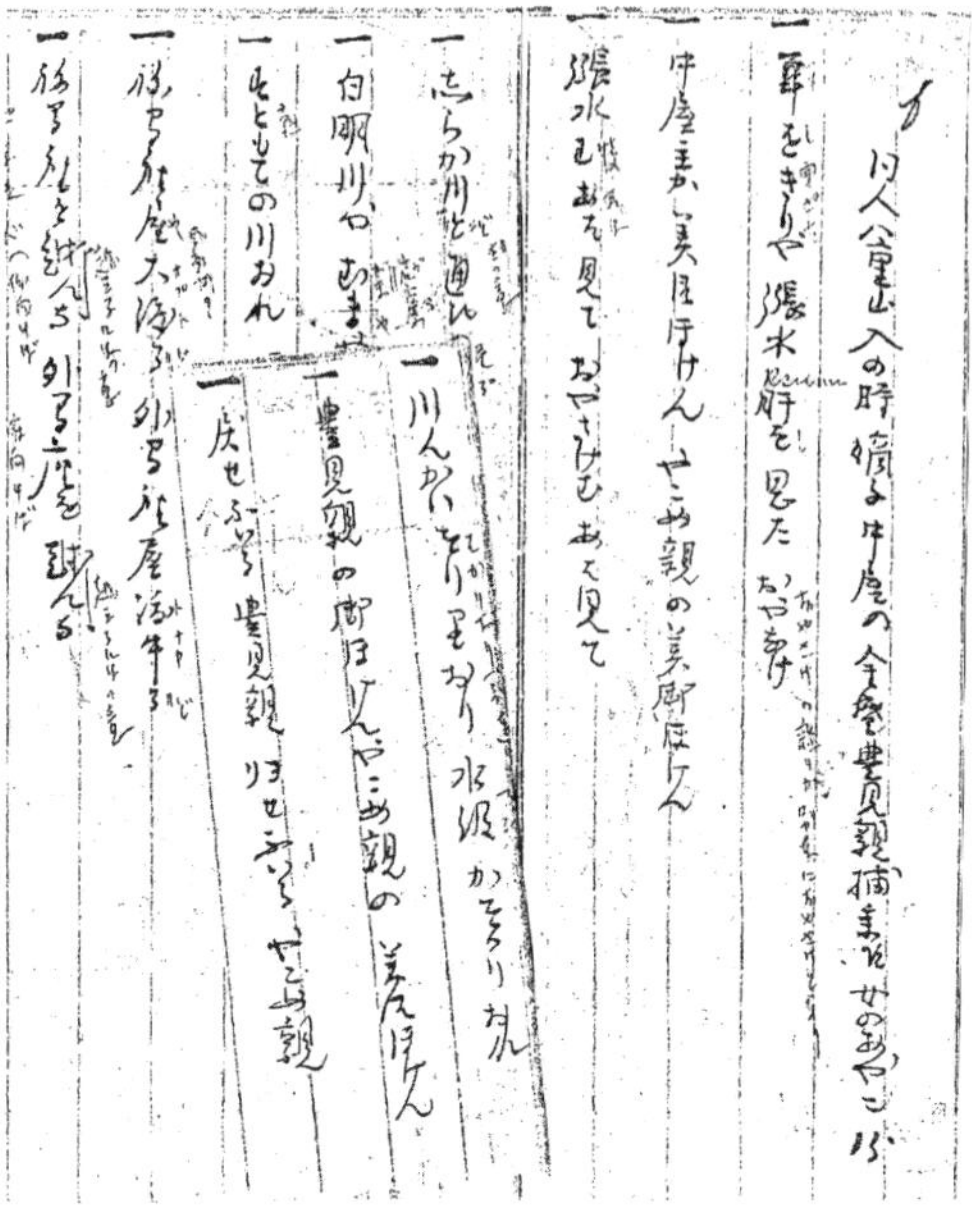

田島利三郎が『宮古島乃歌』（琉球大学附属図書館伊波文庫所蔵）に筆記したアヤゴ

させられたからだと推測する。連載初日は、八重山乙女がアヤゴでもって望郷の念を切々と訴えてあますところがない。この彼女と同

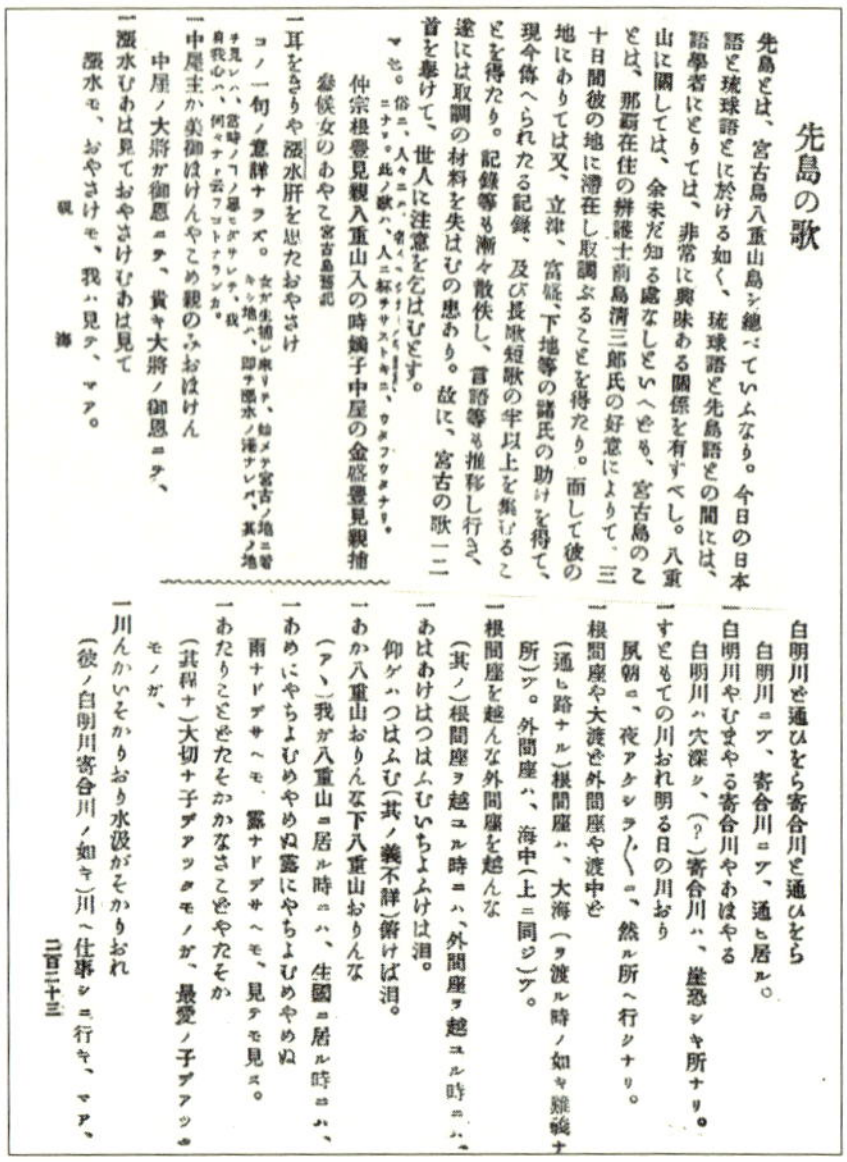

先島の歌

先島とは、宮古島八重山島を總べていふなり。今日の日本語と琉球語とに於ける如く、琉球語と先島語との間には、語學者にとりては、非常に興味ある關係を有すべし。八重山に關しては、余未だ知る處なしといへども、宮古島のことは、那覇在住の辯護士前島清三郎氏の好意によりて、三十日間彼の地に滯在し取調ぶることを得たり。而して彼の地にありては又、立津、宮城、下地等の諸氏の助けを得て、現今傳へられたる記錄、及び長歌短歌の半以上を集むることを得たり。記錄等も漸々散佚し、言語等も推移し行き、遂には取調の材料を失はむの患あり。故に、宮古の歌一二首を擧けて、世人に注意をなはむとす。

マセ。俗ニ、人々ニハ、[illegible]ニナリ。此ノ歌ハ、人ニ耻チサストキニ、ウタフウタナリ。

仲宗根豊見親八重山入の時嫡子中屋の金盛豊見親捕參候女のあやこ 宮古島舊記

一耳をきりや瀬水肝を忠たおやさけ

コノ一句ノ意詳ナラズ。女ガ生捕レ來リテ、始メテ宮古ノ地ニ着キシ時ハ、即チ瀬水ノ滝ナレバ、其ノ地ヲ見レバ、宮時ノ「コノ暑ヒガサレテ、我自我心ハ、何々ナド云フコトナランカ。

一中屋主か美御ほけんやこめ親のみおほけん

中屋ノ大將ガ御恩ニテ、貴キ大將ノ御恩ニテ、

一瀬水むあは見ておやさけむあは見て

瀬水モ、おやさけモ、我ハ見テ、マア。

白明川ど通ひをら寄合川ど通ひをら

白明川ニテ、寄合川ニテ、通ヒ居ル。

一白明川やむまやる寄合川やおはやる

白明川ハ穴深シ、(?)寄合川ハ、崖恐シキ所ナリ。

一すともての川おれ明る日の川おり

夙朝ニ、夜アケシラ〳〵ニ、然ル所ヘ行シナリ。

一根間座や大渡ど外間座や渡中ど

(通ヒ路ナル)根間座ハ、大海(ヲ渡ル時ノ如キ難儀ナ所)ゾ。外間座ハ、海中(上ニ同ジ)ゾ。

一根間座を越んな外間座を越んな

(其ノ)根間座ヲ越ユル時ニハ、外間座ヲ越ユル時ニハ、

一あはあけはつはふむいちよふけは涙。

仰ゲハつはふむ(其ノ義不詳)俯けば涙。

一あか八重山おりんな下八重山おりんな

(アヽ)我ガ八重山ニ居ル時ニハ、生國ニ居ル時ニハ、

一あめにやちよむめやめぬ露にやちよむめやめぬ

雨ナドデサヘモ、露ナドデサヘモ、見テモ見ズ。

一あたりことぞたそかかなさこぞやたそか

(其程ナ)大切ナ子デアッタモノガ、最愛ノ子デアッタモノガ、

一川んかいそかりおり水汲がそかりおれ

(彼ノ白明川寄合川ノ如キ)川ヘ仕事シニ行キ、マア、

二百三十三

田島利三郎の「琉球語研究資料」(『圀光』第188号、臨時号、1900年2月)に収録された「仲宗根豊見親八重山入の時嫡子中屋の金盛豊見親捕参候女のあやこ」

じ思いを、伊波の妻・マウシが夫の普猷に日々語っていたと私は思うのである。八重山乙女のような要求や嘆願ではむろんなかっただろうが、沖縄にいたときと同様のゆったりとした胸襟をひらいての会話が家のそとにまったくといってよいほどなかっただけに、彼女の心寂しさはこのアヤゴを普猷に想起させたのではないか。

「外間座は和田つ海《み》のやうな所ぞ（中略）外間座を越ゆる時には仰げば泣きたくなる俯《うつむ》けば涙が出る（アア）わが八重山」云々の言葉は、捕虜となって宮古につれて来られた八重山乙女と、結婚してヤマトにつれてきた自分の妻の心情が、同じ性質のものだと彼には直感されたはずである。

伊波普猷が松村マウシといっしょになるについて、マウシがどんな思いでそれに応じたのか、それを知りうる資料はいまのところまったくない。彼女も年齢が三十になっていて、当時としては大変な焦りがあったと思われるだけに、安堵という以上の嬉しさがあったはずである。筆をもって自分の意志や感情を表現するすべのなかった彼女であってみれば、今後もそれ以上の立ち入った心持ちなどは知りようもないだろう。

状況は普猷にしても同じなのだが、しかし彼の場合はこれから新たな資料が出る可能性はあるし、現在とて絶無というわけではない。一九〇五（明治三十八）年四月から六月まで、伊波は『琉球新報』に短いコラ

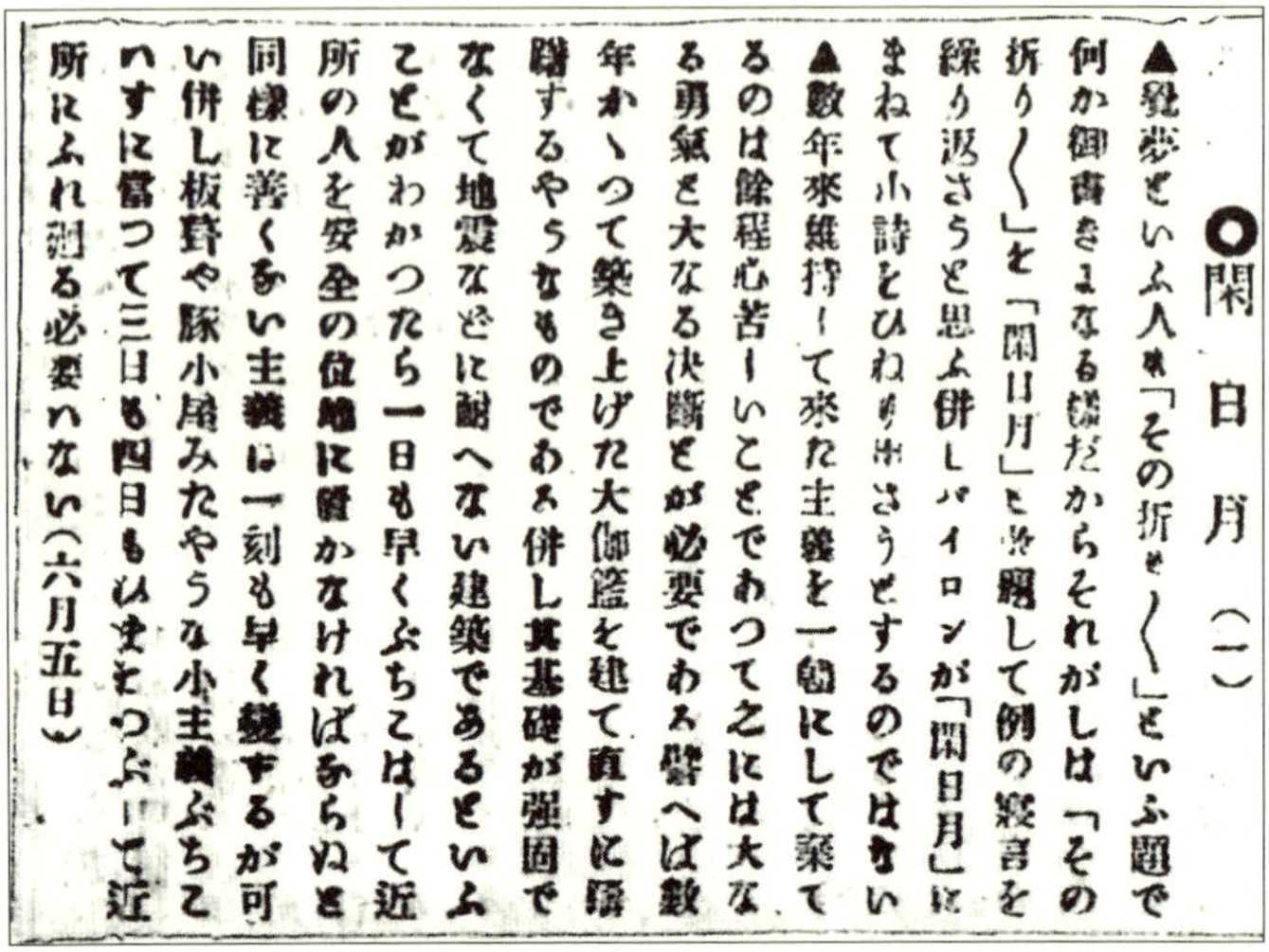
○閑日月（一）

▲發惨といふ人は「その折〳〵」といふ題で何か御書きまなる樣だからそれがしは「その折り〳〵」を「閑日月」と改題して例の寢言を繰り返さうと思ふ併しバイロンが「閑日月」にまねて小詩をひねり出さうとするのではない

▲數年來維持して來た主義を一朝にして棄てるのは餘程心苦しいことであつて之には大なる勇氣と大なる決斷とが必要である譬へば數年かゝつて築き上げた大伽藍を建て直すに躊躇するやうなものである併し其基礎が強固でなくて地震などに耐へない建築であるといふことがわかつたら一日も早くぶちこはして近所の人を安全の位地に置かなければならぬと同樣に善くない主義は一刻も早く變するが可い併し板葺や豚小屋みたやうな小主義ぶちこはすに當つて三日も四日も以まとつぶして近所にふれ廻る必要はない（六月五日）

伊波普猷が1905（明治38）年6月19日の『琉球新報』に書いた「閑日月（一）」

ムを連載した。四月二十七日から五月五日、九日、十一日、六月三日までの五回を「その折り〳〵」と題し、それに続いて六月十九日からは「閑日月」とタイトルを改めて、二十一日、二十三日、七月一日、三日、十八日までの六回分が掲載されている。

そのなかにひとつだけ、具体的に何を意味しているのか、何を念頭において書いたものなのか、ひどく曖昧な文章がある。というのも、その連載で伊波は与那原の浜物語を始めとして、中川文部視学官の発言や蟻の社会組織、更には尚温の海邦養秀など、いずれも何らかのトピックや事件を題材に取りあげ、それについて彼自身の意見を開陳していた。ところが、六月十九日の小文だけはあまりに抽象的すぎていて、どんなことが彼のなかに生じたために、そのような文章になったのか、まるではっきりしないのである。

冒頭で伊波はこう書いている。「数年来維持して来た主義を一朝にして棄てるのは余程心苦しいことであつて之《これ》には大なる勇気と大なる決断とが必要である」。そのあとに続けて、「譬へば数年かゝつて築き上げた大伽藍を建て直すに躊躇するやうなものである」という。一般論なのか、それとも伊波の体験にそくしたことなのか、その「主義」や「大伽藍」が何であるのかは一向にわからない。

そして更に、「其基礎が強固でなくて地震などに耐へない建築であるといふことがわかつたら一日も早くぶちこはして近所の人を安全の位地に置かなければならぬと同様」だと書く。「基礎が強固」でない建築の崩壊が周囲の人びとに災難をもたらすことの回避が強調されているものの、それだけでは何の変哲もない内容にすぎない。

しかし、最後の一節、「善くない主義は一刻も早く変ずるが可《よ》い併し板葺や豚小屋みたやうな小主義ぶちこはすに当つて三日も四日もひまをつぶして近所にふれ廻る必要はない」を読むと、その語調からして、どうも彼の身にかかるものがあってのことらしい。つまり、「善くない主義」は例えてみれば、「板葺や豚小屋みたやうな小主義」であることが最近わかったということであり、それは伊波が「数年来維持して来た主義」であった。何とも仕様のない「小主義」と気づいたからには、もうただちに「ぶちこはす」しかないと彼はいうのである。

私はこの「小主義」の中身を「独身主義」だと理解する。妻をもって知った喜びの実感がその文章の奥に秘められているのだと思う。後年の

東京帝大に近い本郷３丁目と４丁目付近の往来（『風俗画報』臨時増刊、第373号、1907年10月）

伊波はともかく、結婚当初はマウシといっしょに暮らすようになって、そのくらい心身ともに満足していたのである。

彼があえてその「小主義」の内容を詳らかにしないのは、「近所にふれ廻る必要はない」性質のものと自覚していたせいであろう。昨今の芸能人がするように、女房をもらうもらわないといった色恋や女性問題を、公然と新聞や雑誌に書くほど破廉恥ではない、もしくはそんな私事をストリップするのは狂気の沙汰との理由から、伊波は具体的な中身を書かなかったのだと私は考える。まともな大人ならごく自然の感覚というほかはない。

そこで、この文章を書いた六月五日前後の伊波を調べてみると、まず六月早々『史学界』に掲載する「八重山乙女の抒情詩」を仕上げると、それに手を加えた同名の文章を琉球新報社へ送っている。その間、五月二十八日には『読売新聞』に中川文部視学官による沖縄の中学生の妻帯揶揄発言があり、それに対し「内地の例を以て沖縄の女子を論じ」た中川批判文を六月七日に書きあげる。その寄稿文が新報に載ったのが同月二十三日で、伊波が結婚生活を始めて二カ月後のことであった。

とにかく、伊波の生涯でこのころほど女性に敏感だったことはないように思えるくらい、女性が彼の頭を占めていた。驚きながら初めて知る男女の世界が、まさに彼を圧倒していたといっては大袈裟すぎるだろうか。沖縄では遊郭[注23]に頑として行かなかったという彼だけに、そのぶん余計に、それまで男しか知らなかった世界が一気に膨らみを増した感覚を味わったのかもしれない。

ときあたかも、新婚の者にとって嵐の一〇〇日ともいわれる渦中で書いたのが、上記の「小主儀」放棄宣言ではなかったか。彼が宮古文学のアヤゴに自身の情感を重ねて読んだのは、八重山乙女の心情がまさしく妻・マウシのそれにつうじていたからであったろう。

以上、そういうふうに私は解釈しているのだが、たとえ

明治38年、伊波マウシが東京にいたころ、日露戦争の帰還負傷兵が街なかを運ばれる光景（『風俗画報』第316号、1905年5月）

注23　遊郭（ゆうかく）
伊波普猷の学生時分には、那覇の辻、仲島（なかしま）、渡地（わたんじ）の三カ所に遊郭があり、彼が帝大を卒業した年の二年後、一九〇八（明治四十一）年にこの公娼制度は辻の一カ所に統合された。ジュリ（娼妓）を仲立ちにした社交の場でもあった沖縄の遊郭は、政界・財界・教育界など幅広い層の男性が出入りした歓楽街である。当時の中学生たち学生にとっても身ぢかな存在であった。

明治40年代、辻の後道（くしみち）（『沖縄風景絵葉書』沖縄県立図書館所蔵）

そうではなく別の意味だったとしても、伊波が松村マウシとの結婚に相当の思い切りを要しただろうことは確かのような気がする。文字通り「大なる勇気と大なる決断」を要することではあったが、「余程心苦しい」感情を残しつつも、一日一日とそれも徐々に和らいでいったのであろう。「阿摩和利考」の最終回を脱稿し、その末尾にわざわざ「六月廿二日、千駄ヶ谷の寓居にて」としるしたのは、普猷がマウシと人里離れた一軒家において、肩を寄せ合うように暮らしていた時間が、彼の指先に凝縮して愛《いと》おしく映し出したと私はみるのである。

しかし、そうした二人で向き合う隔離された生活も、一年半後に沖縄へ引き上げるとともに終止符を打つことになる。そして普猷の視線と欲求も彼女だけにとどまらなくなっていく。

3 「古琉球」の世界へ

言語学を専攻する伊波普猷の勉学は、帝大二年までの課業を終えるのと併行して、彼の琉球研究も一定の骨組みを形成しつつあった。その構造を組み立てるための主要ツールの役割を果したのが、琉球の古い歌謡集『おもろさうし』であった。それほどまでにオモロの読解がすすんでいたことになる。

伊波の二年としての全課程は一九〇五（明治三十八）年七月十一日をもって終了した。それは帝大の学年暦にあるとおりで、それゆえに六月下旬ともなれば試験など大方の学業は済んでいて、学生たちはそのまま夏休みへと入っていった。しかし、そうした時間的な余裕もさることながら、このころの伊波は琉球研究について、ひとつの意欲的な作業に乗り出していく。狭い意味での専門分野である琉球語の研究を抜け出て、それを包み込みながらも、さらにもっと拡がりのある琉球の歴史、あるいは琉球の文化社会史とでもいうべきものへの進出を試みていくのである。

限られた所与の枠内を自覚しつつ、そのサークル内で禁欲的に研究を行うことは、ある意味学問に従事する者の基本的な姿勢だともいえよう。しかし琉球をよりふかく理解するためには、長い時間的来歴を俯瞰《ふかん》しながら、土地に根づいた人間と社会にかかわるすべてのものが、伊波にとっての対象にならざるをえなかった。

九月から始まる帝大の最終学年――それは修得が求められるいくつもの科目の勉学と単位取得はむろんだが、卒業に絶対必要な卒業論文の執筆が義務として課せられていた。帝大で学んだことをひとつの論文にして集大成する学年をまぢかに控えながらも、そのときがいよいよ目前に迫っているとの楽しみがあったのであろう。彼のなかではずいぶんと心的ゆとりが生じていたらしい。八月に西洋史専攻の遠藤佐々喜と富士山への八方破りの登山を試みたのは、まさにその三年目を迎えることへの自信と楽観をあらわした余裕の行為といってよい。

ではなぜ、かような悠然とした心境になったのか。それにはそうするだけの理由《わけ》があるのだが、いまはそれに触れるまえに、彼が帝大二年を終えた七月前後からあとの約半年になしたことを説明したい。

「八重山乙女の抒情詩」を六月上旬の『史学界』と『琉球新報』に載せたことはすでに書いたが、おそらくそれを仕上げたのは五月早々だったはずである。そして、続いて執筆したのが五月二十五日に脱稿した「沖縄に固有の文字ありしや」で、六月七日と九日の新報に連載された。新井白石と徐葆光[注24]という日本と中国の学者が、それぞれの著書において、隣国である琉球には独自の文字があったとの内容を検討したものである。

この小文のなかで伊波は、『南島志』が明記する「古篆《こてん》のやうな文字」、

注24　徐葆光（じょ・ほこう　生年未詳～一七二三）一七一九年、尚敬王の冊封副使として来琉した江蘇省長州の官僚。その年六月から翌年二月まで、八カ月もの滞在期間に多くの琉球人と交流し、詩文や書などを残した。瑞泉門近くにある龍樋の碑の一つ、「中山第一」を揮毫した筆者。『中山伝信録』（全六巻、一七二一年刊）は琉球への航海日記や琉球の官制、風俗、物産といった琉球の社会と人文について記述した著作。

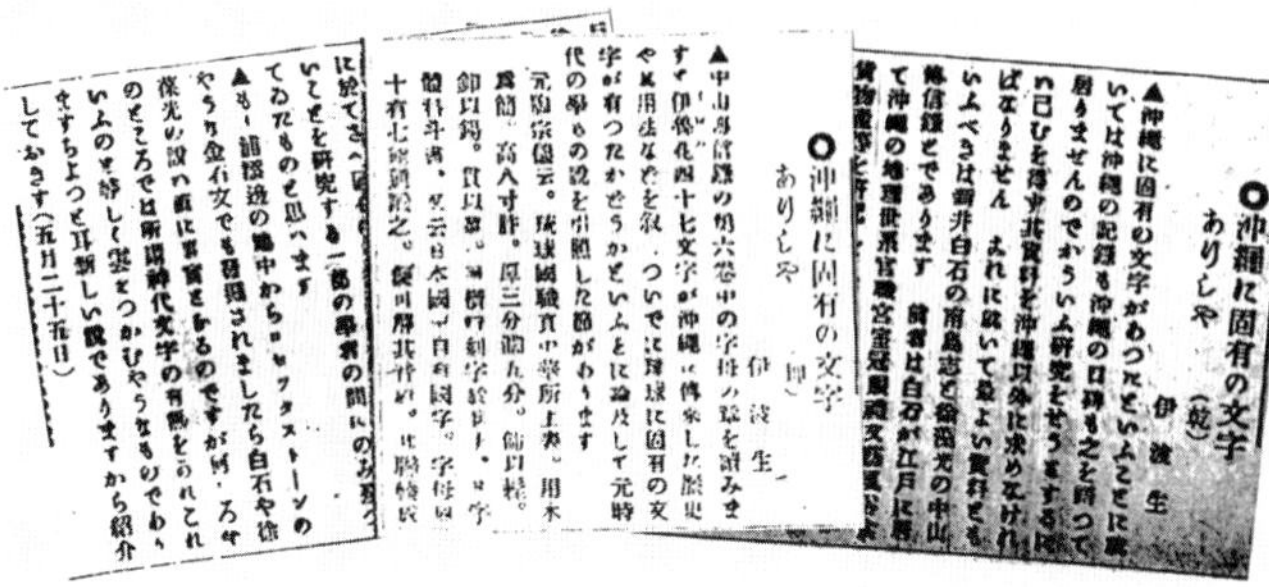
○沖縄に固有の文字ありしや（乾）　伊波生
▲沖縄に固有の文字があつたといふことに就いては沖縄の記録も沖縄の口碑も之を語つて居りませんのでかういふ研究をせうとする際には已むを得ず其資料を沖縄以外に求めなければなりません　それに就いて最よい資料ともいふべきは新井白石の南島志と徐葆光の中山傳信録とであります　前者は白石が江戸に於て沖縄の地理世系官職宮室冠服禮刑文藝風俗貨物産等を……

○沖縄に固有の文字ありしや（坤）　伊波生
▲中山傳信録の第六巻中の字母の條を讀みますと伊呂波四十七文字が沖縄に傳來した歴史や其用法などを叙しついでに琉球に固有の文字が有つたかどうかといふ事に論及して元時代の學者の説を引照した節があります
元陶宗儀云。琉球國職貢中華所上表。用木爲簡。高八寸許。厚三分闊五分。飾以髹。釦以錫。貫以革。而横行刻字於其上。……又云日本國中自有國字。字母僅四十有七。能通識之。便可解其音義。……

……に於てさへ……いてこれを研究する一部の學者の間にのみ……てゐたものと思ひます
▲もし諸探険の途中からロゼッタストーンのやうな金石文でも發掘されましたら白石や徐葆光の説の如きも一層事實となるのですが……今のところでは所謂神代文字の有無をされこれといふのと等しく雲をつかむやうなものでありますがちよつと耳新しい説でありますから紹介しておきます（五月二十五日）

1905（明治38）年６月７日と９日の『琉球新報』に連載された伊波普猷の「沖縄に固有の文字ありしや」

あるいは『中山伝信録』が記述するところの「科斗[注25]のやうな横文字」を、白石や徐が自身の目で見たとしても、その文字がいったいどんなものだったのか、あまりにも茫洋としていると感想を述べる。そのうえで、仮にそういう文字があったとしても、それらはその後の伊呂波文字や漢字の流入によって自然淘汰されていっただろうと自己の見解を披露する。そして続けて彼は、それらの文字をジャワやスマトラなどからの影響をうけて、琉球人が独自に発明したものかもしれないと想像する。

注25　科斗（かと）
中国古代文字のこと。その形が入筆部分が太く、徐々に細くなっていることから科斗（意味はオタマジャクシ）といって、古体篆字を指す。

新井白石が「其體如古篆然」と記録した『南島志』（沖縄県立図書館東恩納文庫所蔵）と白石の肖像（『先哲像伝・近世畸人伝・百家琦行伝』有朋堂、1914年）

しかし現在のところは、何といっても断定すべき資料が不足していることから、固有の文字があったとも、またなかったとも結論づけはしない。「もし浦添辺の地中からロセッタストーン[注26]のやうな金石文でも発掘されましたら」というように、決

注26　ロセッタストーン　一七九九年、ナポレオンによるエジプト遠征のとき、ナイル河口のロゼッタ（Rosetta）村で発見された古代エジプト文字（象形文字のヒエログリフ、民衆文字のデモティック）とギリシャ文字が刻まれた石碑の断片。現在、大英博物館所蔵。

定的な資料が提示されるまでは「神代文字の有無をかれこれいふのと等しく雲をつかむやうなものであります」と、その存在を肯定も否定もしないのである。「固有の文字」とは、念押しをするまでもないことだが、日本のものでもなく、中国のものでもない、琉球・沖縄が生み出した「国字」との意味であることはいうまでもない。

　この文章の締めの言葉として、伊波は「ちよつと耳新しい説でありますから紹介しておきます」と書いて

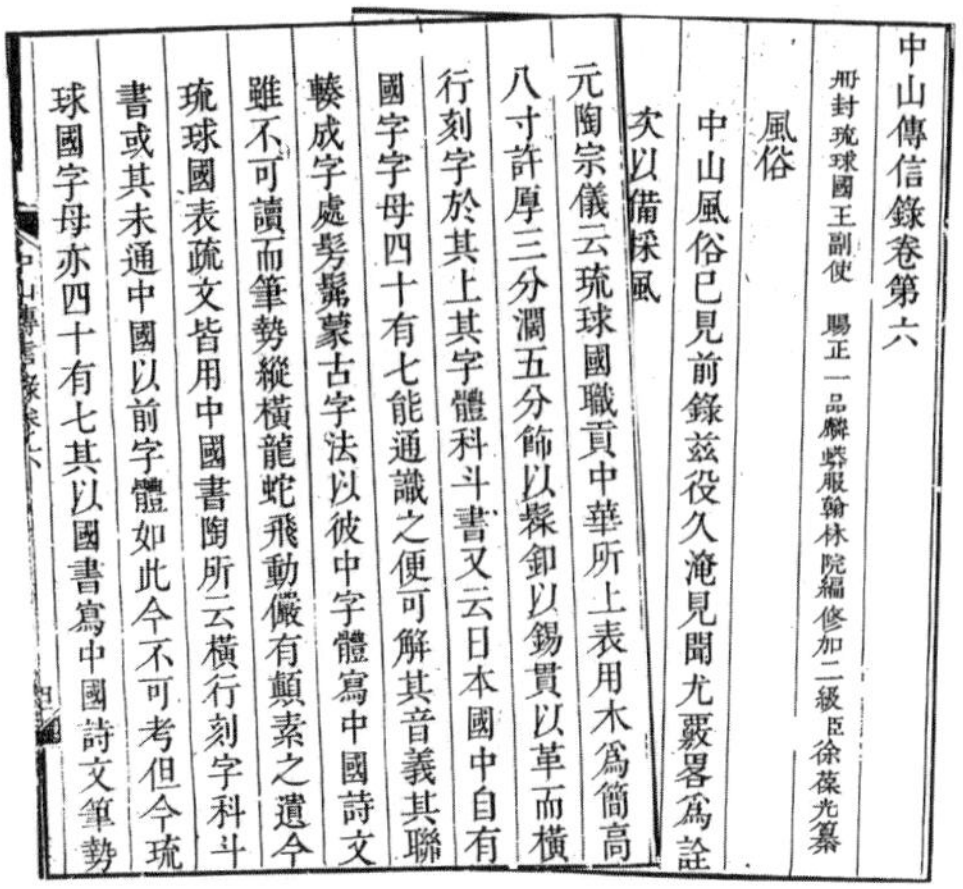
中山傳信錄卷第六
冊封琉球國王副使　賜正一品麟蟒服翰林院編修加二級臣徐葆光纂
風俗
中山風俗已見前錄茲役久淹見聞尤夥畧爲詮次以備採風
元陶宗儀云琉球國職貢中華所上表用木爲簡高八寸許厚三分濶五分飾以髹釦以錫貫以革而橫行刻字於其上其字體科斗書又云日本國中自有國字字母四十有七能通識之便可解其音義其聯輳成字處髣髴蒙古字法以彼中字體寫中國詩文雖不可讀而筆勢縱橫龍蛇飛動儼有顛素之遺今琉球國表疏文皆用中國書陶所云橫行刻字科斗書或其未通中國以前字體如此今不可考但今琉球國字母亦四十有七其以國書寫中國詩文筆勢

琉球国における「科斗のやうな横文字」について記した徐葆光の『中山伝信録』（巻第六）

いる。小さな島々に生きた先人たちが、厳しい歴史環境のなかにあっても試行錯誤を重ねつつ、必死に独立独歩の姿勢をみせていたことに対する伊波の瞠目を私は感じるのだが、はて、どんなもんだろう？　つまりそのころの琉球の、身丈は小さくとも気概や構えはそれをはるかに越えていたのではないかとも思うのだ。

この小文のタイトルにある沖縄が「固有」の「文字」を創造する進取の意欲に満ちみちていたことは、カンの鋭い伊波であってみれば、琉球の文化史を勉強していくうちにすぐ気づいたはずである。

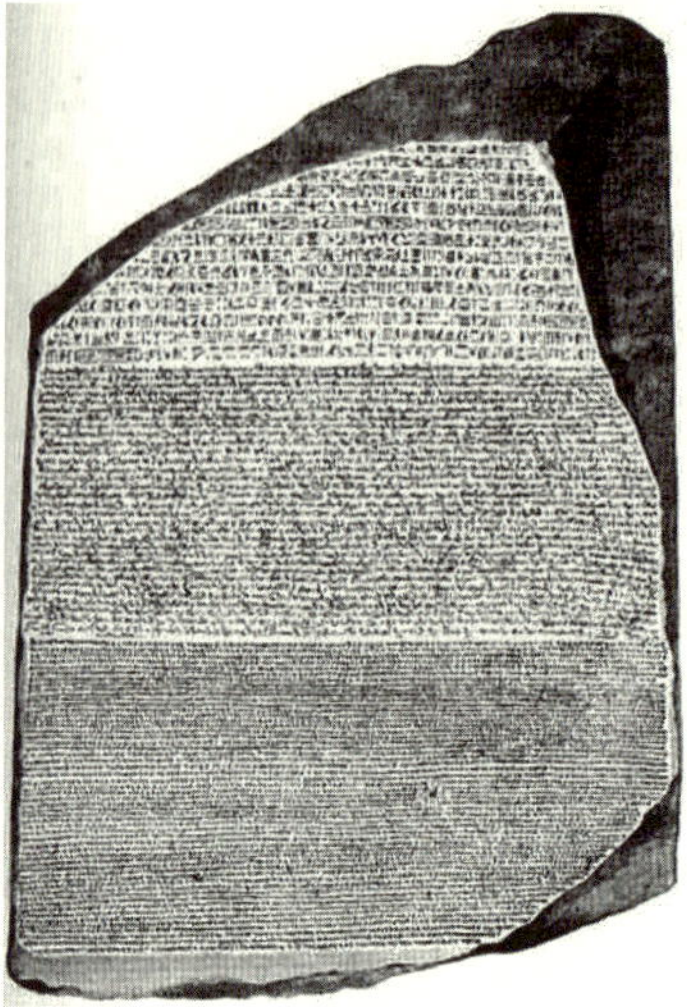

古代エジプト文字を刻んだロゼッタ・ストーン（上段からヒエログリフ、デモティック、ギリシャ文字）

その意味で、伊波の関心は帝大三年をまえにして、琉球史のなかの、とりわけ島津の琉球侵略以前の歴史、数年後に伊波自身が造語してつけた名称でいうところの「古琉球」へと踏み込んでいったのはゆえないことではない。

口碑や伝承が史実とないまぜになった古い歴史――それは伊波にとって謎のような「古」琉球であるとともに、彼ら琉球人の感性や、神や宇宙に対する畏敬の念などもそうだが、それらが伊波たち二十世紀初頭の琉球人を知ることにもつながる「原」琉球と認識されたのではなかったか。そしてその場合、伊波がこの闇に包まれた世界を照らし出すサーチライトの役割にしたのが、オモロであった。

試みに、「沖縄に固有の文字ありしや」以後、明治三十八年の十二月までに彼が書いた諸篇をみてみよう。七月九日に始まる連載「阿摩和利考」を皮切りに、二カ月後の九月には「琉球に発見せる倭寇碑」「浦添考」「島尻といへる名称」の三篇を仕上げると、十二月には「外人と沖縄」

が続く。

　最後の小文についてはどういう目的で執筆したか、すでに説明したとおりだが、それ以外の論考に共通するのは、それまでとっかかりのなかった歴史に分け入る窓口としてのオモロの、史料的価値の提示といっていいだろう。伊波は「オモロの光」が鮮やかに放つその威力を、自信をもって琉球史のうえで論証しようと試みるのである。

　琉球史を彩る英傑を挙げよといわれたとき、昨今であればたぶん尚巴志や尚円[注27]、蔡温などの名前があがるだろうと思う。そして、阿麻和利[注28]と護佐丸[注29]も彼らに劣らず人気の上位にランクされるのではないか。二〇一四年現在では大方そうなるのだろうが、しかし今から一世紀前の一九〇五年当時、伊波普猷が東京帝大の学生だったころには、阿麻和利といえば逆臣中の逆臣であって、一般には人品《じんぴん》卑しい人物の見本として定着していた。悪逆非道を地でゆく人間、あるいは成り上がりのおぞましい政治家の代表だったわけで、明治時代の沖縄の人たちは彼の名前、

注27　尚円（しょう・えん　一四一五～一四七六）第二尚氏王統の開祖。伊是名島諸見の農民に生まれ、第一尚氏王統の尚泰久王時代に御物城御鎖之側（おものぐすくおさすのそば）となり、その後勢力を伸ばし、無血クーデターで、一四七〇年に王位に就いた。通称は金丸（かなまる）。

注28　阿麻和利（あまわり　生年未詳～一四五八）北谷間切の屋良生まれといわれる勝連城主の按司。農民出身ながら徐々に領民の信望をえて、日本・朝鮮・中国との交易を行い、首里王府に一目置かれる存在になった。野望にみちた積極果敢の人物。阿摩和利とも書く。

「アマンギヤナ」を聞いただけで眉をひそめたらしい。いまならさしずめオウム真理教の麻原彰晃《あさはらしょうこう》の名前を聞いた場合の嘔吐感にちかいだろうか。

そうした阿麻和利像に、明治以降初めて疑問を投げかけたのは田島利三郎である。伊波普猷の尋常中学での恩師、田島が一八九八（明治三十

晩年と思われる田島利三郎（田島利三郎『琉球文学研究』第一書房、1988年）

注29　護佐丸（ごさまる　生年未詳～一四五八）　第一尚氏時代の按司。読谷の座喜味と中城に拠った武将で、築城家としても知られる。阿麻和利の策略によって攻撃され自刃した。玉城朝薫の組踊『二童敵討』などでその忠臣像が現在にまで流布された。

二）年に書いた「阿摩和利加那といへる名義」がそれで、それが載った『沖縄青年会報』の第五号が発行されるやいなや、東京の沖縄人社会の

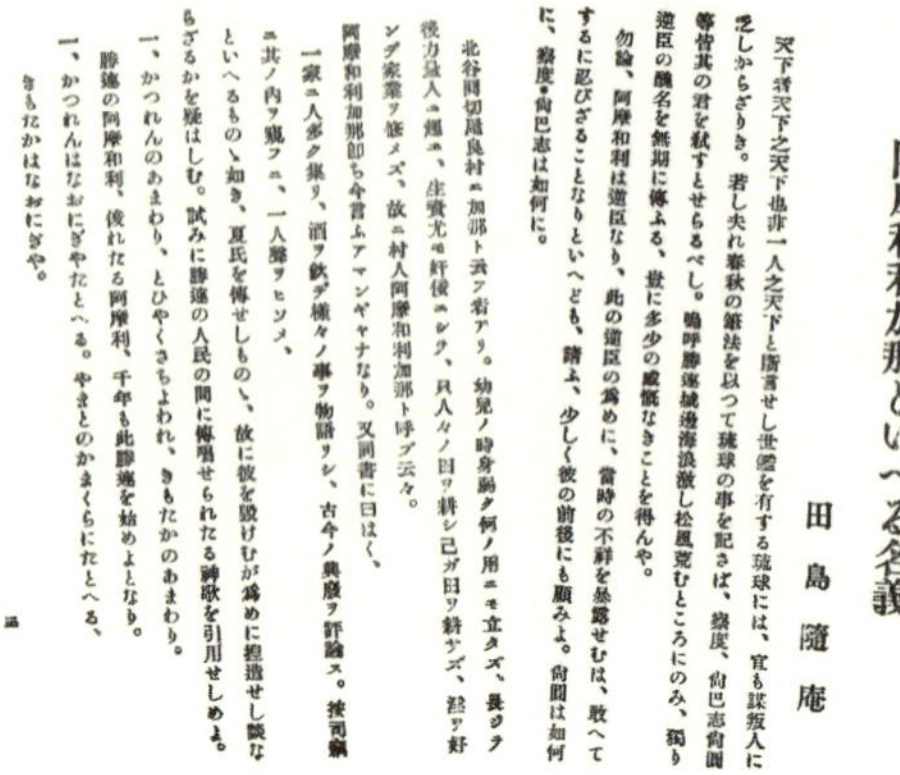
阿摩和利加那といへる名義

田島随庵

天下者天下之天下也非一人之天下と断言せし世襲を有する琉球には、官も謀叛人に乏しからざりき。若し夫れ春秋の筆法を以つて琉球の事を記さば、察度、尚巴志尚圓等皆其の君を弑すとせらるべし。嗚呼勝連城邊海浪激し松風荒むところにのみ、獨り逆臣の醜名を無期に傳ふる、豈に多少の感慨なきことを得んや。

勿論、阿摩和利は逆臣なり、此の逆臣の爲めに、當時の不祥を暴露せむは、敢へてするに忍びざることなりといへども、請ふ、少しく彼の前後にも顧みよ。尚圓は如何に、察度・尚巴志は如何に。

北谷間切屋良村ニ加那ト云フ者アリ。幼兒ノ時身弱ク何ノ用ニモ立タズ、長ジテ後力量人ニ超ユ、生質尤モ奸佞ニシテ、只人々ノ田ヲ耕シ己ガ田ヲ耕サズ、釣ヲ好ンデ家業ヲ勤メズ、故ニ村人阿摩和利加那ト呼ブ云々。

阿摩和利加那即ち今言ふアマンギヤナなり。又同書に曰はく、

一家ニ人多ク集リ、酒ヲ飲デ様々ノ事ヲ物語リシ、古今ノ興廢ヲ評論ス。按司竊ニ其ノ内ヲ窺フニ、一人膝ヲヒソメ、

といへるもの丶如き、夏氏を傳せしもの丶、故に彼を陥けむが爲めに捏造せし談ならざるかを疑はしむ。試みに勝連の人民の間に傳唱せられたる神歌を引用せしめよ。

一、かつれんのあまわり、とひやくさちよわれ、きもたかのあまわり。

勝連の阿摩和利、優れたる阿摩利、千年も此勝連を始めよとなり。

一、かつれんはなおにぎやたとへる。やまとのかまくらにたとへる、きもたかはなおにぎや。

伊波普猷編、田島利三郎著『琉球文学研究』（青山書店、1924年）に転載された田島随庵（利三郎）の「阿摩和利加那といへる名義」

あいだで大変な物議をかもしたという。どうして問題になったのかについては、これもすでに説明したから省略するが、もう一度簡単にいえば阿麻和利が問題になったのではなく、尚家の太祖である尚円がどのようにして権力を獲得して第二尚氏が始まったのか、その下克上の内実に触れたから

であった。つまり、前王朝から政権を簒奪して新たな新王朝を興したその成り立ちを田島は鋭く突いたからにほかならない。田島の言葉をもってすれば、尚円も察度《さっと》などと同様に、ひとりの「謀叛人」にすぎなかったということを指摘したからである。

もともと田島の尚家批判というのは、尚円が狙いではなく、明治以降の天皇制を基盤にした彼のヤマト国家意識に発していた。つまり、沖縄の人びとの精神的及び文化的中心が尚家に収斂してはならなかったからであり、たとえ琉球固有のものであってもそれがヤマトと切れた存在としては絶対に認められなかった。琉球の土着そのものの自立性を断固として排するヤマト支配の意図に基づく思考といってもよい。田島が『おもろさうし』など琉球古来の文学や芸能を見出したことはそのとおりである。しかしだからといって、彼を文学に打ち興じた、明治国家にとらわれないアナーキー的自由嗜好の風来坊だと思ったら大間違いである。私は田島の文章や行動をみて、彼の隠れた本音をそのように理解している。

彼は明治三十年の夏、沖縄を去って以後は、母校の皇典講究所や伊波たちが編入学した明治義会中学のある飯田町や富士見町界隈をよく徘徊していた。そしてそこから目と鼻の先の尚泰侯[注30]の屋敷内にもよく出入りしていた。沖縄青年会が邸内に事務所を構えていたからだが、彼がいだき続けていた尚家への反感たるやなまなかのものではなかった。そうした筋金入りの思想信条の持ち主であったにもかかわらず、あえてお膝元で尚家批判をしたのはいかにも田島らしい。沖縄青年たちのなかにはその小文を読んで動揺した者もいたようだが、なぜ田島がそういう文章を公にしたのか、冷静に彼の意図や思想を考え

東京時代の尚泰（東恩納寛惇『尚泰侯実録』櫛引成太、1924年）

注30　尚泰侯（しょう・たいこう　一八四三～一九〇一）日本による琉球の武力併合で亡国に直面した第二尚氏王統最後の国王。一八七九（明治十二）年の琉球処分による上京命令で、同年五月以降は東京に居住した。明治十七年八月から翌年一月まで帰郷し、同年五月に日本国天皇家の藩屏（はんぺい）たる侯爵となった。

てみる者はいなかったようである。この点はいまの沖縄にも通ずる大ごとの問題なのだが、いかにも呑気なウチナーンチュたちといおうか、ウブというのか、巧妙に、してやられたなどとは露ほども思わなかったところに、近代沖縄が抱える問題の根深さがあるともいえるだろう。

はなしを本筋に戻すが、田島の阿麻和利評価の仕方は一種のショック療法であった。明治三十一年という時代背景のなかで読んでみると、実際それが身にしみてよくわかる。彼のような人間は事業を大成するには向いていないが、既成のありようを大きく別方向に転回させるいとぐちをつかむ力量の持ち主が多い。この阿麻和利論はわずか数ページの覚え書き、あるいはメモといってもいいくらいの小論だが、そうした彼のシャープな感覚をじつによくあらわしている。大した内容もないのにやたら分量だけ多い書物が世に溢れているが、問題点を明瞭に凝縮化して持論を展開する田島の能力とはまさに対照的だといってよい。

そこで、田島の論考から七年後に登場した伊波の阿麻和利論だが、で

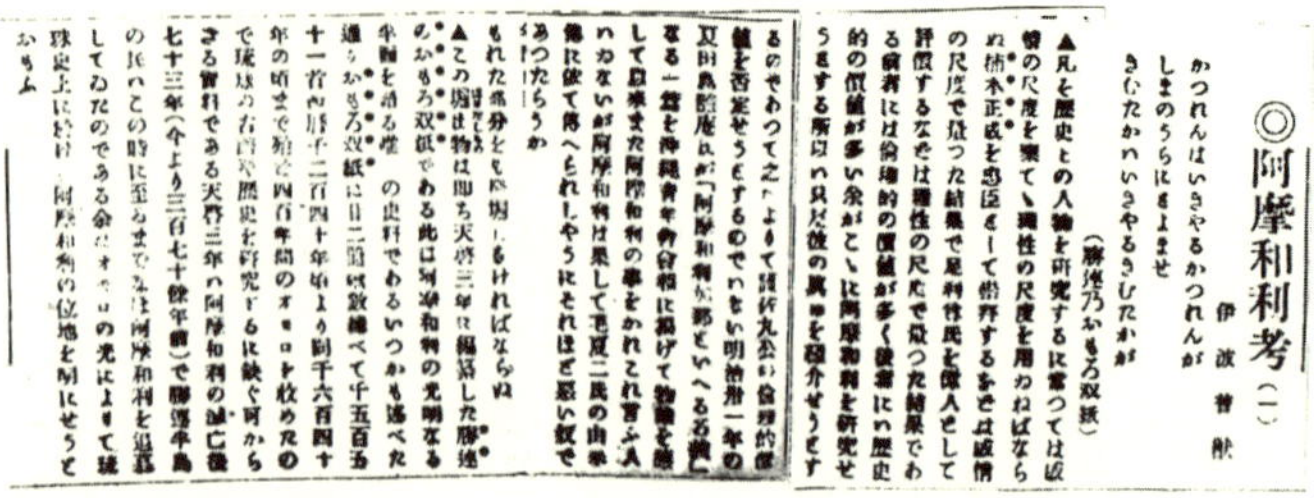

◎阿摩和利考（一）

伊波普猷

かつれんはいきやるかつれんが
しまのうらにまよませ
きむたかはいきやるきむたかが
（勝連乃おもろ双紙）

▲凡そ歴史上の人物を研究するに當つては感情の尺度を棄てゝ理性の尺度を用ゐねばならぬ楠木正成を忠臣として崇拝するなぞは感情の尺度で見た結果で足利尊氏を偉人として評價するなぞは理性の尺度で見た結果である前者には倫理的の價値が多く後者には歴史的の價値が多い余がこゝに阿摩和利を研究せうとする所以は只だ彼の眞相を紹介せうとするのであつて之によつて護佐丸公の倫理的價値を否定せうとするのではない明治卅一年の夏田島利三郎氏が「阿摩和利加那といへる名義」なる一篇を沖縄青年會雜誌に掲げて物論を醸して以來また阿摩和利の事をかれこれ言ふ人はないが阿摩和利は果して[illegible]の由來傳に傳へられしやうにそれほど悪い奴であつたらうか
[illegible]もれた身分をも同情しなければならぬ
▲この掘出物は即ち天啓三年に編纂した勝連のおもろ双紙である此は阿摩和利の光明なる半面を語る唯一の史料である いつかも述べた通りおもろ双紙は目下二部現存し凡て千五百五十一首今より千二百四十年前より同千六百四十年の頃まで殆ど四百年間のオモロを収めたので琉球の古語及歴史を研究するに缺ぐ可からざる資料である天啓三年は阿摩和利の滅亡後七十三年（今より二百七十餘年前）で勝連半島の民はこの時に至るまでなほ阿摩和利を追慕してゐたのである余はオモロの光によりて琉球史上における阿摩和利の位地を明にせうとおもふ

1905（明治38）年7月9日付『琉球新報』に掲載された伊波普猷の「阿摩和利考」（連載第1回）

はいったい彼は田島の阿麻和利論があるのに、どうしてこのような連載文をヤマトの学会誌ではなく、あえて琉球新報に書いたのか。理由はふたつあるだろうと思う。

第一点目は、田島の文章が東京のごく少数の人間にしか目に触れなかったからで、その意味では沖縄においてはほとんど誰も田島が引き起こしたショックを体感していなかった。伊波が琉球新報に書き下ろしたのはそのためであって、田島のいわんとしたことを改めて懇切丁寧に敷衍したいとの思いがあったのではないか。いま私は伊波が田島の論考を敷衍したと言ったが、伊波の連載文はまさしく田島が小論で述べたことを最初から最後まで、細大漏らさずその言い回しまで含めて、そっくりそのまま引用しながら（といっても引用の括弧は何もないが）の説明になっているからである。つまり、田島の文章を全部小刻みにバラして、それを伊波の文章に組み込んだわけである。現在と違って著作権などという七面倒くさい権利関係がなかったころのことだから出来たのでもあろうが、田島の小文を知らない者からすれば、すべて伊波のオリジナリティーだと勘違いしてもおかしくはない。

　試みにその実例を次に示す。田島による冒頭の一文はこうである。――「天下者天下之天下也非一人之天下と断言せし世鑑《せいかん》を有する琉球には、宜《よろしく》も謀叛人に乏しからざりき。若し夫《そ》れ春秋の筆法を以つて琉球の事を記さば、察度、尚巴志尚円等皆其《そ》の君を殺すとせらるべし。嗚呼《ああ》勝連城辺海浪激し松風荒《すさ》むところにのみ、独り逆臣の醜名を無期に伝ふる、豈《あ》に多少の感慨なきことを得んや。」これに対し連載六回目に伊波は書く――「『天下者天下之天下也非一人之天下』と断言せし中山世鑑を有する琉球ではさほど罪ある考へでもなかつた」。そして連載最終日の七回目、「勝連城辺海浪激し松風荒むところに空《むな》しく逆臣の醜名を無期に伝ふるに至つた」。

田島利三郎の阿麻和利論がいかほどに強烈だったか。その一撃は、当時二十三歳の浪人生・伊波普猷にその後ずっと消えることのない史眼を刻印した。田島の短い文章をほとんどそらんじるくらいにまで脳中に染み込ませていたといっても誇張ではない。ちょうど彼がペリーやヴィクトリア僧正[注31]など西洋からの琉球訪問者の著作を原書で読み、さらにはもっと古い琉球史をかじり始めていたころである。肝心の受験勉強そっちのけであらぬ方面の書籍ばかり読んでいたのだから、難関の一高と三高に三年続けてすべるのも無理はなかった。

しかし、この田島の史論にガツンと殴られたような衝撃をうけたのは伊波だけではなかった。そのころ沖縄で首里区書記をしていた真境名安興がやはりそうで、のちにこう回想している。「阿麻和利論の如きは『オ

注31　ヴィクトリア僧正　ホンコンにあるVictoriaの司教、ジョージ・スミス(George Smith　一八一五～一八七一)のこと。一八五〇年十月、蒸気船レナード号で那覇へ到着し、ベッテルハイムの様子などを視察した。沖縄を記述した著書に英文『琉球と琉球人琉球訪問記』(一八五三年)、『日本での十週間』(一八六一年)がある。

モロ』を楯にして前人未発の史眼を光らし、之《こ》れまで倫理的に価値づけられた史筆を、根柢から覆へしたもので、一部の物議を招いたことさへある。斯《か》やうな史論は、当時の沖縄では最も破天荒な企てで、曲学阿世者流の人では到底出来なかつた仕事であらう」。一九二四（大正十三）年に教え子の伊波と真境名が、恩師田島の旧稿を集めて『琉球文学研究』（青山書店）として出したときの、「琉球語研究資料を読みて」と題する回顧文の一節である。田島の発表からすでに二十年以上にもなってこういう印象だったから、伊波が一九〇五（明治三十八）年に「阿摩和利考」を執筆した当時は、その圧倒的な影響がまだ生々しく残っていたはずで、田島の史論を頭からぬぐい去って自分独自の阿麻和利論を書くことはできなかった。伊波は、あくまで田島の小論「阿摩和利加那といへる名義」を基本的な骨格にしながら、それに歴史的な背景などを肉づけしていくのである。

伊波が阿麻和利論を書く決心をした二番目の理由、それは琉球の三山

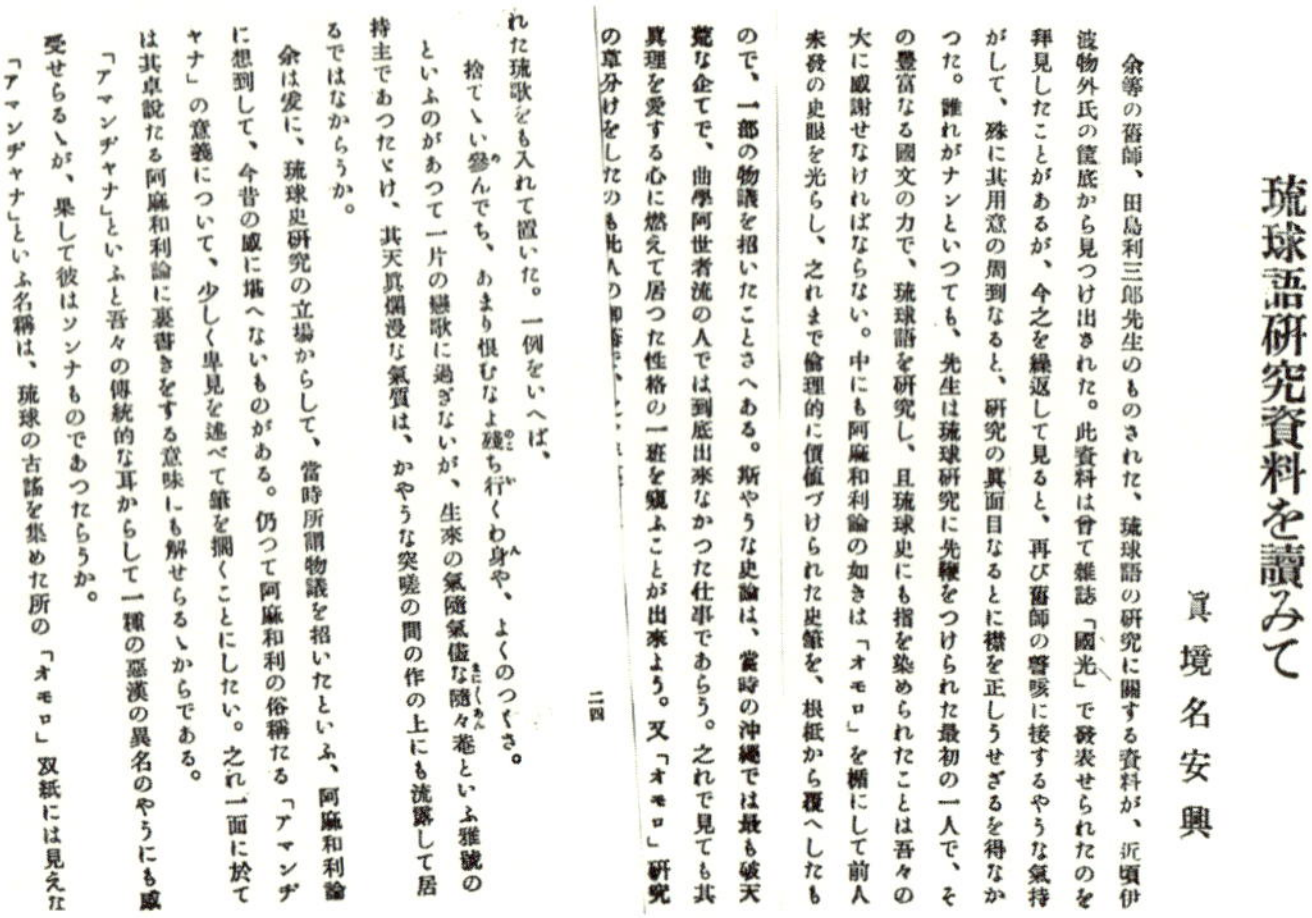

琉球語研究資料を讀みて

眞境名安興

余等の舊師、田島利三郎先生のものされた、琉球語の研究に關する資料が、近頃伊波物外氏の筐底から見つけ出された。此資料は曾て雜誌「國光」で發表せられたのを拜見したことがあるが、今之を繰返して見ると、再び舊師の謦咳に接するやうな氣持がして、殊に其用意の周到なると、研究の眞面目なるとに襟を正しうせざるを得なかつた。誰れがナンといつても、先生は琉球研究に先鞭をつけられた最初の一人で、その豐富なる國文の力で、琉球語を研究し、且琉球史にも指を染められたことは吾々の大に感謝せなければならない。中にも阿麻和利論の如きは「オモロ」を楯にして前人未發の史眼を光らし、之れまで倫理的に價値づけられた史筆を、根柢から覆へしたもので、一部の物議を招いたことさへある。斯やうな史論は、當時の沖繩では最も破天荒な企てで、曲學阿世者流の人では到底出來なかつた仕事であらう。之れで見ても其眞理を愛する心に燃えて居つた性格の一班を窺ふことが出來よう。又「オモロ」研究の章分けをしたのも此人の

二四

れた琉歌をも入れて置いた。一例をいへば、

捨てゝい參んでち、あまり恨むなよ殘《のこ》ち行《が》くわ身《へ》や、よくのつくさ。

といふのがあつて一片の戀歌に過ぎないが、生來の氣隨氣儘な隨々庵といふ雅號の持主であつたゞけ、其天眞爛漫な氣質は、かやうな突嗟の間の作の上にも流露して居るではなからうか。

余は爰に、琉球史研究の立場からして、當時所謂物議を招いたといふ、阿麻和利論に想到して、今昔の感に堪へないものがある。仍つて阿麻和利の俗稱たる「アマンヂヤナ」の意義について、少しく卑見を述べて筆を擱くことにしたい。之れ一面に於ては其卓說たる阿麻和利論に裏書きをする意味にも解せらるゝからである。

「アマンヂヤナ」といふと吾々の傳統的な耳からして一種の惡漢の異名のやうにも感受せらるゝが、果して彼はソンナものであつたらうか。

「アマンヂヤナ」といふ名稱は、琉球の古謡を集めた所の「オモロ」双紙には見えな

田島利三郎の阿麻和利論を高く評価する真境名安興の「琉球語研究資料を読みて」(『琉球文学研究』青山書店、1924年)

鼎立前後から尚巴志による第一尚氏時代の社会を、自分の解釈で描いてみたいと、つよい意欲が生じたからであろう。そうした十四～十五世紀の歴史的な社会状態のなかで「沖縄最後の古英雄」として、波乱に富んだ大活劇を演じたのが阿麻和利だったわけである。

北谷の加那というだけしか知られていないひとりの農民が、さまざまな

策略を駆使しつつ、あと一歩で首里王府をわがものに出来るところまでいきながら、土俵際での逆転であっさり滅亡に至るドラマは、政略結婚で王家から嫁いだ妻・モモトフミアガリ[注32]の裏切りと、夫を殺害した敵将との再婚などもあって、今日のワイドショー的要素をも満載しており、じつに面白い。その点、阿麻和利は学者の研究対象としてだけでなく、民衆の井戸端談義の話題と

◎阿摩和利考（七）

伊波普猷

▲護佐丸はこの天険に據り士馬を調錬し緩急に備へてゐた彼は阿摩和利に取つては眼の上瘤であつたらうしかし阿摩和利は之を除く可き機会を見出した或日彼は進貢船に乗つて那覇の港に上陸し直ちに首里城へ参内して護佐丸が謀叛の企をなす由を讒言し王命を奉じて護佐丸を討つた護佐丸は寃を訴へようとしたが讒するに由なく君命を重んじ敢て一矢を放たず妻子を殺して自殺してしまつたさて護佐丸が儒教的訓戒を守つて快く死んだ所へやがて倫理的価値の存する所であらう

▲阿摩和利が当時首里王府の信任の最も厚かつた[illegible]する護佐丸を讒言して立ろに効を奏したのを見ると首里王府に於ける彼れの信用も[illegible]なかつたと考へなければならぬさうでなくとも彼が戦国的策士の辨舌を備へてゐたといふ事は認めなければならぬ[illegible]彼は常に奸計を用ゐてその障害物を除いた彼には[illegible]

[illegible]フミアガリ（踏揚按司）その間に出来た子の後裔なる[illegible]（殿内）の家譜には二人が[illegible]を逃げ出した時の話があるさうだ[illegible]ガリは[illegible]に詩人の好題目である

▲つらく阿摩和利の人物を見るに[illegible]古英雄の面影がある　もし彼をして三山時代にあらしめたならば彼は巴志や[illegible]と覇を中山に争ふたであらうさりながら三山既に一統せられて世は又た英雄を要しないやうになつたこれは又た阿摩和利を失敗させた原因の一であるその時首里城内に在つて高所で阿摩和利の悲劇を見物して微笑を漏らした[illegible]十二歳の[illegible]であつた此人こそ天が[illegible]沖縄の[illegible]といふべく[illegible]唯一の経世家であ[illegible]阿摩和利の悲劇は[illegible]する[illegible]ドラマの序幕たるに過ぎない余は他日[illegible]を改てこの小英雄を紹介せうと思ふ「この[illegible]阿摩和利[illegible]やがてその結論であるさて余れて[illegible]に「阿摩和利は沖縄最後の古英雄なり」の一言でこの稿を結ばう
（六月廿一日、[illegible]の寓居にて）

「沖縄最後の古英雄」を強調した伊波普猷の「阿摩和利考」連載第7回目（『琉球新報』1905年7月21日）

注32　モモトフミアガリ（生没年未詳）百度踏揚とも書く。第一尚氏王統第六代目の王、尚泰久（しょう・たいきゅう）の王女。阿麻和利に嫁いだのち、夫を討った鬼大城の妻となる。神女としての彼女を謳ったオモロが多数残っている。

しても、琉球史上で最も人を惹きつける人物ではないか。その彼が約五〇〇年ものあいだ倫理的な面から一方的に貶められてきた歴史的評価を、ここで劇的に入れかえる作業をするというのだから、伊波自身おのずと肩に力が入ったのも当然であったろう。

伊波は開口一番、こう書いている。「凡《おおよ》そ歴史上の人物を研究するに当つては感情の尺度を棄てゝ理性の尺度を用ゐねばならぬ（中略）余がこゝに阿摩和利を研究せうとする所以《ゆえん》は只だ彼の真相を紹介せうとするのであつて之によりて護佐丸公の倫理的価値を否定せうとするのではない（中略）阿摩和利は果して毛夏二氏の由来伝に依て伝へられしやうにそれほど悪い奴であつたらうか」。組踊の「二童敵討」などをつうじて世間に広く、かつ根強く流通している阿麻和利像が「感情の尺度」もしくは「倫理的価値」で判断したものであり、「理性の尺度」によるのではないと、伊波は琉球新報の紙上においてズバッと言いのけた。「阿摩和利考」を書くに至った問いを「それほど悪い奴であつたらうか」と、誰にでもわかりやすい言い方で疑問を投げかけたことに、伊波の並々ならぬ決意がにじみ出ていた。

以上二点の理由によって、伊波の「阿摩和利考」は産み出されていったのである。では、伊波の阿麻和利論は田島のそれと較べると、いったいどこに特徴があるのか、それを以下に述べよう。両者を比較して、何といっても目につくのは、田島のそれが問題点を箇条書き風に列挙したにすぎないのに対し、伊波は阿麻和利の登場を促した時代を、文字通り歴史叙述としてドラマ風に描いてみせたことである。田島が提起したのは、次の

琉球郵便切手（1970年発行）に描かれた玉城朝薫の組踊「二童敵討」

三点に集約される。（一）阿麻和利の死後、彼が「逆臣の醜名」を負ったことの理由（二）資料としてのオモロは実際の阿麻和利が領民の信頼

京都の第三高等学校時代、琉球史論を書き始めたころの伊波普猷（左手前）。後列右は伊江朝助（『生誕百年記念アルバム　伊波普猷』伊波普猷生誕百年記念会、1976年）

を得ていたことを証明すること（三）アマオリ、アマワリ、阿麻和利加那、アマンギヤナといった名称の由来――以上である。

ところが、伊波は琉球・沖縄のなかでさまざまにうごめいていたシマジマが、やがて中山・南山・北山という三つの勢力圏を形成し、対立・抗争していく生成・発展の過程を丁寧に説明する。これらの三山はもともとひとつの王国が三つに分裂したのではなく、それぞれの地方で分離と合併を繰り返した結果、「三個の固《かたま》りにまで凝結した」との自説を彼は開陳するのである。そして、尚巴志の三山統一をへて第一尚氏の時代に突入していき、そのなかからやがて、一代の傑物・阿麻和利が現出するのだと論をすすめていく。こうした概略もいまでは何ということもない当たり前の常識だが、明治三十年代当時はまったくそうではなかったのであり、それがゆえに、伊波は琉球史の当初から琉球が一個の統一体であったとする俗説（固定観念）を、「琉球史の事実」と「社会学の原理」の面から訂正するのである。

それにしても、阿麻和利の生い立ちから、彼が勝連の人びとの信頼を得て、ついには按司《あじ》に成り上がっていくその間を物語る口調は、さすが伊波というほかはない。なかでも阿麻和利の挙兵から没落に至るあいだの、鬼大城[注33]とモモトフミアガリの逃亡とその後を叙述する箇所は、文字通りストーリーテラーそのものだと言っていいだろう。このときすでに、彼の筆はのちにわれわれが知る伊波普猷の片鱗を存分に見せているのである。

「阿摩和利考」こそは、伊波普猷がのちに「古琉球」と名づける時代をデッサンした最初の歴史叙述であった。ここで彼の筆先は、古琉球のもっとも華やかなりし活劇のひとつを描くべく、キャンバスのうえを自由自在に走りまわる。大河ドラマを観るがごとき映像に、つい我を忘れてしまいそうになるくらいだが、読む者をしてぐいと引き込んでいくそうした伊波の歴史叙述のもとになった詩想は、いったいどこから来るものだったのか。

注33　鬼大城（うにうふぐしく　生没年未詳）十五世紀の武将で越来（ごえく）城主・大城賢雄のこと。唐名は夏居数（か・きょすう）。容貌魁偉で剛直な性格から、この名がある。その死の詳細は不明。

この疑問への回答は、しかし何らむつかしくはない。伊波の饒舌な語りを産み出していく源泉は『おもろさうし』であった。田島利三郎からもらった筆写本のオモロがその虎の巻だと断定して間違いはないし、彼の文章にみなぎる躍動にみちた斬新な着想とそこから次々と展開する人間模様、さらには統治者の興亡や民衆との関係などは、まさに「オモロの光」を核とする民間史料の複合的な読みに由来していた。

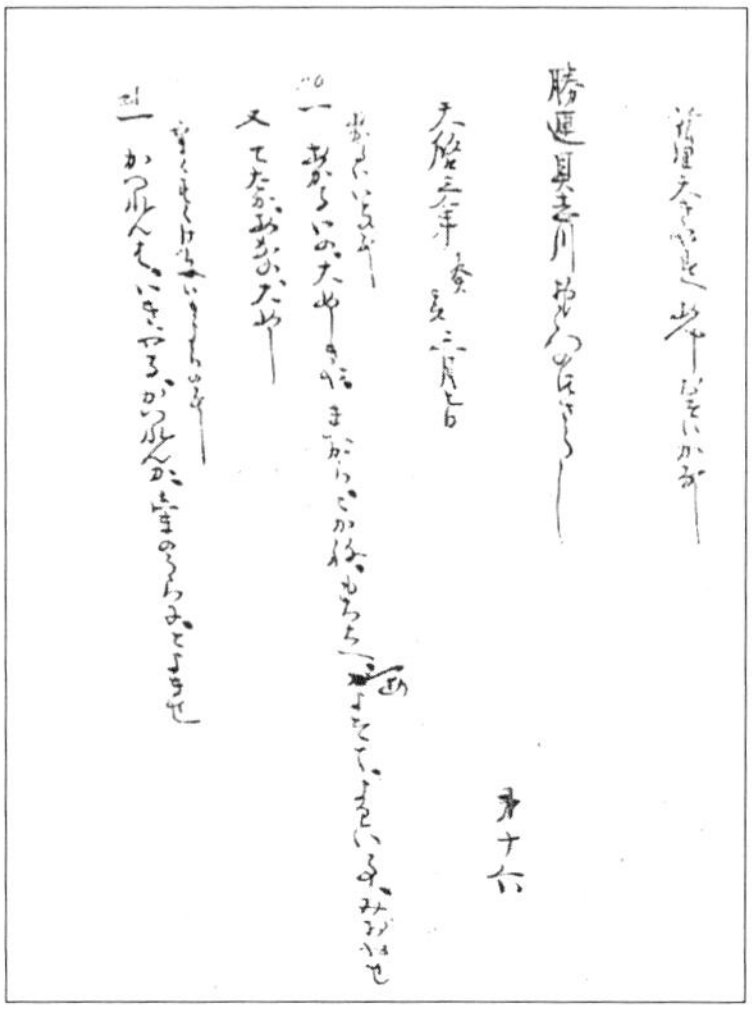

伊波普猷が田島利三郎からもらった『おもろさうし』（第１６「勝連具志川おもろの御さうし」）を使い「阿摩和利考」の冒頭に掲げたオモロ

　オモロのほかにも、人びとのあいだに伝えられてきた史料、たとえば田島のいう『夏氏元祖由来伝』[注34]を始めとして、『毛氏元祖由来伝』[注35]や組踊「銘苅子《みかるしぃ》」の台詞が、伊波の七回連載に思う存分使われている。それらの史料を教えたのもやはり田島の小論であった。

　こう書いてくると、伊波の「阿摩和利考」は、田島の「阿摩和利加那といへる名義」の二番煎じではないか、との質問が出されるかもしれない。前人未到の荒野に一本の道を田島が切り開いたあと、それをいくらか綺麗に舗装したのが伊波だったのでは、という見方が出てきてもおかしくはない。私自身、この問いは基本的に正しいと思うし、伊波の論考を堪能すればするほど、逆にいよいよもって田島の慧眼に敬服してしまう。おそらく伊波本人が、ほかの誰よりも先師の史眼とそれに用いたツール（史料）の先駆性を肌にひしひしと感じていたはずである。伊波の論考にはアマワリが逆臣の汚名を負うようになった理由と併せて、田島が『中山世鑑』から読み取った「天下者天下之天下也非一人之天下」の文言や、「アマオリ」「アマリ加那」から「アマンギヤナ」への呼称変化に

注34　『夏氏元祖由来伝』（かうじがんそゆらいでん）鬼大城の出身である夏氏や阿麻和利について記述したもの。『夏姓大宗由来記』と同じかどうかは不明。

注35　『毛氏元祖由来伝』（もううじがんそゆらいでん）十八世紀後半にできたとされる『異本毛姓由来伝』を指しているのか、それとも十九世紀初期に書かれたという『毛氏先祖由来記』のことなのか、はっきりしないが、おそらく後者か。毛国鼎（もう・こくてい）・護佐丸の「忠臣」を描いた内容。琉球大学附属図書館の伊波普猷文庫に『異本毛氏由来記』が所蔵されている。

ついての知見が、まぎれもない田島独自のプライオリティーをもつものとして明記されていた。

ところが、伊波の「阿摩和利考」を彩る史料『おもろさうし』への着眼は、田島に拠っているのか、それとも伊波みずからの独創なのか、どうも不明瞭な書き方になっている。田島の「阿摩和利加那といへる名義」を読んだことのないひとには、伊波の独創だと勘違いされるかもしれない。もっとも、現今の学者に多い研究業績の奪い合いなんていうケチ臭いものは田島や伊波にはほとんどなかったと思うが、それはともかくとして、伊波の連載文に溢れかえるオモロの縦横無尽の多用は、田島が将来に期待を込めて史料を譲った教え子がみごとそれに応えてくれたことを証明することになった。しかも、譲渡からわずかに二年という短い時間内においてである。もって銘すべしとはまさにこのことだろう。

なお、ここでちょっと余談になるが、田島と伊波は明治三十六年にくだんの下宿先で別れてから、以後死ぬまでついに一度も会うことはな

1930年代後半ごろ、那覇市長の照屋宏（右側）と、琉球新報社長で首里市長を兼任した太田朝敷（伊佐眞一他編『太田朝敷選集』中巻、第一書房、1995年）

かった。それはよく知られていることで、その後の田島が中国の漢口で出版業をしたり、あるいは放浪しながら浮き沈みの多い人生を送ったこともいまでは周知のことである。一時は伊波の親友である照屋宏が台湾総督府の鉄道部で技師をしていたころ、照屋とのあいだに手紙のやりとりもありはした。

そういうわけで、伊波は上京後はどこにいても、いつも田島を気にかけていたことが、彼の書き残した回想文からもよくわかる。それはかつての恩師の健康やその後の人生を思いやる心根だけからではなかった。

あとでもまた言うが、田島が新境地を拓いていく際の、問題提起能力というのはアマワリ論もそうだが、この当時の琉球・沖縄研究にあっては一頭ズバ抜けていたと私は思う。地道な研究者というよりも、英語でいうところの brilliant の頭脳と、本質を見抜く眼力を兼ね備えた人物の典型で、その点は伊波も十分承知していたのではなかろうか。伊波は自分が書いたものを田島がどう見、そしてどう評価するのか、絶えず気にしていたにちがいないと思うのである。伊波自身、田島のエピゴーネンとまではいわないまでも、田島の切り開いた道を歩いているとの思いは自覚していたのではないか。

　このときから七年後のことになるが、明治四十四年に『古琉球』を沖縄公論社から出したとき、伊波はかの有名な「自序」を書いている。中学のストライキ事件以後の約十五年間を振り返ったものだが、中身はまったく「恩師田島利三郎氏」の回顧である。そのなかに照屋から聞いた話として、次の一節がある。「田島氏は私が能《よ》く新聞に出すのを見て

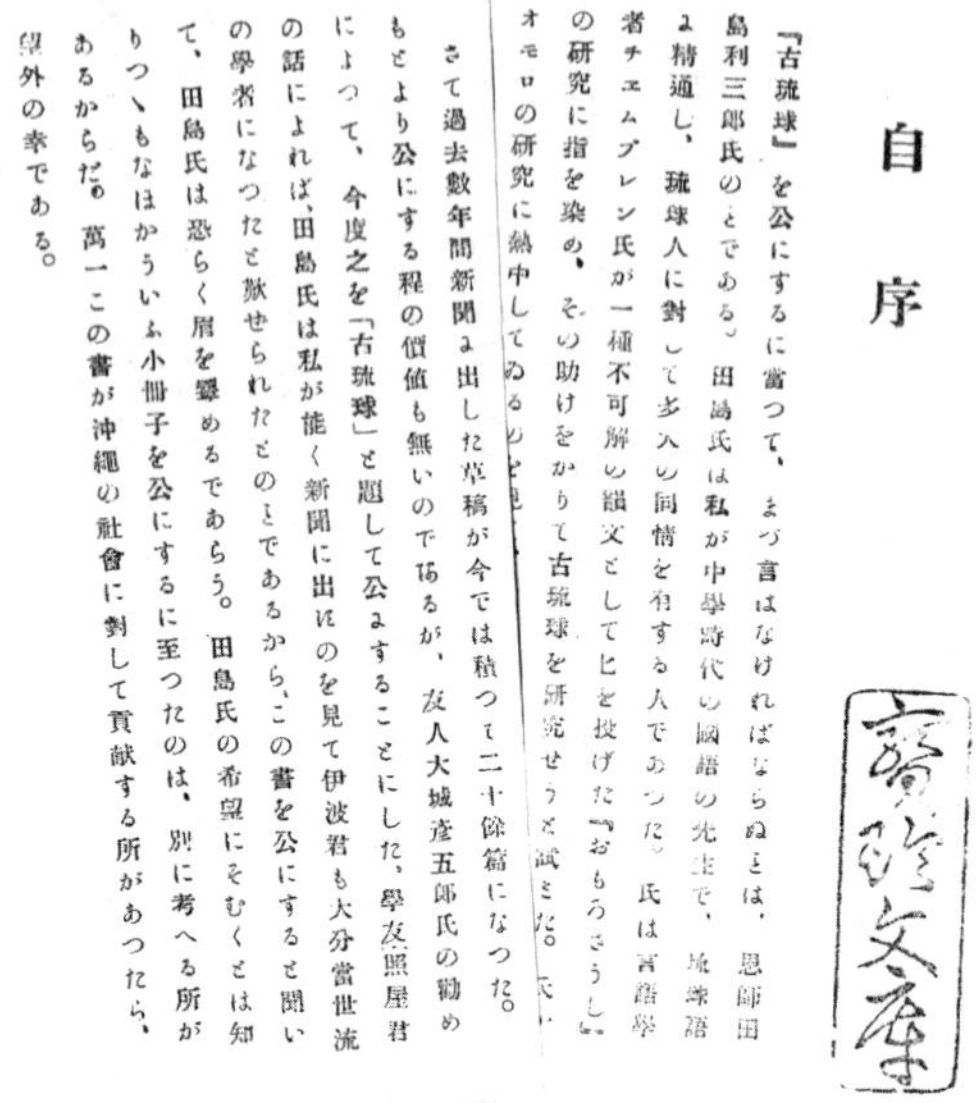

自序

『古琉球』を公にするに當つて、まづ言はなければならぬことは、恩師田島利三郎氏のことである。田島氏は私が中學時代の國語の先生で、琉球語に精通し、琉球人に對して多大の同情を有する人であつた。氏は言語學者チエムブレン氏が一種不可解の國文として匕を投げた『おもろさうし』の研究に指を染め、その助けをかりて古琉球を研究せうと試みた。オモロの研究に熱中してゐるのを見

さて過去數年間新聞に出した草稿が今では積つて二十餘篇になつた。もとより公にする程の價値も無いのであるが、友人大城彦五郎氏の勸めによつて、今度之を「古琉球」と題して公にすることにした。學友照屋君の話によれば、田島氏は私が能く新聞に出すのを見て伊波君も大分當世流の學者になつたと歎ぜられたとのことであるから、この書を公にすると聞いて、田島氏は恐らく眉を顰めるであらう。田島氏の希望にそむくとは知りつゝもなほかういふ小冊子を公にするに至つたのは、別に考へる所があるからだ。萬一この書が沖縄の社會に對して貢獻する所があつたら、望外の幸である。

伊波普猷が『古琉球』（初版、沖縄公論社、1911年）の「自序」に記した田島利三郎を回顧した箇所

伊波君も大分当世流の学者になつたと歎ぜられたとのことであるから、この書を公にすると聞いて、田島氏は恐らく眉を顰《ひそ》めるであらう」。この箇所は注意して読むべきで、伊波が新聞などに文章を書いて世間に名前を知られ、そのことでいかにも当世風の物書きになったことだけを指しているのではな

い。一般的には次々と書く論考はどうしたって質が落ちていくのが普通で、現に私がいまそれを実践しているから言うのだが、「能く新聞に出す」との文言には、そうした意味も入っているのではないか。どうやら伊波は自分が書いたものを田島がそれほど高くは買っていないように受け取っていたらしいフシがあるのである。伊波の書いたものを結構マメに読んでいたらしい田島からすれば、まだオレの後追いばかりしているとの思いがあったのかもしれない。だから、そうした内容の論考を本にすると知ったら、きっと「眉を顰めるであらう」と伊波は考えたのではないか。

最晩年のころと思われる田島利三郎（『琉球文学研究』第一書房、1988年）

ともあれ、伊波が田島の眼を意識

することと、これはわれわれがハタで見る以上のものがあったような気がする。田島の実力を、伊波は琉球・沖縄の文学や歴史・文化を学んでいく過程でいやましに知ることになった結果だと私は想像する。アクのつよい上田万年東京帝大教授とは違った意味で、伊波にとって田島はじつにコワイ先生だったのである。

伊波普猷の「阿摩和利考」は、とにかく文句なく面白い。彼のそれまでの論考との違いは、何といっても読む者をして小説でも手にするような感覚を抱かしめたことにある。とりわけ、王女・百度踏揚《モモトフミアガリ》について語る箇所など、彼が実際にその目で見てきたかのような書きっぷりで、学術的な論述でありながら、エンターテインメントの娯楽性をも備えている。たとえば、アマワリの権勢を示すものとして、伊波は尚泰久王が彼女を政略結婚に使ったことをあげつつ、それを中国史上から王昭君[注36]の故事をひいて納得させる。そして、夫のアマワリを殺した従僕、鬼大城賢《うにうふぐしく》雄の妻となったどんでん返しの事実を、ドイツの作曲家ワーグナー[注37]作「ト

注36　王昭君（おうしょうくん　生没年未詳）紀元前一世紀ごろ、前漢の元帝が匈奴の呼韓邪単于（こかんやぜんう）に妻として差し出した宮女。夫の死後、義理の息子の妻となったとの伝承がある。古代中国で四大美女のひとりとされる。

注37　ワーグナー（ヴィルヘルム・リヒャルト・ワーグナー　Wilhelm Richard Wagner　一八一三〜一八八三）ドイツ生まれの作曲家、指揮者。楽劇の完成者。主な歌劇に「タンホイザー」「ローエングリン」「ニーベルンゲンの指環」などがある。

王昭君の肖像（『歴朝名媛詩詞』紅樹樓、1773年）とワーグナーの楽劇「トリスタンとイゾルデ」のリブレット（1880年）

リスタンとイゾルデ[注38]」を持ち出して説明する。無慈悲な政治に翻弄された人間のすがたに関心を向けると同時に、道徳や理性では割り切れぬ男女の心情と行動を、古今東西に共通するものとして、心憎いまでの事例でもって叙述するのである。

　権力争いの権謀術数で遊びゴマとされた女性でありながら、なおかつそうした状況のなかでもそ

注38　トリスタンとイゾルデ（Tristan und Isolde）中世ヨーロッパに広く流布したケルト原作の説話。勇敢な騎士トリスタンと、彼の叔父でマルク王に政略結婚で嫁いだアイルランド王女イゾルデとの悲恋物語。ワーグナーは同名の楽劇第一幕への前奏曲で、「トリスタン和音」と呼ばれる有名な不協和音を採り入れるなどして、人間の愛情や心理の深淵を描いた。

れなりの意思をもったひとりの女性として彼女を描く。そして夫を裏切り殺した劇的生涯の彼女を「実に詩人の好題目である」と記し、最後に伊波はこんな言葉を書きつける。「鬼大城には既に正妻もあつたのに彼女はかまはず嫁したのであるア丶可憐なるモ丶トフミアガリ！／思ふに二人の関係は勝連城にゐた頃に始まつてゐたのであらう而《しこう》してこれが直接或は間接に阿摩和利滅亡の一源因になつたと断言するに強《あなが》ち臆断ではなからう」。

この一文を読むと、いかにも伊波が新婚のなかにあって、女性を知ったころの作だと思わずにはいられない。モモトフミアガリへの過剰ともみえる関心と、信じがたい結末の嘆声は、妻を持ったばかりの男性による、きわめて正直な初々しい心情だったはずである。

しかしながら、根が多少偏屈の私などは、この箇所はそうした歴史上の事実よりも、またアマワリ、モモトフミアガリと鬼大城の関係ではなくて、伊波とマウシ、真栄田マカト（冬子）の三角関係を予測といって

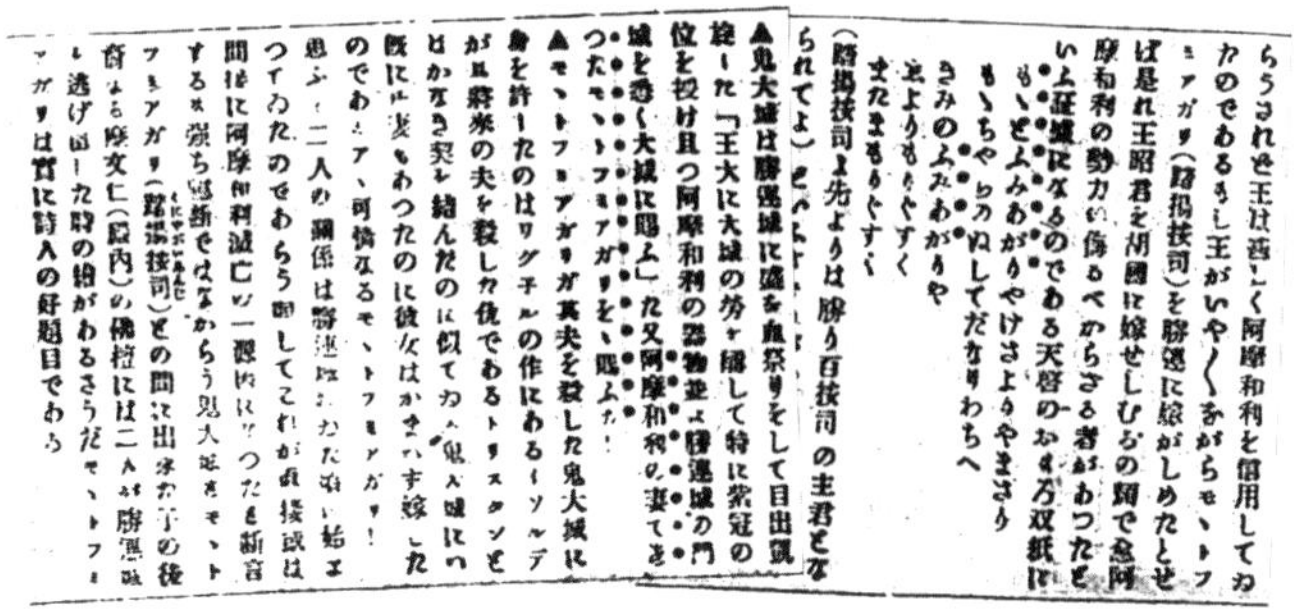

らうされど王は苦しく阿摩和利を信用してゐたのであるもし王がいやくおからせ、トフミアガリ（路揚按司）を勝連に嫁がしめたとせば是れ王昭君を胡國に嫁せしむの類で急阿摩和利の勢力は侮るべからざる者があつたといふ証據になるのである天咨のおすみ双紙にも
もいぞふみあがりやけさよりやまさり
もゝちやらのねしてだかりわちへ
きみのふみあがりや
主よりもまさすく
まれまもりぐすく
（路揚按司より先よりは勝り百按司の主君となられてよ）

▲鬼大城は勝連城に盛な血祭りをして目出凱旋した「王大に大城の労を謝して特に紫冠の位を授け且つ阿摩和利の器物並に勝連城の門城を悉く大城に賜ふ」た又阿摩和利の妻であつたモヽトフミアガリを賜ふた！

▲モヽトフミアガリが其夫を殺した鬼大城に身を許したのはワグチルの作にあるイソルデが其將來の夫を殺した仇であるトリスタンとはかなき契を結んだのに似て居る、鬼大城には既に妻もあつたのに彼女はかまはず嫁したのであろアヽ、可憐なるモヽトフミアガリ！思ふに二人の關係は勝連城にゐた頃に始まつてゐたのであらう而してこれが直接或は間接に阿摩和利滅亡の一原因になつたと断言するは強ち臆断ではなからう鬼大城とモヽトフミアガリ（路揚按司）との間に出來た子の後裔なる夏文仁（親内）の傳説には二人が勝連城を逃げ出した時の話があるさうだモヽトフミアガリは實に詩人の好題目である

伊波普猷が「阿摩和利考」で王昭君、トリスタンとイゾルデについて記述した箇所（『琉球新報』1905年７月17日、21日）

はいいすぎだろうが、彼らのその後を知っているだけに、ついこの三名を重ね合わせてしまう。アマワリがマウシでモモトフミアガリが伊波で、鬼大城が冬子であってもいいし、あるいは冬子をモモトフミアガリに想定してもいいような気がする。後年の伊波が、こうした自作の文章を読んでどう思ったのか興味のあるところだが、モモトフミアガリと鬼大城がそういう関係になったことについて、次のように書いているのはとくにそうである。「思ふに二人の関係は勝連城にゐた頃に始まつ

沖縄県立沖縄図書館長の伊波普猷（左から２人目）と職員・真栄田マカト（那覇市文化局歴史資料室編『おもろと沖縄学の父　伊波普猷　没後50年』那覇市役所、1997年）

てゐたのであらう」。この箇所は「勝連城」を「沖縄県立沖縄図書館」に入れ替えてみたら、大正半ばごろの普猷と冬子にピッタリと当てはまる。しかし、この部分を読んで彼がウチアタイをして顔を赤らめたりしたのでないことだけはたしかだろう。

というのも、このときから六年後、この箇所――モモトフミアガリが夫のアマワリを裏切って鬼大城の妻となったことについて、こう追記しているからである。――「これで四百五十年前の沖縄人の道徳的生活の如何なるものであつたかゞわかる。」要するに、アマワリの時代は明治三十八年とはだいぶ違っていたのだと言いたかったらしい。これは「阿摩和利考」を『古琉球』に収めるときに加筆したものだが、そのころはまだ明治四十四年だから、マウシとの夫婦関係もそれほど悪くなかっただろうが、しかしこの文言はマウシの死後ずっと昭和十七年の改訂初版まで残っていく。してみると、「沖縄人の道徳的生活」は程度の差こそあれ、「四百五十年前」だけでなく、伊波自身もまた現実に似たようにしていたとしか思えないが、さあ、どうだろう。それとも、これは私の牽強附会だろうか。

思うに、伊波普猷というひとは、自分が公に書いたものは、オモロとかの学術的な内容に関しては折りにふれて訂正や変更をするなど、長い年月のあいだに手を入れたりする注意深さとこまめさがあったのだが、それがいったん個人的な私生活とか、あるいは社会的な発言や行動といった学問外のことになると、どうも無頓着というか無反省、あるいは垂れ流しにしてちっとも意に介しない傾向がつよい。自身の行動や活字になった発言に対する社会的責任が稀薄という気がするのである。おそらくそうなったのも、ひとつには本人の資質に加えて、周囲の者たちが偉い先生だというので、腫れ物にでも触るようにしてきたこと、互いに甘え合ってきたことがさらに輪をかけたといえなくもない。このモモトフミアガリ描写などもそのひとつだと思うが、伊波本人にしてみれば、他人には当て嵌まるが自分にはまるで関係がないとでもいわんばかりの態度であって、それが自分に跳ね返ってくるかもしれないという懸念の感覚がひどく弱い。それが日常の些事ならまだいいが、政治といった社会的重大時ともなると、もうまったく目もあてられなくなる。

そういうわけで、この「阿摩和利考」のなかで伊波が、思わず「ア、可憐なるモ、トフミアガリ!」と絶句したのは、マウシとのハネムーンのなかにいたからこそ発したものであり、まさにそのころの新郎・伊波を映し出す鏡でもあったと私は思う。琉球の歴史と文学を取り扱った学術的な文章ではあっても、それとは直接関係のない執筆者の私的な心情が、そこに思わず顔を覗かせることがある一例である。文章の末尾に「六月廿二日、千駄ヶ谷の寓居にて」と記したことも、おそらく普猷とマウシにとっては当時の二人が東京府郊外の一軒家で仲睦まじく身を寄せ

田島利三郎が「阿摩和利加那といへる名義」を執筆した翌年、1899（明治32）年の伊波普猷（伊波普猷『古琉球』再版、糖業研究会出版部、1916年）

合っている姿を、想起させるのではないか。わざわざ新聞で広い世間の目に晒したこうした記述も、後年のマウシからすれば何ともやりきれないはずである。しかし、これも聖人君子とはほとんど縁の薄いわれら衆生の生きる世とあってみれば、マウシには相済まないが、相手が悪すぎたとあきらめるしかあるまい。

第四章　伊波史観の形成

1 金石文にみる琉球の自負心

「阿摩和利考」の特徴を思いつくまま述べたが、このアマワリ論は伊波普猷個人の学問形成にとっても、また沖縄学の研究史上においても、ひとつの記念碑的な作品だと私は思う。とりわけ、オモロによって〝古琉球〟の世界に通ずる扉を大きく開けた役割は、いくら強調してもしすぎることはない。すでに三十の声を聞く年齢だったとはいえ、学生時代にこうした論考を書き上げた力量はさすがに大したものである。しかも、このときまでに彼は、第三高等学校の一年に「琉球の歴史と其言語と」をものにし、二年には「琉球史の瞥見」、三年には「海の沖縄人」を書いていた。そして東京帝大の一年には一点の発表もしなかったものの、二年になると「琉球の神話」という、これまた伊波の思想を考えるうえで必須の文章を仕上げている。いまと違って三年間の大学時代で、まだ残り一年ある途中なのだから、ほとほと感心する。ほんとに出来るヤツとはこういうことをいうのだろう。

翻って、昨今の学者もこれと同じとまでは言わないが、生涯にせめてひとつでもいいから、世を裨益するような、あるいは研究史上にカツを入れるようなものを提供してほしいと思う。伊波に較べれば、俸給や生活面、研究環境の点ではずっと恵まれているのだからそう言うのだが、何の意味があるのかちっともわからない論文、もしくはあってもなくてもいいような論考はまだいい方で、読んでも意味不明の、流行や奇をてらったとしか思えない類《たぐい》のものがあまりに多すぎるのである。しかし、せめて一点だけとはいっても、ただ頑張るだけではどうにもならない要素をいくつも兼ね備えて始めて、いい研究が出来るのであってみれば、職業が学者だからといってかく要求するのは、無理な注文というべきかもしれない。むろん伊波を偉いといって祭りあげるつもりもさらさらないが、世の研究においても、良貨が悪貨を駆逐してほしいとの願望から、ついこんな感懐になった次第である。

そこでまた話をもとに戻すが、この「阿摩和利考」の段階になると、伊波の沖縄との向き合い方は、それまでの彼の姿をみている者からすれば、ひと皮もふた皮もむけた腹の据わりようをみせる。修得した学問に裏打ちされた自己に対する自信と、学校外の社会における行動にも一段と度胸がついたと感じる。そのことは、「はまのや」「蕉蔭生」「物外楼主人」「いは生」「伊波生」「伊波物外」「物外子」「島君子」「それがし」「くれがし」注1 といった署名が、二、三の例外はあるが、総じて「阿摩和利考」執筆の前後を境にして、本名の姓名「伊波普猷」に定着していく点にもあらわれている。

伊波普猷がまさしく、いわゆる「伊波普猷」になったといってもよい。蛹《さなぎ》が殻を破って、パッと一変して蝶が飛び出てくるというのではない。そういう劇的変化ではなくて、明治国家に併合されてまもない沖縄のな

注1　くれがし
この匿名は、明治三十八年四～七月当時、伊波普猷が東京で目にしていた『読売新聞』のコラム「編輯日誌」のペンネーム（「くれがし」「なにがし」）と類似しており、もしかしたらその影響かもしれない。中川文部視学官による沖縄中学生の妻帯揶揄発言が掲載されたのも五月二十八日の同紙。伊波の琉球新報連載「その折り〳〵」「頌徳碑略解」「八重山乙女の抒情詩」「閑日月」（同年四月二十七日～七月五日の計十五回）は、「それがし」と「くれがし」の署名。

かで、公教育を中心とする日本《ヤマト》教育を四六時中シャワーのように浴びながら、それとは異質な風土や文化とがからみあいながら心身が屈折しつつ、徐々に「日本」が沖縄の基幹軸となっていく近代沖縄人としての「伊波普猷」である。

だから見ようによっては、琉球・沖縄的なるものがあくまで伊波の中心と見えないこともないが、そう見えてしまうこと自体が伊波の思想の特徴だといってよい。要は、ヤマトとは異質な文化や社会、ひいては歴史そのものを根っこで規定するものの捉え方である。その関係性は沖縄が主体もしくはヤマトと並列・対等関係ではなくて、日本から派生した下位概念としての沖縄であり、ヤマトに包含される上下関係という観方に帰着する。こう書くと、いまの沖縄ではそれはそうですと賛意を示す者が多いにちがいない。最近の流行《はやり》風にいえば、日本と沖縄の複合的な存在だというのかもしれない。しかし、こんな考えや観方も近代以降、滔々として流入してきた日本人教育とヤマト化の産物なのである。

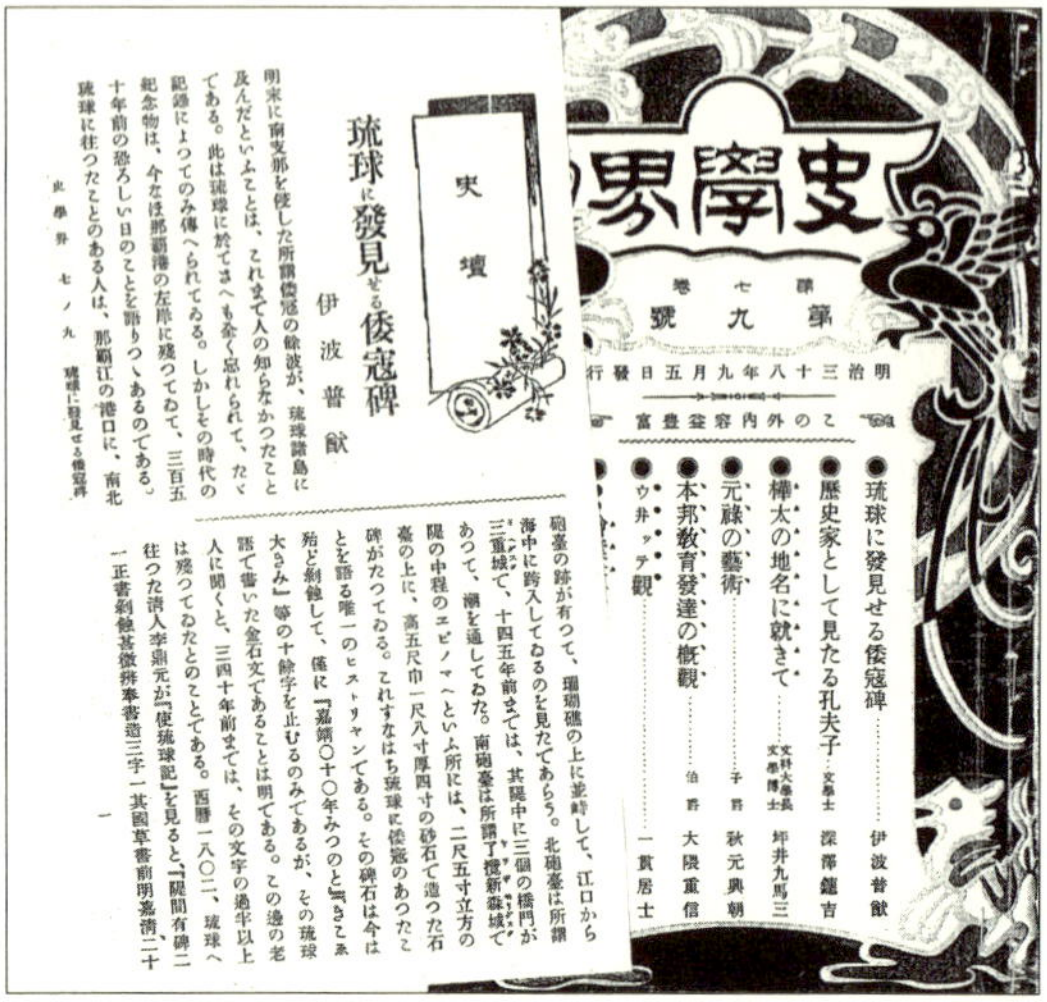
史學界
第七巻
第九號
明治三十八年九月五日發行
この外内容益豊富

史壇

琉球に發見せる倭寇碑

伊波普猷

明宋に南支那を侵した所謂倭寇の餘波が、琉球諸島に及んだといふことは、これまで人の知らなかつたことである。此は琉球に於てさへも全く忘れられて、たゞ紀録によつてのみ傳へられてゐる。しかしその時代の紀念物は、今なほ那覇港の左岸に殘つてゐて、三百五十年前の恐ろしい日のことを語りつゝあるのである。琉球に往つたことのある人は、那覇江の港口に、南北砲臺の跡が有つて、珊瑚礁の上に並峙して、江口から海中に跨入してゐるのを見たであらう。北砲臺は所謂三重城で、十四五年前までは、其隄中に三個の橋門があつて、潮を通してゐた。南砲臺は所謂[illegible]森城で隄の中程のエビノマへといふ所には、二尺五寸立方の臺の上に、高五尺巾一尺八寸厚四寸の砂石で造つた石碑がたつてゐる。これすなはち琉球に倭寇のあつたことを語る唯一のヒストリヤンである。その碑石は今は殆ど剝蝕して、僅に『嘉靖〇十〇年みつのと』『きこゑ大きみ』等の十餘字を止むるのみであるが、その琉球語で書いた金石文であることは明てある。この邊の老人に聞くと、三四十年前までは、その文字の過半以上は殘つてゐたとのことてある。西曆一八〇二、琉球へ往つた清人李鼎元が『使琉球記』を見ると、『隄間有碑二一正書剝蝕甚徴辨奉書造三字一其國草書前明嘉靖二十

『史学界』（第7巻第9号、1905年9月）の巻頭を飾った伊波普猷の「琉球に発見せる倭寇碑」

脱線ばかりで申し訳ないが最初の話を続ける。残り一年しかない帝大生活のなかで、伊波は「阿摩和利考」から二カ月後には「琉球に発見せる倭寇碑」を世に出す。九月発行の『史学界』（第七巻第九号）に寄稿したのがそれで、ということはつまり、原稿は八月上旬には出来上がっていたことになる。そして、それをすぐさまそっくりそのまま『琉球新報』に持ち込んで転載してもらう。それが十月九日から

隔日で十七日までの五回連載となった。

この論考を大雑把に要約すると、次のようになる。明の時代に倭寇が中国の南岸を襲った事実はよく知られているが、それは何も中国に限ったことではなく、琉球もまったく同様の襲来を受けていた。これまで琉球にそんな歴史があったとは聞いたこともなかった。しかし、その事実を伝える証拠物が那覇港の入口にある。三重城《みえぐすく》の対岸に突き出た屋良座森城[注2]に通ずる「ヱビノマヘ」というところに建っている「やらさもりくすくの碑」[注3]がそれ。銘文はすべて琉球語で書かれており、漢文の説明が

1900年ごろ、屋良座森城に至るヱビの前に建つ「やらさもりくすくの碑」（『旅能家都登』光村写真部、1901年）

注2　屋良座森城（やらざもりぐすく）
第二尚氏王統第四代の尚清王時代、一五五四年に那覇港入口の南側に完成した外敵防衛の砲台。慶長の薩摩侵略の際には北側に位置する三重城砲台とともに島津軍を撃退した。

注3　やらさもりくすくの碑
屋良座森城を造営した目的、経緯などをしるした碑文。尚清在位二十八年の一五五四年に城の手前「ヱビノマヘ」に建てられたが、伊波普猷が帝大を卒業して五、六年後に城内に移転した。台座は二尺五寸で、本体は高さ五尺、幅一尺八寸、厚さ四寸の砂岩。仮名書き琉球文で表記されている。

ない石碑という点でも珍しい。一五五四年の創建というから、薩摩が侵略してくる以前、琉球の独立国家を象徴するものである――。

この石碑を伊波が屋良座森城へ行って実際に調べたのは、たぶん帝大に入ってからであろう。しかし、彼がこの碑文を知ったのはもっと前で、私が推測するに、この石碑の存在も含めて、碑文が琉球の言語や歴史研究の重要資料だと伊波に教えたのは田島利三郎である。田島の論考「琉球語研究資料」(『罔光』第一八八号、明治三十三年二月)には、「おもろ」や「おたかべの詞」「御拝つゞ」などとともに、「碑文」の項目が設けられ、その見本として「ようとれのひのもん」を説明していた。加えて、田島の論考には十一種類もの琉球語の碑文を収録した『琉球国中碑文記』への着目が促されていたから、伊波はそのアドバイスに従って勉学をすすめていただろう。そして明治三十七年夏の帰省時に、彼は自宅に近い屋良座森城へ足を運び、近隣に住む古老に話を聞きながら碑文を丁寧に調査したのであった。

四 碑 文

琉球國中碑文記といふ書あり。碑文は勿論、城中及び諸寺院に掲げられたる額、聯牌等の文句を網羅し盡せり。其の中にて、琉球文にて記せる碑文拾壹を収めたり。最初のものは、文龜元年九月に尙圓以下尙家代々の墓域内に建てられたるものにして、之に引用せる浦添ようどれの碑文を以つて最終とす。以後の碑文は、總べて漢文にて記され、又此の種の碑文を見ること能はず。即ち、德川時代の漢學隆盛の影響をうけたるなり。

ようどれのひのもん

りうきう國　てたかすゑあんしおそいすへまさる王にせかなしはうらおそいよりしよりにてりわかりめしよわちやことうらおそいのようどれは　ゑちのてたの御はかやりよるけにて丶御さうせめしよわちへちよくきよらくけらゑかけらゑめしよわちへ大ちよもいかなしれやかなしみ御みつかいめしよわちへあとは　てたかすゑあんしおそいかなしも御ちよわひめしよわにあにあれはど千代萬代なるまても御なはのこらに玄ゆるて丶御さうせめしよわちへとこのひのもんはたてめしよわちやることの御はかいさうちはうらおそいまきりよりはん正月まゑにきよらくかちめくへしと

み御み事おかみ申候世ありすたへ三人いけくすくの大やくもい　よむたもさの大やくもい　とよみくすくの大やくも[illegible]の大やくもい　こちひの

田島利三郎が「琉球語研究資料」で「碑文」について論じた箇所（『図光』第188号、臨時号、1900年2月）

伊波の琉球碑文についての認識が、いかに大きく田島利三郎に負っていたか。その内実を知りたければ、田島の論考「琉球語研究資料」における「碑文」の箇所と伊波論考を仔細に点検すれば瞭然となる。以下、具体的に説明する。

一九〇四（明治三十七）年十一月の『考古界』（第四篇第六号）に、伊波が「琉球文にて記せる

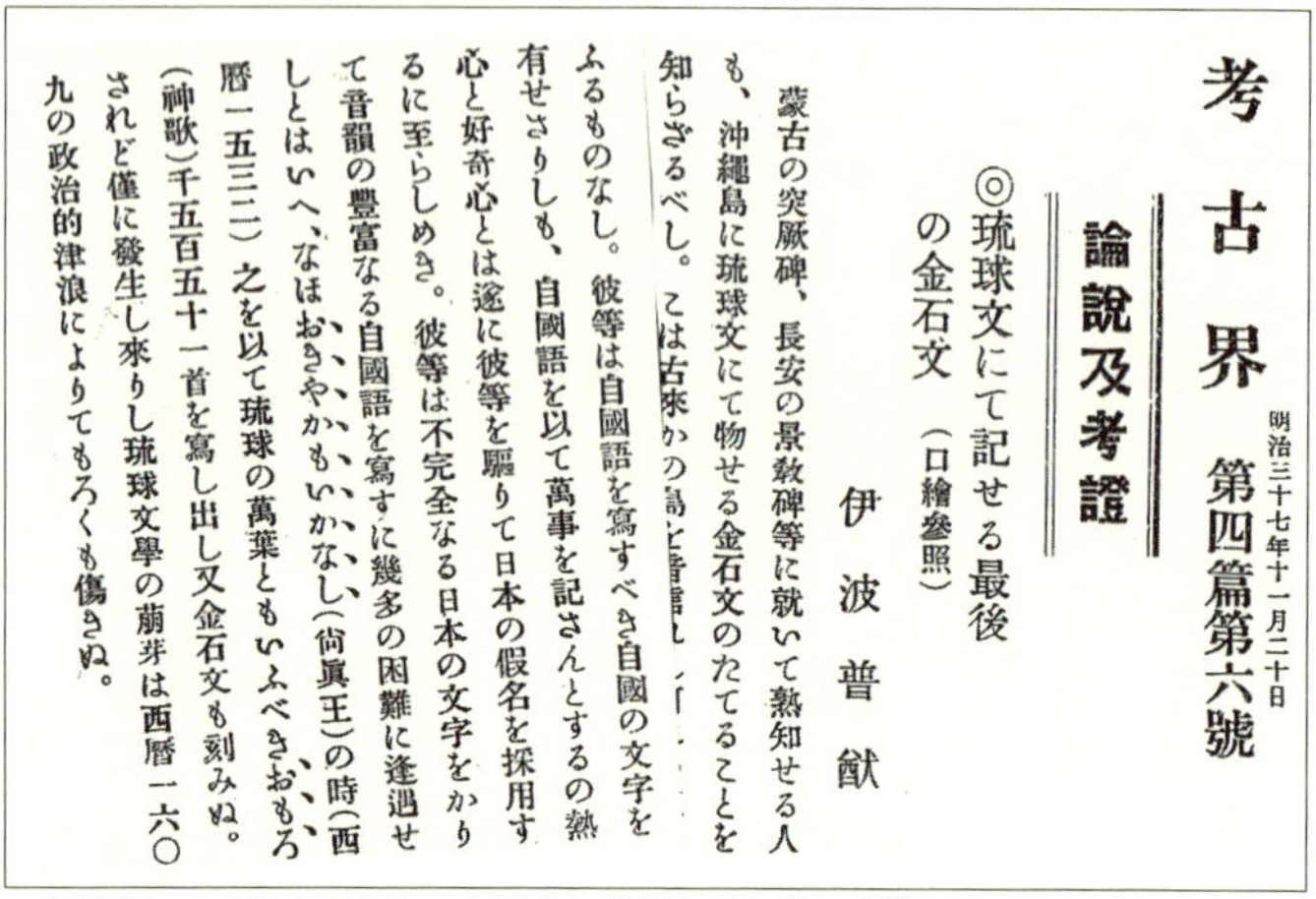
考古界 第四篇第六號 明治三十七年十一月二十日

論說及考證

◎琉球文にて記せる最後の金石文（口繪參照）

伊波普猷

蒙古の突厥碑、長安の景敎碑等に就いて熟知せる人も、沖繩島に琉球文にて物せる金石文のたてることを知らざるべし。こは古來かの[illegible]自國の文字をふるものなし。彼等は自國語を寫すべき自國の文字を有せざりしも、自國語を以て萬事を記さんとするの熱心と好奇心とは遂に彼等を驅りて日本の假名を採用するに至らしめき。彼等は不完全なる日本の文字をかりて音韻の豐富なる自國語を寫すに幾多の困難に逢遇せしとはいへ、なほおきやかもいかなし（尙眞王）の時（西曆一五三二）之を以て琉球の萬葉ともいふべきおもろ（神歌）千五百五十一首を寫し出し又金石文も刻みぬ。されど僅に發生し來りし琉球文學の萠芽は西曆一六〇九の政治的津浪によりてもろくも傷きぬ。

「琉球文にて記せる最後の金石文」（『考古界』第4篇第6号、1904年11月）で伊波普猷が「自国語」（琉球語）について強調した箇所

最後の金石文」を発表したのはご存知のはず。そこで彼が紹介した「ようとれのひのもん」は、琉球にとって一大分水嶺となった年の約十年後に建てられていた。伊波の言葉をかりるならば、「日本に対する琉球の通商的関係を一変して政治的関係」にした、いわゆる当時の用語でいうところの慶長の「琉球征伐」、つまり島津の琉球侵略が金石文に影を落としたことへの

論究である。この碑文が「旧琉球と新琉球とを分つの境界線」であったとも伊波は大書したのであった。それと同時に、「慶長以前の琉球語を研究せんとする人に、この種の金石文及びおもろの詩の好資料たるべきは勿論なり」と併記するのも忘れなかった。しかし、琉球語研究資料としてオモロや金石文の有する価値は、とっくの昔に、上記の田島論文が明快に提示していたことであり、伊波はそれを追認したにすぎない。そこでは田島の名前も論文名も一切出していないが、田島論文のタイトルがそのものズバリ「琉球語研究資料」と表現していたように、伊波にあってはすでに琉球語を研究するための必須の資料として、オモロや碑文の活用は常識化していたともいえよう。だから、「〜の好資料たるべきは勿論なり」と書いたのであろう。

さらに伊波は『考古界』の論考で琉球の金石文について、こう要約している。「琉球国中碑文記[注4]なる書ありて、碑文は勿論、城中及び諸寺院に掲げられたる額、聯牌等の文句を網羅し尽せり。その中には琉球文に

注4　琉球国中碑文記　十七世紀後半以後、琉球王府が編纂した碑文集。十五世紀後半から十九世紀までの期間を対象に、四度追加収録がなされた。現在、『琉球国碑文記』は尚家本と東恩納本（甲、乙）を含め四種類の異本がある。そのうちのひとつ、琉球大学附属図書館の伊波文庫にあるものは書名が『琉球国中碑文記』で、一四九七年の官松嶺記から一八三八年の識名園碑までを収録している。伊波が入手した経緯は不明。

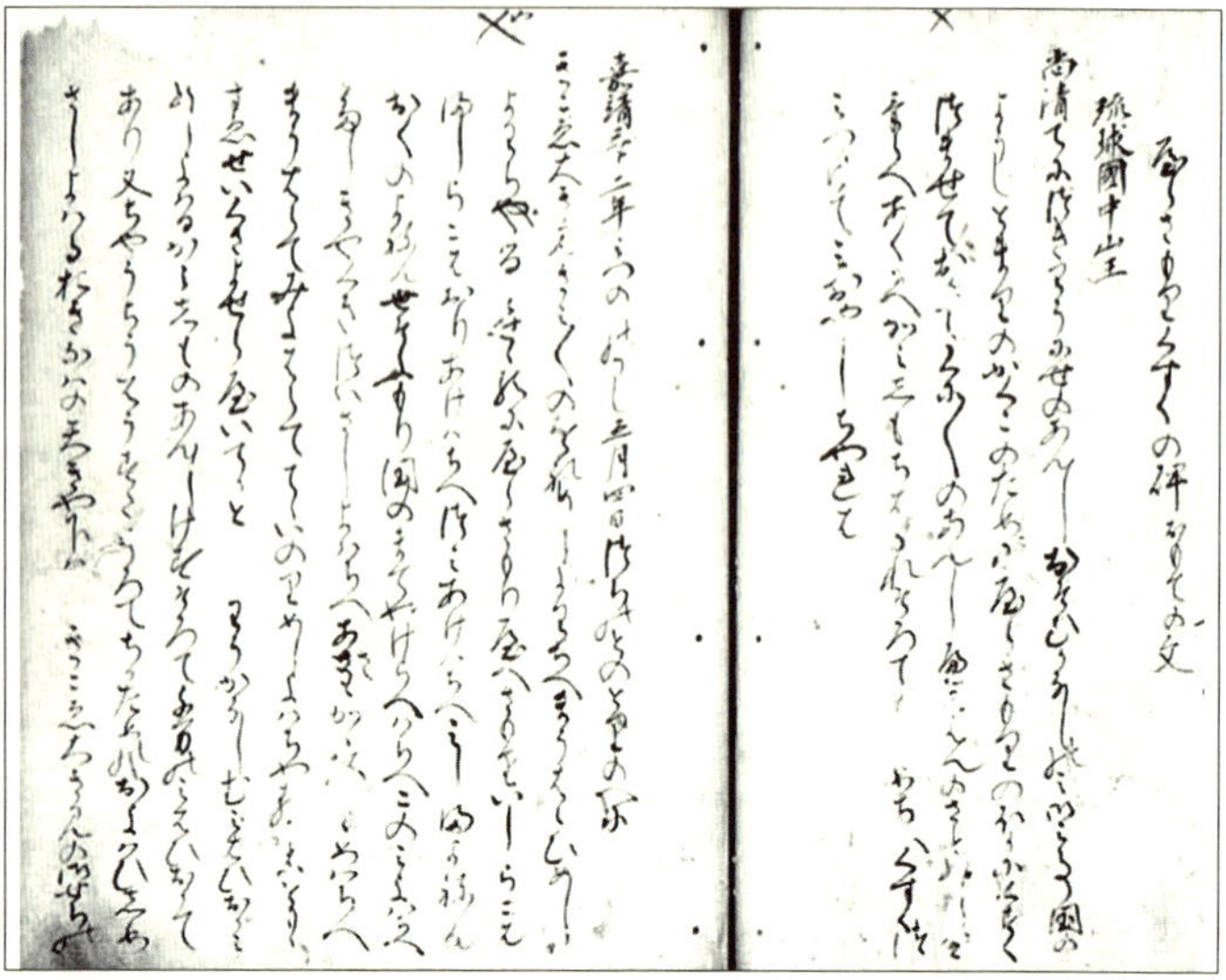

『琉球国中碑文記』（琉球大学附属図書館伊波普猷文庫所蔵）に収録された「屋らさも里くすくの碑　おもての文」

て記せる金石文十一を収めたり、最初のものは西暦一五〇一（文亀元年九月）に尚家代々の墓域内に建てられたるものにして、右に掲げたるようとれのひのもんを以て最終とす。以後の碑文は総《す》べて漢文にて記され、又この種の碑文を見ること能はず」。このころには、『琉球国中碑文記』はひととおり目を通していたはずで、個々の碑文を言語学からみた位置、及びそれぞれの表記の仕方に沖縄と日本・中国との関係性が反映していることを読み取っていただろう。

　ところが、碑文に対するそうした伊波の見解は、彼の史論に無理なく溶け込んでいるものではあったが、彼自身が最初に考察したことではなかった。上述の長い引用部分はすべて田島の上記論考からの拝借なのである。しかも田島が「碑文」の項目で行った用語解説文、「尚寧ノ神号ノ中ナルてだハ太陽ヲイフナリすゑハ子孫ノ意、あんじハ按司、すへまさるハ子孫繁盛ノ意ナリ。おそい（襲？）、にせ、がなし（モトノ意ハ可愛ナリ）ハ皆崇敬ノ詞《ことば》ナリ」も、伊波は自己の文章として取り込んでいた。

　しかし、驚くのはまだはやい。伊波はさらに尚寧王の出自について書いた一節、「尚寧王ハ浦添ノ領主ナリシガ、尚永[注5]王子ナキヲ以テ其ノ後ヲ襲ギシナリ、父ヲ尚懿《しょうい》ト云ヒ、祖父ヲ尚弘業《しょうこうぎょう》トイフ、弘業ノ父尚維衡[注6]

注5　尚永（しょう・えい　一五五九～一五八八）第二尚氏王統六代目の王。一五七九年の冊封時に、初めて「守礼之邦」の扁額を守礼門に掲げた。

注6　尚維衡（しょう・いこう　一四九四～一五四〇）尚真王の嫡子でありながら、王家内の王位継承をめぐる骨肉の抗争で犠牲になったといわれる人物。

ハ今ノ尚家ノ大祖ナル尚円王ノ子尚真王ノ長子ナリ」も、さらには尚寧に関する島津侵略後の説明文、「彼れは捕虜となりて上国したるを恥ぢ、その不明を謝せんがために、ことさらに代々の王の墓墳を避けて、墓を浦添に構へしなりと伝ふ」も全部、田島論考からの引き写しになっている。

伊波は田島の「碑文」の項目における地の文をすべて（「すべて」というのは誇張でなく、文字通り「すべて」！）換骨奪胎して自分の文章に収めているが、それがまたヘタな引用にありがちなギクシャク感はまるでなくて、じつにみごとな吸収ぶりだといってよい。よほど注意して二つの論考を比較しなければ、全然気づかないで見過ごしてしまうくらいに自家薬籠のものとしているのである。

こうしてみると、学問・研究というのは先人の礎のうえに立ってしか進むことは出来ないものだと改めて思い知らされる。伊波普猷にしてそうなのだから、その感はいよいよ深い。一から十まですべてを自分で考察することなどとうてい出来ようはずもないという、しごく当たり前の事実を承認すればよいのである。この『考古界』に書いた伊波の論文はたしかに田島センセイに負うことすこぶる大きい。しかしそのあとが肝心なのだが、それによって伊波の顔がまるで消えてしまっているというわけではない。

その伊波の顔とは何か。琉球・沖縄史の背骨を支える自立自尊とでもいうべき存在意思を指摘したことである。先の長い引用文に続けて、伊波は十四世紀の琉球人が中国（「支那」）から多くの文明を輸入して漢文を使いつつも、他方で日本からの文明を吸収して和文を使用する実践力を持っていたのだと説明していた。そして、それ以前は琉球文でもって公文や記録、その他を表記していたとも書き、さらにこうも記すのであった。――「彼等は自国語を写すべき自国の文字を有せさりしも、自国語を以て万事を記さんとするの熱心と好奇心とは遂に彼等を駆りて日本の仮名を採用するに至らしめき。彼等は不完全なる日本の文字をかりて音

1546年、添継御門（すえつぎうじょう＝継世門）の入口に建てられた左側の南の碑文（琉球文）と右側の北の碑文（漢文）（『絵はがきにみる沖縄　明治・大正・昭和』琉球新報社、1993年）

韻の豊富なる自国語を写すに幾多の困難に逢遇せしとはいへ、なほおきやかもい[注7]かなし（尚真王）の時（西暦一五三二）之を以て琉球の万葉ともいふべきおもろ（神歌）千五百五十一首を写し出し又金石文も刻みぬ」。「彼等」とは「自国文を使用することを怠ら」なかった「琉球人」、「自国語」とは「琉球語」を指すことはいうまでもない。

これは琉球人が日本の枠

注7　おきやかもい
第二尚氏王統三代目の王、尚真（一四六五～一五二六）の神号。於義也嘉茂慧とも書く。

外にいるとき持っていた意欲（＝「熱心と好奇心」）であると同時に、音韻の面では日本語よりもはるかに優れた「自国語」を誇る自負心の表白である。伊波に備わっていて田島には決定的に欠けていた琉球人たる当事者の声にほかならない。

伊波普猷が帝大二年早々に執筆した「琉球文にて記せる最後の金石文」――それは田島利三郎の強烈な磁場のなかで書かれたものである。伊波の「阿摩和利考」もそうであったが、そのあまりにも圧倒的な影響が全身をおおうなかで、しかしそうではありながら、伊波は田島に終始一方的に押され放しになったまま、その圏内で思考したのではなかった。そこはさすがに伊波だと感心するところで、また沖縄の人間としてホッとするところでもあるのだが、出来上がった文章の中身といい、論考全体が読む者に与える印象は、やはり伊波そのひと以外ではない。あれだけ大量に恩師の業績に拠りながらも、伊波の論考には田島の口からはけっして出て来なかった琉球の自主性、つまり日本《ヤマト》が存在しなくても琉球自身で生きてきた歴史に着目する眼が、厳然と備わっていた。琉球・沖縄の地に生をうけて文化を育んできた人間であれば、本来何ら不思議でも何でもない当たり前の視点である。

この金石文についての論文を掲載した『考古界』（第四篇第六号）は、一九〇四（明治三十七）年十一月の下旬に出たのであるが、これまで何度か見てきたように、伊波は専門家を対象とする学会誌に発表した論考を、またもや琉球・沖縄の人びとに読んでもらうべく『琉球新報』に転載を依頼する。伊波たちの先祖がいかなる自主の民であったかを、ほかの誰でもない伊波の同胞たち自身に知ってほしいとの念願からだったのはいうまでもない。彼が琉球新報社とのつながりを密にし、パイプを拡げたのは、そうした一種の「啓蒙」活動と関係していた。いや、他人事のニュアンスが漂う「啓蒙」などではなくて、そうした重要な歴史的事実を教えることが彼本来の使命であるかのように意識されていたのではないか。

琉球新報

○琉球文にて記せる最後の金石文（二）

伊波普猷

○二大戦艦竣成期

○裁判所支部の存廃

○日本物産博覧会

『琉球新報』第一面上段に掲載された伊波普猷の「琉球文にて記せる最後の金石文」（1905年３月９日の連載第２回目）

この論考がタイトルをそのままに、『琉球新報』に出たのは年を越した明治三十八年三月七日であった。九日と十一日、そして十九日の四回連載である。『考古界』には「ようとれのひのもん」をウチナーグチ読みにしたローマナイズが載っていて、これは日本語では琉球文の特性を正確に表記できないとの伊波の判断によっていた。彼がいうところの「琉球的耳《ルーチュアンイヤー》」がキャッチする言葉の響き、語感を彼がきわめて重視していたことを物語っている。ローマナイズの部分は新聞紙面の制約からカットせざるをえなかったが、論考全体で約二十カ所に及ぶ字句や言い回しの修筆、数カ所もの加除、さらには琉球語研究に必須の史料として、ここでの題材である金石文のほかに、「おもろの詩うたかべの詞御拝つゞおもいくわいにや等が好資料たるべきは勿論なり」と書き足されていた。田島が「琉球語研究資料」で書いた基本資料の順序を、伊波は田島云々と一切明記せずにさりげなく転記したわけである。

そうした手直しのうち、最も大きな加筆は次の二カ所であろうと私は思う。――琉球人たる「彼等は実に『言霊《コトタマ》のさきはふ国』[注8]とほこりし大和民族のなさゝりし所のものをなしぬこれはた琉球のために特筆大書すべきことにあらずや」。『考古界』で説明した琉球人の対中国、対日本にみられる独立独歩を、伊波はさらに「大和民族」との関係で、「不完全なる日本の文字をかりて音韻の豊富なる自国語を写す」事業を、わが琉

注8　言霊のさきはふ国
言霊（ことだま）とは言葉に民族特有の精神が宿っていて、その呪力が充ちみちた幸福な国との意味。日本の美称。『柿本人麻呂歌集』に、「磯城（しきしま）の日本（やまと）の国は言霊の幸ふ国ぞま幸（さき）くありこそ」とあり、山上憶良も「神代より言て伝（つ）て来（く）らく　そらみつ倭（やまと）の国は皇神（すめがみ）の厳（いつく）しき国　言霊の幸はふ国と語り継ぎ言ひ継がひけり」（『万葉集』巻五）と書いている。

ふるものなし彼等は自國語を寫すべき自國の文字を有せざりしも自國語を以て萬事を記さんとするの熱心と好奇心とは遂に彼等を驅りて日本の假名を採用するに至らしめき彼等は不完全なる日本の文字をかりて音韻の豊富なる自國語を寫すにあたつて多くの困難に逢遇せしがおぎやかもいかなし（尚眞王）の時（西暦一五三二）之を以て琉球の萬葉ともいふべきオモロ千五百五十一首を寫し出し進んで自國語の金石文をも刻みぬ彼等は實に「言靈《コトダマ》のさきはふ國」とほこりし大和民族のなさゞりし所のものをなしぬこれは琉球のために特筆大書すべきことにあらずや

されど僅に發生し來りし琉球文學の萌芽は西暦一六〇九の政治的津浪によりてもろくも傷きぬ爾來琉球語は夥しく日本語の影響を蒙りたるが故に慶長以前の琉球語を研究せんとするにこの種の金石文及びおもろの詩うたかべの御拜づゝみもいくわいにや學が好資料たるべきは勿論なりこれらは古格を備ふる丈それ丈解釋するに困難なりと雖今を去る百九十三年前に尚貞王の勅を奉じて撰びたる混効驗集（内裏言葉を集めたるものにて琉球古語の字書也）は之が解釋するに多少の便利を與ふべしされど最よき古代琉球語の字書は田舎及び宮古八重山の方言なり

（完）

琉球新報で新たに加筆した「言霊のさきはふ国」云々と「宮古八重山の方言」に言及した箇所（３月19日の琉球新報連載最終回）

球人は成し遂げたと「特筆大書」した。「多くの困難に逢遇」しながらも、「自国語を以て万事を記さんとするの熱心と好奇心」は、往時の琉球人に横溢していたことを高唱したことになる。

ここは字面《じづら》どおりストレートに受け取って喜ぶわけにもいかない微妙なところだが、それはさておき、この新たに書き加えた箇所こそは、琉球新報紙上で伊波が沖縄の人びとを鼓舞したポイントにほかならなかった。ヤマトの人間に向かってではなく、沖縄に根をもつウチナーンチュに向かって発した伊波の、この連載の肝心要の部分、触《さわ》りといってもいい箇所がこのフレーズであろう。そしてもうひとつ見逃せないのは、この連載文を閉じるに際して、薩摩の琉球侵略以前の琉球語を解明するに必要な各種資料、おもろや碑文などの価値を繰り返すのだが、それについて最後の最後で、こんなことを言っている。

——「されど最《もっと》もよき古代琉球語の字書は田舎及び宮古八重山の方言なり」。その前段で首里王府が編纂した辞書『混効験集』が琉球古語を解釈するのに「多少の便利を与ふべし」と記したあとだけに、それ以上のものは宮古と八重山の方言だと言い切ったのには驚く。

これは、同年六月の作、「八重山乙女の抒情詩」において、宮古のアヤゴが沖縄島の王朝下の歌人たちよりもずっと「天真爛漫で可《よ》い」と公言していたのと、ちょうど軌を一にしていた。ここでは、「尚貞王[注9]の勅を奉して撰びたる混効験集（内裏言葉[注10]を集めたるものにて琉球古語の字書也）」との文言があるように、首里王府の「内裏言葉」よりも「田舎

注9　尚貞（しょう・てい　一六四五〜一七〇九）第二尚氏王統十一代の王。一六六九年に尚質のあとを継いで、以後四十一年在位。彼の時代に羽地朝秀（向象賢）が国相として敏腕をふるい、程順則が『六諭衍義』『指南広義』を刊行した。

注10　内裏言葉（だいりことば）宮廷用語のこと。この場合は首里貴族の言語を指す。伊波普猷は琉球語の「上品なる言葉をげらい言葉」ともいうと書いている。

及び宮古八重山の方言」を文化価値として上位に置いて、現実の政治・社会における力関係を逆転させていた。八重山乙女のアヤゴについて書いたのは、伊波の新妻・マウシへの愛情が動機になっていると、私は多少の想像も交えて説明したのだが、ではいったい、伊波の先島の言葉に対する知見や思い入れはどこから来るものなのか。

古代琉球語の研究にとって、宮古・八重山の方言がその解明に大きな鍵になるのだと伊波はいう。ただ漫然とそういうのではなくて、研究上絶対に必要な言葉だと確信して言うからには、よほどの根拠があってにちがいない。このとき、彼の琉球・沖縄に関する言語研究は、これだけのことを堂々と主張するだけのレベルにあったことを憶測させるわけで、この点は八重山乙女のアヤゴの場合と違って、伊波の先島に対する感傷的な思い入れが先走っているのではなかった。さらにいえば、彼の宮古や八重山出身者との人間的な付き合いが起因し影響した琉球語研究でもない。これは彼が明治三十六年の秋、東京帝大に入学して以来黙々

東京帝国大学文科大学に在学中、大学関係者（氏名不明）といっしょの伊波普猷（『生誕百年記念アルバム　伊波普猷』伊波普猷生誕百年記念会、1976年）

と続けてきた勉学が、ここに至って必然的にもたらした結果なのであった。

かくて伊波の金石文研究は、『考古界』から『琉球新報』へと発表の舞台を移しながら進展した。そこにはヤマトと沖縄の人間に対する伊波の向き合い方が、微妙な心理の違いとして浮き出ていた。いまでも沖縄での発言とは別に、同じ内容をヤマトにおいては奥歯にモノの挟まったような、いかにも口当たりのいい物言いをする者がいる。日本人《ヤマトゥンチュー》には気後れというか、遠慮もあってか、表現がマイルドになるのであろう。伊波もまたそれと無縁ではなかった。伊波が帝大二年になったばかりの一九〇四（明治三十七）年十月から翌年の二月にかけてのことである。

しかし、そうした相違も帝大の最終学年を目前にした明治三十八年の夏になると、琉球新報に寄稿した「琉球文にて記せる最後の金石文」の内容が、ヤマトの雑誌においても何ひとつ遠慮することなく掲げられるようになる。「不完全な日本の文字をかりて音韻の豊富な自国語を写すため、オモロや金石文を創出したことに続けて、琉球人は「大和民族の為さなかつた」ことを実践したのであり、これは「琉球の為に特筆大書すべきこと」だと加筆した箇所である。「大和民族」とは異なった琉球民族、伊波の言葉にいう「アマミキヨ種族」の自信として沖縄では受け取られたらしい。しかしこの点は、どうやらヤマトを相対化するものとしてではなく、「大和民族」以上のことをなした〝同祖〟としての誇らしい意味、つまりはヤマト羨望の一変種かとも考えられることに注意を要する。

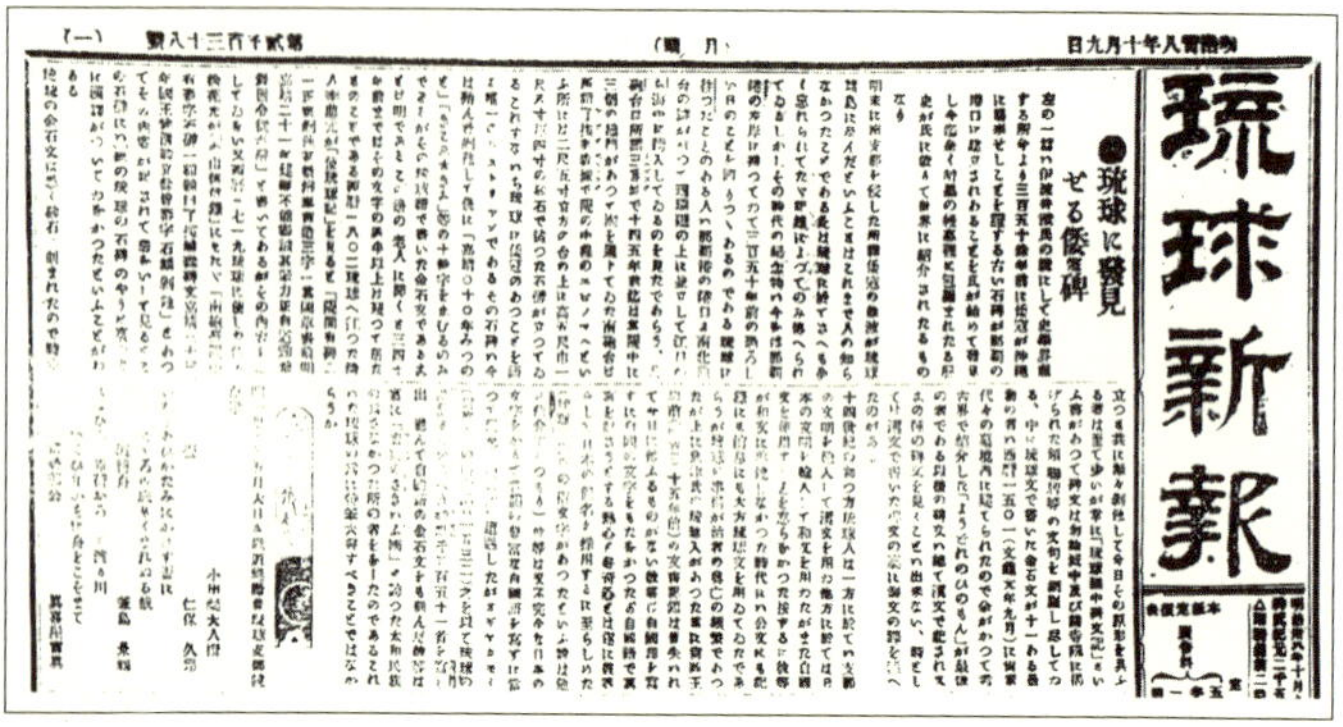
琉球新報

●琉球に發見せる倭寇碑

『琉球新報』（1905［明治38］年10月9日）の第1面トップを飾った伊波普猷の「琉球に発見せる倭寇碑」

そうして半年後に書かれたのが「琉球に発見せる倭寇碑」で、そこにはそっくりそのまま上記の加筆部分が挿入されるまでになった。この年九月発行の『史学界』の巻頭を飾った論考である。目次をみると、同じ雑誌には伊波の所属大学の長である東京帝大文科大学長・坪井《つぼい》九馬三《くめぞう》の「樺太の地名に就きて」を始めとして、大隈重信[注11]「本邦教育発達の概観」、鳥居龍蔵「満洲紀行」、遠藤萬川「富士山紀行」、選者・大町桂月の「募集 和歌」欄、マックス・ノルダ

注11 大隈重信（おおくま・しげのぶ 一八三八～一九二二）佐賀出身の政治家。明治維新後に参議、大蔵卿。明治十四年政変で失脚。明治三十一年に憲政党で日本初の政党内閣を組閣し首相となる。早稲田大学の創立者。

注12 マックス・ノルダウ（Max Simon Nordau 一八四九～一九二三）ハンガリー生まれのユダヤ人。医者、哲学者、社会評論家として、ユダヤ人国家の建設を目指したシオニズム運動の指導者。『現代文明之批判』（隆文館）が桐生悠々の訳で一九〇七（明治四十）年に刊行されている。

ウ[注12]著、桐生悠々[注13]訳の「現代の苦悶」が掲載されている。ズラリと並んだ知名士のなかにあって、一介の学生にすぎない伊波をわざわざトップバッターに抜擢し、しかも誰よりも一番多い十一頁あまりもの紙幅を与えたのは、雑誌編集人・横山達三こと、別名横山健堂によるものであったことは、ほぼまちがいない。

明治42年ごろ、大阪朝日新聞社時代の桐生悠々（井出孫六『抵抗の新聞人　桐生悠々』岩波書店、1980年）

なお、この号（第七巻第九号）には健堂自身も「東洋教育史に就きて」の一文を執筆しているが、そのほかに編集者執筆として「史学界倶楽部（四）」が付いている。そこで、たぶん横山であろうが、こんなことを書いている。――「琉球文学は未だ多く吾文壇に知られず、伊波普猷氏は琉球の貴族にし

注13　桐生悠々（きりゅう・ゆうゆう　一八七三～一九四一）金沢生まれのジャーナリスト。明治三十二年、東京帝大法科大学卒。東京府属官や博文館などをへて下野新聞、大阪毎日新聞、大阪朝日新聞、信濃毎日新聞、新愛知新聞の新聞社を渡り歩く。昭和八年八月の「関東防空大演習を嗤ふ」（信濃毎日）が陸軍や在郷軍人の批判・圧力をうけ退職。その後、個人雑誌『他山の石』を発行し戦時下を生きた。明治三十八年当時は大阪毎日新聞学芸部記者で、小説の執筆以外に、ノルダウの「吁（ああ）、澆季（ぎょうき）の世」を『天鼓』に翻訳連載している。本名は政次（まさじ）。

て文科大学に学び、琉球文学を発揮するに於て恰当《こうとう》の士たり。先きに本誌に八重山島少女の抒情詩を寄稿し、本号には琉球に発見せる和寇碑を載せらる、共に現今文壇の珍とすべきものなるべし。吾等は氏に請ひて続々琉球文学を発揮して史学界に一光彩を添ふべし」。

横山の琉球・沖縄についての着目・関心がなければ、伊波の文章は六月の「八重山乙女の抒情詩」とあわせてふたつとも、とうてい陽の目をみなかっただろう。おそらく知識としての琉球・沖縄への興味は、横山がぢかに接した伊波との付き合い、ざっくばらんな談話などが大いに預かって力があったにちがいない。そして、健堂個人の興味だけでなく、彼がいうところの「琉球文学」、それは広義の文学・文化を指しているのであろうが、伊波が次々と繰り出す琉球・沖縄の歴史や文化の具体的な諸相が、彼にひときわ新鮮に感じられたはずで、それはまた広く日本における「現今文壇の珍とすべきもの」とも判断されたと思われる。それはある種、明治国家のなかにおける異国との感覚を反映しているのであって、そのぶん強烈に彼の肌を射したとしても不思議ではない。

そうした異国的な「珍とすべきもの」がまず第一に横山の目を引いたのであろうが、それに加えて彼が伊波に期待をしたのは、その「琉球文学」が明治国家にとっては大いに称揚すべきもの、明治国家の懐の深さ、ひいては国威を増すものであったからだろう。けっして明治国家を相対化するような、ヤマトにとって危険な「琉球王国」の芽を感受したのではなかった。その意味で、先ほどの「琉球の為に特筆大書すべきこと」との伊波の文言は、用心して読む必要があるというのである。伊波が書いた字面どおりストレートに、琉球自身の為であるならばともかく、それは大和民族もしくは日本《ヤマト》国家への貢献を念頭においた意味での「琉球の為」とのニオイが私にはしてならない。だから横山としても、ヤマトにはない目新しい題材と優秀な書き手を得て、「続々琉球文学を発揮して史学界に一光彩を添」えることで、雑誌の存在価値がさらに一段と高まっていくのは一挙両得であったろう。

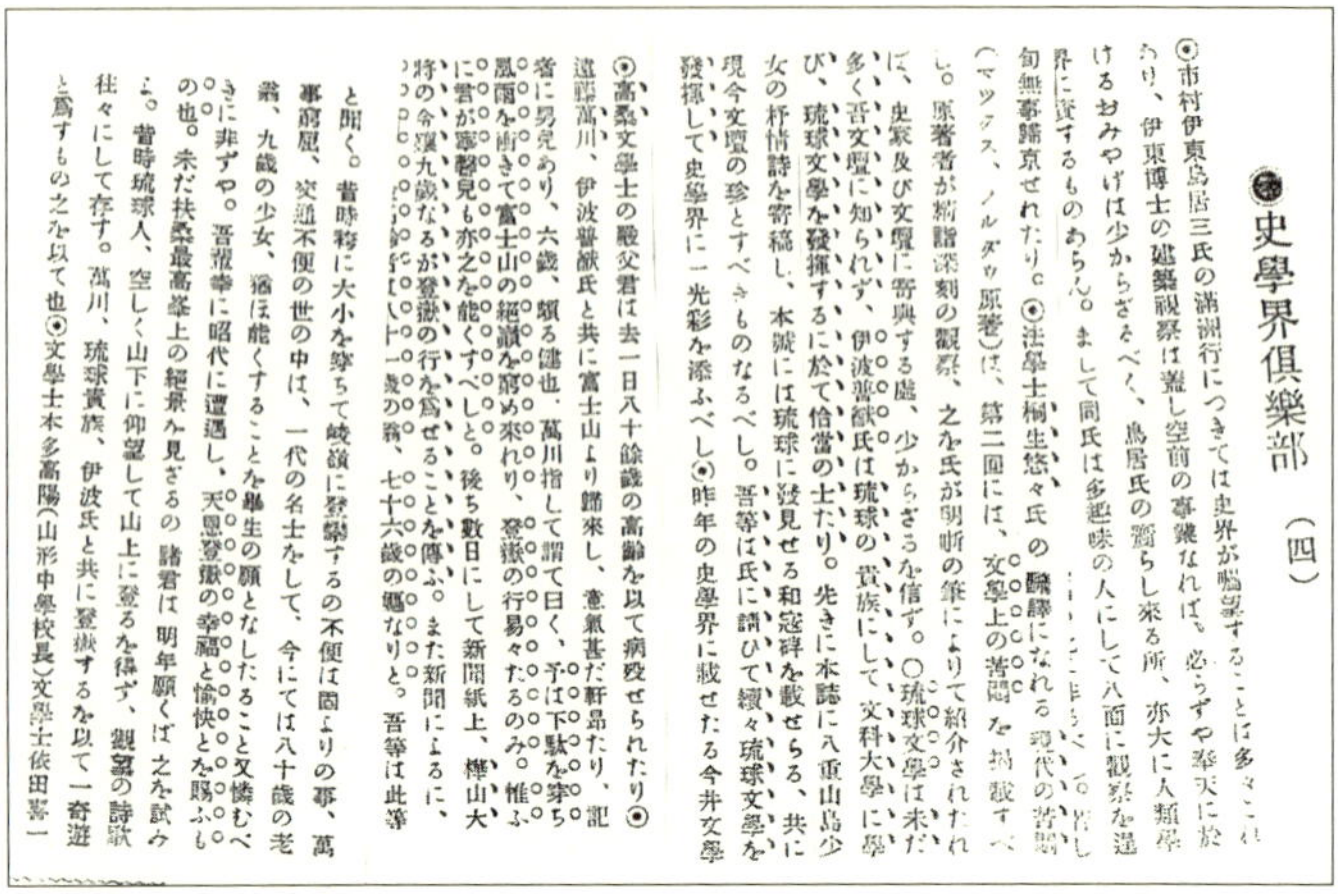

●史學界倶樂部　（四）

⊙市村伊東鳥居三氏の滿洲行につきては史界が臨望することは多々これありけ、伊東博士の建築視察は蓋し空前の事業なれば、必らずや奉天に於けるおみやげは少からざるべく、鳥居氏の齎らし來る所、亦大に人類學界に貢するものあらん。まして同氏は多趣味の人にして八面に觀察を逞[illegible]旬無事歸京せれたり。⊙法學士桐生悠々氏の飜譯になれる現代の苦悶（マックス、ノルダウ原著）は、第二回には、文學上の苦悶を掲載すべし。原著者が精諳深刻の觀察、之を氏が明晰の筆によりて紹介されたれば、史家及び文壇に寄與する處、少からざるを信ず。○琉球文學は未だ多く吾文壇に知られず、伊波普猷氏は琉球の貴族にして文科大學に學び、琉球文學を發揮するに於て恰當の士たり。先きに本誌に八重山島少女の杼情詩を寄稿し、本號には琉球に發見せる和寇碑を載せらる、共に現今文壇の珍とすべきものなるべし。吾等は氏に請ひて續々琉球文學を發揮して史學界に一光彩を添ふべし⊙昨年の史學界に載せたる今井文學⊙高桑文學士の嚴父君は去一日八十餘歳の高齢を以て病歿せられたり⊙遠藤萬川、伊波普猷氏と共に富士山より歸來し、意氣甚だ軒昂たり、記者に男兒あり、六歳、頗る健也。萬川指して謂て曰く、予は下駄を穿ち風雨を衝きて富士山の絶巓を窮め來れり、登嶽の行易々たるのみ。惟ふに君が寧馨兒も亦之を能くすべしと。後ち數日にして新聞紙上、樺山大將の令孃九歳なるが登嶽の行を爲せることを傳ふ。また新聞によるに、[illegible]七十六歳の嫗なりと。吾等は此等と聞く。昔時特に大小を穿ちて峻嶺に登攀するの不便は固よりの事、萬事窮屈、交通不便の世の中は、一代の名士をして、今にては八十歳の老翁、九歳の少女、猶ほ能くすることを畢生の願となしたること又憐むべきに非ずや。吾儕幸に昭代に遭遇し、天恩登嶽の幸福と愉快とを賜ふもの也。未だ扶桑最高峯上の絶景を見ざるの諸君は明年願くば之を試みよ。昔時琉球人、空しく山下に仰望して山上に登るを得ず、觀富の詩歌往々にして存す。萬川、琉球貴族、伊波氏と共に登嶽するを以て一奇遊と爲すもの之を以て也⊙文學士本多高陽（山形中學校長）文學士依田喜一

伊波普猷に対する期待と伊波、遠藤の富士山登山について記した『史学界』（第7巻第9号、明治38年９月）所収の「史学界倶楽部（四）」

まだ学生でありながら、健堂の目を惹くだけのモノが伊波に備わっていたとの証拠を、「我等は氏に請ひて続々琉球文学を」云々の言葉によって知ることができる。八重山乙女の論考も、そしてこの倭寇襲来の文章も、『史学界』に活字化される前に、伊波が編集兼発行人の横山や編集スタッフの遠藤佐々喜（萬川）に面白く講釈していたのではないか。

書き言葉もそうだが、こうした学術的なダベリが好きな伊波のことだから、雑誌記者が喜びそうな〝急所〟を突いたユンタクをしたらしい。でなければ、「氏に請ひて続々」との言葉は出てこないはずで、伊波が口角泡を飛ばしてしゃべっている様子が目に浮かぶ。むろん、学問的な意味づけがあっての雑談だったろうから、説得力があったのはいうまでもない。年から年中、オタク族顔負けで牡蠣のように史料にばかりへばりついていても仕様がないわけで、そこから一歩を踏み出して、自己の基本骨格となる歴史構想（あるいは仮説）を念頭に、創造的な叙述を試みる意欲がなければ何のためかということである。

2　おもろさうしの光

西暦一九〇五年七月十一日から九月十日までの約二カ月間は、東京帝国大学の「夏期休業」である。秋に新学期が始まる当時の文科大学は三学年制で、伊波普猷にとって最後の夏休みだったのだが、しかしそれはすべて休養のバカンスではなかった。

伊波は帝大二年の三学期が始まって二カ月後の五月、「八重山乙女の抒情詩」と「沖縄に固有の文字ありしや」の二篇を書いていた。先島の歌謡と沖縄の文字を歴史的に辿ったエッセイであったが、帝大における二年目の講義がすべて終了しかけた六月末には、古琉球をステージにした歴史論「阿摩和利考」に着手していた。そして夏休みの八月になると、「琉球に発見せる倭寇碑」を仕上げる。これは日本と琉球との関係史論であると同時に、前年十一月に発表した「琉球文にて記せる最後の金石文」に続く文字・言語をテーマにした研究成果ということができる。その意味では、三、四月ごろの連作「頌徳碑《しょうとく》」「頌徳碑解」「頌徳碑略解」は、オモロの読解とその応用、さらには碑文形式という点で、アマワリ論及び倭寇碑、金石文論考につらなるものといっていい。いずれもヤマトの学会誌と地元沖縄の琉球新報に展開されたことは説明したとおり。

こうした執筆作業とは別に、八月には友人の遠藤佐々喜と二泊三日の富士登頂を愉しんだ。それ以外には遠出はしなかったようだが、妻のマウシをつれて千駄ヶ谷周辺くらいは散策したかもしれない。しかしそのころ、日比谷での講和反対国民大会に始まった焼き打ち事件は、府内の各地に飛び火して、東京は十一月の下旬までの三カ月間、未曾有の戒厳令下におかれた。日露戦争の後遺症は、こうした社会的な爆発を引き起こしていたが、東京帝大でもロシアに対し強硬論を唱えていた戸水寛《とみずひろ》人《んど》・法科大学教授が、八月下旬、その政治活動のゆえをもって休職処

伊波普猷が帝大２年当時の戸水寛人（小川一眞編『Imperial University of Tōkyō　東京帝国大学』小川写真製版所、1904年）

分になる事件が発生していた。法科と文科の同じ建物に伊波もいたわけだから、戸水教授もそのメンバーであった明治三十六年六月の「七博士意見書」[注14]のことも、さらにはその後、休職手続きの不手際で山川健次郎総長が辞職に至る一連の大騒動も十分承知していたはずである。もともと政治につよい嗜好があって、とうていノンポリではなかった伊波のことだから、この帝大を揺るがせた大事件について、いかなる考えを持ち、そしてどんな反応をしたのか興味津々だが、いまのところ何もわからない。

そして九月十一日からの新学期——帝大の最終学年をまえにして伊波は、残り少ない八月を利用して、ふたつの地名に関する文章を書いた。

注14　「七博士意見書」（しちはかせいけんしょ）東京帝大法科大学教授の富井成章、金井延、小野塚喜平次、高橋正衛、寺尾亨、戸水寛人と学習院教授・中村進午が、ときの首相桂太郎に提出した満州問題に関する建言書。内容は日清戦争後における中国権益の確保政策の批判とロシアとの開戦を主張した軍事強硬論。それを読んだ伊藤博文は「学のあるバカほど怖しいものはない」と言ったそうだが、二〇一四年六月現在でいうならば、同年五月十五日、「安全保障の法的基盤の再構築に関する懇談会」（北岡伸一国際大学学長ほか十四人）が安倍首相に対し、恣意的な憲法解釈と集団的自衛権の拡大による、果てしのない軍事行動を進言した報告書のようなもの、といっていいだろう。

浦添考（一）

伊波普猷

伊波普猷による連載第１回の「浦添考」（『琉球新報』1905［明治38］年９月15日）

どちらも琉球新報に寄稿したもので、四回連載の「浦添考」と小篇「島尻といへる名称」がそれである。いまならさしずめアルバイトをして小遣い稼ぎをするような執筆といえなくもないが、こうして外見的には原稿書きで多忙の印象を与えるものの、しかし彼の心持ちとしては結構ゆとりがあったらしい。そのころは精神的に悠々としていた、と彼自身が語っているわけではないが、いちいちそんな証言をしなくとも、それは書いたものをみればわかる。彼はペンを握って苦吟するなんてことはなくて、ほとんどエンジョイしながら、これら一連の論考を次々と産み出していったと私は理解している。なぜなら、それは彼にとって無理強いされた苦行では全然なかったのであり、みずから積極的にプランを立てて実行したことだったからである。

二作のひとつ、九月十五日に始まった連載「浦添考」だが、この題材を伊波は急に思いついて書いたのではなかった。そのころの彼が、すでに琉球史について、かなりの知識と彼なりの知見を有していたことは、これまでの私の説明からもわかるかと思う。その勉学の過程でいくつもの疑問が湧き出てきたのは当然で、そのなかで彼がさまざまな史料を読み解き、個々に答えを出したひとつがこの論考である。連載初日、冒頭の箇所で伊波は、次のように書いている。「沖縄の歴史をしらべたことのある人は浦添といふ名称が沖縄の上古史から離すことの出来ない名称であることに気が付くかもしれない。むかし舜天や英祖や察度のやうな王者を出した浦添は果してどんな所であつたらう」。

琉球史の初期に活躍したこれらの政治的リーダーについては、伊波が第三高等学校に入学してまもないころの作、「琉球の歴史と其言語と」（『嶽水会雑誌』第九号、明治三十四年三月）において、その蘊蓄が披露されていた。その当時「沖縄の歴史をしらべた」彼も、察度たち英傑を次々と輩出した土地が浦添だと「気が付」いてはいたのであり、その関心が長らく続いて、その後に接したオモロや各種の碑文が、一気に浦添の政治風土や人びとの生活を掘り起こす作用となったようにみえる。

上記の文章に続けて、伊波は浦添の漢字二文字が当て字であることを述べたのち、琉球の史料が浦添をどのように表記したのかを具体的に示していく。最初にヒントを与えたのが「ようとれのひのもん」で、次に問題解決へと大きく導いたのが『おもろさうし』であったらしい。それら史料からの引用事例として、「うらおそい」又は「ももうらおそい」等が幾例も明示されているのを見ると、先に述べた私の推測、伊波が独

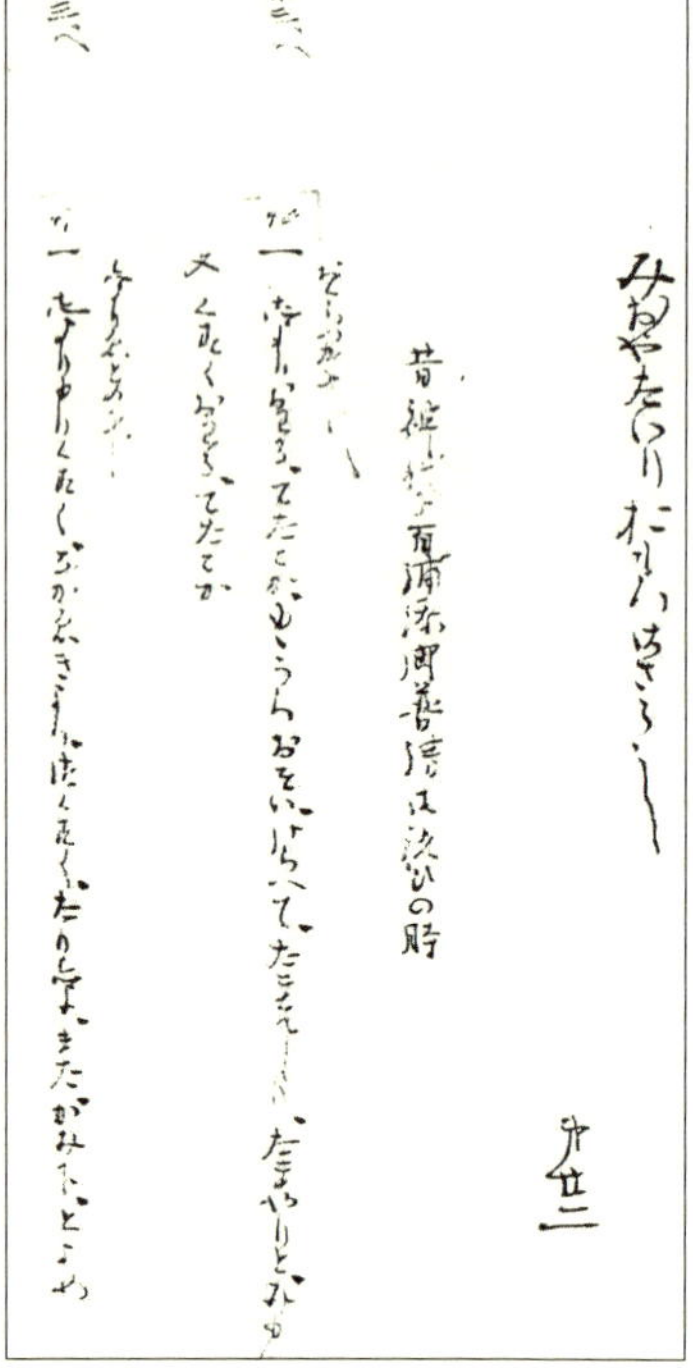

田島利三郎が伊波普猷に与えた自筆の『おもろさうし』（第22、「みおやだいりおもろ御さうし」）に表記された「ももうらおそい」の箇所

自に研究をすすめていった道筋がそれほどの見当違いでもないことがわかる。

この「浦添考」はしかし、たんなる地名・語源論ではない。浦添という伊波の時代には何の変哲もない辺鄙な一地方が、かつては琉球の政治や経済の中心であった事実を論証した歴史論なのであった。ということはつまり、その後の琉球・沖縄史において、圧倒的な存在を示すことになる首里・那覇の形成にあたって、その礎となる場所を浮かび上がらせることとなった。首里・那覇中心史観に曇った目を大きく転換させる役割をしたのである。

有史以前からあたかも首里が政治の都であり、かつまた貿易港としての那覇が古来琉球の中心であったとの、当時の誰もが疑いもしなかった通念を、伊波普猷は実証的に批判した。彼自身最初からそうした明確な意図のもとに執筆したわけではない。そうではなくて、おそらく浦添の語源を調べるうちに、自然にわかったことではあったが、結果として沖縄に定着していた一般常識を大きく訂正することになった。

一九〇五（明治三十八）年九月十五日の連載第一回目で、彼は「うらおそい」と表記された古語が「しまおそい」と同様に、島を治める、国を支配するの意味であることを説明しながら「浦添考」を書きすすめる。たとえば「もんだすい」、つまり首里城本殿を指す言葉は、『おもろさうし』によく出る「ももうらおそい」の転訛したもので、「世そうもり」

伊波普猷が２年を終えたころ、戸水事件で揺れた東京帝大法科・文科大学（『東京帝国大学五十年史』上冊、東京帝国大学編・刊、1932年）

と同じく、浦々やシマジマを支配するとの用例を掲げながら論述していく。

この辺の箇所は、「ようとれのひのもん」や『混効験集』『おもろさうし』を使って、次から次へと実例を示しながらの畳みかけるような叙述であって、読む者が疑問を発する余地がないほどに、一気に「うらおそい」＝「国を治める所」の意味を納得させてしまう。そして九月十九日の連載第二回目では、上記の結論をうけて、浦添がほんとうにその名称「うらおそい」にふさわしいところであったのかの記述になる。

ここで伊波の筆は浦添と源為朝の関係から説き起こす。為朝と琉球女性とのあいだに生まれた尊敦《そんとん》が、十五歳で浦添按司になり、利勇[注15]という悪政者を倒し、一一八七年に舜天《しゅんてん》となって新しい王統を開いたと書く。王朝とはいっても浦添からそう遠くない範囲の支配であった時代背景と、それに続いて登場した「ゑぞのいくさもい」と呼ばれた英祖を、古謡のオモロでもって想像せしめ、一代の英傑・察度もすべて浦添の人間だったと強調する。

こうした説明はそれはそれでいいのだが、私がすんなりと読みすすむことが出来ないのは、明治三十八年当時、琉球・沖縄の歴史や文学、文化全般に抜群の力量をみせていた伊波普猷が、何の躊躇もなく舜天王朝から歴史を書き始めていることである。というのも、舜天をふくめ彼に続く二名の後継者、舜馬順熙[注16]と義本[注17]が実際に存在したのかどうか

注15　利勇（りゆう　生没年未詳）主君である天孫氏二十五世を毒殺して中山王になった逆臣、と『中山世鑑』に記述されている。

注16　舜馬順熙（しゅんばじゅんき　一一八五～一二四八）舜天王統二代目の王で、一二三八年～四八年在位と『中山世鑑』が書いているだけで、その存在は不明。

注17　義本（ぎほん　生没年未詳）舜馬順熙のあとを継いだとされる三代目の王。一二四九年～五九年在位。支配地の政治が乱れたため、自分の不徳を愧（は）じて英祖に地位を譲ったといわれるが、これなども『中山世鑑』が根拠を示さずに書いているだけで、一切は不明。

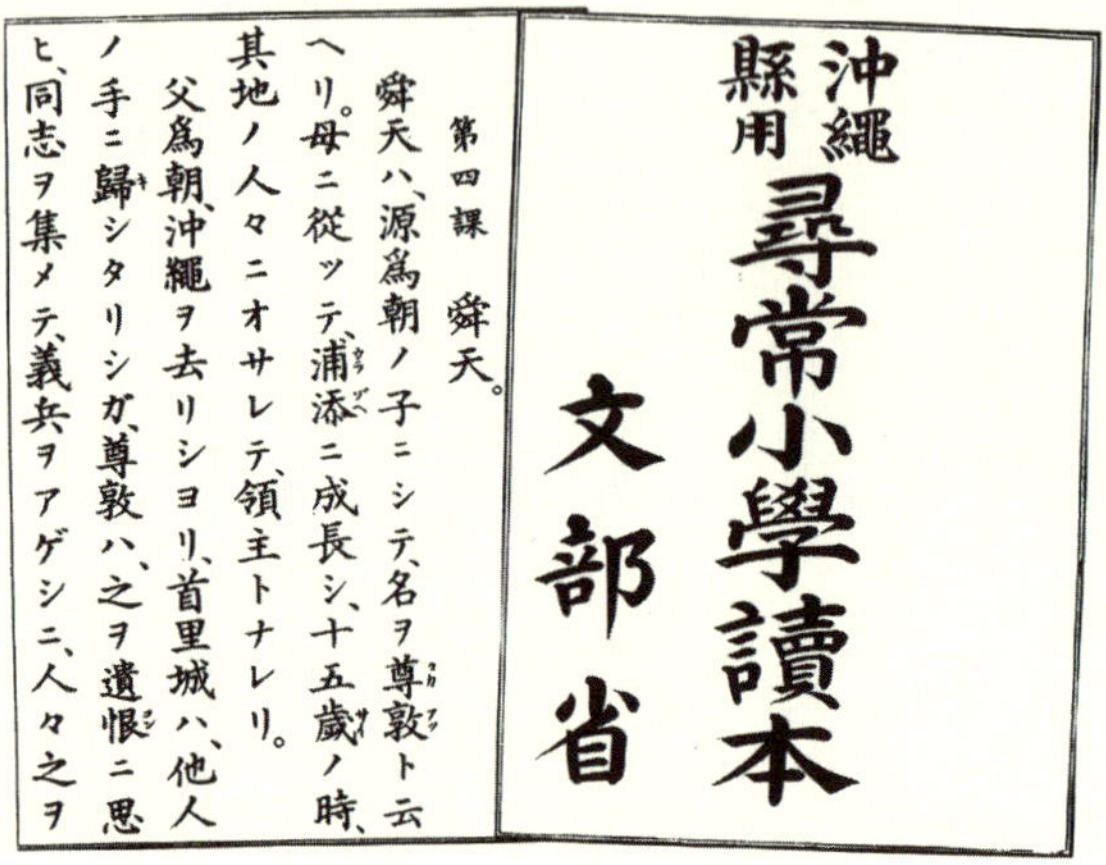
沖繩縣用
尋常小學讀本
文部省

第四課　舜天。

舜天ハ、源爲朝ノ子ニシテ、名ヲ尊敦ト云ヘリ。母ニ從ッテ、浦添《ウラゾヘ》ニ成長シ、十五歳《サイ》ノ時、其地ノ人々ニオサレテ、領主トナレリ。

父爲朝、沖繩ヲ去リシヨリ、首里城ハ、他人ノ手ニ歸シタリシガ、尊敦ハ、之ヲ遺恨ニ思ヒ、同志ヲ集メテ、義兵ヲアゲシニ、人々之ヲ

源為朝の子・舜天が浦添の領主になったとの教科書記述（『沖縄県用　尋常小学読本』巻7、文部省、1899年）

の証拠は何もないにもかかわらず、彼らの存在を事実として承認しているからである。これを読む者としてはまったく雲を掴むようなもので、神話世界か空想小説、ユタばなしと大差はないのだが、その地点から伊波が出発していることに注意を要する。

　むろん伝承によるこうした口碑の類も頭から否定されるべきではないし、ヤマトと琉球の間の人的往来や

物的流通が人びとの口から口へと親しく伝わってきた痕跡ともいえるし、あるいは海の彼方の異域に対するあこがれが、琉球びとの深層に沈澱してきたものであったかもしれない。文字・文献至上主義になっても偏りが生じるのであるから、これはこれでひとつの可能性として留保しておけばいいのである。

それにしても、第二尚氏の正史『中山世鑑』が記述して以降、琉球の内外に広まったこの舜天王朝認識を、実証を重んじる学究たる伊波が疑問も批判も加えずに、すんなりと受け入れるに至った心性は何に由来するのだろうか。

いや、これは明治三十八年の時点で彼だけを責めるのはちょっと酷であって、もう少し彼を取り巻く日本と沖縄の関係を斟酌する必要がある。根本的な起源の詮索はさておいて、いま注意しておくべき点を、伊波との直接的関連でひとつだけ明示しておく。それは彼の恩師田島利三郎の琉球認識である。田島はかつて琉球の歴史を概説したとき、最初にこう書いている。「源頼朝、[注18]平氏を西海に戮《りく》にして、日本六十余州の総追捕使となりし翌年、即ち紀元一八四七年（文治三）彼れの従弟なる尊敦といふものも、亦《また》琉球の国主となりぬ。後に之を舜天王と称す。鎮西八郎為朝の子にして、母は大里按司の妹なりといふ。」明治三十三年二月の『圀光』（第一八八号）に収録された論考、「琉球語研究資料」からの引用である。

私からすれば、アマワリ論などにおいて俗説・珍説・空論に対し、あれだけ切れ味鋭い批判力をみせた田島が、為朝渡来に始まるほとんど荒唐無稽ともいうべき伝説を、確固不動の史実としていることはじつに不可解というほかはない。田島が厳正な実証史家だったら、必ずやアマワリ論と同じく徹底的に叩いたことだろうと私は信じている。為朝論で彼がそうしなかったのは、明治ヤマト国家中心史観のなせるわざであったといっていい。この点に関しては、すでにこの連載の始めの方でしゃべったので省略するが、田島は明治三十一年一月の『国学院雑誌』（第四巻

注18　源頼朝（みなもとの・よりとも　一一四七～一一九九）鎌倉幕府の創立者で、征夷大将軍。平氏を滅ぼして、武家政治を確立した。

1894（明治27）年５月、沖縄県尋常中学の修学旅行中、奈良の東大寺南大門にて（右端が田島、左端が伊波）（『目で見る　養秀百十年』養秀同窓会編・刊、1990年）

第三号）に寄稿した小文「混効験集　一名琉球の内裏言葉」で、冒頭こう明言している。——「琉球は往古よりわが国の一部分なりき。」

それ以前の明治二十八年、彼が沖縄にいて琉球新報の記者だったころに書いた「所謂慶長の乱の琉球に与へたる利害」では、島津は琉球王国を侵略・征服したのではない、島津の附庸国・琉球を懲戒したのだと公言している。簡単にいうと、琉球は大昔から日本のモノだと言いたいのである。前記の二論考ほど、田島利三郎という文学者の琉球・沖縄に対する支配意識が、明治天皇制国家の峻厳かつ容赦ない態度として、これほどまであからさまに表現されているのも珍しい。私などはそれを読むたびに、いったいオマエたちヤマトはどこの何様かと言いたくなる。いくら何でももう少しは遠慮してもよかろうにと思うのが正直なところで、しかしこうした彼の思考をみると、なるほどいかにも皇典講究所に学んだ者だと納得する。

それにしても、わがウチナーンチュたちはこうした筋金入りの国家主義的ヤマトゥンチューを日々相手にしていたのだと思うと、同情というか、彼ら先人たちが妙にいじらしくなる。田島に限ってそんなはずはないと、もし不信に思うのであれば、直接彼の著作に当たってみるがよい。

尚巴志が三山を統一するまで、舜天、英祖、察度と続く王統はすべて浦添の人間だった、と伊波は「浦添考」に記した。連載は実際に存在したのか曖昧な舜天をも事実と認めたうえで、彼らを輩出した浦添の歴史と地理へとはなしをすすめていく。

政治上の中心地たる浦添を、かくも長く維持せしめたもの——それを

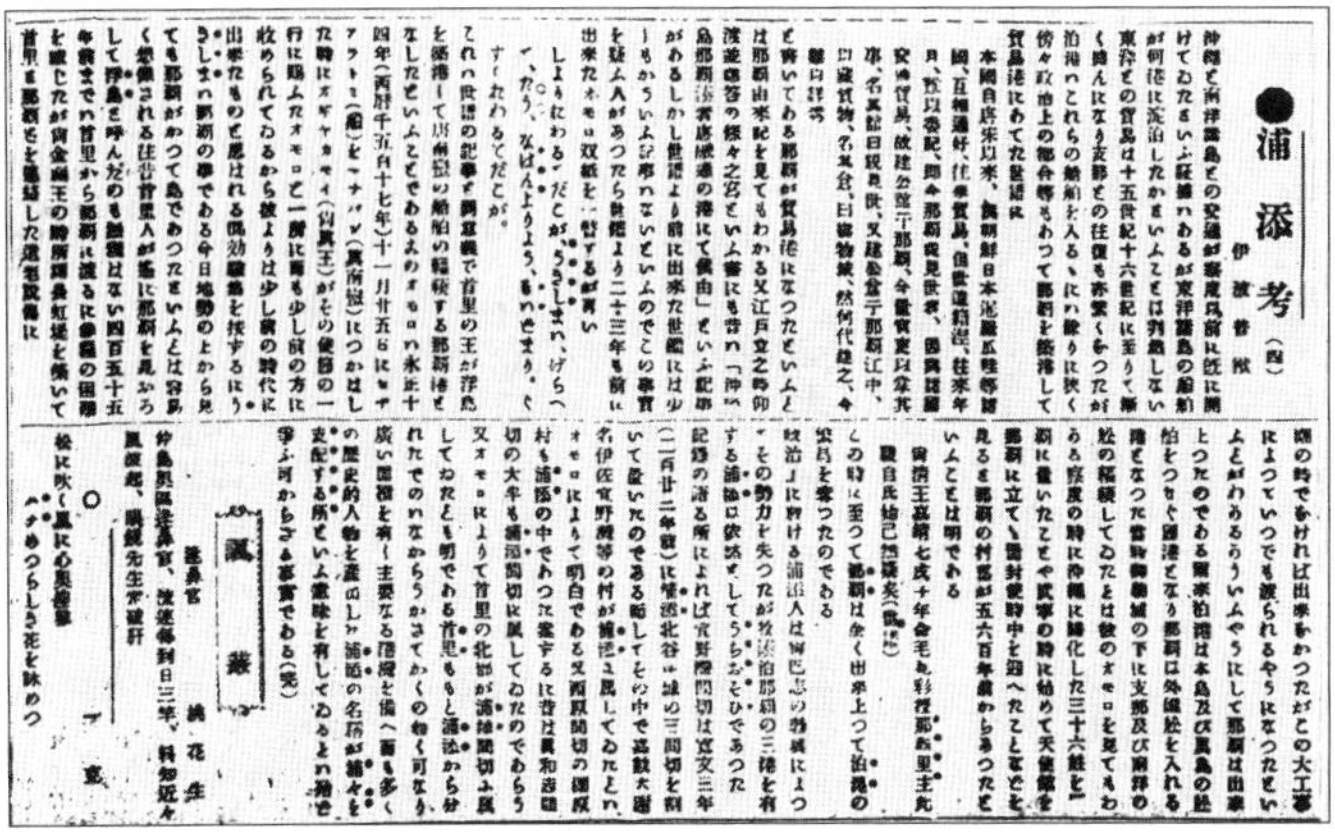

自信にみちた文体と論調におおわれた「浦添考」の連載最終回（1905［明治38］年９月23日付『琉球新報』）

論じるのに伊波は、武力と知力にたけた英雄たちを支える経済力に視点を向ける。明治三十八年九月二十一日と二十三日の『琉球新報』連載第三回目と四回目は、牧湊、泊、那覇の港について説明する。察度時代に「倭人」（日本人）と琉球人が鉄を売買した牧那渡《まちなとぅ》の港。そこからほど近い泊港について彼は、『おもろさうし』の「第十五　うらおそいきたたん　よんたむざおもろの御さうし」から最初の一首を引く。「あさとおきて　おやみかま　かまゑつむ　しよりおやぐに　あめくぐちおやどまり　なはどまりおやどまり」――このオモロを手始めに、伊波は「あめくぐち」、つまり天久の港が泊港で、なはどまりは那覇港であることを説明。安里掟《うっち》がいくつもの離れジマからの貢納物を受け取っていたこと、さらには天久口の泊は安里村の一部であったことや、当時の那覇はごく小さな島にすぎなかったことを解きほぐしていく。

　翻って英祖の時代、久米島、慶良間、伊平屋、奄美が入貢し、察度のときになると宮古と八重山が従う。こうして繁栄していく浦添を誉め称えたのが、次のオモロ、「きこゑ　うらおそいに　にしひがのかまへもちよせて　とよむ　うらおそいに」である。名高い浦添に東西の貢納物が集積してくる様子が謳われている。そして、十五世紀以降に入ると、南洋諸島からの船舶が交易で頻繁に姿をみせる。もはやそれまでの泊港では手狭になったため、新たに那覇港が造営されて、貿易港としての地位を確立する。そこで伊波が引用するのが、「しよりおわるてだこが　うきしまは　げらへて　たうなばん　よりやう　なはどまり　ぐすくおわるてだこが」のオモロ。「浮島」である那覇に港を造って、「たうなばん」（唐南蛮）からの出船《でふね》入船《いりふね》が盛んになっていったという意味である。

首里からみた那覇が「浮島」（小島）であったという視覚のパノラマを想像させる箇所など、いかにも文学的イマジネーションに富んだ伊波らしい。彼の筆はオモロの詩的一面にとどまらないで、そうした詩情をはぐくんだ琉球社会を経済の面から同時に思考していく。複眼的というか、そうした経済的基盤とそれを舵取りする政治力をつねに意識するのを忘れない。そのための資料として、『中山世譜』『那覇由来記』[注19]『江戸立之時仰渡並応答之条々之写』[注20]『遺老説伝』などを、オモロと組み合わせて立体的に歴史を構成していく。帰化した閩《びん》三十六姓を住まわせ、親見世と御物城を設置し、さらには天使館[注21]も建設したのが那覇であり、ついには首里と那覇の両地をつなぐ一大交通網として長虹堤[注22]の大工事を行

注19　『那覇由来記』（なはゆらいき）
琉球王府時代の呼び名である那覇四町（よまち）（東、西、泉崎、若狭）に関する事蹟の由来を集成したもの。島津の琉球侵略からちょうど一世紀後の一七〇九年に編集された。

注20　『江戸立之時仰渡並応答之条々之写』（えどだちのときおおせわたしならびにおうとうのじょうじょうのうつし）
伊波普猷は『沖縄女性史』（小澤書店、一九一九年）のなかで「百年前の琉球婦人」の図を、また同じ図を「琉球女人の被服」（『被服』第十四巻第五号、一九四三年九月）で「寛永頃の琉球婦人」として、この文献を使っている。田島利三郎に初めて教えられた資料。

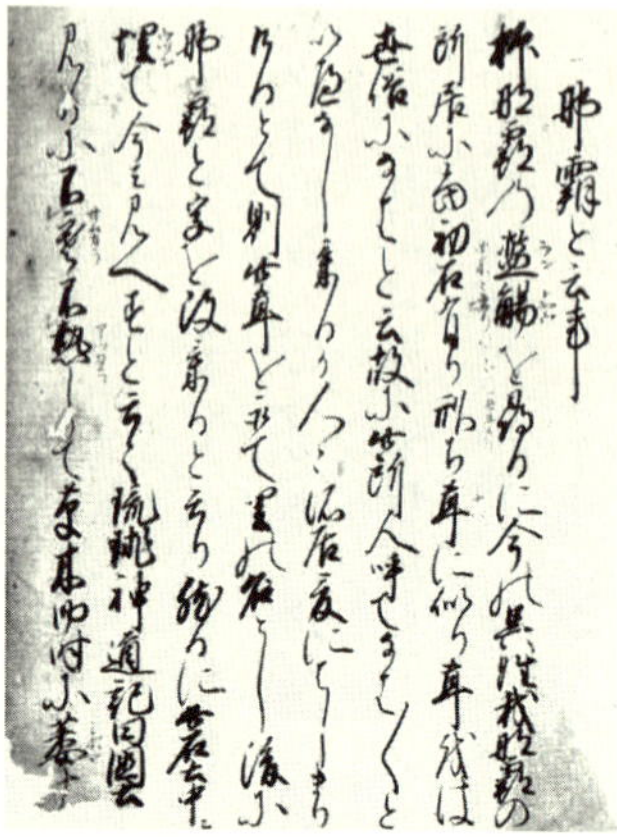

伊波普猷が使用していた1879年の写本『那覇由来記』（琉球大学附属図書館伊波文庫所蔵）

う。

中山の繁栄が浦添の地から、徐々に首里・那覇へと移動していく過程が社会経済史の観点から描かれていくのが、この「浦添考」である。政治的な興亡だけに彩られていた「阿摩和利考」との違いが、この点において明瞭になるのだが、それはそのまま伊波の歴史と社会を見る目が広角レンズになり、人間社会を根柢で動かすものに対し、よりいっそう理解が深まっていくことを示している。牧湊、泊、那覇はいずれも当時は浦添間切だったのであり、「うらおそい」の名称は文字通りシマジマを支配する意味であったと、伊波は「浦添考」のモチーフを繰り返して文章を閉じる。七月に発表した「阿摩和利考」

注21　天使館（てんしかん）中国からの冊封使一行が宿泊した建物で、すべて中国風スタイル。十四世紀ごろの創建といわれる。伊波普猷の生家のすぐ近くにあった。

注22　長虹堤（ちょうこうてい）御嶽のイビガマから安里橋（通称は崇元寺橋）までの、約一キロの石積海中道路。冊封使の来琉に備えて、尚金福王時代の十五世紀半ばに完成した。

からはまだふたつきしかたってはいないが、『おもろさうし』や『中山世譜』といった一次資料が、従来の文学面に限定されない多彩さをもって活用されるに至った。そしてもうひとつ彼の所論で着目すべきものは、「オモロによりて首里の北部が浦添間切に属してゐたことも明《あきらか》である首里もと浦添から分れたのではなからうか」の一節を付け加えたことである。

つまり、首里城を中心にした古都・首里が、有史以来の中心地ではなく、いま現在は片田舎にすぎない浦添から首里が分岐したのではないかと疑問を呈したのである。私は生まれてこの方ずっと首里に住んできた生粋のシュインチュだが、いまから一〇〇年以上前の首里士族たちがこの問いかけを聞いたとき、どう思ったか。相当なショックというか、まま憤激の気持ちさえ起こしたのではないかと想像する。まさに沖縄の政治、社会、文化をリードしてきた首里の固定観念をゆさぶるものではなかったろうか。

こうした内容の歴史論を、実名でしかも沖縄の新聞に書いた伊波には、もはや匿名で書くほどの遠慮も不安もなかったにちがいない。同じ士族であっても首里の出身でなく、没落しかけたナーファンチュだったことも、いくらか作用していたような気がする。しかし何よりも、帝大で最先端の学問を修めつつ、主張する内容への確たる自信が最も大きかった。たとえば、「浦添考」末尾の文章――「かくの如く可なりの歴史的人物を産出した浦添の名称が浦々を支配する所といふ意味を有してゐることは殆ど争ふ可からざる事実である」を見るがいい。先ほどの「～も明である」といい、この「事実である」との断定的に言い切った語調に、伊波の半ば昂然とした面構えが彷彿とするのではないか。かつての、ひとの顔色を見ながら、語尾を濁したようなモジモジした態度はもうどこにもなかった。私は以前に彼の署名がこのころを境にして本名を書くようになったと指摘したが、ヤマトと沖縄で署名を使い分ける必要も、またあえて匿名を使う気持ちもすっかり消えていた。

1961年、伊波普猷の「浦添考」にちなんで浦添城趾に建てられた伊波の顕彰碑と墓地（『伊波普猷全集』第11巻、平凡社、1976年）

明治九年、西暦一八七六年生まれの伊波は、この年一九〇五（明治三十八）年に数えで三十歳を迎えた。『論語』は「吾十有五而志乎学／三十而立」という。孔子は十五で学問に志し、三十の歳すなわち「而立《じりつ》」で人間としてみずからの足で立った。伊波もまた同じ歳に「自立」したといえようか。

一九〇五（明治三十八）年、伊波普猷は九月十五日に始めた「浦添考」の連載を二十三日に終了した。

しかし隔日発行だった二十五日を休むと、二十七日にはまたもや『琉球新報』に「島尻といへる名称」が掲載された。おそらく、このふたつの論考は当時の郵便事情及び、掲載日からして、ほとんど同時に仕上げて一緒に琉球新報社へ送られたはずである。

その表題からもわかるように、二作とも地名の由来、つまりその語源解釈をつうじて浦添と島尻の歴史を考察したものである。しかし、それは浦添と島尻という一地方から登場した豪傑たちが、琉球の戦国時代ともいうべき三山鼎立をへて、琉球の歴史を大きく動かしていく胎動の叙述でもあった。

ここでのテーマとなる「島尻」の名称は、その当初から沖縄島南部全体を意味するものではなかった、と伊波はいう。もともとはあるひとつの間切の名前であって、それがいつしか南部一体を指すようになっていくというのが、この論考の趣旨である。

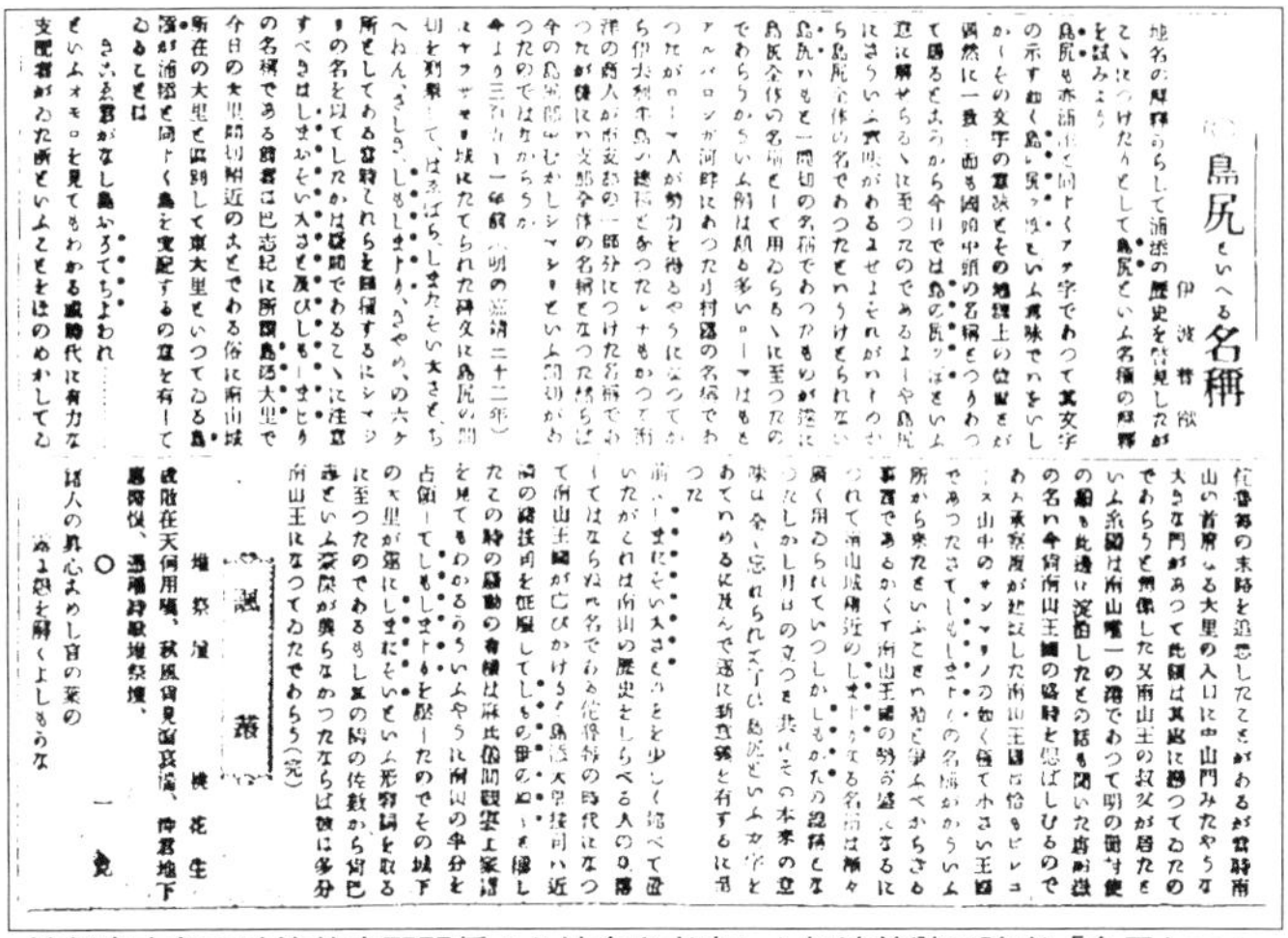

沖縄島南部の政治的支配関係から地名を考察した伊波普猷の論考「島尻といへる名称」（明治38年９月27日付『琉球新報』）

こうした考えを展開するのに、伊波はまず屋良《やら》座森城《ざもりぐすく》にある碑文を持ち出す。「ヱビの前」に建っている石碑をここでもうまく使うまでに、彼が読み込んでいたことがわかるだろう。そのなかに記された「しもしまじり」が、いまの糸満市大里の南山城周辺の地域名であり、具体的には高嶺や東風平、兼城《かねぐすく》、真壁などだと説明する。そして、「しもしまじり」の「しも」は中頭《なかがみ》の「上方《うぇーかた》」に対する「下方《しもかた》」の意であって、「しまじり」がシマを知る、またはシマを治めるの意味であることをオモロを使って裏づける。

言語面からの変遷は大概こうだが、この変化は大里按司が承察度[注23]となって山南王の位に就き、その後に汪応祖[注24]、他魯毎[注25]が君臨した政治上の繁栄が大いに関係しているのだと伊波は記述するのを忘れない。その政治的勢力圏の拡大に伴って、「しもしまじり」はやがて「しもかた」の総称になっていったわけである。

なお、南山城下の「しもしまじり」の大里とは別に、大里間切付近に「しまおそい大さと」がある。南山の力が弱まったときに、勢力を伸ばして「しもの世のぬし」と自称した按司だが、その「しまおそい」の用語がこれまたシマを統治する意味だと、この論考でも伊波はオモロの事例を引いて納得させる。そして、「しまおそい」に「島添」の漢字を充てたことは、「うらおそい」に「浦添」を充てたのとまったく同じだと、

注23　承察度（しょう・さつと　生没年未詳）十四世紀後半に活躍した山南王（南山は俗称）。元来は「ウフサト」と呼び、「大里」の字をあてたといわれる。一三八〇年から九六年まで、中国の明に進貢を行い、官生を派遣した。

注24　汪応祖（おう・おうそ　生年未詳～一四一四）承察度のあとを継いだ山南王。一四〇四年に冊封されて以後、進貢貿易を盛んにした。兄の達勃期（たぶち）に殺害された。

注25　他魯毎（たるみい　生年未詳～一四二九）一四一五年に冊封を受けた山南王。尚巴志が所有する金の屏風と湧泉で名高い嘉手志川（かでしがー）を取り換えたと伝えられる。一四二九年に尚巴志に滅ぼされた。

1930年代の南山城址。現在地は糸満市大里で、高嶺小学校が建っている（『絵はがきにみる沖縄　明治・大正・昭和』琉球新報社、1993年）

両者を関連づけてみせた。まさに「浦添考」の姉妹篇というべき内容であって、私はタイトルもいっそのこと「島尻考」とした方がよかったのではないかと思ったりする。

伊波は「島尻といへる名称」の冒頭で、「地名の解釈からして浦添の歴史を瞥見したが、こゝにつけたりとして島尻といふ名称の解釈を試みよう」と書いている。「つけたり」とはまったくの謙遜であって、このふたつの論考は同時併行に考察しながら、そのあと連続して書き上げたものであろう。資料として碑文やオモロ、麻氏の家譜が使われているのは不思議でないとしても、問題となる点が洋の東西に共通するものであることをいうために、伊波は読者をさらに説得すべくいくつかの事例を挟み込む。たとえば、ローマの名称が最初はアルバロンガ河畔の小村であったものが、ローマ人の勢力拡大に伴ってイタリア半島の総称にまでなったこと、そしてシナ（支那）の名称も南洋の商人たちが南中国のごく一部を呼んでいたのが、やがて中国全体を指すようになったのだと彼は語る。

いや、このへんはいかにも帝大在学中の伊波らしい。琉球史や国史にかぎらず、広く中国史や西洋史の文献を漁り読む学生であったのだろうが、ちょっとした逸話やエピソード、こぼれ話など、仕入れた知識をここぞとばかりに、じつにうまく採り入れている。承察度の南山王国をピレネー山脈のサンマリノ共和国[注26]になぞらえるところなども、とても親の臑《すね》をかじっている大学生とは思えない感覚である。こうした事例、ハッ

注26　サンマリノ共和国
イタリア半島中東部にある世界最古の共和国。一八六一年、イタリアと友好善隣条約を締結し、主権と独立を確立した。世界で五番目に小さいミニ国家。公用語はイタリア語で、人口は約三万人。毎年四月と十月に議会議員のなかから互選した執政二人が元首となる。二〇〇八年、サンマリノ旧市街のあるティターノ山がユネスコ世界遺産に登録された。

と目を引く比較でもって自分の言いたいことをどんどん先に進めていく技量は、そのまま文章の味わいをゆたかにしていくだろう。先進文明から遠くかけ離れた島尻という辺鄙な地が、ローマやサンマリノの形成と一脈相通ずるのだと思うと、これを読んだ当時のウチナーンチュたちも、少しは心晴れやかな気分になったのではないか。何といっても、それまでの沖縄ではついぞ目にしなかった類の文章だけに、この一篇の論考にみられる視界の拡がりは、やはり彼が高等学校に進学し、帝大に学んだ賜《たまもの》だと思わざるをえない。

これで伊波普猷が明治三十八年末までに雑誌と新聞に書いた文章の説明は、すべて終わった。あと、翌年の正月にかけて二つばかり小文があるが、そう大したものではない。彼はおそらく明治三十九年が明けるとともに卒業論文の執筆に取りかかったと私は推測している。つまり、明治三十八年九月と十月に琉球新報に掲載した「島尻といへる名称」と「琉球に発見せる倭寇碑」をもって、彼の卒論準備はほぼ完了したと考える

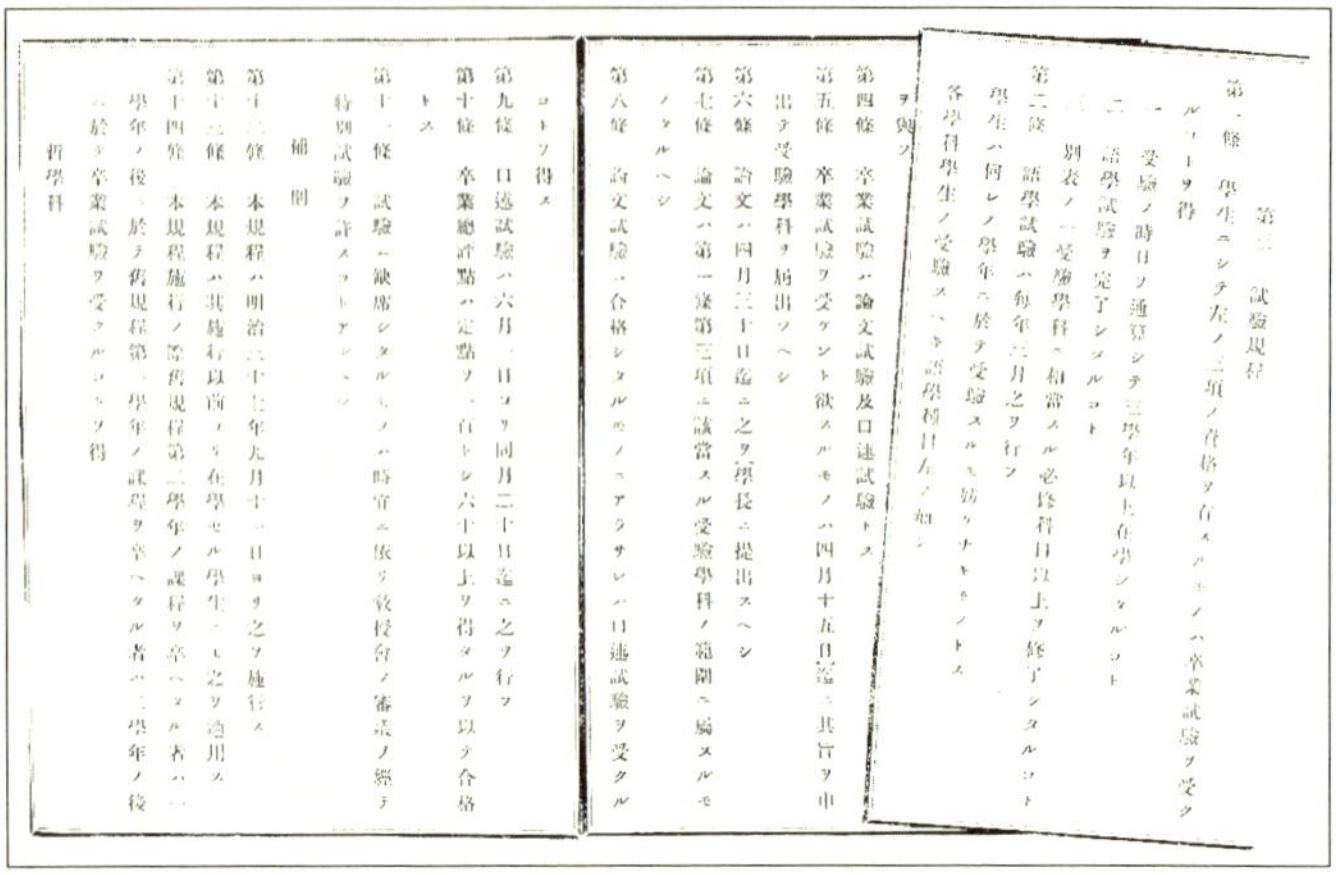

第三 試驗規程

第一條 學生ニシテ左ノ三項ノ資格ヲ有スルモノハ卒業試驗ヲ受クルコトヲ得

一 受驗ノ時日ヲ通算シテ三學年以上在學シタルコト

二 語學試驗ヲ完了シタルコト

三 別表ノ一受驗學科ニ相當スル必修科目以上ヲ修了シタルコト

第二條 語學試驗ハ毎年三月之ヲ行フ

學生ハ何レノ學年ニ於テ受驗スルモ妨ケナキモノトス

各學科學生ノ受驗スヘキ語學科目左ノ如シ

ヲ與フ

第四條 卒業試驗ハ論文試驗及口述試驗トス

第五條 卒業試驗ヲ受ケント欲スルモノハ四月十五日迄ニ其旨ヲ申出テ受驗學科ヲ届出ツヘシ

第六條 論文ハ四月三十日迄ニ之ヲ學長ニ提出スヘシ

第七條 論文ハ第一條第三項ニ該當スル受驗學科ノ範圍ニ屬スルモノタルヘシ

第八條 論文試驗ニ合格シタルモノニアラサレハ口述試驗ヲ受クルコトヲ得ス

第九條 口述試驗ハ六月一日ヨリ同月二十日迄ニ之ヲ行フ

第十條 卒業總評點ハ定點ヲ一百トシ六十以上ヲ得タルヲ以テ合格トス

第十一條 試驗ニ缺席シタルモノハ時宜ニ依リ教授會ノ審査ヲ經テ特別試驗ヲ許スコトアルヘシ

補則

第十二條 本規程ハ明治三十七年九月十一日ヨリ之ヲ施行ス

第十三條 本規程ハ其施行以前ヨリ在學セル學生ニモ之ヲ適用ス

第十四條 本規程施行ノ際舊規程第二學年ノ課程ヲ卒ヘタル者ハ一學年ノ後ニ於テ舊規程第一學年ノ課程ヲ卒ヘタル者ハ二學年ノ後ニ於テ卒業試驗ヲ受クルコトヲ得

哲學科

卒業論文の提出とその期限などを定めた「試験規程」（『東京帝国大学一覧　従明治三十八年至明治三十九年』東京帝国大学、1905年）

のである。その理由はあとでも言うが、この時点で卒論に書くべき中身はすっかり出揃ったからにほかならない。

というのも、卒論については東京帝国大学文科大学の「試験規程」第六条に、「論文ハ四月三十日迄ニ之ヲ学長ニ提出スヘシ」と明記されていたからである。そして、第五条は「卒業試験ヲ受ケント欲スルモノハ四月十五日迄ニ其旨ヲ申出テ受験学科ヲ届出ツヘシ」となっていた。帝大を卒業しようとする学生にとっては、「卒業試験ハ論文試験及口述試験トス」の第四条とともに、当然すぎるこの日程が頭にあったことはいうまでもない。

通常の三年で卒業するつもりの伊波は、四月三十日の提出期限を念頭に、いよいよ彼の勉学の集大成となる卒業論文に着手するのである。

3 卒業論文の執筆

明治三十八年の九月、伊波普猷は東京帝大の最終学年を迎えた。当時はいまと違って三学年制であったが、その三年目が始まったとき、彼の卒業論文の中身はすでに頭のなかではおおよそ出来上がっていた。二年が終了して最後の夏休みとなったころに書いた一連の論考、「阿摩和利考」「琉球に発見せる倭寇碑」「浦添考」「島尻といへる名称」は、卒論の執筆をまえにした伊波の余裕のようにみえる。島津侵略以前の琉球史に題材を採った歴史論を、沖縄の人びとに楽しく語りきかせるゆとりをみせたのも、まずもって卒論の骨格があらかた整っていたからであろう。

こうして伊波は、翌明治三十九年四月末の卒論提出まで、あれだけ盛んに行っていた新聞・雑誌への寄稿を一切抑制して、卒論に集中するこ

伊波普猷が東京帝大２年目の1904（明治37）年、本郷での運動会（小川一眞編『Imperial University of Tōkyō　東京帝国大学』小川写真製版所、1904年）

とになる。たぶん明治三十八年いっぱいは大学の課業をこなしながら、論文の構成とその内容を整理する時間にあてたのではないか。その構成を組み立てたのち、新年になってから執筆にとりかかったはずである。それは論文中に、「二百三十一年前にこの世を去りし琉球の王子向象賢《しょうじょうけん》」とあるのでも、また「二百九十七年前に於ける島津氏の琉球征伐によりて」の文句でも、更には「百八十七年前、琉球に使せし清人徐葆光《じょほこう》氏がその著中山伝信録」云々とあるのでもわかる。それぞれ起算すれば西暦一九〇六年、明治三十九年になる。

かくて、卒業論文の題は「琉球語の音韻組織並に名詞、代名詞、数詞、係結に就いて」となった。言語学専修のふたりの同級生・小倉《おぐら》進平の卒論タイトルが「平安朝末期に至る国語の音韻変遷」で、橋本進吉が「係結法の起源及確定」であったことからも、彼ら三名に共通する言語学の関心がどこにあったのか、また彼らが教わった教授の指導がどの方角に向いていたのかが、おおよそ想像できよう。

小倉と橋本について言えば、両者に共通する最大のキイワードは「国語」(日本語)であり、その特性ともいうべき「音韻」[注27]と「係結」[注28]の変遷・起源に関心が向けられている。そして伊波についても、琉球語の音韻と係結がひとつの焦点になっていた。このことは、伊波たち三名の学生がそれぞれ勝手に論文のテーマを設定したというよりも、日本人による日

注27　音韻（おんいん）漢字の音を構成する声（せい）と韻の総称。つまり、漢字の音の音節初頭の子音とそれ以外の部分で構成されるもの。

注28　係結(かかりむすび)日本語の文語文において、係助詞の「ぞ」「こそ」などに対して、文末の述語が終止や連体、已然の活用形になること。

本語研究の確立とその深化を大目的とした東京帝国大学のありようと結びついていた。

再度繰り返すことになるが、そこには上田万年教授の、バジル・ホール・チェンバレンが打ち立てた日本語、アイヌ語、琉球語の業績を乗り越えて、その圏内から自立して行こうとする、強烈極まる日本人としての矜持が投影していた。上田の恩師チェンバレンが、それこそ並のお雇い外国人学者ではなかっただけに、その外国人の日本語、東洋語研究に依存しているとの屈辱感は、上田に凄まじい闘志を起こさせずにはおかなかった。

そのひとつの階梯として、上田教授は日本語がインドゲルマンを始めと

1906（明治39）年７月、東京帝国大学を卒業したときの橋本進吉（『橋本進吉博士を偲ぶ』橋本進吉博士顕彰碑建立事務局、1971年）

するセミティックやウラル・アルタイ、インド・中国といった大きな言語系統のどれに属するのか、それを知るには、日本の周囲に位置する朝鮮や満州、中国、西蔵、インドの諸言語のほか、アイヌ語や南方のマレー、ポリネシア等の言語を徹底的に研究せねばならぬと考えていた。

そのために、彼は門下生たちをたとえば、台湾の諸語研究に小川尚義《おがわなおよし》、アイヌ語と朝鮮語に金沢庄三郎、ロシア語には八杉貞利《やすぎさだとし》、そして日本語には新村出《しんむらいずる》というように配置していた。その流れのなかでこの年、伊波と橋本が琉球語と日本語を、小倉もそののち朝鮮語の研究者となり、翌年には金田一京助がアイヌ語へ、後藤朝太郎が中国語へと進路を定める。上田に代表される東京帝国大学の、帝国の勢力拡大と軌を一にした学問構想をみごとにあらわした一丸性といえよう。前にも書いたが、こうした上田の考えは、明治二十九年度及び三十年度の帝大講義にはっきりと出ている。それを新村は、「我ガ大学言語学ノ講座ハ、之等《これら》Oriental Philology ヲ研究シ、日本語ノ位地ヲ定ムル side ニアリ。」(『上

明治40年４月、『辞林』刊行の頃。左から金田一京助、後藤朝太郎、小倉進平、金沢、岩橋小弥太、折口信夫（石川遼子『金沢庄三郎　地と民と語とは相分つべからず』ミネルヴァ書房、2014年）

田万年『言語学』教育出版、一九七五年）と書きとめ、彼自身しかと肝に銘じていた。そして、この「東洋言語学」をふかく追究するための必須の関連学として、古言語の発達・変化を辿った言語史を含む歴史学、人種学、人類学、比較神話学、教育学、心理学の重要性が強調されていた。

こうしたなかで、伊

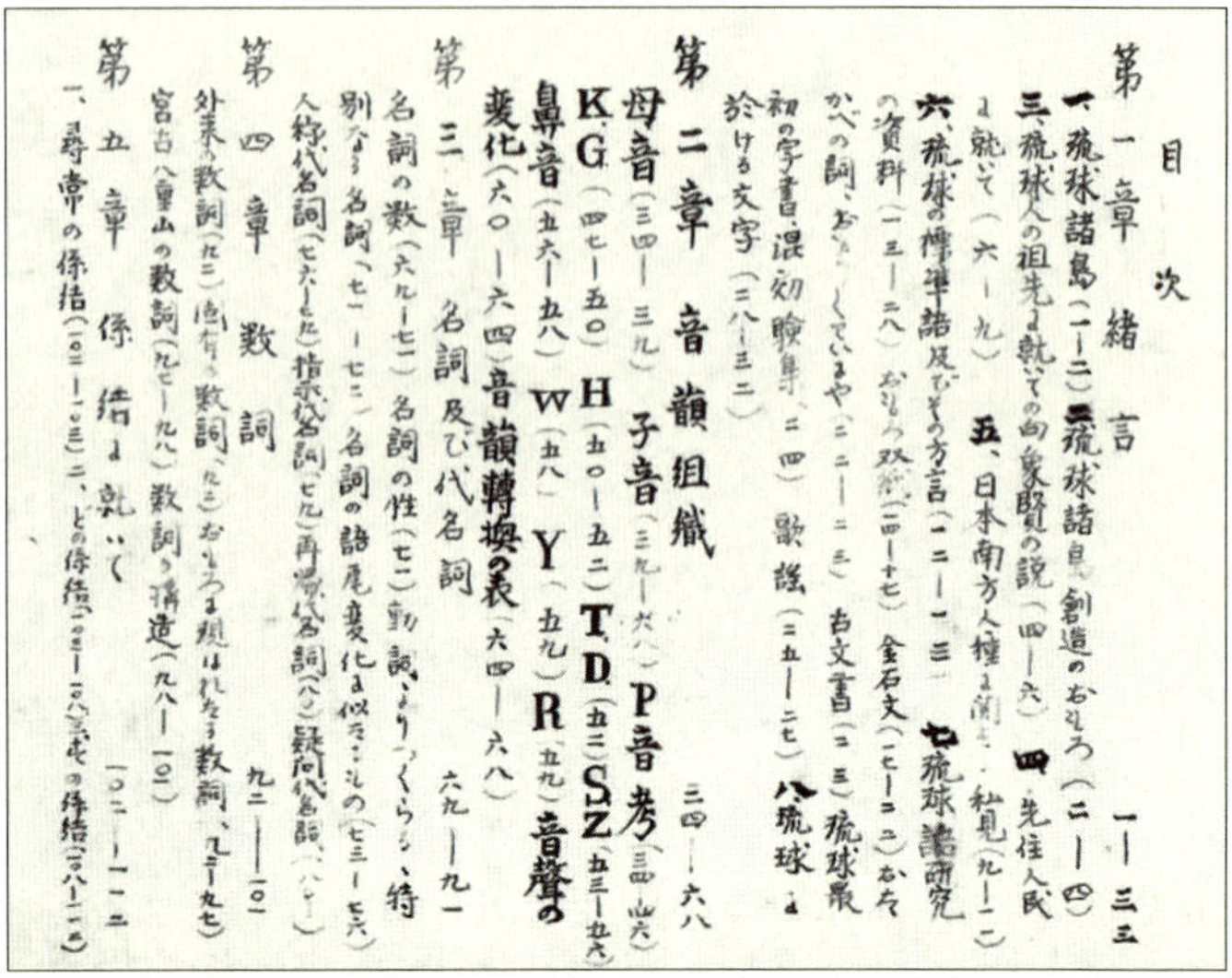
目次

第一章　緒言　一―三三
一、琉球諸島（一―二）二、琉球語の創造のおもろ（二―四）
三、琉球人の祖先に就いての向象賢の説（四―六）四、先住人民に就いて（六―九）五、日本南方人種に関する私見（九―一二）
六、琉球の標準語及びその方言（一二―一三）七、琉球語研究の資料（一三―二八）おもろ双紙（一四―十七）金石文（一七―二二）おもろかべの詞、おもろしていまや（二二―二三）古文書（二三）琉球最初の字書、混効験集（二四）歌謡（二五―二七）八、琉球に於ける文字（二八―三二）

第二章　音韻組織　三四―六八
母音（三四―三九）子音（三九―六八）P音考（三四―四六）
K.G（四七―五〇）H（五〇―五二）T.D（五二）S.Z（五三―五六）
鼻音（五六―五八）W（五八）Y（五九）R（五九）音声の変化（六〇―六四）音韻転換の表（六四―六八）

第三章　名詞及び代名詞　六九―九一
名詞の数（六九―七二）名詞の性（七二）動詞より「くらゐ」、特別なる名詞（七一―七二）名詞の語尾変化に似たるもの（七三―七六）
人称代名詞（七六―七九）指示代名詞（七九）再帰代名詞（八〇）疑問代名詞（八〇）

第四章　数詞　九二―一〇一
外来の数詞（九二）固有の数詞（九三）おもろに現はれたる数詞（九三―九七）
宮古八重山の数詞（九七―九八）数詞の構造（九八―一〇一）

第五章　係結に就いて　一〇二―一一二
一、尋常の係結（一〇二―一〇三）二、どの係結（一〇三―一〇八）三、ぞの係結（一〇八―一一二）

伊波普猷が東京帝国大学文科大学に提出した卒業論文『琉球語の音韻組織並に名詞、代名詞、数詞、係結に就いて』（東京大学文学部図書室所蔵）の目次

波は卒業論文執筆に入るのだが、与えられた日数は約四カ月あったものの、仕上げるのにそれほどの時間はかからなかったようである。全体の構成は、「第一章　緒言」に始まり、「第二章　音韻組織」「第三章　名詞及び代名詞」「第四章　数詞」「第五章　係結に就いて」と

なっている。表紙と目次を除いて、二十三行のタテ罫紙ノートを使った卒論は、全部で一〇二頁分になった。なかには「ようとれのひのもん」を表と裏から撮った写真などが添付されていて、ほかには説明を補う目的の地図（奄美大島から与那国までの）や単語の比較表がふんだんに挿入されている。

論文のタイトルが示す本論は、第二章以下の六十九頁分であって、全分量の約三分の二を占める。そのうち、第二章が三十五頁、第三章が十三頁、第四章が十頁、第五章が十一頁の配分。言語学徒として、彼が専門分野の研究をどのくらい深めたのかを知ることができる肝心要の箇所である。とりわけ第二章の音韻組織が群を抜いて多いのは、それこそが琉球語のもつ特徴、日本語とは比較にならない固有言語の特性がもっともよく出ているからとの考えによる。琉球人は「不完全なる日本の文字をかりて音韻の豊富なる自国語を写すにあたつて多くの困難に逢遇せし」と、伊波が「琉球群島の単語」や「琉球文にて記せる最後の金石文」

などの論考において、何度も強調していたのを思い出してほしい。ここにいう「自国語」とは、念を押すまでもないと思うが、日本語ではなく琉球語を指す。

つまり音韻組織の中核となる母音と子音の内部構造がどうなっているのか、その分析が伊波の琉球語研究において、何はさておいても第一の対象とならざるをえなかったのである。

伊波の卒業論文の第二章以下を読んで、これはたしかに研究論文にはちがいないが、その対象になっている琉球語は当時を生きていた琉球・沖縄人を描くための作品だと、私はつよく感じた。どこかある場所のよそよそしい言葉ではない。まさにいまの私に染みついている言葉だけに、ページをめくりながら胸が高鳴るのを意識した。親兄弟、親戚、朋友たちと何気なく使っているウチナーグチの重みは、当時の伊波もまた実感しただろうし、これだけ豊かな内実を育んできた言語だったのかと思い知らされたにちがいない。げんにリューキューだ、ホーゲンだといっ

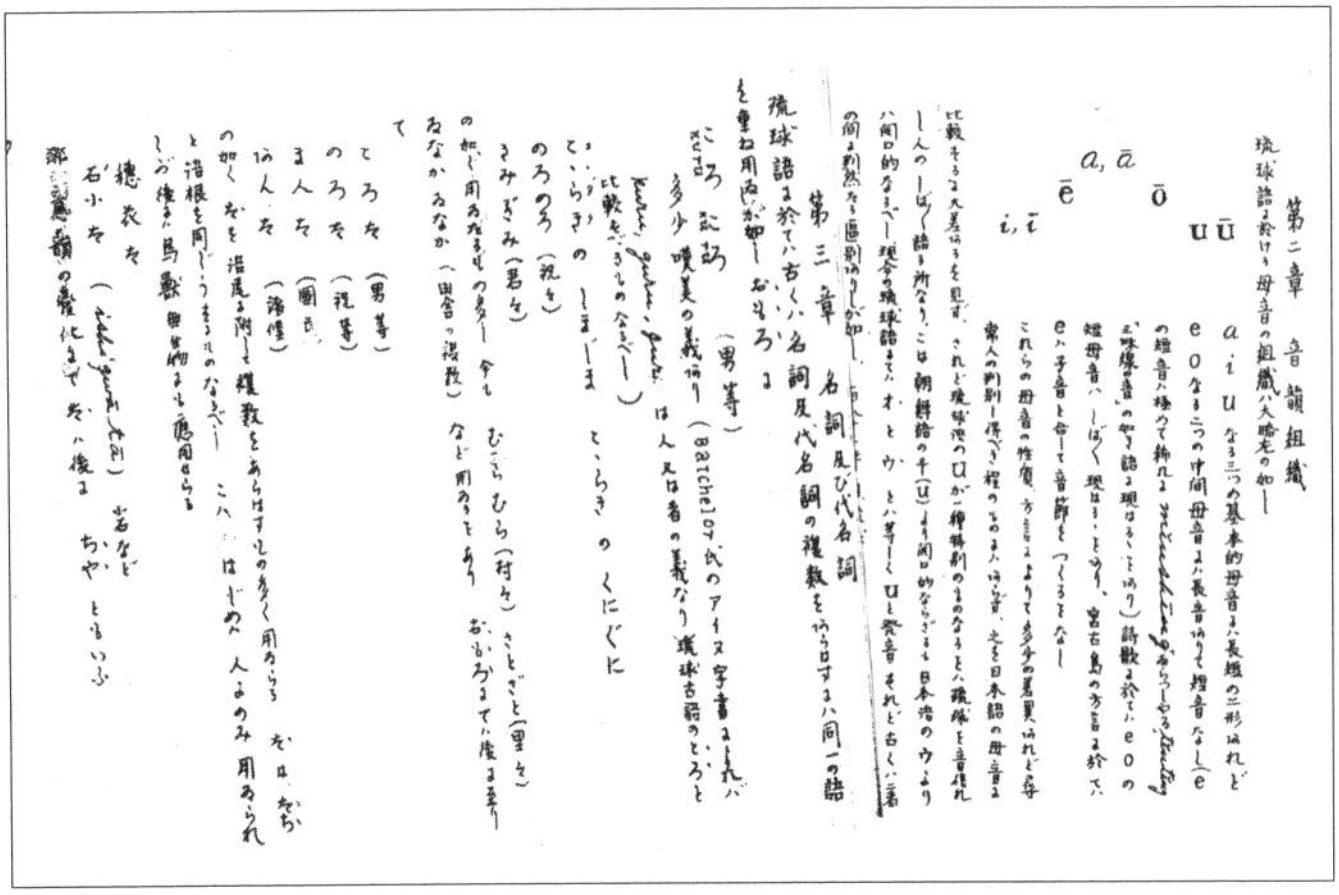

第二章　音韻組織

琉球語に於ける母音の組織は大略左の如し

a, ā
ē　ō
i, ī　uū

a i u なる三つの基本的母音には長短の二形あれど
e o なる二つの中間母音には長音ありて短音なし（e
の短音は極めて稀れに [illegible]
[illegible] 詩歌に於てはe oの
短音は [illegible] 宮古島の方言に於ては
eは子音と合して音節をつくることなし
これらの母音の性質、方言によりて多少の差異あれど [illegible]
[illegible]

第三章　名詞及び代名詞

琉球語に於ては古くは名詞及代名詞の複数をあらはすには同一の語
を重ね用ゐしが如し　おもろに
こゝろ　[illegible]（男等）
[illegible]
のろのろ（祝々）
きみぎみ（君々）
しましま　くにぐに
むらむら（村々）
さとざと（里々）
ゐなかゐなか（田舎の複数）　など用ゐてあり
て
ころ　（男等）
のろ　（祝等）
まん　（闘［illegible］）
[illegible]　（諸侯）
の如く [illegible] を語尾に附して複数をあらはすもの多く用ゐらる
[illegible]

伊波普猷の卒業論文『琉球語の音韻組織並に名詞、代名詞、数詞、係結に就いて』の「第二章　音韻組織」と「第三章　名詞及び代名詞」の冒頭箇所

て貶められた感覚は、沖縄人の意識と体質にそれこそ徹底的に刻み込まれたものだっただけに、こうした研究は途方もない挑戦に似ている。

まず伊波は琉球語の基本的三母音（ア・イ・ウ）には長短があって、その中間母音の「エ」と「オ」には長音しか存在しないと、母音組織の大略から書き始める。そして、エーとオーが未発達だった十二〜十三世紀前後について、オモロや金石文などに表記された「あい」(ai)と「あえ」(ae)がエの短母音を、また「あう」(au)と「あお」(ao)がオの短母音をそれぞれ示すと説明する。独自の表記文字を持たなかった琉球が、ヤマトの仮名を借りて多彩な音韻をもつ琉球語を写し取っていく事情を丁寧に説くのだが、エとオの「短音を発音するは琉球人の難しとする所なり」との論述には、つい相槌を打ってしまう。いや、納得してしまうのは、これだけに限らない。琉球語にあってはアクセントのありようもそうだが、母音の長短によって同じ単語の意味を大きく変化させることなどが語られる。

そして、子音の説明。「tu」が「つ」に、「つ」が「ちゅ」に変わるTとDの音。日本語ではa の前でしか音節を作らないが、沖縄と奄美大島ではa i u e oの前すべてで音節を形成するW音。Y音はi とe の前で音節を作るが、日本語と宮古・八重山にはそれがない。語の中間でy に変化するR音。「〜んかい　行ちゅん」といった場合の ngkai

とngの鼻音とその特徴。パラタライズ＝口蓋化[注29]するK・T・S・Z・Y音など、いちいち詳しく紹介できないのだが、複雑微妙な音韻に富んだ琉球語は仮名や漢字では伝達がじつに困難で、むしろアルファベットによる表記の方がしっくりいく。

第三章は名詞と代名詞についてである。複数の作り方、動詞に「－a」をつけて名詞に変化させること。「wan」「nā」「ari」などの人称代名詞、それから英語でいうところの～self、つまり「わんくる」「わったーくる」「なんくる」のような再帰代名詞の発達が、坦々とこと細かに明示される。日常的にウチナーグチを使用している者ならば、これらも他に代替できない琉球語独特の語感として、すんなりと頭に入るはずである。

第四章は数詞。これは『中山伝信録』や『混効験集』を資料にして、日本のそれとほとんど同じ形態を示す沖縄の数え方と、それとは別に中国から借用したものを考察する。

最後の第五章は、係結びの用法で、（一）尋常の係結（二）「ど」の係

注29　口蓋化（こうがいか）口の奥にある上壁を口蓋といい、それを舌の前面あるいは後ろ側が接触して調節する音をパラタル（Palatal）と呼ぶ。

結（三）「す」の係結の三種に分類し検討を加えている。濃密な伊波卒論の上《うわ》っ面《つら》をなでた私の要約だが、だいたい以上のようになる。

　では、これら卒論の第二章から第五章までをひっくるめて整理すると、どんなことがいえるのだろうか。第一に、これは『おもろさうし』研究なくしては絶対に書かれなかった論文である。古代琉球語としてのオモロを読み解く作業なくしては、どの章もひとつとして成り立たなかった。このとき伊波は、オモロを文学的に読むと同時に、政治・社会の歴史資料としても読み、かつまた言語資料としても多角的に理解していたことになる。「阿摩和利考」や「浦添考」での使い方とは明らかに異なる着眼になっていた。

　卒論のなかで伊波が「みせゝるの言葉」[注30]と呼んで定義している慶長以前の琉球語、とりわけオモロを具体的にひとつひとつ取り上げての説明が卒論全体に充満しているのをみると、彼が帝大時代にどれほど『おもろさうし』に没頭していたか、ある程度想像がつく。当時、彼のすぐそ

注30　みせゝるの言葉
一七一一年、三司官の識名盛命（しきな・せいめい）ら七人が国王の宣旨により編集した琉球語辞典『混効験集』の、開巻の辞のなかに出る言葉。

ばにいた東恩納寛惇は、この年、伊波が卒業した直後にこんなことを言っている。「彼れは斯《か》くして『おもろ』の研究を以て琉球研究の第一歩とし、最近数年を全くこれに傾注した。彼れが大学に於て専攻した学科は言語学で有つた。誰れか知らんやこれ彼れが畢生の志望たる郷土史の研究に向つて大発展を試むべき一大伏線で有つて、大学三年の研学は一部の『おもろ』研究に対する準備に外ならなかつた。彼れは広く言語学の見地よりして根本的に且つ科学的に『おもろ』を研究せんとしたのである」。明治三十九年八月七日の『琉球新報』に寄せた「伊波普猷君と『おもろ』」と題する小文である。

この、オモロ研究とともに、彼が琉球語の特質をつかむのに欠かせないとしたのが、宮古と八重山の言葉である。「吾人は現代琉球語にて解すること能はざる語源の宮古八重山の方言にて容易《たやす》く解釈せらるゝ如く現代の日本語にて解すること能はざる語源が琉球語を以て容易く解釈しうべきもの少からざるを見る」――この認識があって、卒論に宮古と八重山の音韻が次々と言及されていくのだが、ではいったいどこからこれらのデータを入手したのか。卒論を仕上げる重要な柱であるだけに、奄美大島の知識とともにずいぶん前から着々と、東京や沖縄での聞き取りなど用意周到な準備をしていたことは明白である。

こうした宮古・八重山・奄美を含む琉球語の研究は、むろんそれだけでは十分ではない。欧米の言語理論を学ぶことを含め、日本語の更なる理解が求められるのは当然である。その点で、東京帝大の教師たちの講義がもたらした恩恵は大変なものであった。なかんづく、卒論に浮き出ている影響という点では、朝鮮語とアイヌ語担当の講師だった金沢庄三郎の著作『日本文法論』[注31]（金港堂、一九〇三年）が大きかったようである。のち明治四十二年に沖縄調査[注32]をしたように、金沢の研究がアイヌ・朝鮮・琉球と日本とにまたがるものであったことも、帝大教師のなかでひときわ関心をそそられる人物になっていたような気がする。

伊波は金沢庄三郎の『日本文法論』を手にして、何を吸収したか。

注31　『日本文法論』一九〇三（明治三十六）年十二月十日に、東京市日本橋区の金港堂書籍株式会社から発行された。内容は、（一）文字論（二）声音論（母音、子音、拗音、促音）（三）単語論（総論、名詞、代名詞、数詞、動詞及び形容詞など）（四）文章論（倒置句、掛結など）から成る。全二六四頁。当時、著者の金沢庄三郎は本郷区西片町十番地に―三十三号に居住し、伊波は同じ西片町十番地　ろ―一号に鴻巣盛広と住んでいた。

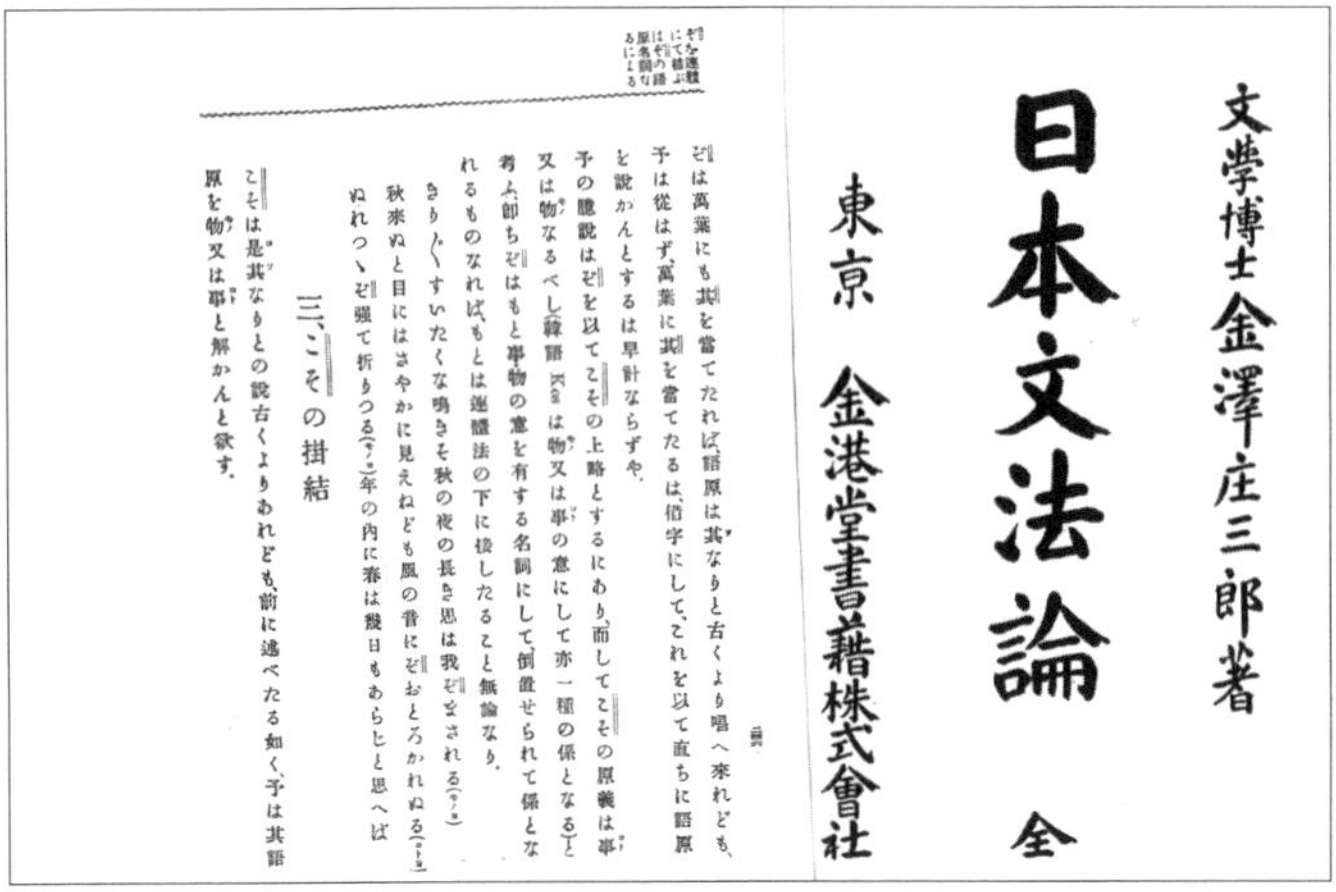
文學博士金澤庄三郎著

日本文法論　全

東京　金港堂書籍株式會社

ぞが連體にて結ぶはぞの語原名詞なるによる

ぞは萬葉にも其を當てたれば、語原は其なりと古くより唱へ來れども、予は從はず、萬葉に其を當てたるは、借字にして、これを以て直ちに語原を說かんとするは早計ならずや。

予の臆說はぞを以てこその上略とするにあり、而してこその原義は事又は物なるべし(韓語 Kə は物又は事の意にして亦一種の係となる)と考ふ即ちぞはもと事物の意を有する名詞にして、倒置せられて係となれるものなれば、もとは連體法の下に接したること無論なり。

きりぎりすいたくな鳴きそ秋の夜の長き思は我ぞまされる(十ノ四)

秋來ぬと目にはさやかに見えねども風の音にぞおどろかれぬる(古今)

ぬれつゝぞ強て折りつる(十ノ四)年の内に春は幾日もあらじと思へば

三、こその掛結

こそは是其なりとの說古くよりあれども、前に述べたる如く、予は其語原を物又は事と解かんと欲す。

伊波普猷の卒業論文執筆に影響を与えた金沢庄三郎の『日本文法論』の表紙、及び伊波が採用した「こそ」の原義部分

この本の構成は、（一）文字論（二）声音論（三）単語論（四）文章論で組み立てられており、（一）で文字史と仮名について、（二）で母音と子音、（三）では名詞、代名詞、数詞、（四）においては係結、を論じている。むろん、これだけが全内容ではなくて、もっと多岐にわたる項目があるのだが、伊波との関連でいえば、上記のようになる。（二）に明示されてい

注32　明治四十二年に沖縄調査

伊波が帝大を卒業して約二年半後の一九〇九年四月二十日に、金沢は初めて沖縄の地を踏んだ。目的は琉球語の調査で、その結果を五月十二日に那覇尋常高等小学校で、翌十三日には県立高等女学校で講演した。滞在中、伊波に尚家などを案内され十四日に東京へ戻った。金沢はほかに『日鮮同祖論』（刀江書院、一九二九年）の著書がある。

昭和初期、『日鮮同祖論』を刊行して数年後の金沢庄三郎の肖像画（金沢庄三郎『新羅の片仮字　比較国語学史の一節』金澤博士還暦祝賀会、1932年）

る無声子音表と有声子音表がそっくり琉球語の事例として採用されているし、(三) の指示代名詞の定義を「事物・位置・方向を指し示す意」と引用し、近称・中称・遠称の分類、そして、数詞における一から十までの構造が、母音の変化によって倍数を表すことが、巧妙に採り入れられている。なおも (四) では、「尋常の結法」を含む三種類の結法分類を踏襲しているのが目につく。これらは必ずしも金沢特有の考えではないが、係結の原因を語句の倒置にありとしたことに続けて、「こそ」の原義を「事又は物」とする金沢独自の説を、伊波は恩師の名前を出して卒論に紹介する。

いささか専門的になりすぎてわかりにくいかと思うのだが、伊波は帝大入学の年に刊行されたこの本を熟読し、卒論を書くにあたって基本的な構造を模倣したといっていいだろう。しかし、この金沢がまるで霞んでしまうくらい、伊波の卒論に群を抜いて色濃く刻印されている先学は、バジル・ホール・チェンバレンである。彼の名前が第一章に八回、第二章以下に十回も出てくることをみても、チェンバレンの場合は、もう影響を受けたなどというレベルではない。圧倒的な存在なのである。

明治末年ごろのバジル・ホール・チェンバレン（『国語と国文学』第12巻第4号、1935年４月）

彼の英文研究書『琉球語の文法と辞書』（一八九五年）は、何年も前から文字通り伊波の座右の書であって、琉球語をとらえる基本的な視角、あるいは分析方法だけでなく、細部にわたる琉球語のユニークさのヒミツをとことん教えられていた。そして、この本を「土台として、両先島及奄美大島諸島の方言の比較研究を始め」たと「チエムバレン先生と琉球語」（『国語と国文学』第十二巻第四号、一九三五年四月）に回想しているのは、卒業論文に始まる宮古・八重山・奄美研究を指す。

第二章以下で行った琉球語についての論述で、この卒論の思想をもっとも鮮明にしているのは第五章であろう。冒頭で伊波はこう書いている。――「係結なる語法は啻に日本語に有るのみならずその南方の姉妹語にもこれあり」。琉球語＝「南方の姉妹語」というこの規定は、チェンバレンの the sister tongue to the south. の翻訳であり、the sisterly relationship of Japanese and Luchuan.（日琉両語の姉妹関係）から来ているはずである。そして、それは古代琉球語と古代日本語が共通祖語（Parent language）から派生してきたとのチェンバレンの仮説（大前提）

を承認したうえでの認識にほかならなかった。

そうした日本《ヤマト》との同質・同系性を象徴するのが、ハ行の子音が古くからH音だったのかどうかを論じた箇所である。首里、国頭《くんじゃん》、八重山、宮古、奄美大島における「華」「歯」「墓」などの発音をみ

東京帝大時代の伊波普猷（中央）と友人たち（氏名不詳）（『生誕百年記念アルバム　伊波普猷』伊波普猷生誕百年記念会、1976年）

ると、奄美はハ行（H音）で、首里はファ行（F音）からH音へ遷りつつあり、国頭と八重山、宮古はパ行（P音）の分布を示している。このことから近畿地方で起こったP→F→Hへの音韻変化が、十二世紀以降の琉球・沖縄にも伝播していると考える。「P音考」と題するこの節の最初で、伊波は「P音は日本のと殆ど同一なり」と書き、最後に「これらの研究は他の方面の研究と共に琉球群島の人民が天孫人種が九州の地にありてF音を発達せしめざりし時代に分離し来りしことを推測せしむるものなり」と結論づけた。琉球人の祖先は、かつては九州でP音を発していた天孫人種の仲間だというわけである。『古琉球』（一九一一年）に収録した「P音考」とほぼ同じ内容で、その原型であることがわかる。

言語としての琉球語を、文法の面からその特徴を描き出したのが第二章以下である。これらは言語学者の書く典型的な学術論文だといってよい。がしかし、その第二章から第五章までの琉球語論は、第一章の「緒言」を読むことによって、言語論という狭い枠には収まりきれない琉球・

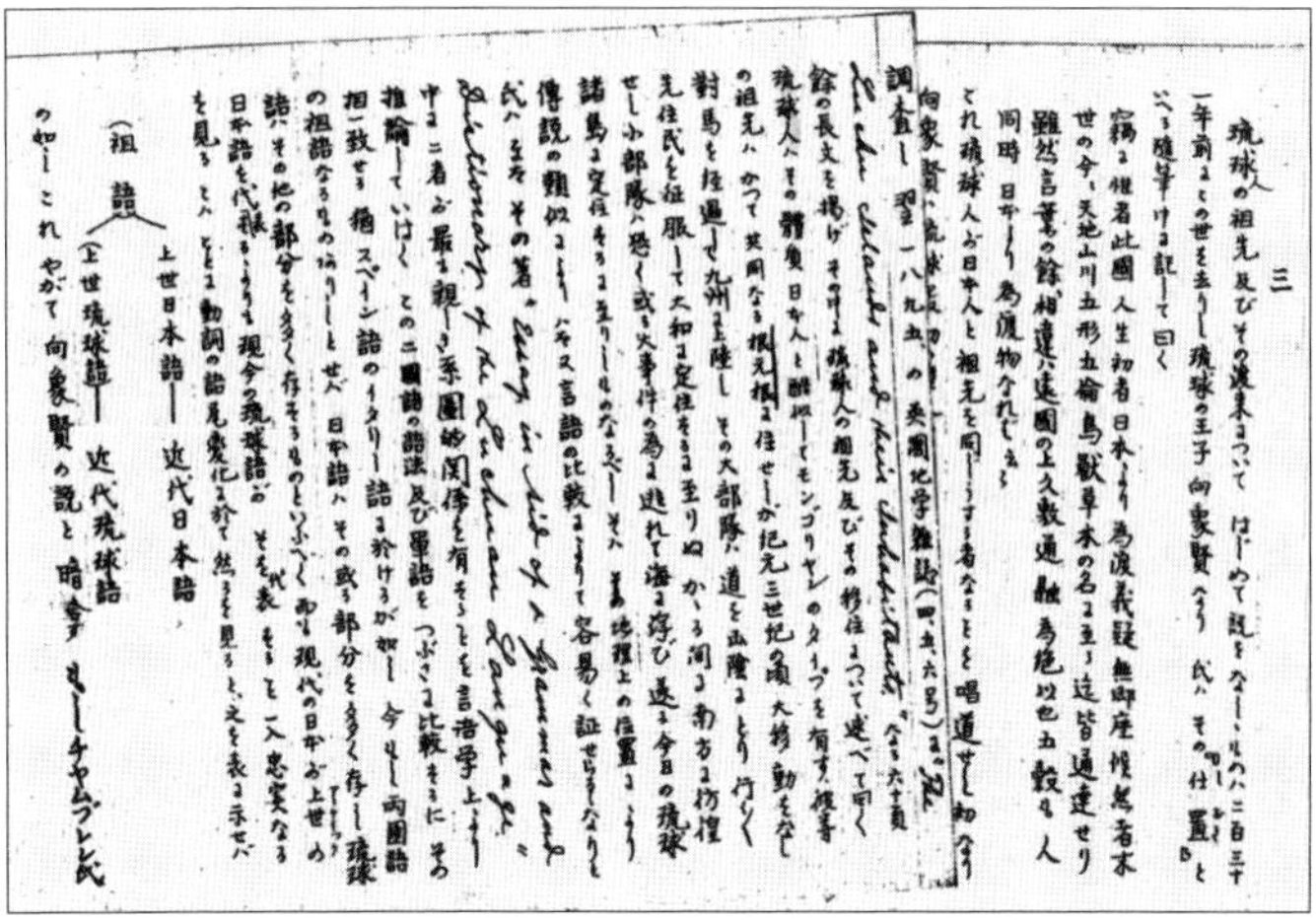

三

琉球人の祖先及びその渡来について　はじめて説をなししは今二百三十一年前までの世を去りし琉球の王子向象賢なり　氏はその付置と
いへる随筆にて記して曰く

竊ニ惟者此國人生初者日本より為渡義疑無御座候然者末世の今、天地山川五形五倫鳥獣草木の名ニ至ル迄皆通達せり雖然言葉の餘相違ハ遠國の上久敷通融為絶故也五穀も人同時日本より為渡物なれば云々

これ琉球人が日本人と祖先を同しうする者なることを唱道せし始めなり

向象賢ハ琉球[illegible]調査し　翌一八九五の英國地学雑誌（四、五、六号）にThe Luchu Islands and their Inhabitantsなる六十頁餘の長文を掲げ　その中に琉球人の祖先及びその移住について述べて曰く

琉球人ハその體質日本人と酷似してモンゴリヤンのタイプを有す。複等の祖先ハかつて共同なる根元地に住せしが紀元三世紀の頃大移動をなし對馬を經過して九州に上陸し　その大部隊ハ道を山陰にとり行く先住民を征服して大和に定住するに至りぬ　かゝる間に南方に彷徨せし小部隊ハ恐く或る大事件の為に逃れて海に浮び遂に今日の琉球諸島に定住するに至りしものなるべし　それハ[illegible]地理上の位置により傳説の類似により　ハた又言語の比較によりて容易く証せらるゝなりと

氏ハまたその著"Essay in Aid of a Grammar and Dictionary of the Luchuan Language"に於て二者が最も親しき系圖的関係を有することを言語学上より推論して　いはく　この二國語の語法及び單語をつぶさに比較するに　その相一致する猶スペイン語のイタリー語に於けるが如し　今もし両國語の祖語なるものありしとせバ　日本語ハその或る部分を多く存し琉球語ハその他の部分を多く存するものといふべく　而して現代の日本語が上世の日本語を代表するやうに現今の琉球語が　その代表として一入忠実なるを見るとハ　ことに動詞の語尾變化に於て然るを見ると、之を表に示せバ

（祖語）―上世日本語―近代日本語
（祖語）―上世琉球語―近代琉球語

の如し　これやがて向象賢の説と暗合す　もしチャムブレン氏

祖語から琉球語と日本語が分岐したとするチェンバレンの図式を転載した伊波普猷の卒業論文『琉球語の音韻組織並に名詞、代名詞、数詞、係結に就いて』の「第一章　緒言」

沖縄論へと拡がる。「緒言」とはいうものの、それはたんなる「まえがき」ではない。通常の卒論からすると驚くべきことだが、彼は琉球語についての知見開陳をもって卒論の最終目的とはしていない。伊波にとっては彼ら琉球人の祖先がいったい何者であるのか、言語などでそれを明らかにすることがこの卒論の核心なのである。

「第一章　緒言」の第一節で、琉球の地理的範囲を定義しつつ、七世紀ごろには南島人と日本本土との交通が始まり、続いて十二世紀には源為朝による奄美以南への渡航とその後の日本文化の南漸が語られる。そして、伊波はいきなり「そもそも琉球群島の住民はもと何の地より移住し来りしものなるか」と問いかける。そこから、彼はオモロに謳われた開闢神話にヒントを得て、琉球諸島の民を「アマミキヨ種族」と名づける。そこで登場するのが、琉球人と日本人は同じ祖先をもつと唱えた羽地朝秀であり、琉球語と日本語は同系とみなした宜湾朝保である。そして、チェンバレンとなるのだが、チェンバレンになると琉球人はその体質においても、また地理的な位置や伝説の類似、更には琉球語と日本語の語法及び単語によって、彼ら琉球と日本の両者が同じ根元地にいた人間であるとされる。このチェンバレンの仮説を人類学の方面で補強したのが鳥居龍蔵である。彼の実地調査の結果は、琉球人の祖先（アマミキヨ種族）が日本から琉球群島に渡ってくる以前、すでに先住民族が住んでいたのであるが、彼らの遺物は日本の石器時代人と瓜ふたつの証拠を示していると伊波は紹介。ただし、琉球群島の人びとにはアイヌの系統も入っておれば、マレーやパプアなどの南方系統も混ざっており、由来のはっきりしない「熊襲」も伊波によれば「くまおそひ」の充て字で、浦添と同じく山地を支配するの意味をもつと説明した。

こうして、琉球人は十六世紀には金石文で琉球語を刻むまでになるが、そのなかにあって沖縄語、奄美大島語、宮古語、八重山語には音韻組織と文法の面でかなりの差異があることを指摘する。と同時に、十二世紀以後の古語を保存したこれら諸語の比較研究と琉球語全体の歴史的研究は、その研究法さえ適切であるならば不可能ではないと伊波は主張した。

ここで伊波が琉球語の歴史的研究という場合、それは主として『おもろさうし』が成立した十二世紀以後のことを指す。そして、彼が琉球語の大転換期とみなしたのが、日本文化の流入を促した「島津氏の琉球征伐」[注33]又は「琉球入り」と書いている十七世紀初頭の侵略である。田島利三郎の論考「琉球語研究資料」(『圀光』第一八八号、明治三十三年二月)がまたもや大きく紹介されるのは、この箇所においてである。「第一章緒言」の約半分を占める分量を使って、オモロや金石文、おたかべの詞、古文書、混効験集、歌謡、組踊にみる琉球語の多様な展開が実例でもって示されている。伊波において田島が、いかに先導的役割を果たしたのか、集大成の卒論で駄目にダメを押したように思い知らせてくれる。

先に私は、明治三十八年中には卒業論文に書く内容がすっかり出揃っていたと言った。明治三十七年の秋以降、約一年の時間を、伊波はこの卒論を構成することになる第一章のほとんどの部分と、さらには第二章以下で論じられる関連内容を書く作業にあてていたのである。それはいったいどういうことなのか。それを理解するにはまず彼が帝大二年になって以後、新聞と雑誌に書いた論考がどんな内容だったのか、

注33　島津氏の琉球征伐　一六〇九(慶長十四)年三～四月、薩摩の軍勢三〇〇〇余が一〇〇余隻の軍船で、尚寧王下の琉球王国を攻撃し、占領・支配下においたことを呼ぶ名称。「朝鮮征伐」と同じ位相からの命名。「琉球征伐」のほかに、封建的統一など日本との関係性の観点から「琉球入り」の用語もある。渡口真清は「琉球侵攻」と呼び、仲原善忠は「島津進入」と書いている。ほかに「島津侵入」による琉球支配といった内容、さらには「琉球侵略」との呼称があり、研究者の歴史認識が反映されている。

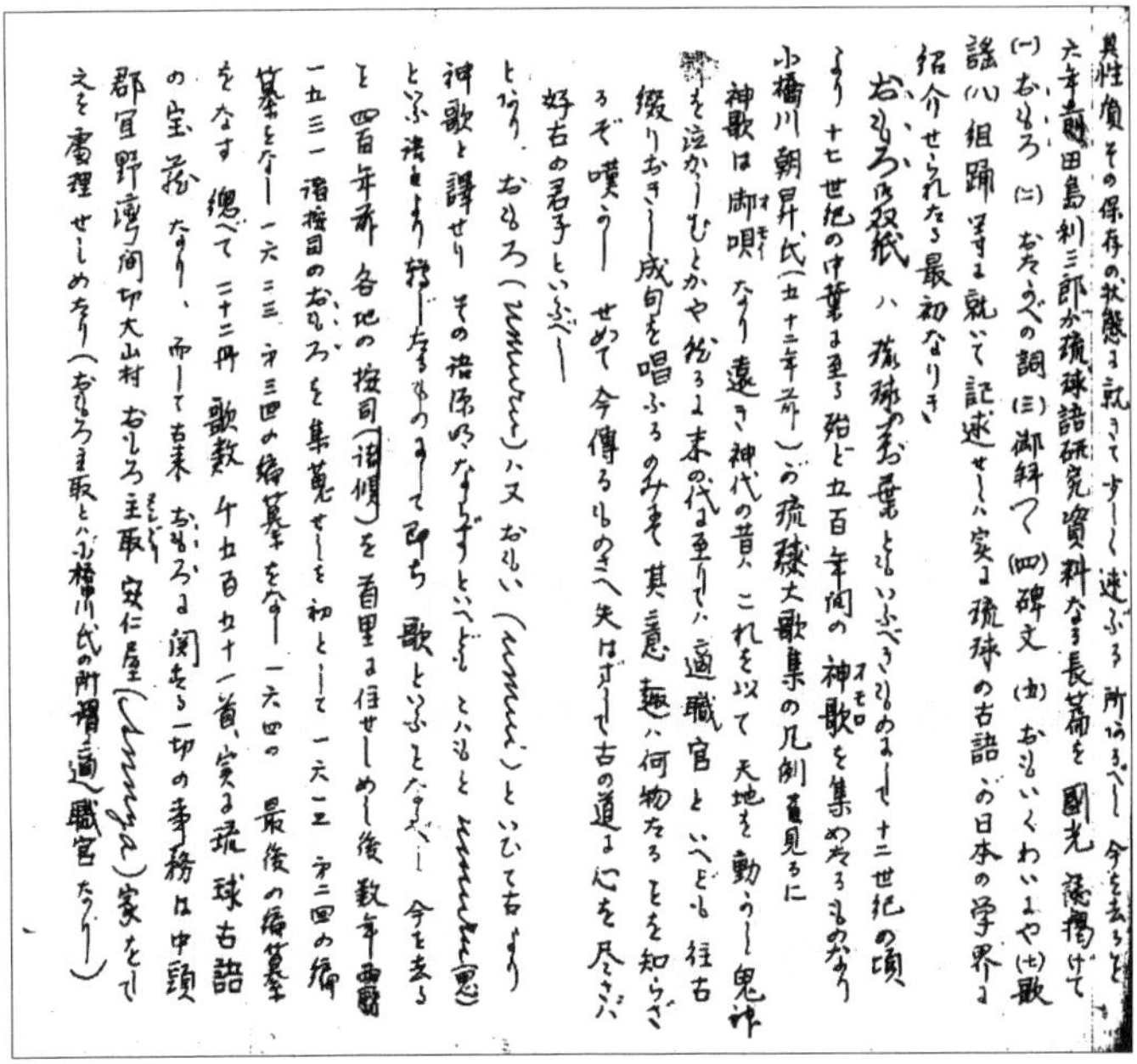
其性質その保存の状態に就きてすこし述ぶる所あるべし 今を去ること六年前田島利三郎が琉球語研究資料なる長篇を國光に掲げて(一)おもろ (二)おたかべの詞 (三)御拝つゝ (四)碑文 (五)おもいくわいにや (七)歌謠 (八)組踊等に就いて記述せしは実に琉球の古語の日本の学界に紹介せられたる最初なりき

おもろさうしは琉球のお萬葉ともいふべきものにして十二世紀の頃より十七世紀の中葉に至る殆ど五百年間の神歌《オモロ》を集めたるものなり

小橋川朝昇氏(五十二年前)の琉球大歌集の凡例を見るに

神歌は御唄《オモイ》なり遠き神代の昔は これを以て 天地を動かし鬼神を泣かしむとかや 然るに末の代に至りては 適職官といへども 往古綴りおきし成句を唱ふるのみにて 其意趣は何物たるかを知らざるぞ嘆かし せめて今傳るものさへ失はずして古の道に心を尽さば 好古の君子といふべし

となり。おもろ(umuru)は又おもい(umui)といひて古より神歌と譯せり その語源明かならずといへども umui とは umu(思)といふ語より轉じたるものにして即ち 歌といふことなるべし 今を去る事四百年前 各地の按司(諸侯)を首里に住せしめし後 数年西暦一五三一 諸按司のおもいを集蒐せしを初として 一六一三 第二回の編纂をなし 一六二三 第三回の編纂をなし 一六四〇 最後の編纂をなす 總べて二十二冊 歌数千五百五十一首、実に琉球古語の宝庫なり、而して古来 おもろに関する一切の事務は中頭郡宜野湾間切大山村おもろ主取《そど》安仁屋(Aniya)家をして之を管理せしめたり(おもろ主取とは小橋川氏の所謂適職官なり)

伊波普猷が卒論に田島利三郎論文の梗概を記した冒頭箇所(『琉球語の音韻組織並に名詞、代名詞、数詞、係結に就いて』の「第一章　緒言」)

もう一度確認する必要がある。以下に、十一点の論考をざっと箇条書きにして振り返ってみよう。

(一)「琉球文にて記せる最後の金石文」これは最初に

『考古界』に発表したもので、ようどれと屋良座森城の石碑を取り上げ、なかんづく前者の琉球文を解説した論考である。琉球語の「du（どぅ）」が日本語の「ぞ」に相当する係結だと先学の研究成果を紹介したものでもあり、同論考の『琉球新報』版では宮古・八重山の方言の重要性が新たに加わっていた。奈良原知事を讃えた（二）「頌徳碑」と（三）「頌徳碑略解」では、その形式など屋良座森城の碑文とオモロが念頭におかれていた。卒論の第一章、第五章につながる。

次に(四)「琉球群島の単語」これは琉球語がその群島内の各地域で、どのように発音されているかを、「葉」「歯」「墓」などの名詞を例に挙げ、指導教授・上田万年の名高い論文に啓発された、いわゆるP音変化、その語頭がP→F→Hの時代変遷を検証したもの。ここからさらに琉球語・日本語・朝鮮語の大もととなる共通祖語を図解するのであるが、この論考は琉球語の単語という狭い問題を突き抜けたところに、伊波本来の目的が設定されていた。琉球と日本《ヤマト》の祖先が同じ根元をもつ人間、つ

晩年の田島利三郎（左側）（『琉球文学研究』第一書房、1988年）と、1937（昭和12）年２月、死の10カ月前の上田万年（『国語と国文学』第164号、1937年12月号）

まり「人種の系統」が同一だということを示すことにあったのである。論文のタイトルからは、ちょっと誰も想像できない大変な意図をもった文章を、早くも帝大二年に公表したことになる。卒論の第一章と第二章の中心部分にそのまま採用されているのがわかる。

（五）「琉球の神話」　琉球に伝わる開闢神話や説話を題材にして、人種や民族の由来を考察するのだが、ユダヤ神話やポリネシアなどの海洋的分子の混入を想定しているとはいえ、このなかで伊波が一番に言いたかったこと、それは「大和民族と姉妹的関係を有する琉球種族の紹介」にほかならなかった。そのために、彼は『遺老説伝』や『中山世鑑』などの文献資料を駆使しつつ、「琉球神話の原型」をなすものとして、オモロの作品をもっとも効果的に引用する。そして、オモロについては（六）「琉球に発見せる倭寇碑」をはじめ、（七）「阿摩和利考」（八）「浦添考」（九）「島尻といへる名称」など、ほとんどすべての論考に時代解釈として活用していた。多彩な音韻をもつ琉球語を日本文字で表記した琉球人の営為、それを描いた（十）「沖縄に固有の文字ありしや」はいうまでもない。卒論の第一章に該当する。

さらに、（十一）「八重山乙女の抒情詩」に至ると、宮古のアヤゴが世界に通ずる精神的遺産であると最大級の評価を与える。（一）と同様に、宮古と八重山への着目がなされる一方で、アヤゴの「句調や何かゞ万葉のそれに似通つてゐる」とも書き添えるのを忘れなかった。卒論の第一

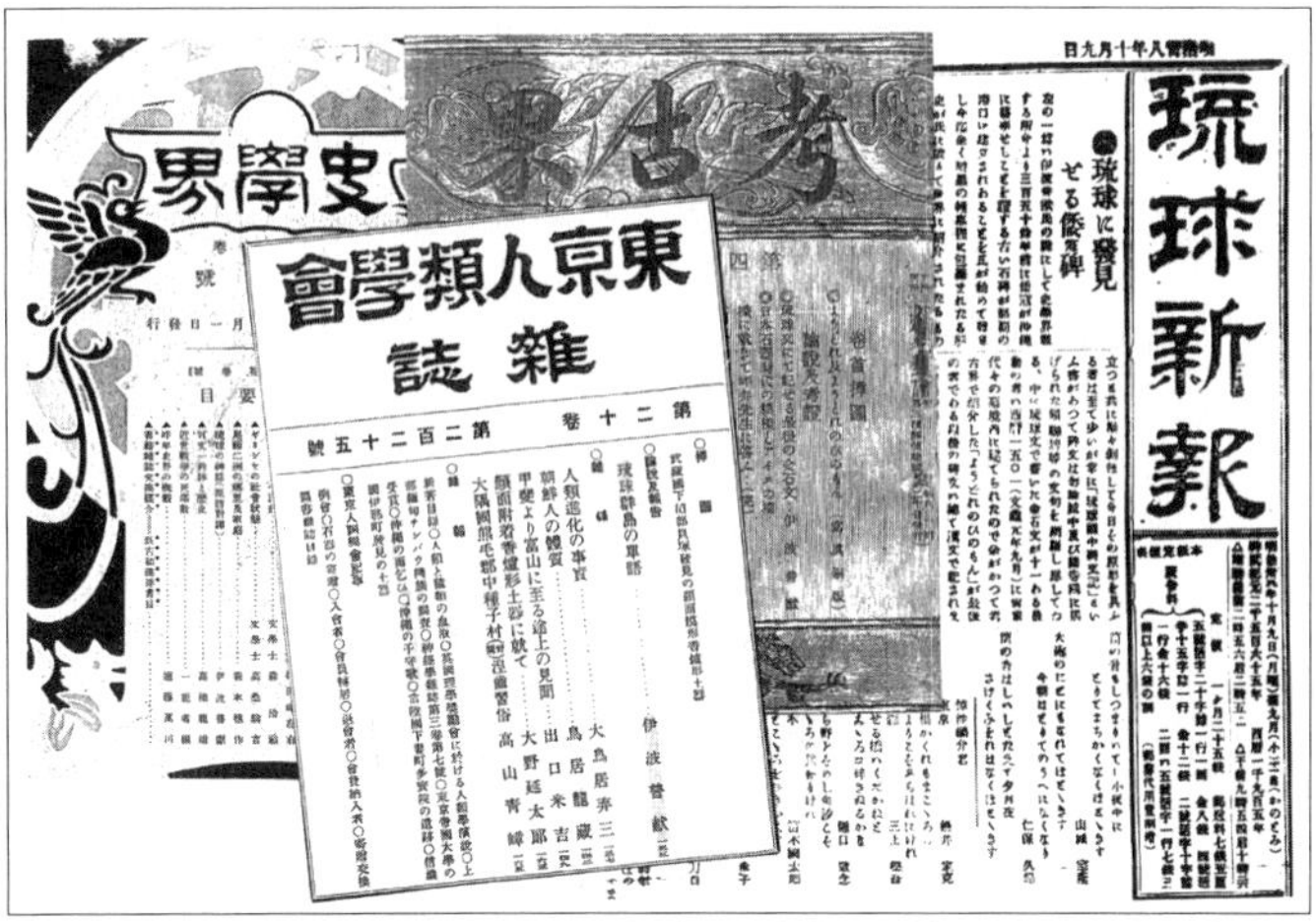

伊波普猷が卒業論文のデッサンとして執筆した論考を掲載した新聞と雑誌（明治37年11月～明治38年10月）

章及び第三章、第四章にこうした考えが波及しているのに気づくだろう。

以上、こうしてみると、「第一章　緒言」は明治三十八年の冬には実質的に出来たも同然であり、あとは第二章以下の言語篇についての考えをまとめさえすればよかったことがわかる。そして、その対象となる名詞、代名詞、数詞、係結に関しては、先行業績として聳え立つチェンバレンの研究書を、それこそ何年にもわたって徹底的に読み込んでいたとはいえ、しかし、伊波はそのすべてを受け売りするのではなかった。第一に、チェンバレンの見解がいくつも批判されているのである。第二章にて、共通祖語にはā・ī・ūの長母音があったものの、それは記紀万葉[注34]以前に日本語からは消滅してしまい、琉球語にのみ保存されたとする説。第三章でのchāの使用法など数カ所において、「〜と説かれしはいかがならむ」とか、「〜なる例何かの間違なるべし」と書きつけていた。伊波の研究は琉球語を母語とする沖縄人という有利性もあって、ソトからの研究者には気付きにくい感覚と緻密さを見せていた。

しかし、伊波が文字通り満を持して書いたこの卒業論文のなかで、第五章で取り上げた「す の係結」の項目ほど、その自信を誰憚ることとなく公然と口にしたものはない。彼はこう言っている。――「第三の係結に至つては何人《なんぴと》もかつて之《これ》を説きし者あるを聞かず。これ実に解すべか

注34　記紀万葉（ききまんよう）七一二年成立の『古事記』、七二〇年成立の『日本書紀』、そして八世紀末成立の『万葉集』を総称した略語。

らざるものとして放棄せられたりし　おもろ　千五百五十一首[注35]の中に伏在せしものにして予が発見せし所のものなり」。後年、帝大卒業と同時に「オモロのオーソリチーとなつた」（「自序」『古琉球』沖縄公論社、一九一一年）と、彼自身このときのことを振り返っているが、「一種不可解の韻文」とされていたオモロを、いまや自分以上に読み解き、かつ理解している者はほかに誰もいないとの自負が漲っているではないか。

では、こうした多彩な社会的内容を含んだ卒業論文、上に述べた私のヘタな要約では十分に伝えきることのできない意欲満々の論文を読んで、どんなことが浮かび上がってくるのか。そして、それについて私がどう考えたのか、最後にそれを記して締めとしたい。

正直なところを申せば、伊波の卒業論文を読んだ感想は、何もいまに始まったものではない気がする。つまり、その内容を初めて知って驚くような鮮烈さはそれほどないのである。それというのも、この長大な連載のなかで、そのときどきにおいて伊波の行動や考えを分析し説明して

注35　おもろ　千五百五十一首
現在のオモロ研究では、『おもろさうし』（全二十二巻）に収録されたオモロは一五五四首となっている。

きたのであるが、その肝心なものはことごとくこの卒論に凝縮して流れ込んでいるからである。だから何をいまさらという感懐にもなってしまうのだ。

伊波の卒論は、彼の母語たる琉球語を考察した学術論文である。それにまちがいはない。がしかし、この論考は琉球語の構造やその歴史的変遷過程など、言語としての特徴を多面的に語りつつも、伊波の意図は言語論にとどまるものではない。琉球語をテーマにしながら、そこに発現している琉球・沖縄の特性を詳細に論じるなかで、彼が何よりも追究したいと願ったのは、彼ら琉球・沖縄人の由来であった。いや、そういってはまだ説明が不十分なのであって、より厳密にはウチナーンチュとヤマトゥンチューとの人種・民族的同系を明らかにすること、両者の永続的平等と安寧を維持するために、ヤマトを軸にした「相互理解」の根拠を探ること、それがこの卒業論文の隠れた主題なのである。

「琉球諸島」の定義づけを行った第一章の冒頭をみると、五年前の三

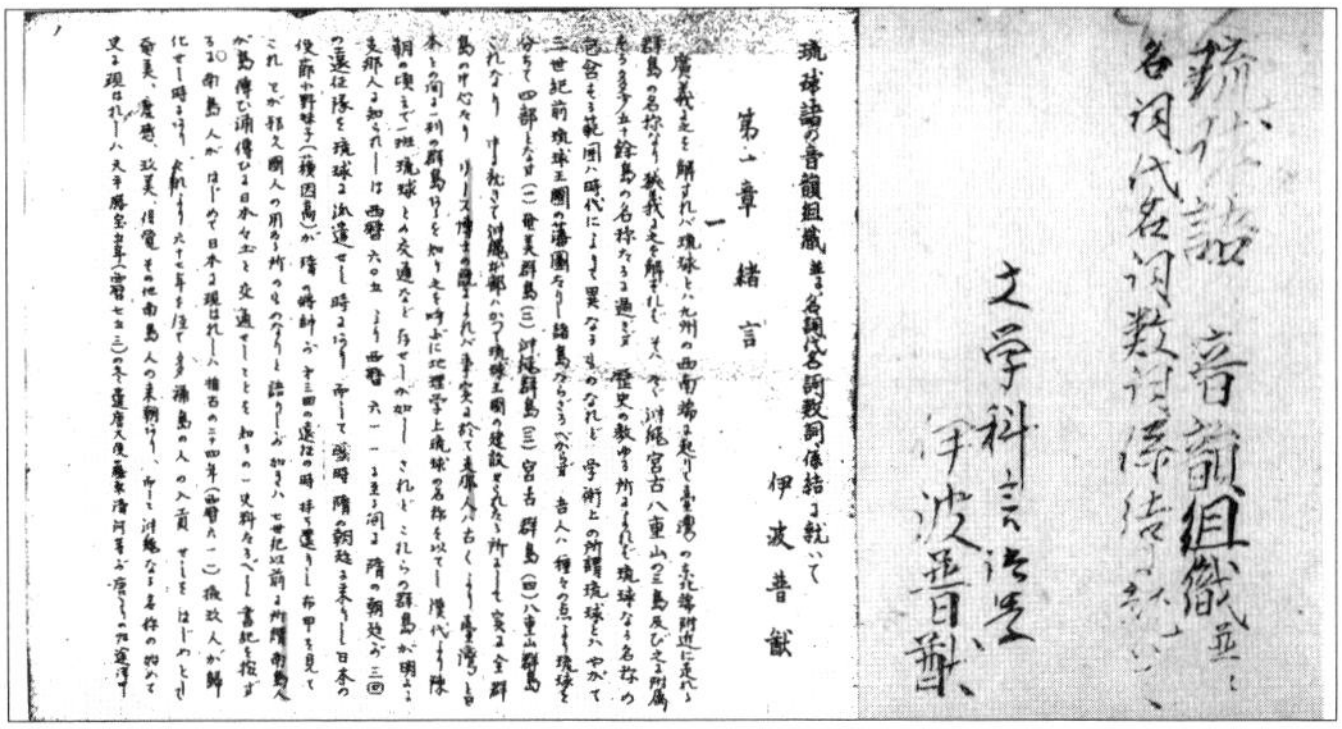

伊波普猷の卒業論文『琉球語の音韻組織並に名詞、代名詞、数詞、係結に就いて』の表紙（毛筆）と「第一章　緒言」の1頁目（ペン書き）（東京大学文学部図書室所蔵）

高時代に強調していた沖縄への中国文化の歴史的大潮流はすっかり影をひそめ、もう一方の文化潮流であった日本が唯一の主流として描かれる論述になっている。その際に、「日本人の奄美大島以南に到りしは保元の敗将為朝を以て嚆矢《こうし》」とするとの記述は重要で、七世紀ごろに日本との通行を始めた「南島人」は、以後、日本文化圏に生きる人びとと規定しているのがわかる。

高等学校から帝大時代にかけ

ての数年で、明治三十三年には約五割だった沖縄の就学児童の比率が、同三十四年に七割となり、卒論執筆時には九割ちかくになっている。そして、琉球王国時代の旧慣社会機構が土地整理事業の完了とともに日本資本主義のなかに組み込まれ、沖縄全域に地租条例と国税徴収法[注36]が施行されていた。と同時に、琉球の亡国からほぼ二十余年にして、沖縄は日露戦争をはさんで、急激にウチとソトからヤマト化の侵蝕にさらされていく。上からの公教育と相まって、沖縄人みずからその潮流に棹をさしていく動きが、在野において胎動していくのが明治三十年代後半である。明治政府による沖縄統治のための調査と、幣原坦《しではらたいら》や田島利三郎、加藤三吾など日本人による沖縄研究に触発されながら、沖縄の日本国家《ヤマト》との関係を再定義していく「新沖縄知識人」の登場といえばいいだろうか。

伊波がヤマトで過ごした十年で、彼の故郷の様子は社会機構も人びとの心質も、その重心を外来なるヤマトに色合いを染め上げられていく。これだけの歴史と文化を有した、かつては国家をも形成した集団・民族

注36　地租条例と国税徴収法
明治政府は明治三十年代前半に琉球独特の土地制度と、それを基礎にした租税制度の大改革を断行した。これによって共同体所有の土地が個々人の私有になり、納税主体も個人となった。それを実施するための法的整備として、宮古と八重山は明治三十六年一月に、その他の二区三郡は明治三十七年一月に施行された。

伊波普猷が出席した卒業式会場の東京帝国大学図書館（小川一眞編『Imperial University of Tōkyō　東京帝国大学』小川写真製版所、1904年）

が、これほどのスピードで自己の自立的根幹をかくも去勢化して、距離的にも遠く隔絶した他集団・民族に没入していくのもじつに珍しい。明治十二年の武力併合以降の、たった四半世紀のヤマト統治がよっぽど官民ともに巧妙で、沖縄人の急所を鷲掴みにしたというほかはない。しかし、そのことは逆にいえば、沖縄（人）を変貌させるに、その方向に学問・知識など技能を総動員した沖縄人自身の姿をもくっきりと鏡に映し出すことになった。彼ら沖縄人からすれば、差別の解消とか他府県並みの権利獲得とか、それは何とでも理屈は言えるのだろうが、ついふた昔前まではまったくの異族でしかなかったヤマトの人間を羨望し、彼らとの共通性探索に狂奔する、その卑屈さを恥辱とも思わない堕落した「知識人」たち、とりわけそれを牽引した者の罪は大きい。

そこでまた、その張本人・伊波に絶大な影響を与えたチェンバレンの英文研究書『琉球語の文法と辞書』に対する伊波の接し方だが、伊波の読みとチェンバレンの記述とのあいだに存在するズレについて一言しよう。チェンバレンが琉球語を見る目は、一言にしていうならば日本語とは語形論（Accidence）でも統語論（Syntax）、語彙（Vocabulary）においても著しい一致を示しつつも、あくまでLanguageとしていることである。Dialectとはけっして言わない。伊波も琉球語とは書いているが、その説明の仕方と叙述は日本語（又は日本人）とは切っても切れない親密さの面を押し出す。両者とも琉球語と日本語が「姉妹語」とはみなしても、日本語との一致性に比重をおく伊波と、基本構造は似ているが琉球語の特性（Peculiar）がひとつの独立言語を自己主張しているとみるチェンバレンがいる。

そこで出てくるのが日琉の同祖関係である。祖先が同じだという事実は、それだけでは軋轢を生じない。一方が他方を社会的勢力等によって圧倒し、他方が従属の心性へと変化するところに問題が発生する。「姉妹」の対等関係がくずれ、やがて擬制的「親子」の上下関係へと変質していった近代沖縄の歴史は、現在に至るまで内面の奴隷性として巣喰っている。「琉球処分」後の沖縄の歩みと重なる伊波の帝大時代までの航跡は、まさに日本のなかを生き始めた沖縄人の三十年そのものであった。沖縄と日本《ヤマト》とのミゾを埋めるという彼なりの使命感をもってしても、その卑屈さに変わりはない。卒論第四章の末尾に、「目に一丁字なき孤島の民が記紀万葉にあるが如き昔ながらの数詞を口にする」と特記して欣喜する姿。そして卒論をすべて書き終えたあとに奄美大島で見つけた為朝を謳った童謡を付記することなど、ヤマトと結びつくことで精神的に安堵する伊波の姿は、彼が崇敬してやまない蔡温はむろん、ひ

1906（明治39）年７月10日、東京帝国大学文科大学を卒業した日の記念写真。前列左から伊波、金田一京助、橋本進吉、神保格、後藤朝太郎、小倉進平、後列左からエミール・エック、八杉貞利、藤岡勝二、カール・アドルフ・フローレンツ、上田万年、新村出、保科孝一（『生誕百年記念アルバム　伊波普猷』伊波普猷生誕百年記念会、1976年）

とまわり上の世代とも明らかに異なる日本化した沖縄人である。卒論には沖縄人の自立を根から腐蝕させる「同化」へとなだれ込む前兆がすでに漂っている。

琉球の歴史と文化を語って倦むことない饒舌さ、熱気、そして誇りと自信の充満は一目瞭然だし、卒論を何度読み返してもよくわかる。にもかかわらず、それらの歴史・文化を根柢で価値づけるのはヤマトだとする思考は抜き難い。そうしたヤマト依存の心理・憧憬・行動を、伊波が「もつと大きく尊いもの」と賛美した「日本の国家教育の力」が加速させていく。沖縄戦開始直後の四月三〜四日、琉球人は日本人と「同人種」であるのだから、「皇国民としての自覚」をもって米軍を邀撃《ようげき》せよ、と『東京新聞』に「決戦場・沖縄本島」を書いて檄《げき》を飛ばしたのは、伊波の一時的な感情のなせるワザではなかったのである。

いまなお沖縄の人びとを掣肘している伊波のこの思想、それは継承してはならないし、そうであってこそ、沖縄はその弱点を克服して真の自立を手にしうるのだと私は信ずる。

追記　卒業證書授与式

こうして伊波は、卒業論文を提出して審査にパスし卒業するわけであるが、東京帝大生として最後の日である七月十日の卒業證書授与式のことを簡単に書きとめておきたい。

この日の式典会場は、本郷キャンパスの中央に位置する附属図書館であったらしいが、開始時刻はたぶんに午前で、昼をまわった頃には終了したであろう。それはともかく、この日は学生に学業修了の證書を手渡すだけのたんなる儀礼的な区切り日ではない。法科以下、医科・理科・工科・文科・農科の各分科大学の学長（いまの学部長）と教授、官吏、卒業生、そしてそれら六分科大学を統率する濱尾新[注1]・総長をはじめ、牧野伸顕[注2]文部大臣以下の貴賓に加えて、閑院宮と久邇宮の両殿下が参列し

注1　濱尾新（はまお・あらた　一八四九〜一九二五）
江戸生まれの教育行政官、政治家。文部省専門学務局長、貴族院議員、帝国大学総長、文部大臣、枢密院議長などの要職を歴任した。

注2　牧野伸顕（まきの・のぶあき　一八六一〜一九四九）
鹿児島生まれの政治家。明治の元勲・大久保利通の次男。一九〇六(明治三十九)年三月、第一次西園寺内閣の文部大臣。一九二五年から約十年間、内大臣を務めた。吉田茂は女婿。

ていた。しかし、何といっても特筆すべきは天皇[注3]が「臨幸」したことである。天皇が東京帝大の卒業式に出るようになったのは、明治三十二（一八九九）年が最初で、途中何度か名代を遣わしたことはあったが、伊波が東京帝大に入って一年目を終えた明治三十七年七月の卒業式からは一度も欠かすことなく足を運んでいる。

考えてみれば、東京帝国大学は、明治十九年三月二日に公布された「帝国大学令」に起源をもつ大日本帝国最高の学術・教育機関である。それはまさしく天皇の名による勅令第三号がその性格を如実に示しており、

注3　天皇　睦仁（むつひと　一八五二〜一九一二）のこと。近代日本の天皇制国家を象徴する人物。国家の西洋化に伴い、彼自身も対外的には軍服とサーベル姿で富国強兵を強調した。

明治30年代初期の濱尾新（小川一眞編『Imperial University of Tōkyō　東京帝国大学』小川写真製版所、1900年）

伊波普猷が卒業当時の牧野伸顕（『帝国画報』第２年第２号、1906［明治39］年２月）

冒頭の第一条は「帝国大学ハ国家ノ須要ニ応スル学術技芸ヲ教授シ及其蘊奥《うんおう》ヲ攷究スルヲ以テ目的トス」となっていた。天皇と国家のためという大目的のもとに帝国大学が存立したことを忘れてはなるまい。ちなみに明治三十年創立の京都帝大の卒業式には侍従や皇族を代理で派遣するだけで天皇本人は一度も出向いたことはない。これは政府内での、とくに軍部と文部省の力関係によるものが第一にあって、その次に東京帝大と京都帝大との格の違いがあったことによる。明治天皇による東京帝大最後の出席になった明治四十五年七月十日の際は、そのしばらく前から体調が思わしくなかったようで、例年だと直立不動の姿勢をとっていたのに、このときは初めて椅子に座っての「臨席」になった。この日から五日後、枢密院[注4]会議でも同様に具合が良くなかったのか、つい居眠りをしたらしく、それをみた枢密院議長・山県有朋[注5]が軍刀で床を突いて注意したとの逸話がある。そして「崩御」したのは約二週間後の七月三十日である。

注4　枢密院（すうみついん）
大日本帝国憲法の第五十六条で規定された天皇の最高諮問機関。憲法草案を審議するために、一八八八（明治二十一）年四月、勅令第二十二号で創設。内閣から独立した地位にあって、藩閥政治家や官僚の本拠になった。

注5　山県有朋（やまがた・ありとも　一八三八〜一九二二）
山口出身の軍人、政治家。一八七三（明治六）年陸軍卿となり、内務卿をへて、一八八九（明治二十二）年第一次山県内閣を組閣。日本陸軍の創設及び文官任用令の制定などによる官僚制度を確立した。

明治45年7月10日の東京帝国大学行幸（藤島武二筆、明治神宮外苑聖徳記念絵画館所蔵）

話がそれたのでまた明治三十九年に戻すが、伊波たち卒業生六百名余が整列する式場へ行く前に、天皇は六名の帝大教授等から東京帝大が所蔵する貴重資料等を「天覧」しながら、「御前講」を受ける慣例になっていた。そのなかには伊東忠太[注6]・工科大学教授の「満韓の古建築」と藤田明[注7]・文科大学史料編纂官による「朝鮮使節旧幕府へ来聘の絵巻」があ

注6　伊東忠太（いとう・ちゅうた　一八六七～一九五四）山形・米沢生まれの建築家、建築史家。一九〇五（明治三十八）年に東京帝国大学工科大学教授となる。大正末期、首里城など沖縄の文化財保存に力を尽くした。

注7　藤田明（ふじた・あきら　一八七七～一九一五）歴史家。東京帝国大学文科大学国史学科を卒業して、文科大学の史料編纂官となる。著書に『師範教育日本歴史』（全三巻、宝文館、一九一五年）などがある。児童文学作家・藤田圭雄（たまお）の父。

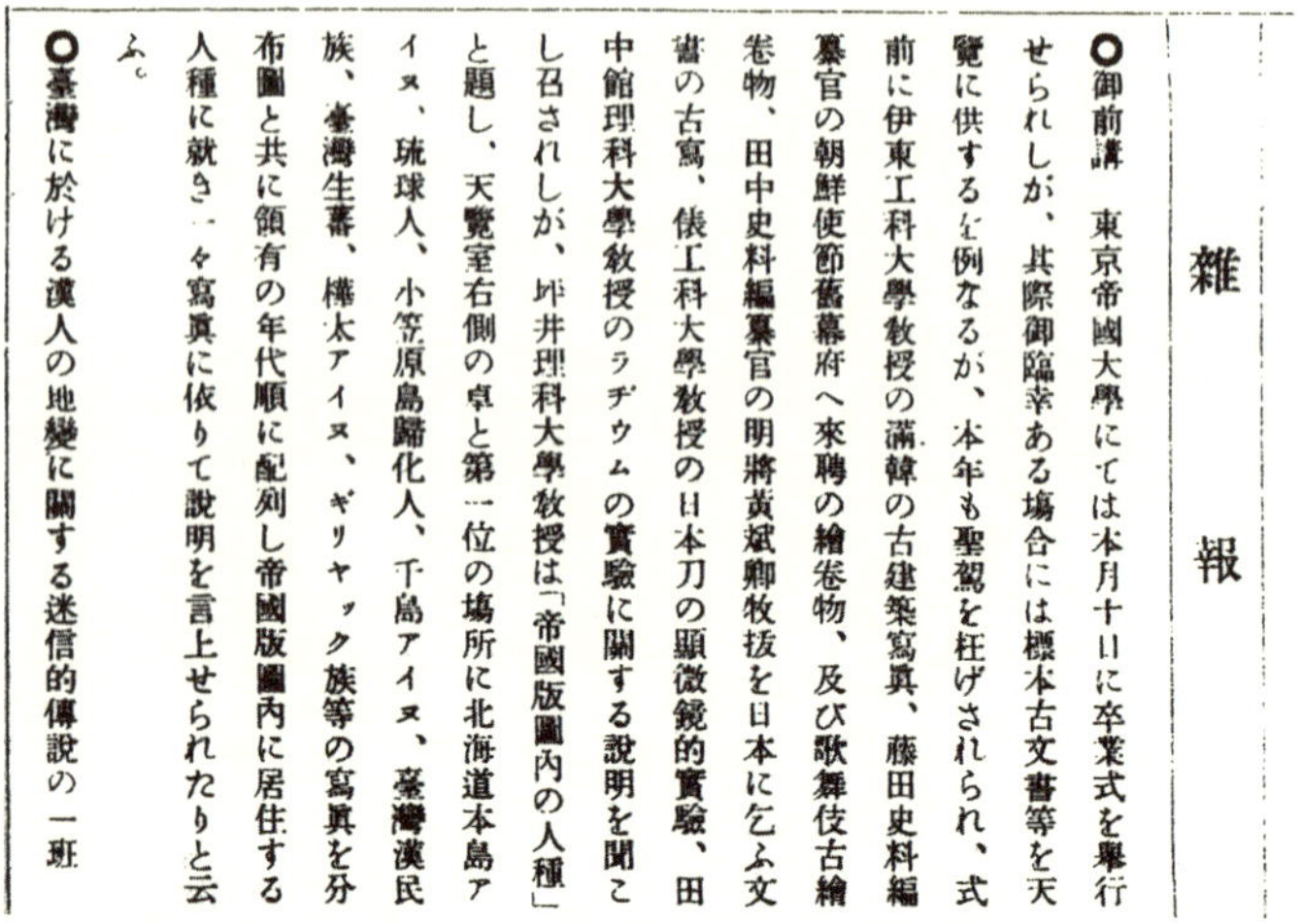
雑報

○御前講　東京帝國大學にては本月十日に卒業式を擧行せられしが、其際御臨幸ある場合には標本古文書等を天覽に供するを例なるが、本年も聖駕を枉げされられ、式前に伊東工科大學教授の滿韓の古建築寫眞、藤田史料編纂官の朝鮮使節舊幕府へ來聘の繪卷物、及び歌舞伎古繪卷物、田中史料編纂官の明將黄斌卿救援を日本に乞ふ文書の古寫、俵工科大學教授の日本刀の顯微鏡的實驗、田中館理科大學教授のラヂウムの實驗に關する說明を聞こし召されしが、坪井理科大學教授は「帝國版圖内の人種」と題し、天覽室右側の卓と第一位の塲所に北海道本島アイヌ、琉球人、小笠原島歸化人、千島アイヌ、臺灣漢民族、臺灣生蕃、樺太アイヌ、ギリヤック族等の寫眞を分布圖と共に領有の年代順に配列し帝國版圖内に居住する人種に就き一々寫眞に依りて說明を言上せられたりと云ふ。

○臺灣に於ける漢人の地變に關する迷信的傳說の一班

1906（明治39）年7月10日の「御前講」の記事（『東京人類学会雑誌』第21巻第244号、同年7月）

り、そして理科大学教授・坪井正五郎の「帝国版図内の人種」が並んでいた。

ここでは坪井がいったい何を「御進講」したのかについて、以下に説明する。卒業式からまもない七月二十日付発行の『東京人類学会雑誌』（第二十一巻第二四四号）の「雑報」欄に、坪井の話した内容が要約されている。――「坪井理科大学教授は『帝国版図内の人種』と題し、天覧室右側の卓と第一位の場所に北海道本島アイヌ、琉球人、小笠原島帰化人、千島アイヌ、台湾漢民族、台湾生蕃、樺太アイヌ、ギリヤック族等の写真を分布図と共に領有の年代順に配列し帝国版図内に居住する人種に就き一々写真に依りて説明を言上せられたり。」

これだけでもおおよそのことが想像できるが、坪井自身が書いた、より詳しい資料が二点あるので、それを見てみよう。最初の一点目は、やはり同じ年の十月一日に出た『太陽』（第十二巻第十三号）に寄稿したもので、「帝国版図内の人種」との同じ題で載った論説。語りかける相手が天皇でなく雑誌の一般読者に変更したことによって、文章がかなり気安くなっているのだろうが、内容はほとんど同一といってよいと思う。言わんとすることは、以下冒頭の文言に集約されているので、それを引用する。――「国民と人種とは、必しも其範囲を一にするものでは有りません。同一の人種が数カ国に別かれ属する事も有りますし、一

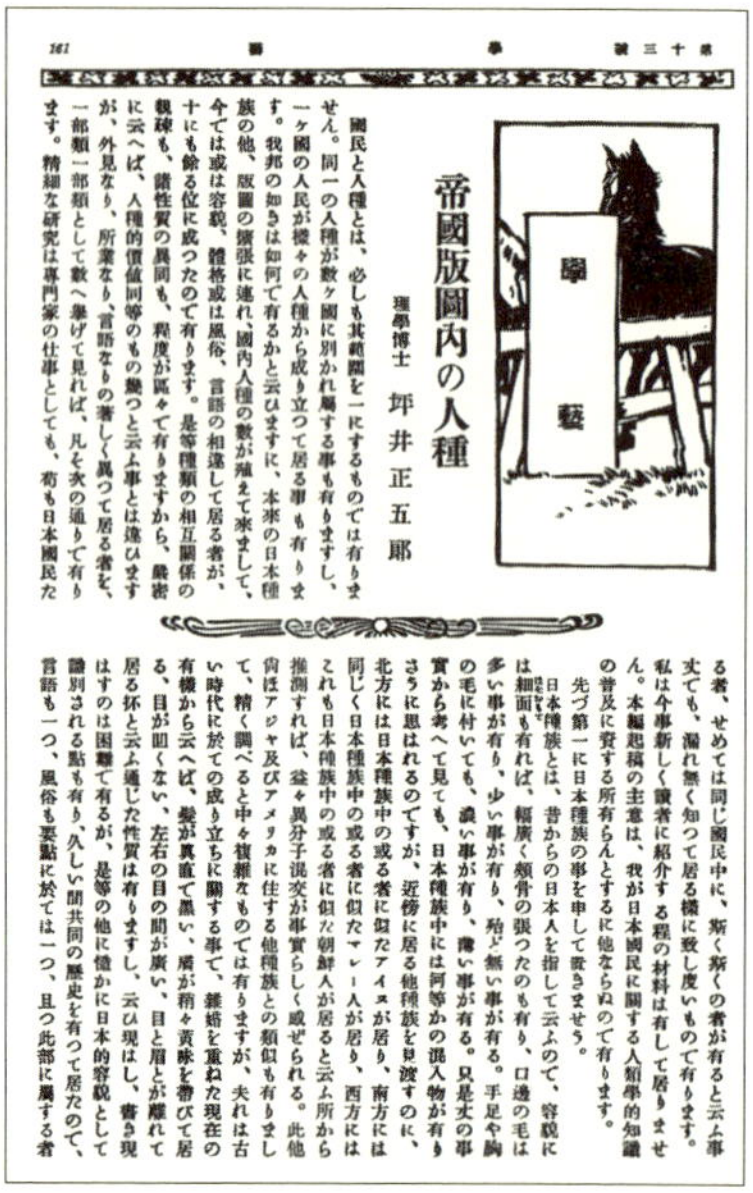

第十三號　學藝　161

帝國版圖內の人種

理學博士　坪井正五郎

國民と人種とは、必しも其範圍を一にするものでは有りません。同一の人種が數ヶ國に別かれ屬する事も有りますし、一ヶ國の人民が樣々の人種から成り立つて居る事も有ります。我邦の如きは如何で有るかと云ひますに、本來の日本種族の他、版圖の擴張に連れ、國內人種の數が殖えて來まして、今では或は容貌、體格或は風俗、言語の相違して居る者が、十にも餘る位に成つたので有ります。是等種類の相互關係の親疎も、諸性質の異同も、程度が區々で有りますから、嚴密に云へば、人種的價値同等のもの幾つと云ふ事とは違ひますが、外見なり、所業なり、言語なりの著しく異つて居る者を、一部類一部類として數へ擧げて見れば、凡そ次の通りで有ります。精細な研究は專門家の仕事としても、苟も日本國民たる者、せめては同じ國民中に、斯く斯くの者が有ると云ふ事丈でも、漏れ無く知つて居る樣に致し度いもので有ります。私は今事新しく讀者に紹介する程の材料は有して居りません。本編起稿の主意は、我が日本國民に關する人類學的知識の普及に資する所有らんとするに他ならぬので有ります。

先づ第一に日本種族の事を申して置きませう。

日本種族とは、昔からの日本人を指して云ふので、容貌には細面も有れば、幅廣く顴骨の張つたのも有り、口邊の毛は多い事が有り、少い事が有り、殆ど無い事が有る。手足や胸の毛に付いても、濃い事が有り、薄い事が有る。只是丈の事實から考へて見ても、日本種族中には何等かの混入物が有りさうに思はれるのですが、近傍に居る他種族を見渡すのに、北方には日本種族中の或る者に似たアイヌが居り、南方には同じく日本種族中の或る者に似たマレー人が居り、西方にはこれも日本種族中の或る者に似た朝鮮人が居ると云ふ所から推測すれば、益々異分子混交が事實らしく感ぜられる。此他尚ほアジヤ及びアメリカに住する他種族との類似も有りまして、精く調べると中々複雑なものでは有りますが、夫れは古い時代に於ての成り立ちに關する事で、雜婚を重ねた現在の有樣から云へば、髮が眞直で黑い、膚が稍々黃味を帶びて居る、目が凹くない、左右の目の間が廣い、目と眉とが離れて居る抔と云ふ通じた性質は有りますし、云ひ現はすのは困難で有るが、是等の他に僅かに日本的容貌として識別される點も有り、久しい間共同の歷史を有つて居たので、言語も一つ、風俗も要點に於ては一つ、且つ此部に屬する者

坪井正五郎「帝国版図内の人種」（『太陽』第12巻第13号、1906年10月）

カ国の人民が様々の人種から成り立つて居る事も有ります。我邦の如きは如何で有るかと云ひますに、本来の日本種族の他、版図の拡張に連れ、国内人種の数が殖えて来まして、今では或は容貌、体格或は風俗、言語の相違して居る者が、十にも余る位に成つたので有ります。」

つまり、坪井が強調したいのは、日本という国家を運営する「本来の日本種族」が中心にあって、それが明治維新後において、戦争などの武

力によって近隣諸国や地域を「版図」として次々に獲得していった事実の誇示である。こんな嬉しい名誉なことはないとの喜びが文章の端々に滲み出ている。たとえば、「苟も日本国民たる者、せめては同じ国民中に、斯く斯くの者が有ると云ふ事丈でも、漏れ無く知つて居る様に致し度いもので有ります」という。そして、「斯く斯くの者」が何であるのかを逐一説明していく。

九州、四国、本州に居住してきた「昔からの日本人」を「日本種族」と坪井は大まかな定義をしていて、その視点から北方の未開種族の後裔がアイヌで、彼らが「日本国民」になったのが明治二年だとして、アイヌの身体的特徴や民俗、習慣などを列記する。そして明治五年に、「久しい間、半ば隣国の体をなして居た（中略）日本支那両属の形で有つた」琉球が日本国民となり、のち沖縄県が設けられたとする。琉球人は人種的には日本種族から離れているものではないものの、「実際上特殊の部類と見做して差支へ有りません」と説明した。以後、明治国家は明治八年にロシアとの間で千島と樺太の一部を交換したことにより千島アイヌと樺太アイヌが日本に入り、明治九年には小笠原島のヨーロッパ人種でアーリアン系統の帰化人が加わり、明治二十八年には日清戦争の結果、台湾の土人（漢人種）と台湾蕃人を包含し、次に明治三十八年の日露戦争により樺太の南半分が日本の領有となって、そこに住むオロッコ、ツングース、ギリヤックが「日本国の部分と確定され」たと書いた。

坪井はこれらを概観して、日本人種以外で教育がよく行き届いているのは琉球人と台湾土人だけで、あとはまったく幼稚なものであり国家はいろいろな施策をやっている。そのやりようによっては「日本種族の夫等に近づける事も出来」るが、なるべく「彼等の特性を識別利用し、長短相補」うことが肝要だと主張した。要するに「先進者の地位に在る者は彼等を訓え導」く責任があることを自覚するようにと訴えて文章を閉じた。

このときの「御進講」は、それまでに行った数回のそれのなかでもとりわけ印象ぶかく残ったものらしい。というのは、一九一二（大正元）年十月五日、上野公園で開催されていた拓殖博覧会の際、坪井はその観光館で開かれた東京人類学会の第二十八年会で、明治三十九年の卒業式における天皇への説明を、より詳しく回顧しているのである。演題は「明治年代と日本版図内の人種」となっていて、一九一四（大正三）年一月二十日発行の『人類学雑誌』（第二十九巻第一号）に載っている。

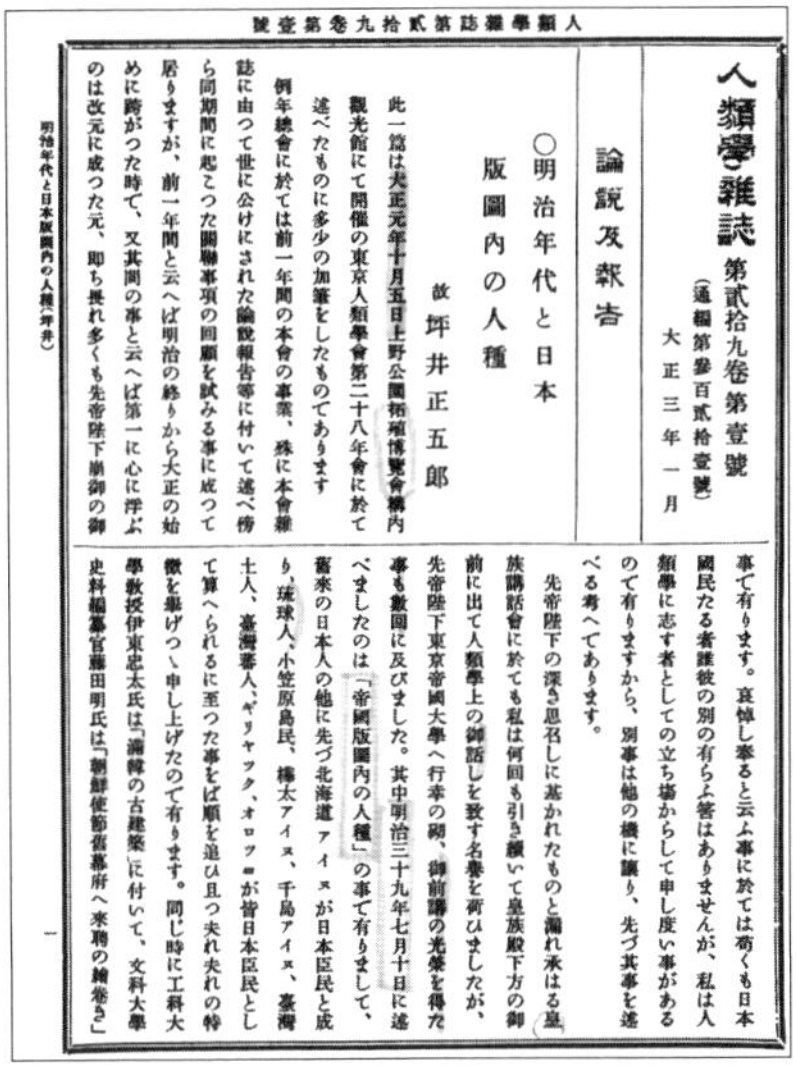

人類學雜誌第貳拾九卷第壹號

人類學雜誌 第貳拾九卷第壹號（通編第參百貳拾壹號）大正三年一月

論說及報告

○明治年代と日本版圖内の人種

故 坪井正五郎

此一篇は大正元年十月五日上野公園拓殖博覽會構内觀光館にて開催の東京人類學會第二十八年會に於て述べたものに多少の加筆をしたものであります

例年總會に於ては前一年間の本會の事業、殊に本會雜誌に由つて世に公けにされた論說報告等に付いて述べ傍ら同期間に起こつた關聯事項の回顧を試みる事に成つて居りますが、前一年間と云へば明治の終りから大正の始めに跨がつた時て、又其間の事と云へば第一に心に浮ぶのは改元に成つた元、即ち畏れ多くも先帝陛下崩御の御事て有ります。哀悼し奉ると云ふ事に於ては苟くも日本國民たる者誰彼の別の有らふ筈はありませんが、私は人類學に志す者としての立ち場からして申し度い事があるので有りますから、別事は他の機に讓り、先づ其事を述べる考へであります。

先帝陛下の深き思召しに基かれたものと漏れ承はる皇族講話會に於ても私は何回も引き續いて皇族殿下方の御前に出て人類學上の御話しを致す名譽を荷ひましたが、先帝陛下東京帝國大學へ行幸の砌、御前講の光榮を得た事も數回に及びました。其中明治三十九年七月十日に述べましたのは「帝國版圖内の人種」の事て有りまして、舊來の日本人の他に先づ北海道アイヌが日本臣民と成り、琉球人、小笠原島民、樺太アイヌ、千島アイヌ、臺灣土人、臺灣蕃人、ギリヤツク、オロツコが皆日本臣民として算へられるに至つた事をば順を追ひ且つ夫れ夫れの特徴を舉げつゝ申し上げたので有ります。同じ時に工科大學教授伊東忠太氏は「滿韓の古建築」に付いて、文科大學史料編纂官藤田明氏は「朝鮮使節舊幕府へ來聘の繪卷き」

明治年代と日本版圖内の人種（坪井）

一

1914（大正３）年１月の『人類学雑誌』（第29巻第１号）に掲載された坪井正五郎の「明治年代と日本版図内の人種」

しかし、このときはただ六年前の

「御前講の光栄」を回想したのではない。拓殖博覧会にふさわしい企画として、明治三十九年の頃から「帝国版図内の諸人種を一カ所に集める事が出来たら宜からうと思つて居つた」そうで、それを実際にやったのである。人類学教室の専門家、石田収蔵[注8]を北海道と樺太に、また大野延太郎（号は雲外、「中巻」第三章の注11を参照）を台湾と朝鮮に派遣して、「オロッコ、ギリヤック、樺太アイヌ、北海道アイヌ、台湾土人、台湾蕃人の諸種族男女長幼総数十八人を招き集める事が出来」たと自慢げに書いている。「朝鮮人の特別出場はみるを得ませんでしたが、本館の朝鮮部を通覧すれば十分に其欠を補ふ事が出来ます」とあるのは、当然に明治三十九年には頭になかったことで、それから四年後の朝鮮併合が生じたことに伴う記述である。それについて坪井は、琉球人と朝鮮人は「内地人に似通つた点の多い者で、三つながら何れも単純な者では有りませんが、諸性質の総括の上から日本系として有るので有ります」と説明した。「日本系」ではあるが、同一ではなく区別があると明記していた。

注8　石田収蔵（いしだ・しゅうぞう　一八七九～一九四〇）
秋田出身の人類学者。東京帝大理科大学の動物学科を卒業して大学院にすすみ、坪井のもとで樺太の調査・研究を行う。東京人類学会の仕事に従事し、のちに東京農業大学教授。

そして朝鮮に関して、「相互に縁故の近い者たるべきは疑ひ有りません。此の事は言語の上からも認められて居る事で有ります」とその根拠を述べ、両者の関係が「日韓併合と云ふ事に成つて長い間の問題が片付きました。朝鮮人は最早日本国民の一部と成つたので有ります」と言う。伊波の恩師・金沢庄三郎が唱えた「日鮮同祖論」や伊波の同級生で朝鮮語を専門にした小倉進平たちの役割を考えると同時に、琉球問題に片をつけた「琉球処分」（琉球併合）を高く評価した伊波の「日琉同祖論」を想起する必要があるだろう。

朝鮮に続けて坪井は、「満洲人の様子も関東州の部に於て知る事を得ます」と拓殖博覧会の展示に注意を喚起していたが、その文言は日露戦争後に早くも中国東北部への侵略が着々と始まっていたことを如実に示している。明治三十九年の天皇臨幸の砌《みぎり》、坪井とともに「御前講」をした伊東忠太が「満韓」を対象にし、藤田明が「朝鮮」との関係史を取り上げたのも帝国の膨張的視野と軌を一にしていたはずである。

要するに、坪井にとって明治三十六年に大阪の内国勧業博覧会で問題になった「人類館事件」は、何の反省どころか、さらに規模を大きくした「帝国版図内の諸人種」展覧会へと発展させていったわけである。この、確信犯ともいうべき信念の持ち主は、その足跡を調べてみると、明治三十五年の七月三日には、ロシア大公[注9]が人類学教室を訪問したとき、琉球人が日常生活で使っている現用品を陳列していたし、それから約一週間後の同月十一日の卒業式には、天皇の「臨幸」に際し、同じものを「天覧」に供していた。そして翌年、「学術人類館」での琉球人展示となり、越えて明治三十七年六月上旬には「理科大学人類学教室標本展覧会」を開催して、大々的に琉球人の頭蓋や琉球人の使用する現用の首飾りを展示した。それについては本文で書いたとおり。翌七月十一日午前、天皇は東京帝大卒業証書授与式に、徳大寺実則侍従長[注10]、田中光顕宮内大臣[注11]を引き連れて「行幸」し、山階宮はじめ諸大臣の出迎えをうけたあと、松井直吉[注12]総長代理の先導で「天覧品」を見たあと、坪井による「ロシヤの

注9　ロシア大公
「中巻」第三章の注8（一八七頁）で紹介したように、ボリス・ウラジミロヴィチ（Boris Vladimirovich 一八七七〜一九四三）を指す。日露関係が緊迫していた一九〇二（明治三十五）年六月二十三日に来日し、七月二日には天皇・皇后、桂太郎首相、小村寿太郎外相らと会食するなど、日露友好を印象づけて全国を遊歴した。

注10　徳大寺実則（とくだいじ・さねつね　一八四〇〜一九一九）
京都の公家出身。一八九一（明治二十四）年に内大臣と侍従長を兼務し、明治天皇の死まで忠勤した。西園寺公望は実弟。

人種」と題する「御前講」を聞いた。内容は「ロシヤ版図の広大なる事、隋つて此所に棲息する人種単純ならざる事」（「坪井理科大学教授のロシヤの人種に関する御前講」『東京人類学会雑誌』第十九巻第二二一号、明治三十七年八月）などであったが、そうした演題になったのは、五カ月前に戦端を開いたばかりの日露戦争中であったがゆえだろう。ウラジオストク艦隊の攻撃と遼東半島での死闘が進行しているなかでの卒業式だっただけに、例年にない緊張した空気が漲っていた。満四十三歳で働き盛りの坪井にとってはこのうえない晴れ舞台でもあったはずである。彼の愛弟子・鳥居龍蔵が伊波とともに沖縄島、宮古、石垣、西表、与那国の調査に出立するのは、それから二週間後のことになる。そして、伊波が帝大の二学年を終えた明治三十八年七月十一日も天皇は東京帝大の卒業証書授与式に「臨幸」した。坪井は「諸人種の自然物利用」のタイトルで三度目の「御前講」を行った。

これらの事実からもわかるように、伊波の卒業式に天皇が出席したと

注11　田中光顕（たなか・みつあき　一八四三～一九三九）土佐出身の政治家。岩倉使節団に加わり、一八九八(明治三十一）年以後、十一年ものあいだ宮内大臣を勤めた。

注12　松井直吉（まつい・なおきち　一八五七～一九一一）岐阜出身の化学者。コロンビア大学の留学から帰国後に帝国大学工科大学教授及び農科大学教授を歴任。一九〇五（明治三十八）年に総長になるも、わずか二週間で辞職した。

き、坪井は明治三十五年以後にあっては、明治三十六年を除いて毎年の「御前講」に名を連ねる常連で、通算四度目の大役を仰せつかったことになる。帝大教授のなかでも飛び抜けた存在と看做されていたのには、それなりの理由があったはずである。大正三年に書いた先の文章で、坪井は「先帝陛下の深き思召しに基かれたものと漏れ承はる皇族講話会に於ても私は何回も引き続いて皇族殿下方の御前に出て人類学上の御話しを致す名誉を荷ひました」と語っている。皇国の中心人物たちに帝国の拡がりと支配のありようを、より実感させる講話を期待されて、実際にその認識をつよくさせる仕事をしていたと言っていい。

その文章の末尾で彼は、こうも書いている。「明治年間の出来事の中で異種族が国民中に加へられるに至つたと云ふ事の如何に重大で有るかゞ分かるで有りませう。此事は此時代に付いて記念すべきもの丶中特に重きを置くべきものと思惟するので有ります。」琉球の武力併合も特記される対象だったのは言うまでもない。ちなみに、大正八年頃かと思うが、旅順の関東庁博物館[注13]で陳列されたものに各人種の風俗模型があって、それは明治三十七年六月に東京帝大で開かれた「理科大学人類学教室標本展覧会」に出品されたものが移動展示会として使われたものらしい。そして、それらは絵葉書になって発行されていた。日本人以下、アイヌ人や琉球人、朝鮮人、台湾生蕃人など九人種の夫婦が上下に並べられて写っている。こうした企画の発端は、どうも明治三十九年の、伊波が東京帝大を卒業したときであったようで

東京帝国大学理科大学人類学教室が貸し出したと思われる風俗人形の陳列記念はがき（関東庁博物館発行）

注13　関東庁博物館
一九〇〇（明治三十三）年、ロシアが租借地に「将校クラブ」を建設したのが起源で、一九一九（大正八）年に日本が関東庁博物館とした。現在は旅順博物館となっている。

ある。『東京人類学会雑誌』（第二十一巻第二四三号、明治三十九年六月）の記事「人類学絵はがきの発行」と、『東洋学藝雑誌』（第二十三巻第二九八号、明治三十九年七月）に「人類学的絵はがき」の記事があって、それらによると「石器時代土偶、埴輪土偶、琉球風俗、アイヌ、台湾生蕃、朝鮮人の六枚一組」を「人類学絵はがき」として、十五銭で販売している。人類学教室が所蔵する標本と写真が材料になっていて、東京人類学会が選定したとある。日本橋区の志摩商会からの発売。これは「アイヌ紋様絵はがき」（三枚一組、七銭）とともに、伊波も直接目にしたのではなかったか。そして、彼は帝大卒業というこの記念すべき日に、坪井が天皇に「御前講」をした事実も、さらにはその内容もすぐに知ったはずである。同じことはアイヌの言語や文化を生涯の研究対象にしようとしていた一年後輩の金田一京助にもいえる。

かくして、明治三十九年七月十日、伊波は東京帝国大学文科大学を卒業した。證書をもらうと早々に妻のマウシとともに帰郷することになる。そして、卒業論文の隠れたテーマに直結する記念碑的論考「沖縄人の祖先に就て」を、その年の十二月に琉球新報に執筆。それから約四年後の明治四十四年三月、那覇の小澤博愛堂から最初の著書を、その名も『琉球人種論』として出版した。その扉に彼は、「この書を坪井正五郎先生並に鳥居龍蔵氏にさゝぐ」と、献呈の辞を赤々と特別に刻んだのである。

東京帝大を卒業後の明治41年11月、非常勤講師時代の金田一京助（金田一京助編著『石川啄木読本』「読本現代日本文学」9、三笠書房、1936年）

番外編インタビュー

連載を終えて　日本人化の始点を検証

連載「沖縄と日本《ヤマト》の間で　伊波普猷・帝大卒論への道」が、二〇一四年八月十二日の第一四〇回で終了した。筆者の伊佐眞一さんに連載の狙いや成果、伊波普猷研究の課題について聞いた。

（聞き手・宮城隆尋）

――連載で浮き彫りにした伊波普猷像とは。

「私の場合、ヤマトに対する個人的なコンプレックスが小さいころからあって、一九七二年に初めてヤマトを旅行した際、とても緊張したことを覚えています。そんな心の持ち方は周囲の人たちだけでなく、沖縄の作家や研究者が書いたものを読んでも共通していました。そして、なぜそうなのかという疑問に答えるような論考を書いているのが伊波普猷だったのです。自分たち沖縄の人間はほんとに日本人なのかと、アイデンティティーを問い返す文章を多く書いている。彼の青少年期は沖縄が日本という国のなかに力ずくで併合されていく初期の過程にありました。一つの国家社会をなしていた琉球・沖縄が、ある時を境に別の国家のなかに放り込まれ、生きていく。日本人化した新しいウチナーンチュのスターとして、代表的な人物が伊波さんです。彼の考えが固まっていったのは学生時代、特に沖縄県尋常中学ストライキ事件で退学になり、上京して第三高等学校をへて帝大に入学し卒業するまでの十年間が、骨格となる思想形成に重要な期間でした。連載はこの期間の伊波さんについて、彼の行動を詳しく追いながら、とくにヤマトとの関係性に焦点を当てたわけです」

自宅の書斎で（2014年８月15日）

「前のインタビューでも話しました

が、伊波さんは沖縄戦が始まった一九四五年四月に東京新聞で、沖縄の人びとに敢闘を呼び掛ける〝檄文〟を発表したことがのちにわかります。それは進歩的で反権力のリベラルというそれまでの評価とは驚くほど違う発言と行動でした。しかし、これは一時的な気分で書かれたものではなく、彼の信念、思想に基づいた文章にほかならない。その点を根源にさかのぼって丁寧に説明したいという思いで連載に取り組みました。伊波さんは明治国家による公教育と、ヤマト学者による圧倒的な影響を受ける一方で、確固とした沖縄的な生活実感も知識も身に付けていたわけですが、それが伊波さんのなかで対等に雑居していたのではなくて、日本化された考え方に圧倒されていく。沖縄の人間が日本社会で平等に扱われない状況下で、ウチナーンチュを日本人化し変えていかなければ不利益を被ると考えるに至るわけです。卒論のテーマは言語学ですけども、背後にある真の主題はそうではない。チェンバレンは琉球語と日本語を並列の対等関係と考えたのですが、伊波さんの場合は日本語の下に琉球語が包摂されてしまう。つまりは日本が沖縄を規定するその思想は、卒論においてその原型を示すことになる」

「何百年にわたるヤマトとは異なる沖縄の歴史、文化をどう認識するかが、ここでの最大のポイントです。伊波さんは当初、沖縄の文化は周辺諸国や地域の影響を受けながら築かれたという認識を卒論以前に持っていたのですが、卒論になると中国文化の琉球への潮流認識は影を潜め、〝日本文化圏に生きる琉球人〟へと視座が変化していく。自分たちのアイデンティティーの基礎は日本人であってそれからは離れられないとなる。琉球の独自性を〝宇宙に二つとない個性〟とも捉えていましたが、その個性はあくまで日本のなかでの大きなユニークさという意味になるわけです」

――現在に通じる問題をはらんでいる。

「チェンバレンは琉球語と日本語を『姉妹』関係と規定したのですが、他方で明治の同時代において日本人は沖縄人の『マスター』とも書いている。つまり彼が言いたいことは、最終的には沖縄の主体意識こそが肝心で、沖縄の人間が自分たちを琉球人だと自覚すれば琉球語は独立言語になるというわけだ。ところが、沖縄の場合はみずから『自分たちは日本をベースにしたウチナーンチュ』という考え方を自主的に発信していく。スペインのバスク地方やスコットランドなど、大国から政治や文化が侵食されるなかで頑強に独自性を守ってきた地方があるのと引き較べて、内部から知識人が積極的に依存と同化を、これほど長年月にわたってリードしてきた沖縄は世界的に見ても珍しいのではないか。歴史や文化、そしてヤマトから隔絶した地理的条件など、独自性の客観的状況がいくらそろっていても、その主体が精神的独立性を否定すればいかんともしがたい。あまりにも苛酷な状況にある郷土を一刻も早くヤマトと対等に扱ってほしいとの思いがあったと考えれば、いかにも無理からぬことではあるが、それがヤマト従属を今日にまで受容していく思想とはいったい何なのかだ」

——現在は状況が違う面もある。

「とくに沖縄戦を経験している点が違う。ウチナーンチュは日本人になるために、日露戦争以降、飛躍的に犠牲を生み出してきた。米軍統治、施政権返還をへて現在に至るまでの歴史を通観してみれば、たしかに伊波普猷は沖縄の言語だけでなく民俗、文学など文化全般の研究を先導し、郷土の人々にそれなりの自信と勇気を与えた優れた学者ではあるが、ウチナーンチュが真に自立して生きる点からいえば、彼の思想、つまりヤマトへの姿勢は絶対ではない。沖縄学の創始者ではあるが、伊波を批判すべき点をしっかりと見据え、今後の世代のためにも彼を乗り越えるべく踏み台にしていかねばならない。それにしても、いわゆる「琉球処分」からわずか二十年余で、沖縄は日本なしには生きていけないと考える知識人が現れたのだが、そうした考えはいまも多くのウチナーンチュの脳髄に染み込んでいる。もしいま、伊波さんが生きていたとしたら、これまでの沖縄の歴史をどう見るのか、ヤマトの冷徹ともいうべき対沖縄策のありようを、彼自身の総括も含めて聞いてみたいものですね。そうしたことを沖縄の人間がつよく自覚しないと、いつまでたってもヤマトの縛りを解きほぐすことはできない」

――今後の研究に期待する点は。

「伊波さんが卒論を書き上げるには妻・マウシさんの大きい内助の功があった。伊波を偉いと褒め讃えるばかりでなく、彼の弱点やだらしなさなどを含む彼の全人的な人間像に迫る伝記が書かれてもいいし、若い人たちが自分自身にとって切実となる問題意識を持って視点を定めれば、まだまだ私たち沖縄人を裨益し発奮させることもあるだろう。内発的な問いでもって伊波普猷に向き合う人なら、小さな穴から大きな鉱脈を見つけ出すこともできる」

最後になるが、第一章で明治三十八年に書いた「琉球の神話」が、明治四十四年に刊行した伊波の主著『古琉球』においてどんな位置づけになっているかを説明すると言いながら、つい失念してしまったままになっていた（十八～十九頁参照）。それで、この帝大卒業論文と、「琉球の神話」など卒論が執筆されるまでに発表した論考に加筆をして収録する『古琉球』とのあいだに、どんな関連があるのかを手短に述べたい。

まず『古琉球』は、出版することが決まった当初からその題名だったのではなくて、少くとも明治四十三年末ごろまでは『過去の琉球』という書名でした。「古琉球」はいまでこそ普通に目にする用語ですけど、当時はまだ誰も聞いたことがない言葉で、つまり伊波さんの造語なんですね。その経緯がわかる記事が明治四十四年二月十五日発行の『沖縄教育』（第五十八号）に、「文学士伊波物外氏の著作『過去の琉球』」として載っています。雑誌記者が伊波さん本人から直接に「発行の計劃」を聞いたと書いてあって、収録される予定の論考二十九点と、附録

●文學士伊波物外氏の著作
「過去の琉球」
本著は氏が多年研究せられたる事項を網羅し紙數約五百頁に及ぶ。吾人は縣人の覺醒を促すべき時機に際
（三九）

十八　琉球語の掛結
十九　アカインコ（沖縄音樂者の鼻祖）
二十　百年前の英語研究者宮平某の話
二十一　土塊石片錄
二十二　八重山の歌　ばしの島
二十三　詩歌に現はれたる八重山の開拓
二十四　可憐なる八重山乙女
二十五　八重山童謠集の序
二十六　琉球史の瞥見
二十七　海の沖縄人
二十八　眠れる巨人
二十九　病床日記の一節

附　錄
一　與那原の濱物語
二　蔡溫が久米村人に與へし書簡
三　蔡溫の自叙傳
四　銘刈子
五　獨物語
六　貧家記

『過去の琉球』の出版予定を伝える記事と、収録論考の後半部分の配置

の資料七篇が並べられています。書名は明治四十四年の一月下旬になると『古琉球』と変更していて、沖縄毎日新聞と琉球新報にその書名で予約募集の広告が出るんですね。

『古琉球』の刊行は最初は五月の予定でしたが、約半年も延びて十二月になります。それを『過去の琉球』にしようとしていた一年前の内容構成と較べてみると、興味ぶかい事実が見えてきます。『古琉球』に収めた文章は、附録を除いてすべてそれ以前に雑誌や新聞に発表したもので、ただひとつ「P音考」だけは文末に「明治四十年八月」とあって、それがそのときに書いてその後ずっと抽斗《ひきだし》のなかにしまってあったものなのか、それとも雑誌などに発表したものなのか、それははっきりしません。私は八月の上旬に『沖縄新聞』あたりに載ったも

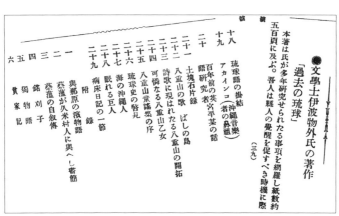

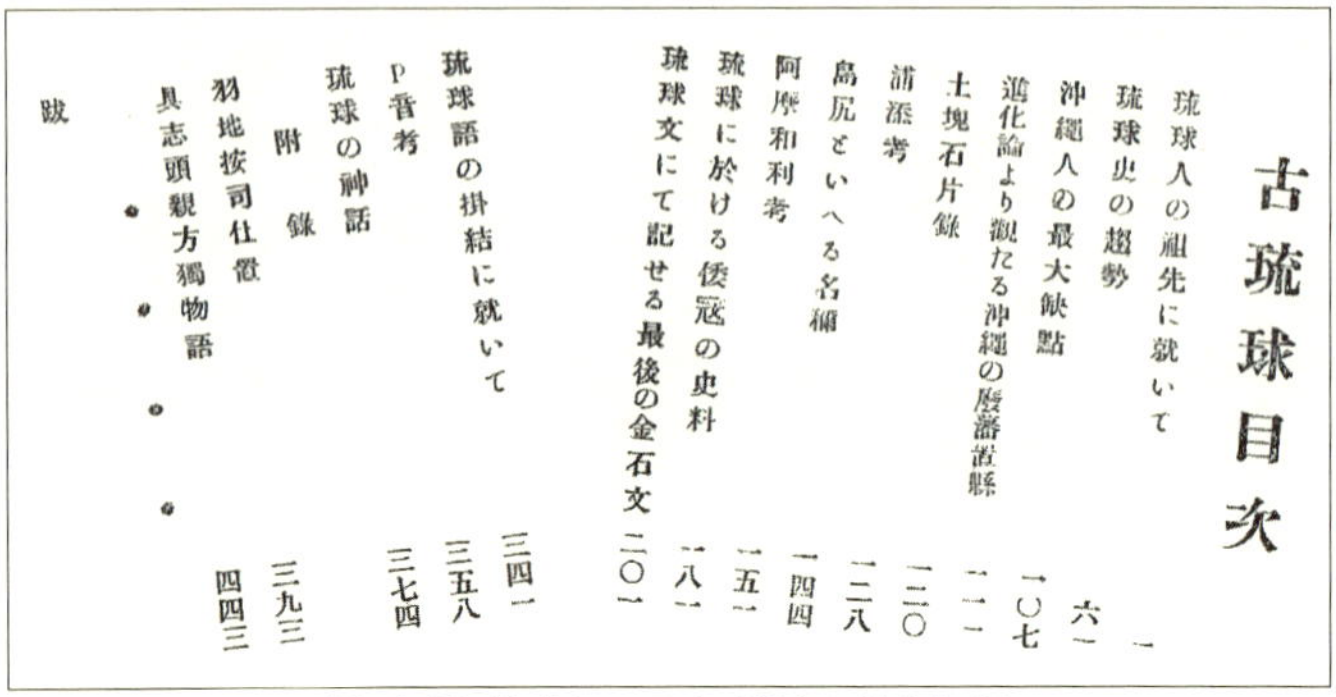

古琉球目次

『古琉球』（初版）の目次（前半と後半部分）

のではないかと推測しています。というのも、その八月八日にはマウシさんとのあいだに生まれた長男・凞《あきら》が亡くなっているからで、その八日以後には論文執筆などとうてい出来なかったと思うからです。それはともかく、『過去の琉球』と『古琉球』は、両書の収録論考だけでなく、その配列の仕方もかなり違っているのですが、私がとくに注意を喚起したいのは『古琉球』の冒頭の二点と、最後の三点にほかなりません。伊波さんは本の巻頭に収録論考で一番の長文「琉球人の祖先に就て」を据え、次には二番目に長い「琉球史の趨勢」を配置します。これは『過去の琉球』の場合と同じですが、パッと目をひくのは本の最後に「琉球語の掛結に就きて」と、『過去の琉球』を構想したときには頭になかった「P音考」を持ってきて、しんがりには「琉球の神話」を置いていることです。他方、『過去の琉球』の最後の部分に設定しようとしていた三点、「琉球史の瞥見」と「海の沖縄人」及び「眠れる巨人」が収録から除外されるんですね。

この削除はいったいどういうことかと申しますと、私が考えるに、第一に「琉球王国」の独立と行動性、並びに「中国」との歴史的及び文化的密接さを強烈に打ち出した論考が取り除かれたことに関わっていると思います。この三点については「上巻」で論じたので、ここでまた詳しくは述べたてませんが、「琉球史の瞥見」で伊波さんは、「凡《おおよそ》七百有余年間の歴史は日本思想と支那思想とのこの処《ところ》における交互消長の記録」と記して、琉球史の長い大河を特徴づけ、そのうえで「両思想調和の大任を帯びて生れたる時勢の解釈者」であり、かつ「時勢の作為者」だと彼がみなした蔡温を誇らしげに語ると同時に、伊波さんがそうした「琉球史研究の陳呉たらん」と堂々と公言した文章の削除だったことです。同様のことは、伊波さんと蔡温がその血をひく久米村の歴史に着目して、鄭迵《ていどう》や程順則などを称揚した「眠れる巨人」にもいえます。

このなかで伊波さんは、「起きよ三十六姓の子孫唐栄の士民暗黒なる沖縄が再び公等を要するの時機は来れり起きて時勢の大なるインスピレーションを受けよ公等の中より更に一個の偉大なる第二の蔡温を出せ」との大アジテーションをなしていました。そして、「海の沖縄人」ですが、そこでは英祖に始まり、察度を経由して以後の、一大海上王国を建設した「壮快なる父祖の偉業」が高らかに謳いあげられるものの、その後は見るも無残に「石原小石原の陸生動物」と変貌した薩摩支配下以後の暗い歴史が、自己切開の痛みを伴って比較対照されていました。と同時に、従属と依存、せせこましい卑屈な島国根性を直視しつつも、海を洋々たる活動の舞台とする海洋文化圏の想起を沖縄の人びとに促していました。この小文に畏友の真境名安興がいかに啓発されたかは中巻に書いたとおりです。

以上三点の論考を意図的にはずしたことの意味は、『古琉球』の中心テーゼが「ヤマトのなかの琉球」、あるいはもっと端的にいえば「ヤマトあっての琉球」として明確に打ち出されていくことに起因しているといってよいでしょう。ですから、その三点と入れ替えに、ヤマトとの文化的な共通性もしくは同質性もそうですが、根本的にヤマトとの民族的な同種、同系統を、衆人誰もがよりはっきりと可視化できるように強調する論考が据えられるわけです。たとえば「琉球語の掛結に就きて」ですが、これは伊波さんが帝大卒業から四年後に『沖縄教育』（第五十三号、明治四十三年九月号）に書いたものです。そのなかにこんな一節があります。「万葉集などを読んで見ると日本語に於てもぞ、こその掛結は古くは一定しなかつた様である即ちぞで掛つて已然法で結びこそで掛つて終止法で結んだ例などもあつて初めの程は一定しなかつ

琉球語の掛結に就きて

文學士　伊波普猷君

日本語で通常、文を結ぶには活用言の終止法を用ゐるが、其上に來る弖爾波の種類によりては、此結法を一變することがある、此等を稱して掛結《かゝりむすび》といふのである、本居宣長翁の紐鏡には之を三條の大綱に分ちて、

（右）は、も、徒、の結

（中）ぞ、の、や、何の結

（左）こその結

としてあるそして尋常の結法は終止法を用ゐるぞ、なん、や、か、の結法は連體法を用ゐこその結法は已然法を用ゐるといふことは人の能く知る所である併しこの語法が南方の姉妹語なる琉球語に於て今尙ほ忠實に保存されてゐるといふことは餘り人の知らぬ所であらう私はこゝに琉球語の掛結に就いて簡單に述べてみようと思ふ。

第一　尋常の結法は現今の口語ではや、が、の如き主格をあらはす弖爾波を受けて終止法で結ぶ試に「といふ話がある」といふことばを四つの方言で比較する

號　（四二）

帝大卒論を基礎にして執筆した「琉球語の掛結に就きて」

たが平安朝に至つて掛結の法則が立派に出来上つたといふことは今日言語学者の唱ふる所である琉球語に於ても殆んど接近した時代に掛結の法則が出来つたといふことは決して偶然なる出来事ではあるまい」。そしてまた、こうも言うのです。「本県の教育家諸君に国語と琉球語とはかく些細の点まで一致してゐるものであるといふことを御知らせするまでのことである」——と。

そして新たに追加した論考が、かの有名な「P音考」です。これもただ琉球文化圏内の首里や国頭、八重山、宮古、奄美大島のハ行の子音変化を説明しただけのものではありません。『古琉球』で彼は、「このP

音の研究は他の方面の研究と共に琉球群島の住民が天孫人種と共にまだ九州の地にゐて、盛にP音（パ行）をつかつてゐた頃に分岐して来たことを推測せしめるのである」と、重ねて強調するのです。それに続けて、「出雲や奥羽の人が吾々琉球人の如く今なほf音（ファ行）をつかつてゐるは実に面白い例ではないか」と言うのですけれども、私は出雲や奥羽の人にとっては琉球語に似ていると指摘されてもたぶん面白くも何ともないだろうと想像するのですが、このあたりはいかにも伊波さんのヤマトに向ける憧憬のような心情がよく出ているのではないかと思いますね。卒論の「第二章　音韻組織」にある「子音」のひとつ「P音考」を基礎にしているのは明らかです。

以上二つの論考は、外見のタイトルこそ言語学の専門論文ではあるものの、『古琉球』の締めの部分に持ってきた「琉球の神話」とあわせて、伊波さんがヤマトの人間に対してはむろんのこと、郷里沖縄の人びとに対して、まさに声を大にして言いたかった核心部分であったのはいうまでもありません。「琉球の神話」の画期性についてはこの下巻の第一章でしるしたとおりです。

つまり、これら『古琉球』の顔ともいうべきトップと、それを再説した結論または再度の念

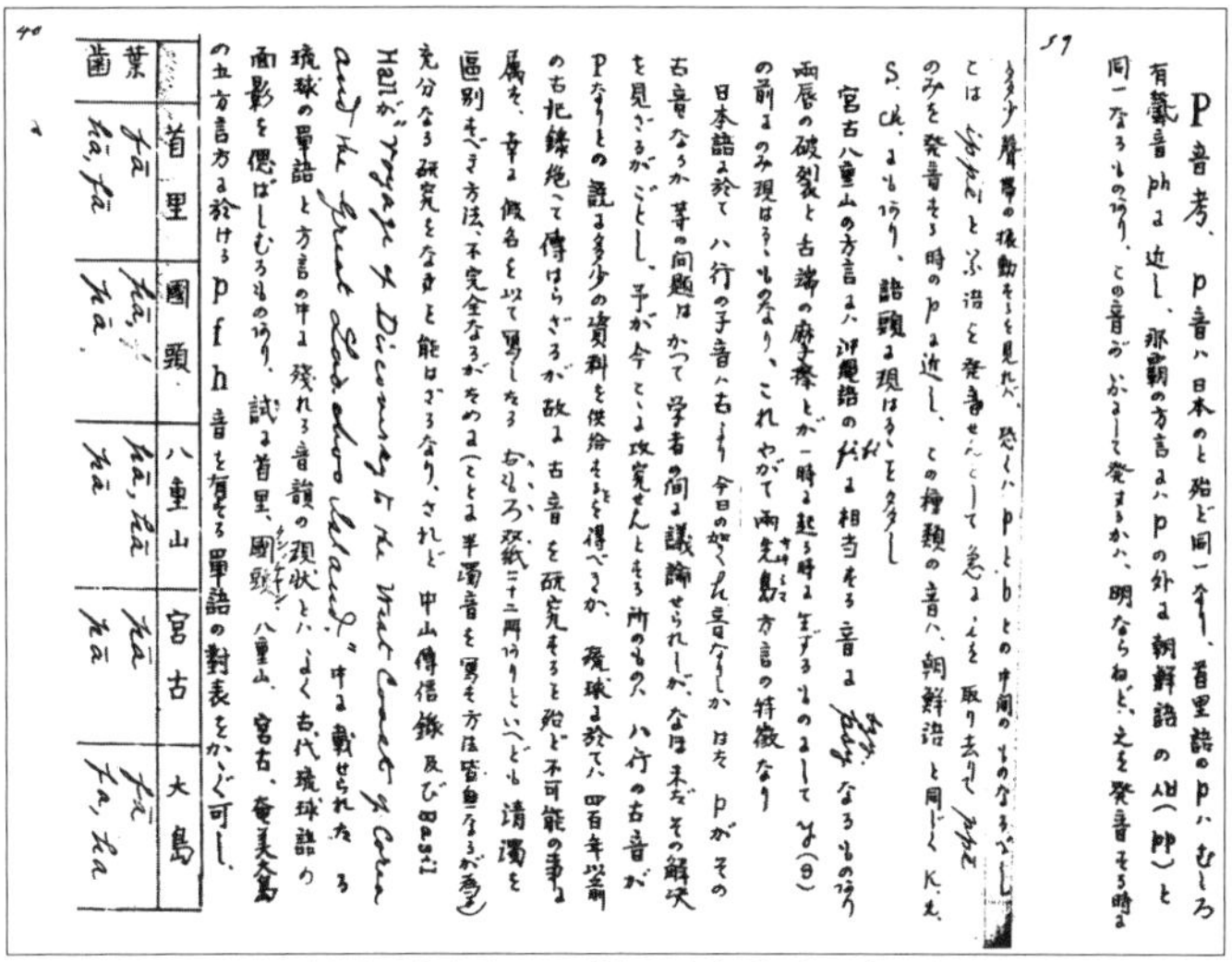

39

P音考、

P音ハ日本のと殆ど同一なり、首里語のPハむしろ有氣音phに近し、那覇の方言にハPの外に朝鮮語の…と同一なるものあり、この音がいかにして發するかハ、明ならねど、之を發音する時に多少聲帶の振動するを見れバ、恐くハPとbとの中間のものなるべし。ことは … といふ語を發音せんとして急に之を取り去りて … のみを發音する時のPに近し、この種類の音ハ、朝鮮語と同じくK、t、S、ch、にもあり、語頭に現はるゝを常とし

宮古八重山の方言にハ沖縄語のfiに相当する音に … なるものあり 兩唇の破裂と舌端の摩擦とが一時に起る時に生ずるものにして … の前にのみ現はるゝものなり、これやがて兩先島方言の特徴なり

日本語に於て八行の子音ハ古より今日の如くh音なりしかはたPがその古音なるか等の問題はかつて學者の間に議論せられしが、なほ未だその解決を見ざるがごとし、予が今こゝに攷究せんとする所のものハ八行の古音がPなりとの説に多少の資料を供給するを得べきか、琉球に於てハ四百年以前の古記錄絶へて傳はらざるが故に古音を研究するを殆ど不可能の事に屬す、幸に假名を以て寫したるおもろ双紙二十二冊ありといへども清濁を區別すべき方法、不完全なるがために(ことに半濁音を寫す方法は皆無なるが爲に)充分なる研究をなすを能はざるなり、されど中山傳信錄及びBasil Hallが"Voyage of Discovery to the West Coast of Corea and the Great Loo-choo Island"中に載せられたる琉球の單語と方言の中に殘れる音韻の現狀とハよく古代琉球語の面影を偲ばしむるものあり、試に首里、國頭、八重山、宮古、奄美大島の五方言に於けるp f h音を有する單語の對表をかゝぐ可し。

	首里	國頭	八重山	宮古	大島
葉	fā	hā,	hā, hā	hā	fā
歯	hā, fā	hā	hā	hā	fa, ha

40

伊波普猷の卒業論文の「第二章」、「P音考」の箇所

押しとも見なされるラストの諸論考（そのほかにもありますが）は、『古琉球』の中心命題を最初と最後でガッチリとした枠に嵌めたという構造になっています。これは明快な意図があってのことであって、偶然でも何でもない。この鋳型に挟まれた中間部分には「浦添考」などの歴史論や「琉球文にて記せる最後の金石文」などの文字論、さらには八重山の歌謡論などが押し込められていて、「日本のなかの一地域」としての個性（ユニークネス）の具体的な開示をしているといっていいでしょう。伊波さんの主張する琉球・沖縄の独自性とは、文字通りの「独立独歩」に裏打ちされたプライドからは、ずいぶんとかけ離

れた、他力依存性が前提になったもので、私に言わせれば美しいけれども、雑草のようなふてぶてしさに欠ける、あまりにもひよわな花なのです。かつては、痩せても枯れても一個の琉球として屹立《きつりつ》していたものから、日本国の何十もの一地方のひとつでしかない、いわば親方日の丸になった沖縄への転換、と言い換えても間違いではありません。

それに関してとても象徴的な文章がありますので、ついでに紹介しましょう。『古琉球』に先立つ半年ちょっとまえ、明治四十四年四月の『沖縄教育』（第六十号）に、伊波さんは『古琉球』の冒頭に置いた「琉球人の祖先に就て」とほとんど同じ内容のものを掲載しています。たぶん、学校の教員などを相手にした講演がもとになっているようです。そのなかで、伊波さんは十五世紀半ば以降にヤマトから神道が続々と琉球に入ってきたことを列挙しながら、次のように言うのです。「そもそも一民族が他国の神を迎へて神社を建てるといふことは彼等に取つては一大事件でありまず私共は之によりて当時の日本政治家が琉球を経営するとする下心をもつてゐたことを知ることが出来ると同時に当時の沖縄人が日本に対してどういふ考へをもつてゐたかといふことを知ることが出来ます琉球民族はこの時既に日本人によりて統一される前徴を現はしてゐたので御座います」。

伊波さんは、これを「民族心理の上から歴史の上から充分なる自覚を得てこそ沖縄人もその国民的精神を遺憾なく発揮することが出来ます」と説明するのですけれども、それを歴史的根拠に使って説明するのが、銘苅子《みかるしぃ》などを材料にした「琉球の神話」論文であり、ヤマトとの通交なども謳いあげた『おもろさうし』なわけです。そして最後に、「若し沖縄人が他府県の人と殆んど似た心理を有することなく又沖縄人の歴史が日本の歴史と交渉することが出来なかつたとしたら如何に教育家が声を大にして忠君愛国を説いた所で今日のやうな結果を見ることは出来なかつたでありませうその大きい声は実に久しく無意識の領分に隠れてゐた国民性を意識面に現すに与つて力があつたのであります」と言い切るのです。

この一文の表題は「沖縄人の祖先崇拝に就て」となっていて、初め私は、これを沖縄人による沖縄人のウヤファーフジ崇拝（各家々の祖先信仰）だと思い込んで読んだのでしたが、そうではなくて、琉球・沖縄とヤマトが共通に戴く民族の祖先崇拝を指しているのでした。つまるところ実質的には天孫人種たるヤマト崇拝を意味していることがわかって、みずからの早とちりに苦笑した次第です。このように、卒業論文を執筆して帝大を卒業したあと、伊波さんは沖縄に帰っていろいろな啓蒙活動をするのですが、民衆を相手にしたこうした講演を——まるで

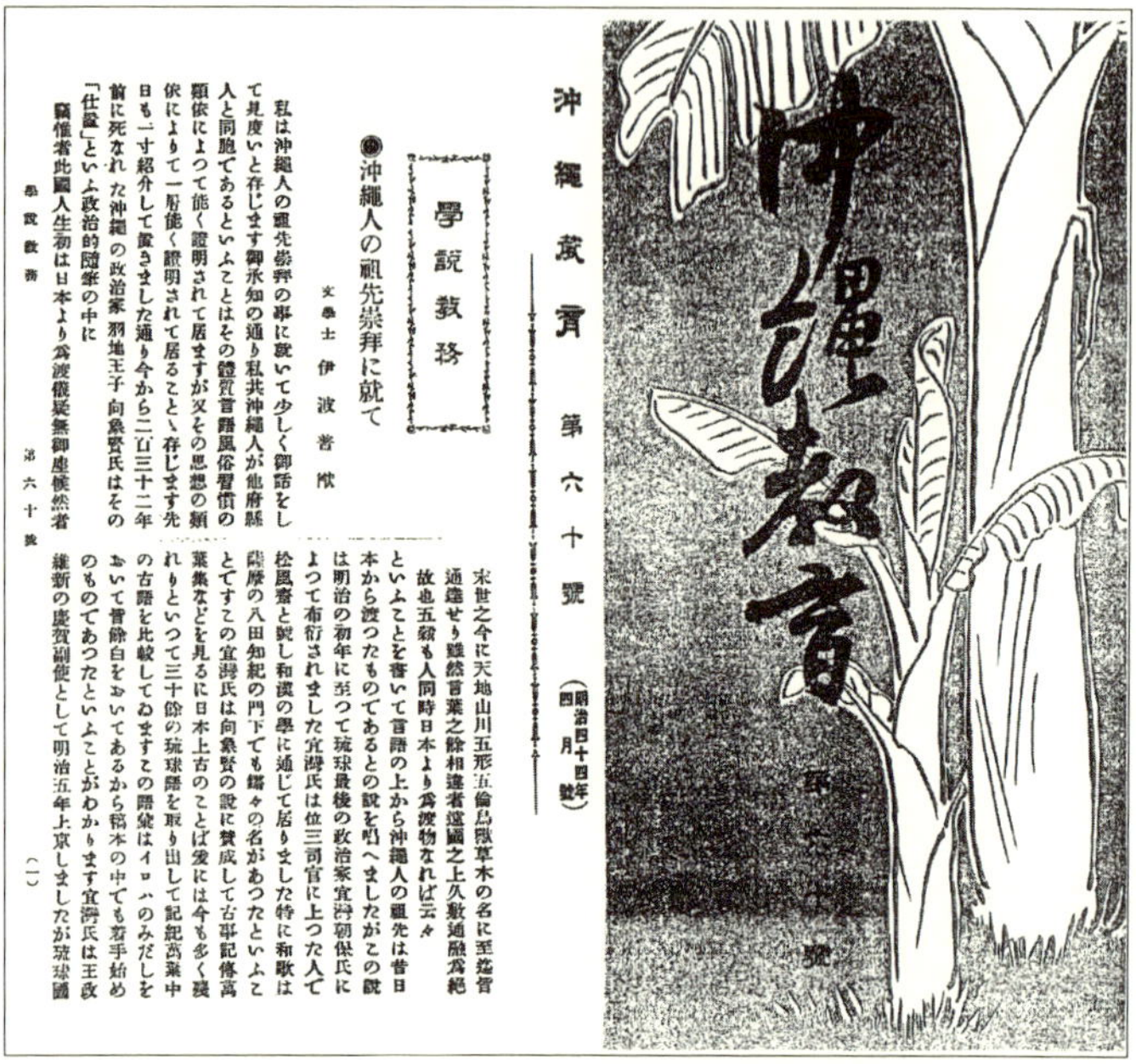
沖縄教育　第六十號　（明治四十四年四月號）

學説教務

◎沖縄人の祖先崇拜に就て

文學士　伊波普猷

私は沖縄人の祖先崇拜の事に就いて少しく御話をして見度いと存じます御承知の通り私共沖縄人が他府縣人と同胞であるといふことはその體質言語風俗習慣の類似によつて能く證明されて居ますが又その思想の類似によりて一層能く證明されて居ることゝ存じます先日も一寸紹介して置きました通り今から二百三十二年前に死なれた沖縄の政治家羽地王子向象賢氏はその「仕置」といふ政治的隨筆の中に

竊惟者此國人生初は日本より爲渡儀疑無御座候然者末世之今に天地山川五形五倫鳥獸草木の名に至迄皆通達せり雖然言葉之餘相違者遠國之上久敷通融爲絶故也五穀も人同時日本より爲渡物なれば云々

といふことを書いて言語の上から沖縄人の祖先は昔日本から渡つたものであるとの説を唱へましたがこの説は明治の初年に至つて琉球最後の政治家宜湾朝保氏によつて布衍されました宜湾氏は位三司官に上つた人で松風齋と號し和漢の學に通じて居りました特に和歌は薩摩の八田知紀の門下でも錚々の名があつたといふことですこの宜湾氏は向象賢の説に賛成して古事記傳萬葉集などを見るに日本上古のことば爰には今も多く殘れりといつて三十餘の琉球語を取り出して記紀萬葉中の古語を比較してゐますこの語彙はイロハのみだしをおいて背除白をおいてあるから稿本の中でも着手始めのものであつたといふことがわかります宜湾氏は王政維新の慶賀副使として明治五年上京しましたが琉球國

學説教務　第六十號　（一）

ヤマトとの共通性を強調した「沖縄人の祖先崇拝に就て」

学問のない民衆でもすんなりと頭に入るような噛み砕いた語りの説明でしていました。たとえば、――琉球の聞得大君《チフィジン》や君南風《チンベー》の君《きみ》は神と同じ語源で、主婦をオカミサンと呼び、政府をオカミということに通じているんですよ、そしてそれは「日本が神国たる所以」であって、「一番上の所に現人神《あらひとがみ》を頂いて纏った国が即ち露西亜に勝った日本です」といった調子で、むろんウチナーグチも当然に併用しながら、沖縄人の自己認識の改造を推しすすめていったわけです。亡国の琉球併合となった琉球処分から三十年後の明治末には、はや伊波さんもこんなことを口走っていたわけで、私は沖縄を牽引する新世代たる知識人の姿に唖然とするよりも、何ともやるせない気持ちになってしまいますね。

そんな感じで、当時三十六歳の伊波さんは沖縄で押しも押されもしない期待の文学士だったのですけども、『古琉球』を出版するとき、すでにこうした沖縄・ヤマト観がゆるぎない確信として彼の頭のなかに確立していたわけです。そして、それら『古琉球』を組み立てている主要な論理と思考は、明治三十九年に東京帝国大学文科大学に提出した卒業論文、すなわち『琉球語の音韻組織並に名詞代名詞数詞係結に就いて』において、すっかり完成の域に達していたのです。その後に書いた多くの論考のどの部分が卒論のどの箇所に当たるのか、逐一指摘するのが面倒なくらい、語彙や言い回しなど肝心な部分が卒論そのままに重複しながら、複雑に交錯している。譬えてみれば、この卒論はそれ以後の伊波さんにとっては、打ち出の小槌という か虎の巻のごとき位置を占めるもので、それをもとにして歴史、宗教、文学、民俗など多方面の個別領域に乗り出していき、講演をし、論文を書き、社会啓蒙など精力的な活動をしていったといっても過言ではありません。

その一例が、一九一五（大正四）年に矢袋喜一《やむろきいち》が自費出版した『琉球古来の数学』に附録として寄稿した「琉球語の数詞について」です。この書は矢袋が、「琉球古来の数学」が「人類学上より、或は教育上より、其他諸種の点より見て頗る興味ある」研究との思いに発するもので、伊波さんも「特に推奨」した出版だと「緒言」に明記しています。この伊波さんの文章は、大島正健《おおしままさたけ》の『国語の組織』（長風社、一九一四年）や一八七四年に原書が出たアーチボルド・セイス（Archibald H. Sayce）の The Principles of Comparative Philology.（本書の「中巻」九十七頁の上田万年と金沢庄三郎による共訳本『言語学』の写真参照）、それにジョン・ラボック（John Lubbock）の論文、On the Origin of Civilisation and the Primitive Condition of Man.（*Transactions of the Ethnological Society of London*, Vol. 6, 1868）などを新たに引用しながら書き下ろしたものではありますが、中心となる趣旨を含めてその大半は卒論からの引き写しです。卒論の「第四章　数詞」では最後に、こう書いていました。――「凡そ二国語を比較するに当つては親族名詞等を以てするの最安全なるを見るそれは意義一たび定まれば容易く変化せざるものなればなり　ことに琉球群島に於ける数詞のかぞへ方の如き学術上多少の価値を有するものなるべし　目に一丁字なき孤島の民が記紀万葉にあるが如き昔ながらの数詞を

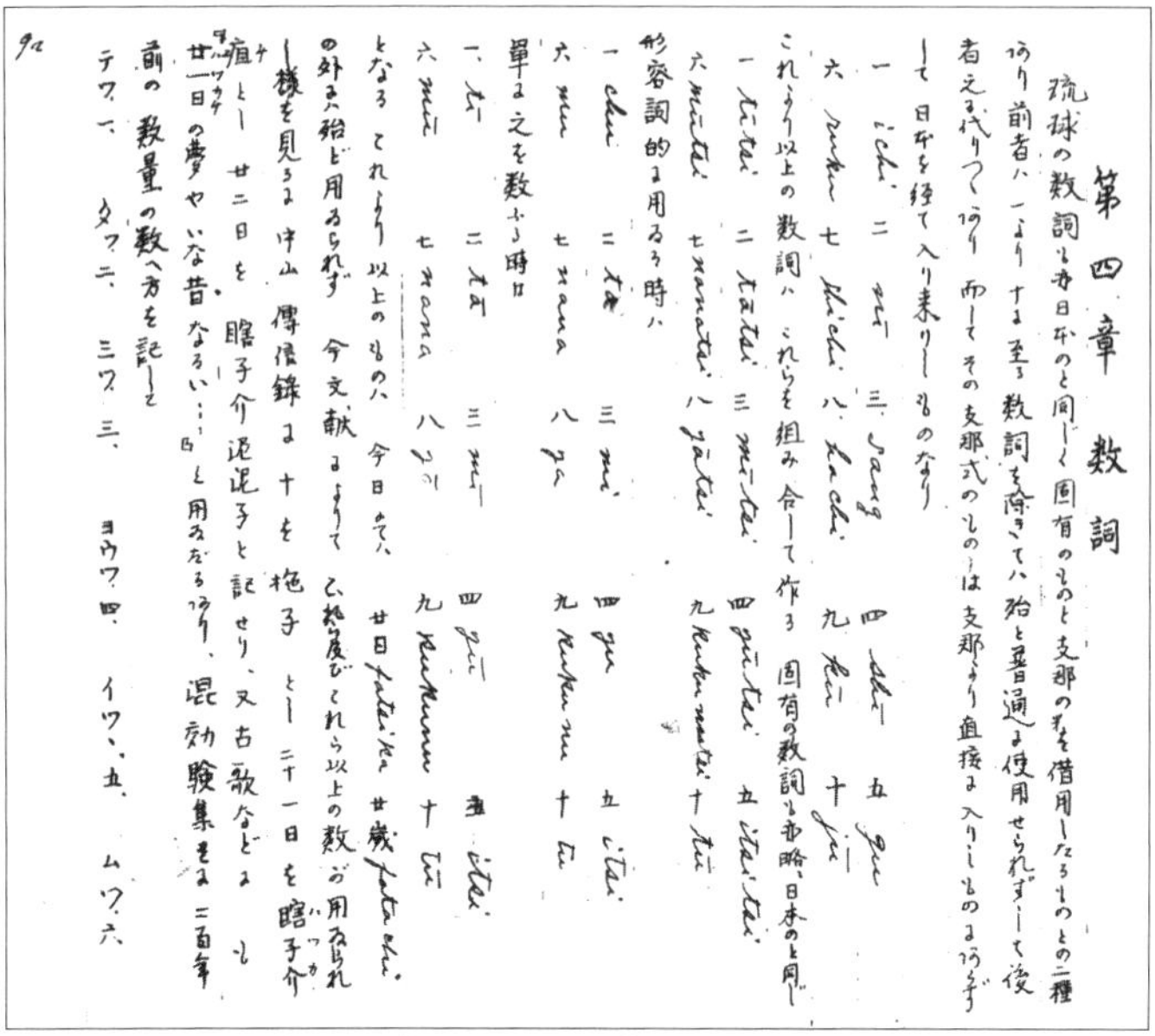

第四章　数詞

琉球の数詞も亦日本のと同じく固有のものと支那のものを借用したるものとの二種あり前者ハ一より十に至る数詞を除きてハ殆と普通に使用せられずして後者之に代りてあり　而して其の支那式のものは支那より直接に入りしものにあらずして日本を経て入り来りしものなり

一 ichi　二 ni　三 sang　四 shi　五 gu

六 roku　七 shichi　八 hachi　九 kū　十 jū

これより以上の数詞ハ　これらを組み合して作る　固有の数詞も亦略日本のと同じ

一 tītsi　二 tatsi　三 mītsi　四 yūtsi　五 itsitsi

六 mūtsi　七 nanatsi　八 yātsi　九 kukunutsi　十 tū

形容詞的に用ゐる時ハ

一 chu　二 ta　三 mi　四 yu　五 itsi

六 mu　七 nana　八 ya　九 kukunu　十 tu

単に之を数ふる時は

一 tī　二 tā　三 mī　四 yū　五 itsi

六 mū　七 nana　八 yā　九 kukunu　十 tū

となる　これより以上のものハ　今日にてハ　廿日 hatsika　廿歳 hatachi の外には殆ど用ゐられず　今文献によりて　已に稍度びこれら以上の数が用ゐられし様を見るに　中山傳信録に　十を拖子　とし　二十一日を瞎子介《はつか》瘟とし　廿二日を　瞎子介泥泥子と記せり、又古歌などにも　廿一日《はつかひ》の夢やいな昔なるい……と用ゐたるあり、混効験集にも　二百年前の数量の数へ方を記して

テワ一、タワ二、三ワ三、ヨウワ四、イワヽ五、ムワ六

伊波普猷の卒業論文における「第四章　数詞」の冒頭

口にするの一事よく学者の好奇心を惹き起せしむるに足らんか」。これがほぼそのまま矢袋の本に移されるとともに、このときはさらに次の追加文を添えて結語としています。いわく、「日韓両国語の数詞を比較して、何等の類似点を発見することが出来ないので、私はアストン氏と共に、日韓両民族の分離した時代を遠い太古に求めねばならぬといひたい。之に反して遠いやうで存外近いのは琉球人の祖先が南島に移住した時代である」と。

アストンとは、日本と朝鮮の領事館に勤務しながら、日本語と朝鮮語の研究に先駆的な業績を残したイギリス人 William George Aston のことですが、伊波さんの卒論の確固たる軸が何であるかを、これほどまで何度もしつこく、これでもかこれでもかと示しているのではないでしょうか。そうした「日本語の姉妹語」としての琉球語を説明したのが、それからまた四年後の大正八年に『日本百科大辞典』（第十巻、日本百科大辞典完成会）に執筆した項目「りうきう・ご（琉球語）」であり、それは文字通り卒論をコンパクトに要約したものでした。

殊更にいうまでもなく、伊波さんたちが生きた沖縄が陰惨たる政治、文化状況だったことを考えれば、たしかに野蛮視された沖縄からの脱却、ないしはヤマトからの差別を解消すべく根気のいる営為、ひいては沖縄の人びとの覚醒と自覚を刺戟した行動としての面を、わたくしとて評価するにやぶさかではありません。それは伊波さんの歩んだ足跡の、この連載の対象になった彼の原初的な思想を形成した十年間をみるだけでも、彼の琉球・沖縄にむけた善意と努力を全否定しているのでないことはわかるはずです。しかしながら、それを重々承知していてもやはり、彼の琉球・沖縄をヤマトに縛りつける枠組みは、徐々に琉球自身の「南島」意識を形成し、ごくスムーズに「傍系」認識へと流れていくのは自然の勢いだったのではないでしょうか。

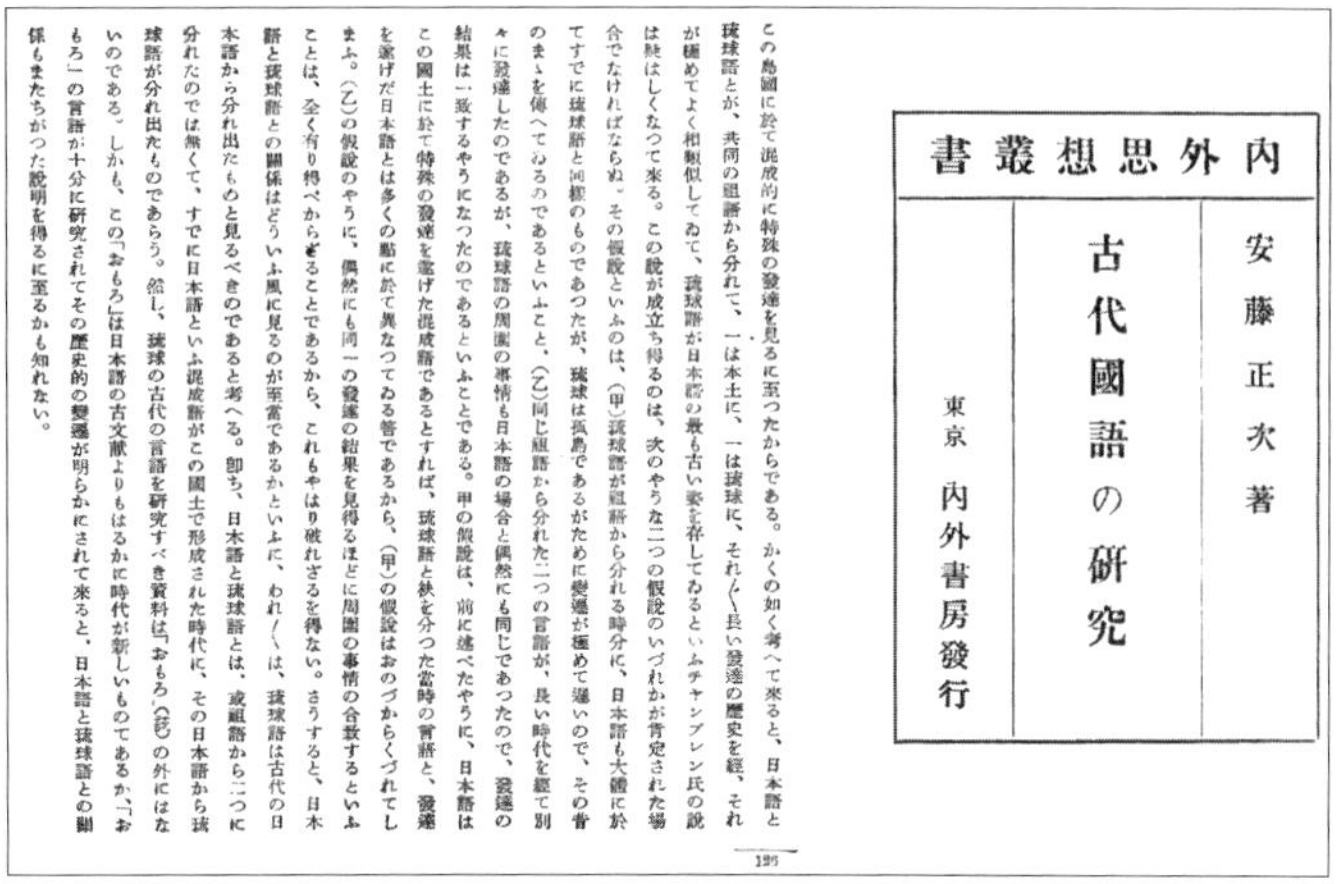
内外思想叢書

安藤正次著

古代國語の研究

東京 内外書房發行

この島國に於て混成的に特殊の發達を見るに至つたからである。かくの如く考へて來ると、日本語と琉球語とが、共同の祖語から分れて、一は本土に、一は琉球に、それ〳〵長い發達の歴史を經、それが極めてよく相類似してゐて、琉球語が日本語の最も古い姿を存してゐるといふチャンブレン氏の說は疑はしくなつて來る。この說が成立ち得るのは、次のやうな二つの假說のいづれかが肯定された場合でなければならぬ。その假說といふのは、(甲)琉球語が祖語から分れる時分に、日本語も大體に於てすでに琉球語と同樣のものであつたが、琉球は孤島であるがために變遷が極めて遲いので、その昔のまゝを傳へてゐるのであるといふこと、(乙)同じ祖語から分れた二つの言語が、長い時代を經て別々に發達したのであるが、琉球語の周圍の事情も日本語の場合と偶然にも同じであつたので、發達の結果は一致するやうになつたのであるといふことである。甲の假說は、前に述べたやうに、日本語はこの國土に於て特殊の發達を遂げた混成語であるとすれば、琉球語と袂を分つた當時の言語と、發達を遂げだ日本語とは多くの點に於て異なつてゐる筈であるから、(甲)の假說はおのづからくづれてしまふ。(乙)の假說のやうに、偶然にも同一の發達の結果を見得るほどに周圍の事情の合致するといふことは、全く有り得べからざることであるから、これもやはり破れざるを得ない。さうすると、日本語と琉球語との關係はどういふ風に見るのが至當であるかといふに、われ〳〵は、琉球語は古代の日本語から分れ出たものと見るべきのであると考へる。即ち、日本語と琉球語とは、或祖語から二つに分れたのでは無くて、すでに日本語といふ混成語がこの國土で形成された時代に、その日本語から琉球語が分れ出たものであらう。然し、琉球の古代の言語を研究すべき資料は「おもろ」(註)の外にはないのである。しかも、この「おもろ」は日本語の古文獻よりもはるかに時代が新しいものであるか、「おもろ」の言語が十分に研究されてその歴史的の變遷が明らかにされて來ると、日本語と琉球語との關係もまたちがつた說明を得るに至るかも知れない。

195

琉球語と日本語の関係を大きく変えた安藤正次の著書

論より証拠、それからさらに五年後の大正十三年三月、安藤正次《あんどうまさつぐ》の著書『古代国語の研究』（内外書房）が登場するに至ったときは、もうとりたててショックもなかったように感じられるのです。安藤はこう書いていました。「日本語と琉球語との関係はどういふ風に見るのが至当であるかといふに、われれは、琉球語は古代の日本語から分れ出たものと見るべきの《ママ》であると考へる。即ち、日本語と琉球語とは、或祖語から二つに分れたのでは無くて、すでに日本語といふ混成語がこの国土で形成された時代に、その日本語から琉球語が分れ出たものであらう。」――チェンバレンが説いて以来の姉妹語というヨコの関係は、もののみごとにタテの親子関係に取って代わられたことになります。

そしてなおも昭和に入ると、「このやうに南島人は日本民族の遠い別れでありますから、琉球でも殊に孤島とか山間僻地などには、言語や民俗が殆ど古代のまゝ保存されてゐるのであります。従つて日本の言語、殊に上代国語を研究する場合には是非共琉球研究が必要となつて来るのであります。」と、それまでの主張をくり返したあと、次のようにも言うのです。「単に本土と同じ流れであるといふ事の説明だけでなく、一つでも多くさうした古い民俗や言語が残つてゐはしないか、といふ事を探り出すのが、吾々の琉球研究の主題でなくてはならないのであります。」この文章は、昭和十年五月の『上代国文』の第二巻第一号に発表した「おもろと我が上代国語との関係」と題するものから抜き出したものです。若き日には「琉球史研究の陳呉たらん」とか、「眠れる巨人」を称揚した伊波さんの口からこんな言葉を聞くのは、どうにもやりきれない思いがしますね。「おもろ」がいかにも「我が国語」の範疇内にある存在か、もしくはそのなかに小さく包摂されるかのようなタイトルではありませんか。

やがて四年後の昭和十四年、伊波さんが満を持して刊行した著書『日本文化の南漸』（楽浪書院）は、「をなり神の島続篇」とのサブタイトルがついているように、前年に出した『をなり神の島』と合わせて一冊とみなされるものですが（それは、内容の連続性もそうですが、「続篇」が前著の続きをうけて、一頁ではなくて、四三九頁から始まっているのでもわかります）、その意味でじつにシンボリックです。伊波さんの数ある著書のなかで、「琉球」「沖縄」「南島」ではなくて、「日本」がメインになった表題になっているからで、とうとうここまで来たかとの思いを禁じえません。肝心な点なのでもう一度言いますが、沖縄にとって決定的に重要なのは、日琉それぞれの祖先が同祖かどうかではないのです。そうではなくて、日琉が上下関係に変化・収斂していったことが問われなければなりません。ヤマト

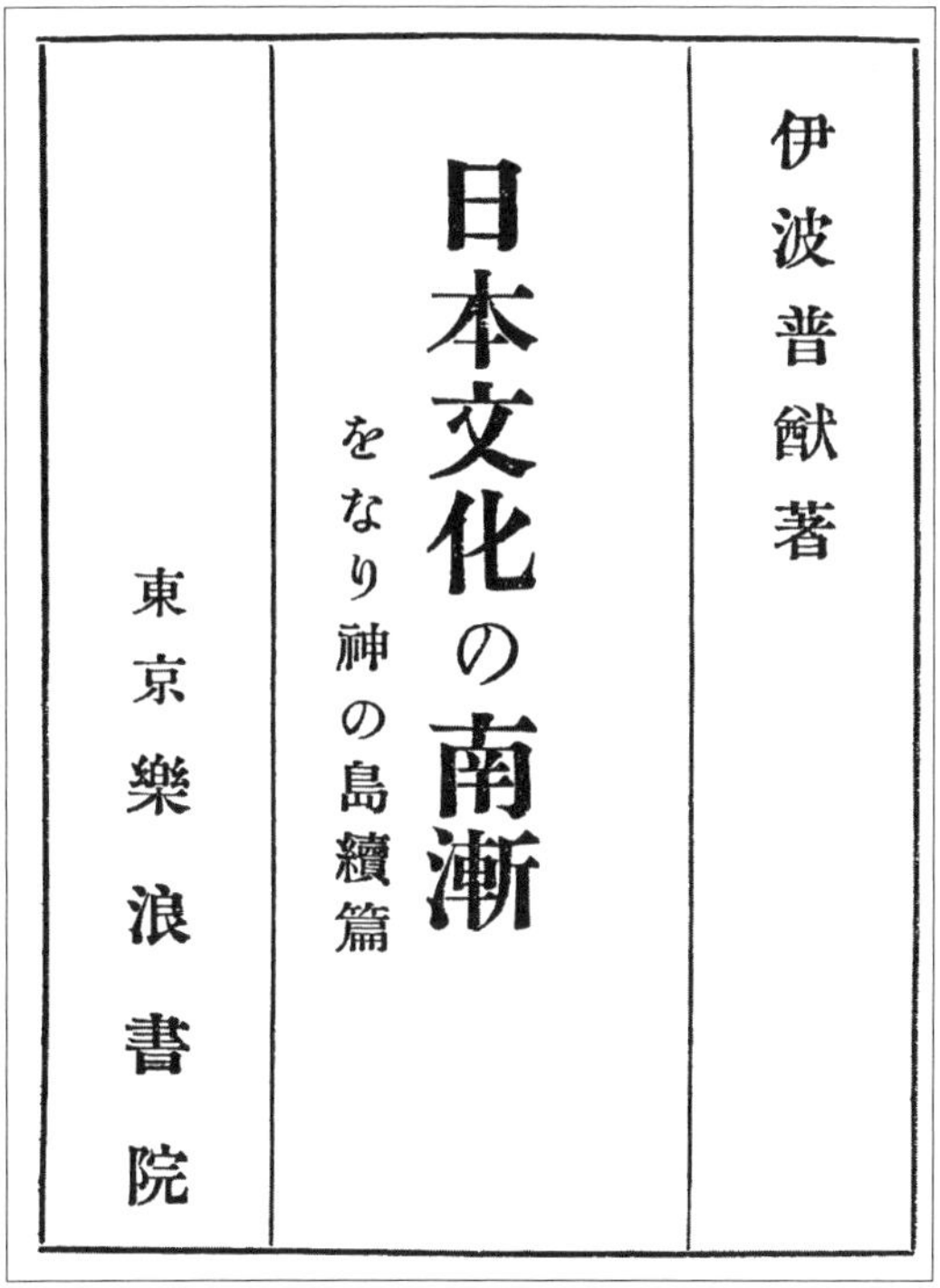

「日本」を表題にした伊波普猷唯一の著書

との共通性を根幹とすることで、それがやがて金科玉条となっていく思想の結果は、異質性の伸長と独自化を許容しない国家のなかでの、マイノリティー集団の主体性喪失であったわけです。

かくして、「一種の奴隷解放」によって、暗い陰鬱な王国時代から抜け出たつもりのものが、いつしか近代的とはいうものの、ヤマトに都合のいい学問的装いのもとで足元をすくわれて、また別の、新たなドレイ的心性への道を拓いていったといわざるをえないのです。厳しすぎる評価と言う者がいるかもしれませんが、わが地のことではありますけど、歯に布着せずに言わせてもらえば、かれこれ一世紀半にもなんなんとする沖縄人の、ものごとすべての基盤であり、その初歩であるはずの精神的自立が何とも情けない状態であり続けているさま、自分のことを自分で決めることのできない惨めさ、見ようによってはヤマトの使い走り的存在でしかなかったありようは、それに伴う必然的な辛苦にみちた道程にもならざるをえなかったと思うのです。沖縄人最初の東京帝国大学文学士たる伊波さんの卒業論文が提示し目指した沖縄（人）像を捨てて始めて、ほんとうに沖縄が自分たち本来の道に向かって、みずからの足で踏み出すことにもなるのだと私はかたく信じています。

【参考文献】

「亜細亜研究懇話会」『歴史地理』第七巻第七号、一九〇五年七月
石黒敬章『明治の東京写真　新橋・赤坂・浅草』角川学芸出版、二〇一一年
池宮正治「組踊の作者は正しく伝えられたか」『日本東洋文化論集』第二号、一九九六年三月
伊波普猷「琉球人の祖先に就いて」『沖縄青年』記念号、第七号、一九〇九年十一月
伊波普猷、橋本進吉「琉球語」『日本文学大辞典』第三巻、新潮社、一九三四年
伊波普猷「弓張月に現れた琉球語の考察」『研究論叢』第一号、帝国女子専門学校、一九四四年七月
岡倉由三郎『岡倉先生　初等英語講話　The Royal Road to English』研究社、一九三四年
岡倉由三郎「恩師チヤムブレン先生を偲ぶ」『英語青年』第七十三巻第二号、一九三五年四月
（西村光彌の写真）『沖縄県師範学校創立五十周年記念誌』沖縄県師範学校学友会、一九三一年
「御前講」「東洋学会興らんとす」『東京人類学会雑誌』第二十巻第二三二号、一九〇五年七月
「金沢博士講演」『琉球新報』一九〇九年五月十四～十七、十九日
「金沢博士の講話　沖縄教育会に於て」『沖縄毎日新聞』一九〇九年五月十四～十七日
「金沢博士の尚家訪問」『沖縄毎日新聞』一九〇九年四月二十一日
菊池幽芳『琉球と為朝』文禄堂書店、一九〇八年
鴻巣盛広「小窓の宵」『帝国文学』第十一巻第十、一九〇五年十月
小林房太郎「沖縄県糸満港の奇習」『地学雑誌』第十八年第二一五号、一九〇六年十一月

佐佐木信綱『作歌八十二年』毎日新聞社、一九五九年
佐藤喜之「伊波普猷の松本信廣宛書簡　明治・大正の言語学　その九」『学苑』No.821、二〇〇九年三月
志賀重昂「琉球の話」『歴史地理』第八巻第十号、一九〇六年十月
「幣原坦氏」「坪井正五郎氏」『明治聖代教育家銘鑑』教育実成会編・刊、一九一二年
写真記録刊行会編『写真記録　日本貨幣史』日本ブックエース、二〇一二年
『写真集沖縄　失なわれた文化財と風俗』那覇出版社、一九八四年
田代安定「海南諸島宗教考」『東京人類学会雑誌』第二十一巻第二四五号、一九〇六年八月
玉井哲雄編『よみがえる明治の東京　東京十五区写真集』角川書店、一九九二年
「東京帝国大学卒業證書授与式」「優等生」「展覧品」『東洋学藝雑誌』第二十三巻第二九八号、一九〇六年七月
「中川視学官の来県」「学術研究会」『琉球新報』一九〇五年三月十三日
「七博士連の決議」『琉球新報』一九〇五年六月五日
服部四郎「日本語と琉球語・朝鮮語・アルタイ語との親族関係」『民族学研究』第十三巻第二号、一九四八年十二月
東恩納寛惇「為朝琉球渡来に就きて」『歴史地理』第八巻第四号、一九〇六年四月
比嘉実「為朝伝説と沖縄」『南の王国琉球　一九九三年NHK大河ドラマの歴史・文化ガイド』日本放送出版協会、一九九二年
『風俗画報』臨時増刊、第三五八号、本郷区之部　其一、新撰東京名所図会　第四十七編、一九〇七年二月
藤岡博士功績記念会編『藤岡博士功績　言語学論文集』岩波書店、一九三五年

「藤岡勝二博士逝く」『英語青年』第七十三巻第一号、一九三五年四月
ボナンザ編集部編『日本近代紙幣総覧』日米通信社、一九八五年
「梵語学梵文学講座」『京都大学文学部五十年史』京都大学文学部編・刊、一九五六年
前田愛、小木新造編『明治大正図誌』第二巻、東京二、筑摩書房、一九七八年
松平円次郎「係結法の起源」『帝国文学』第十一巻第十二、一九〇五年十二月
（明治三十七年、大町桂月の写真）『桂月全集』第一巻、桂月全集刊行会、一九二六年
弥石門之助編『国民必読　明治勅諭註解　全』九春堂、一八八八年
鎗田清太郎『角川源義の時代　角川書店をいかにして興したか』角川書店、一九九五年
『風俗画報』臨時増刊、第三五六号、小石川区之部　其一、新撰東京名所図会　第四十八編、一九〇七年一月
脇水鉄五郎「沖縄視察談」『地学雑誌』第十八年第二一四号〜第二一六号、一九〇六年十月〜十二月

刊行始末記

この下巻には、連載「沖縄と日本《ヤマト》の間で——伊波普猷・帝大卒論への道」の第九十三回から第一四〇回までの四十八回分と、宮城隆尋記者を相手にした「連載を終えて」のインタビューを収めた。掲載期間は二〇一三年五月十四日から翌二〇一四年八月十九日までである。

これで全三巻が揃ったことになる。連載開始から数えれば足かけ六年もかかりきりだったわけで、正直なところいまはやれやれといった気持ちである。われながらよく飽きもせずにやったものだと思う。振り返ってみれば、連載の第一回が琉球新報の文化面に掲載されたのは、二〇一〇年十月五日であった。そのころは私もまだ五十代で働きざかり、それなりに元気があって、結構忙しい行政マンとして、連日仕事に追われていた。そういうなかで、この連載のきっかけになった伊波の帝大卒業論文の現物を、実際に東大の文学部図書室で手にしたのは二〇〇九年の十二月四日。勤務する法科大学院の入試業務に出かけた東京で、到着初日に試験会場の設営などの準備を早々に片付けたあと、わずかな時間の合間を縫ってのことであった。そもそも卒論の所蔵を知ったのがその十日前の十一月二十四日で、東京へ行くまでの短い日数の間に琉大の附属図書館をつうじて東大に卒論の閲覧と全頁複写の申請を行い、幸いにも両方とも許可を得たうえでの東京出張になって、すべてがタイミングよくうまくいった。こうした機会を利用しないと、公費お抱えの学者でない者には、なかなか時間もカネもひねり出すのはむつかしかっただけに、このときは日ごろのマジメな?行いが天に通じたものかと、ひとり愉快に感じたことを覚えている。

帝大卒論の複写物を入手して、そのあとの年末年始はそれをゆっくりと読む時間になった。そして、半年ばかり目を皿のようにしながら、『伊波普猷全集』など、それまでに目にした彼の著作物と比較・検討するうちに、いつしかもう一度伊波について書いてみたいとの思いがつよくなった。というのも、二〇〇七年に出した『伊波普猷批判序説』(影書房)でもって、一応自分の役目は終わったという気分になっていたのである。もはやそれ以上伊波をやり続けていくだけの意欲を燃やせるような、まったく新たな資料がなかったことが第一の理由だったといってもよい。それだけに二〇〇九年四月に鹿野さんから頂戴した通信文に含まれたほんの小さな情報は、誇張でなく私の闘志をかきたてた。卒論を探すのはそうむつかしくないとの漠然とした自信のようなものがあったとはいえ、まさかその年のうちに手にできようとは夢にも思わなかった。おそらく、国語研究室で保管していたものが、一般閲覧用として図書室に移管されてまもないころ、そこへアクセスしたのが私だったのであろう。ちょうど定年退職を数年後に控えていたときだったのだが、こうしたこともあって、定年をはさんだ前後の数年を、濡れ落ち葉のように萎れることもなく過ごすことができたのは、勿怪《もっけ》の幸いであった。

そして、二〇一〇年七月二十五日、琉球新報が「伊波普猷の卒論発見／沖縄学の父　自筆で一〇二ページ／思想骨格　鮮明に／東大文学部図書室に保管」の見出しのもと、一面トップ・ニュースとして報じた。記事を書いた高良由加利記者は、私の話を簡潔に要約して、社会面でも「探究の出発点　百年経て光／琉球語「P音考」も確認／多くの論考引き継がれ」のタイトルで、卒論の「目次」をカラー写真入りで示しながら、用語解説も添えて詳細に紹介していた。さらにまた、翌日の沖縄タイムスもあとを追うように、「伊波普猷の卒論発見」として伊波の肖像と卒論の目次を写真入りで掲げたほか、二十九日の新報「金口木舌」欄に至っては、「まさに世紀の大発見だ」とまで表現していた。

こうしたことがあって、新報文化部の宮城修部長と志良堂仁記者と会っているうちに、いつとはなしに卒論について書くような話になった。しかし普通だと一回何文字で何回書いてくれということを、そのときは両者とも、私の記憶するかぎり言わなかったし、その後もあと何回ですよとも言うことはなかった。たしかに何回だと言いはしなかったが、当初、私はたぶん五、六回か、多くても十回くらいのつもりだろうと思いながら、書き始めた。ただ私としては、いきなり卒論自体の説明をしても一般読者には面白くもないだろうし、第一、それが成り立っていく時代背景はもちろんだが、伊波がそれを産み出していく沖縄人青年としての成長過程も語らなくては、よりふかく卒論の中身、とりわけ琉球語の研究にとどまらない沖縄自身のゆくすえにかかわる卒論の隠れた思想は、とてもわかろうはずもない。――たぶんそんな考えを私はお二人に話したのではなかったかと思うのだが、それに同意してくれたうえでの連載だったのではなかったか。その証拠というか、連載の副題は志良堂さんと一緒に私の部屋で、これがよいか、いやそっちの方がいいのではないかと思案しながら決めたのであり、それが最終的に「伊波普猷・帝大卒論への道」となったのである。よって、「帝大卒論への道」を、尋常中学時代の伊波から説き起こして、時間の流れに沿って描いていったのであった。そのとおりいざ書き出してみると、卒論に辿りつくまでには十年の年月があり、その間に伊波が体験することはとても十回程度の分量に収まるものでないことが、言わず語らずのうちに了解されていったような気がする（いまもって、ご両人がどういう意向だったのか、聞いたこともないのでわからないのだが――）。

それにしても、私が思い切り羽根を伸ばして思う存分に書けるようにしていただいた度量には、いまにして思うとほんとうに驚くばかりである。社内ではいろいろと異見もあったりしたはずだろうし、またそれが当たり前でもあろう。その点は普通の常識を超えていたともいえるが、この長期連載に関しては、ひとつだけ書き留めておきたいことがある。すでに連載が五十回以上も続いていたころのことである。あるヤマト在住の方にこう言われた。「伊佐さん！連載をいつも興味ぶかく読んでいますよ。あれだけのものをよく毎週続けられますね。でもね、伊佐さん、あなたの書くものもいいけど、しかし、こういった内容のものを毎週これだけの分量で、こんなに長く載せる新聞社がほんとにスゴイな。」――と。ヤマトの新聞ではとても考えられないということが前提になっているのであるが、これと同じことをほかの方からも言われたのである。こう書くと、いかにも我田引水だと思われそうな気がしないでもないが、いずれも歴史家として一家をなす方々であっただけに、わが沖縄の新聞社として、ヤマトのそれに右へ倣《なら》えでないのは、大いに自慢してもよいのではないか。

そこで、その新聞掲載に係わることであるが、この連載をするにあたって最も意識したのは、第一に、読者が地元沖縄の一般大衆であることであった。写真を多用したのも関心と理解を深めてもらうためであって、私は沖縄の近現代史や思想史などの研究をしている学者たち、さらにはヤマトや外国人のために書いたわけではない。よく沖縄の新聞でも欧米の現代思想用語をひけらかすような難解きわまる文章を目にすることがあるが、専門雑誌や同人誌ならともかく、庶民の読む新聞ということを忘れているのであろう。その点はあまり他人のことは言えないが、沖縄研究家については私とて彼らのことがまったく頭になかったわけではない。しかし、それはあくまで二の次であって、伊波普猷研究の進展のためとか、日本や世界のためといった大仰なことでなく、もっと身ぢかなウチナーンチュの意識が少しでもヤマト依存から抜け出すとっかかりになってほしいとの願いが、真っ先にあったのである。

かく言うのも、もともとが自分自身のなかに染みついていたヤマトへの卑下心や卑屈な根性の由来を知りたいがために始めた自学自習であったし、論文や本を書いてそれで金儲けをしようとか、学者稼業に就こうなどとは考えたこともなかった。すでに生活をしていくだけの職業を持っていたし、その余暇を使ってでもやれた勉強であった。それで思うことだが、私のこれまでの実地見聞からすると、とかく世の知識人というのは、何かモノを書いたりする人間をみると、すぐにその人間が学者にでもなりたいと思っていると考えるものらしい。

小さい自己をもって広い世間を一律に推し量るなど不遜というか大した度胸だが、その意味で、ヤマトではどうだか知らないが、私のみるところ沖縄には本当の意味で「在野」の研究者はほとんどいない。大抵は大学や研究所を目当てにしている予備軍で、やむなく在野にいるだけといってもよいのではないか。その点はさすが伊波さんは偉いもので、そんじょそこらの者とは似ても似つかない真に在野の学者だったと、私は自信をもって言える。伊達に「沖縄学」の父とか祖と称せられているのではない。

そういうわけで人生の後半に差しかかった年齢になって、わざわざ息苦しいサークルに閉じ籠って可惜《あたら》精力を費やすなど、老い先を考えてみてもわかろうというもの。いくら本業の片手間にやってきたとはいえ、いい加減な遊びでもなければ、義務としての仕事というのでもない。せずにはおれないからやるだけの話で、気が向かなければいつ放り投げても誰にも後ろ指を指されない。だから、ひとりでもふたりでもいいから、この本が独立自尊の沖縄人として自信をもつようになるための踏み台になれば、もうそれ以上何も言うことはない。じつを申せば新聞連載が終わったとき、自分の言いたいことはほぼ書いたのだから、それで十分だと思っていた。ところがその後、あの連載はいつ本になるのか、とか、途中までは読んでいたがさすがに根負けして切り抜きを止めてしまったので、本になったら読み返すよ、など、たぶんにお世辞もあったろうが、そういう声にたびたび接した。そうまで言われてみると、本にするまでは責務かもしれないと考えを変えたのが昨年の春である。そして全三巻の刊行が決まったのがその年の六月であった。その際、陰に陽に多大な配慮をしてもらったのが上間了や新里正次を始めとする友人のジャーナリストたちであったことは、この本を地元沖縄で出せたことゝともに、私には何にもまして有難かった。

かように何だかんだと長いあいだ、ずいぶんと厳しいことを伊波普猷に向けてきたのであるが、不思議なもので、彼の立場からしみじみと思うことがある。それは、批判されるのが彼個人の学問上の業績や社会的責任だけならまだしも、そこから波及して親兄弟はむろん友人や女性関係はおろか、はては夫婦生活など、家庭や私事にまで根掘り葉掘り侵入されることのいたたまれなさである。それは社会的発言や行動でもって社会に大きな影響を与えた者が当然に受ける報いであるとか、歴史的人物の宿命と言ってしまえばことは簡単だが、こうまで洗いざらい人の目に晒されるとなると、いくら本人は死んでいないとはいっても、私などとてもたまらないと思う。エラくなるのも考えものだ、と一介の小市民はただ思うだけだが、伊波さんの生涯が誰にみせてもそれほど晴れやかなものでなかっただけに、執念ぶかいほどの批判をしてきた者として、この面ではまことに同情を禁じえない。わけても先妻のマウシさんと次男の国男さんには申し訳ない気持ちがつよい。

そこでそのマウシさんだが、彼女については松村家の出身という以外、ほとんど何事も知り得なかった。ずいぶんと気を入れて調べたつもりだが、これといった手がかりがないままに連載を終えてしまった。結局はよく知られた一枚の写真だけが限りない推測と空想を逞しくさせるばかりで、いまなお後ろ髪引かれる思いがする。彼女の心の内にほんのわずかでも近寄ることができないのでは、伊波普猷の人間にもまた厚い皮膜を通してしか迫ることができなかったような気がする。これだけはほんとうに残念で仕様がない。夫の普猷さんについては彼の著作物が十何巻とあり、彼の写真も多く、また彼を語る人間も山といるのに、妻の姿がこんなにもみえないことに心底驚く。しかし考えてみれば、マウシさんは特別例外だったのではなく、当時は沖縄の圧倒的多数の女性がそうだったのである。私のような戦後生まれの者でも、マウシさんと寸分もちがわない人たちが身ぢかにたくさんいるのを見てきたし、げんにいまだって多いのではないか。

上巻の「あとがき」で本文には手を入れないで出版すると書いたが、その考えは途中で放棄した。とりわけ、この最終巻には第四章に新稿の「追記」を付し、「番外編インタビュー」にはかなりの加筆をほどこした。ここでは、それについての解説は一切しないでおく。伊波の帝大での勉学と、日本《ヤマト》と琉球・沖縄の関係、そしてその後を考えるのによいのではないかと思ったからである。そして今回、連載したものを単行本に仕上げるため、改めて読み返してみたが、やはり私の考える伊波の肝心な部分は、これからの新たな琉球・沖縄には有害であって、けっして継承してはならないと確信した。ヤマトに都合のいい沖縄(又は人間)になってはならぬという結論からすれば、ヤマト(人)に褒められた場合、その褒められたものが沖縄にとってどこかおかしくはないかとふと立ち止まるなり、あるいは批判や反撥を受けるくらいのものがまともかもしれないと思った方がいいのではないか、とさえ思う。

かくなる次第で、たかだかひとつの伊波普猷論を書くのにも、多くの図書館や資料館を利用した。思いつくものを以下に列記して、心からのお礼としたい。

石川県立図書館、うるま市立(石川歴史民俗・与那城歴史民俗・海の文化)資料館、岡山県立図書館、沖縄県教育庁文化財課史料編集班、沖縄県立図書館、沖縄国際大学図書館、鹿児島県立図書館、岐阜県立図書館、京都大学大学院教育研究科・教育学部図書館、京都大学人間・環境学研究科総合人間学部図書館、京都府立総合資料館、国立国会図書館、財団法人三井文庫、鈴鹿市文化振興課文化部佐佐木信綱記念館、東京芸術大学附属図書館、東京大学大学院人文社会系研究科・文学部図書室、東京都立中央図書館、栃木県立佐野高等学校、名古屋市鶴舞中央図書館、那覇市歴史博物館、日本近代文学館、梅花女子大学図書館、梅光学院大学図書館、博物館明治村、福井大学附属図書館、平安女学院、宮古市立教育委員会・生涯学習部生活学習振興課市史編集室、山口県立山口図書館、山梨県立図書館、和歌山県立図書館、琉球大学附属図書館、龍谷大学深草図書館、琉文21。

それに加えてまた当然のことながらお世話になったひともじつに多い。資料や事実確認のご教示もあれば、それとなく元気づけてくれた先輩や知人、友人も数えきれない。その一例が七月十五日に、中巻が出たあとに催してくれた出版祝賀会の発起人（新川明、新崎盛暉、上間了、大田昌秀、我部政男、富田詢一、松田賀孝、三木健、屋嘉宗彦、山里勝己）などの先輩方であり、そのとき出席してくれた多勢の方々をふくむ知己の人たち、そして同級生などの友人諸君である。皆がみな、政治的信条やその他もろもろ、何から何まで私と同じ考えの持ち主ではないだろうに、その寛容さとご厚情はやはり嬉しい。むろん私に不快さを抱いている者が世間にいるのは承知しているが、それは俗界の人間社会だからやむをえない。そんなことにいちいち頓着するようでは何もできはしない。

その沖縄も今年で戦後七十一年になる。まさか今日に至るまでわが郷土が日米のための軍事要塞と化していようとは、かつて少年だったころに明るい未来を予想したのを振り返るとただ驚くばかりだ。政治や文化など、よくもまあこれだけ次々と憤懣やるかたない事象が起こるものかと思う。そして、それが必ずしも外的要因からくるものでなく、ヤマトによる指導者意識と、それへの迎合と癒着が政治のみならず文化・社会全般において、沖縄内部の分裂と腐蝕に大きく作用していることが何ともいらだたしい。糞ッタレと思いつつも、かといってそこから抜け出るわけにもいかず、死ぬまでそこで生きていくしかないだけに、逆上ばかりせずに、まま愉しくやってこれたのは、ひとえに先に述べた方々の存在ゆえでもある。琉球新報社及び新星出版社と併せて、満腔からの謝意を申し上げたい。

二〇一六年八月十九日　首里の自宅で

伊佐眞一

【著者略歴】
伊佐眞一（いさ・しんいち）
1951年沖縄首里市生まれ
1975年琉球大学法文学部経済学科卒
1981～1982年カリフォルニア大学バークレー校在
沖縄近現代史研究
［著　書］
『アール・ブール　人と時代』（私家版、1991年）
『太田朝敷選集』（共編、全３巻、第一書房、1993 ～ 1996年）
『謝花昇集』（みすず書房、1998年）
『伊波普猷批判序説』（影書房、2007年）
『「琉球処分」を問う』（琉球新報社編・刊、2011年）
『これからの琉球はどうあるべきか』（藤原書店編集部編・刊、2016年）

沖縄と日本《ヤマト》の間で
伊波普猷・帝大卒論への道　下

2016年９月30日　初版第１刷発行
著　者　伊佐　眞一
発行者　富田　詢一
発行所　琉球新報社
〒900－8525
沖縄県那覇市天久905番地
問合せ　琉球新報社読者事業局出版部
TEL（098）865－5100
発　売　琉球プロジェクト
印刷所　新星出版株式会社

ISBN978-4-89742-196-4　C0031